高等院校旅游管理专业"十三五"规划教材

# 旅游文化与审美

（第四版）

曹诗图 等 编著

WUHAN UNIVERSITY PRESS

武汉大学出版社

**图书在版编目(CIP)数据**

旅游文化与审美/曹诗图等编著.—4版.—武汉：武汉大学出版社，
2017.7(2022.1重印)
高等院校旅游管理专业"十三五"规划教材
ISBN 978-7-307-19378-9

Ⅰ.旅…　Ⅱ.曹…　Ⅲ.①旅游文化—高等学校—教材　②旅游—美
学—高等学校—教材　Ⅳ.F590

中国版本图书馆CIP数据核字(2017)第134282号

责任编辑:唐　伟　　　责任校对:李孟潇　　　版式设计:马　佳

出版发行:**武汉大学出版社**　　(430072　武昌　珞珈山)
(电子邮箱：cbs22@whu.edu.cn　网址：www.wdp.com.cn)
印刷:武汉图物印刷有限公司
开本:787×1092　1/16　　印张:18.25　　字数:436千字　　插页:1
版次:2005年12月第1版　　2006年12月第2版
　　2010年8月第3版　　2017年7月第4版
　　2022年1月第4版第3次印刷
ISBN 978-7-307-19378-9　　定价:45.00元

# 第四版前言

　　旅游从本质上讲是一种文化体验，是一种以审美活动为主的异地身心自由体验。旅游业的发展证明，有越来越多的旅游者正在由"娱乐型"、"消遣型"的旅游者转变为"文化型"、"审美型"的旅游者，文化旅游、文旅融合正在成为一种旅游发展趋向，有越来越多的人渴望得到旅游文化和旅游审美方面的知识。

　　旅游文化学与旅游美学是两门不同的学科，但二者联系紧密，现有教材不少内容交叉重叠。面对教育质量要求的不断提高和教学内容不断增加的趋势，旅游专业如何在有限的时间内合理地组织课程，有效地进行教学，这是一个复杂和重要的问题。目前，我国高等院校旅游专业的课程设置，政治、外语、计算机、数学、经济管理类课程已占据了大量空间，剩下可供旅游类课程设置的空间已非常有限。显然，在课程改革上不应简单地增加课程门数，那样只会进一步加剧课程与学时的矛盾，并且将进一步肢解应有的知识结构。正确的做法是通过课程改革，将相关课程进行整合，用创新的课程去解决本来有着相互联系的内容，适当打破学科界限，实现课程的纵向与横向的一体化。因此，我们尝试将《旅游文化学》与《旅游美学》整合成《旅游文化与审美》一门课程讲授。近几年的实践证明，这项改革很受学生欢迎。由于这是一项探索性和创新性工作，《旅游文化与审美》这本教材的编写可能还不够成熟，在一些方面存在错漏和缺憾，敬望广大读者和师生们批评指正。

　　本书由曹诗图拟定大纲并统稿。本书执笔人及分工为：曹诗图撰写第三章部分内容、第四章、第五章部分内容、第六章、第七章、第八章、第九章、第十章部分内容、第十一章部分内容、第十二章、第十三章部分内容；阚如良、曾文贵合作撰写第一章、第二章；吴海伦撰写第三章部分内容；詹丽、黄蓉合作撰写第五章部分内容；孙天胜撰写第十章部分内容；李瑁撰写第十一章部分内容；黄华、王洁合作撰写第十四章；邓念梅、吴海伦、汪胜华合作撰写第十五章；郑宇飞、汪胜华合作撰写第十六章。

　　本教材中的有些篇章后附有阅读材料，且多数内容与文化地理有关，目的在于引导学生从人与自然关系的新视角分析认识文化现象，洞悉文化奥秘，扩大知识面。

　　本教材是作者在近年执教《旅游文化学》和《旅游美学》两门课程的编写讲义基础上逐步完成的。本教材的编写，主要参考了马波教授编写的《现代旅游文化学》和乔修业教授主编的《旅游美学》、王柯平教授主编的《旅游美学新编》等教材，部分章节引用了一些有关内容，在此对马波、乔修业、王柯平诸位教授及其他作者表示衷心的谢意。

此书的出版，得到三峡大学科技处、武汉科技大学管理学院和武汉大学出版社的大力支持和帮助，路小静、柴艺、范绪泉几位编辑为本书的编辑出版付出了大量心血和艰辛劳动。在此对本书编写的所有帮助者表示衷心的谢意。

编　者

# 目 录

# 第一章　文化概述

从文化的角度来看，现代旅游是一种生活方式（异地休闲体验），是为了了解异地的文化，是审美文化活动，是不同地域文化的际遇与整合，是消费文化与经营文化的统一。文化是旅游资源和旅游产品的魅力所在。由此可见，文化与旅游的关系十分密切，是文化促成了旅游，没有文化就没有旅游。此外，旅游活动也需要文化的参与和创造。既然旅游是文化作用的产物，同时也是一种文化创造活动以及消费文化、经营文化活动，那么，无论是旅游资源开发，还是旅游服务，旅游产品的设计与营销，乃至旅游业的可持续发展，都必须以文化作为基础和指南。文化可以说是旅游的本质属性（或内涵），是旅游业的灵魂。

旅游文化是文化的一个分支，旅游文化学研究必须建立在普通文化学的基础之上。因此，我们在探讨旅游文化之前，首先应该对文化的一般性问题有所了解。

## 第一节　文化的概念

英文、法文中的"文化"一词均为"culture"，它最初始的含义是耕种、栽培等，以后逐步引申为对人类心灵、知识、情操、风尚的化育。在英文中，culture 可衍生出许多与培育有关的词语，例如 agriculture（农业）、horticulture（园艺）、silkculture（蚕丝业）、physicalculture（体育）等。由此可见，文化的初始含义，指的是为人类所特有的物质和精神的生产活动。

自从 19 世纪人类学、社会学和文化学等与文化有关的学科（如文化地理学等）兴起之后，关于文化的定义便层出不穷。由于文化内涵的不确定性和涵盖面太广，人们很难给它拟定一个十分清楚而确切的定义，据 1951 年《大英百科全书》统计，世界上仅在正式的出版物中给文化所下的定义就多达 160 多种，据说目前已有 250 多种定义。纵观众多的文化概念，大致可以分为广义文化与狭义文化两种。

## 一、广义的文化

广义的文化泛指人类创造活动成果(物质的、制度的、精神的财富)的总和;或指人类改造自然、陶冶自身及发展其社会的一切活动成果的积淀。文化是与自然相对的,可以说,自然的人化就是文化(如先民打磨的石器)。文化是"人化自然"的结果。

## 二、狭义的文化

文化是指在一定物质资料生产方式的基础上发生、发展的社会精神生活形式的总和,其大致相当于广义文化中的精神财富这一部分,核心是意识形态、价值观念。

# 第二节  文化的结构和类型

## 一、文化的要素及结构

文化是作为一种系统而存在的。任何一种文化都是由多种要素按一定方式或结构组成的有机整体。了解文化的结构系统,对于深入理解文化的内涵、认识文化运动的规律是很有必要的。

从广义的概念角度出发,每一种文化都有 3 个方面的要素或 3 个不同层面(如图 1-1 所示)。

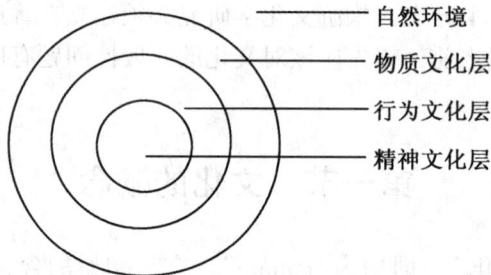

图 1-1  文化的结构

**1. 文化的物质要素(物质文化层)**

文化的物质要素包括各种生产工具、生活用具以及其他各种物质产品。如三峡地区出土文物中的石斧、陶罐等,民居中的吊脚楼等,交通运输工具中的豌豆角船和背篓等都属于物质文化。

**2. 文化的行为要素(行为文化层或制度文化层)**

文化的行为要素包括行为规范、风俗习惯、生活方式与生活制度等,如三峡土家族婚俗中的哭嫁、丧葬习俗中的跳丧舞等习俗文化。

### 3. 文化心理要素(精神文化层)

文化心理要素包括思维方式、思想观点、价值观念、审美趣味、道德情操、宗教情感、民族性格等。

其中价值观念是文化的核心,因价值的评判决定着社会中的人心所向、活动所趋,指导着人与人、人与社会、人与自然关系中的行为方式,如三峡文化中的天人调谐的价值观(例如吊脚楼就是人与自然和谐的产物)。

鉴于文化的结构,著名学者许嘉璐先生认为,文化是人类创造的物质、制度与精神。这可以说是对文化最简明扼要的解释。

文化的物质文化层、制度文化层和精神文化层是相互影响、相互制约的,应协调发展。

## 二、文化的等级序列

文化是按照一定的法则、秩序结构而形成的有机体系。文化的等级序列可由小到大依次排列为文化特质、文化丛结、文化模式、文化区。

### 1. 文化特质

文化特质是指一种具体的文化现象,是组成文化的基本要素或最小单位。人类的智慧和实践创造能力的任何具体表现都是一种文化特质。如原始人住洞穴,现代人住楼房;中国人吃饭用筷子,欧美人吃饭用刀叉;中国人婚礼喜用红色饰物,西方人则喜用白色饰物……所有这些现象均可以说是文化特质。

各种文化的细微差异,往往是通过文化特质表现出来的。文化特质的消失与新生,与社会发展息息相关,如中国封建社会时期人们蓄长辫,着长袍马褂,女人裹足;而今人们则是西装革履,发型多种多样。

### 2. 文化丛结

一种文化特质往往不是单独存在的,而是同有关的文化特质互相联系在一起的。文化丛结也称文化特质丛或文化丛,指因功能上相互联系而组合成的一组文化特质。简言之,一定文化特质的组合称为文化丛结。比如大多住在海边的人以打鱼为生,编渔网,造渔船,打赤脚,善游泳,从而形成一定的渔业文化丛结;又如山东沂蒙山区的石文化丛结,北极地区因纽特人的冰雪文化丛结。

文化丛结是在一定地理环境中或一定自然条件下随着人们社会实践的深入和扩大而形成发展起来的。文化丛结表现为人与自然的契合,同时表示着人类改造自然利用自然的能力。

### 3. 文化模式

所谓文化模式,就是指一个社会群体在长期的社会实践过程中形成的相对稳定的各个层面有机组合的文化结构,或者说是一个民族依据其民族精神将自己的各个文化要素协调一致的组合状态，如日本的文化模式是"菊花与剑"(刚柔相济)。

文化特质、文化丛结只是一个社会群体文化在某一质点、某一方面、某一局部的表现，文化模式则是反映一个社会群体在整体上的文化状况或面貌，具有相对稳定性和排他性特点(因群体价值观念的作用)。

利用文化模式能有效地研究旅游的民族性，如大陆、海洋不同形态的旅游文化的区别和比较。

#### 4. 文化区

文化区是指具有某种共同文化体系的人群所占据的地区，或是具有共同文化特质的区域。它有一定的文化中心和覆盖区域，有可以分辨的范围和边界，在区内具有相对的文化均质性，居民具有大致相同的心理、行为特征。如中国可以分为燕赵文化区、秦晋文化区、中原文化区、齐鲁文化区、荆楚文化区、巴蜀文化区、两淮文化区、吴越文化区、鄱阳文化区、闽台文化区、岭南文化区、云贵文化区、关东文化区、草原文化区、西域文化区、青藏文化区共16个文化区，各个文化区有着自己鲜明的地域特征。

文化区按研究内容可分为综合文化区与类型文化区(如旅游文化区、民俗文化区、语言文化区、宗教文化区等)；按研究范围大小可分为文化大区与文化亚区等。

旅游作为跨文化交往的一种方式正是旅游者从一定的文化区域前往另一个异质的文化区域。各地不同文化区域的存在，是构成旅游驱动力的一个重要原因。

### 三、文化的不同分类

#### 1. 主文化与亚文化

主文化是在社会上占主导地位的、为社会上多数人所接受的文化；或者说，大群体的共有文化相对于其中小群体文化称为主文化。主文化对社会上大多数成员的价值观、行为方式、思维方式影响很大。

亚文化指仅为社会上一部分成员所接受的或为某一社会群体特有的文化；或者说，相对大群体的共有文化而言，其中小群体文化称为亚文化。亚文化一般不与主文化相抵触或对抗。

#### 2. 雅文化与俗文化

不同的人群，由于掌握知识的多少和文化水平的不同，形成不同的文化形态。

掌握知识较多、文化水平较高的群体的文化称为(高)雅文化或精英文化，一般存在于社会上层，可谓"阳春白雪"。

掌握知识较少、文化水平较低的群体的文化称为(通)俗文化或大众文化，一般存在于下层大众和市民阶层，可谓"下里巴人"。

雅、俗两种不同的文化都有其产生和存在的历史或现实基础，简单地以雅、俗来判定优劣是不可取的，二者相互依存、相互补充。从现实来看，雅、俗两种文化都要发展，以满足社会不同层次人们生活的需要。但要正确处理二者的关系，使雅文化逐渐普及，俗文化逐步提高，这是文化发展的两个主流。

### 3. 文化和反文化

这是根据文化在社会中的地位、作用，从对立、冲突的角度对文化做的区分。在一个社会、一个国家、一个民族、一个群体形成一种主流文化并占统治地位的情况下，同时还会存在一种与其冲突和对立的文化。前者称为文化(或主文化)，后者被称为反文化。

文化与反文化的对立，有积极与消极、开拓与保守、进步与落后的对立，还有可能反映不同审美情趣之间的对立，所以，文化不一定是积极先进的，反文化不一定是消极落后的。比如，青年一代中反传统倾向，艺术创作中的反文化思潮(如朦胧诗、流行歌曲、摇滚音乐等)，就很难予以定性。文化与反文化在一定条件下也会相互转化。反文化在旅游活动中也有表现(如西方"3S"旅游中的裸体者)，应引起人们的重视和研究。

### 4. 评比性文化与非评比性文化

就不同民族文化比较而言，文化或外来文化可以区分为评比性文化和非评比性文化。

所谓评比性文化是指有好坏高下之分的文化，即在两种文化的比较中，可以评出孰优孰劣的文化。一般说来，评比性文化都是比较容易鉴别其价值的文化(如民主、开放、进取的文化与专制、封闭、保守的文化，和平文化与暴力文化等)；所谓非评比性文化即中性文化，是指在文化比较中没有明显优劣、高下之分的文化。这类文化多与人们的行为方式、风俗习惯、审美情趣相联系。承认非评比性文化的存在，意味着承认各民族的平等和尊重各民族的文化差异。

## 第三节　文化的成因及基本特征

### 一、文化的成因

关于文化的成因，有自然环境说、种族说、特殊本能说、心理因素说等理论观点，其中以自然环境说影响最大。

自然环境说的观点认为，人类的文化，像树上的果实一样，依照气候、地形和其他地理条件而产生。早在 18 世纪，法国启蒙思想家孟德斯鸠就基本持这种观点。19 世纪以来，欧美的一些学者(如黑格尔、拉采尔、森普尔等)进一步发展自然环境说，形成"所谓的地理环境决定论"，过份夸大了自然环境在文化形成中的作用，并在一定程度上促成了文化上的种族中心主义(欧洲中心论)。

可以认为，文化是在一定地理环境条件下人类社会实践(劳动、社会分工、学习、教育等)作用的结晶。

### 1. 地理环境是文化生成的重要外因

生态学的创始人斯图尔德认为，文化的基本特征基本决定于自然环境，文化体制与总环境是相适应的。

用辩证唯物主义观点看，地理环境不失为文化生成的重要原因，它是文化生成的"土壤"，是文化生成与创造的自然基础，是影响文化创造的第一变量，它对文化生成的影响主要是通过提供生产方式的物质条件，间接发挥作用，其具体表现为以下几个方面：

（1）地理环境的整体属性影响一个国家或民族的传统文化风貌及民族性格。梁启超说过："往往因地理影响，形成民族特别性格，而此种性格，递代遗传，于是为历史上主要之原动力。""地理环境决定论"固然有些偏颇之处，但若把地理环境因素纳入到文化生态体系，则结论便显得比较坚挺可信。如西方海洋环境塑造出西方民族冒险勇进（动）的民族性格特征，中国内陆大河环境塑造出中华民族稳健内敛（静）的性格特征。

（2）地理环境的差异性影响文化的民族性（或地域性）。如农耕文化、工商文化、游牧文化与各自地理环境有着密切关系。我国南北文化差异有着深刻的地理背景。

（3）地理环境影响文化产品和文化现象的特色。如音乐、文学、语言、饮食、聚落等都具有鲜明的地域特色，其特色的形成均有着一定的地理背景。

**2. 劳动和分工是文化产生的重要内因**

劳动和社会分工是文化产生的重要内因，是创造文化的主要手段和途径。

此外，群体生活、实践和创造、学习和仿效、传授和教育、交流与融合、历史基础等也是文化生成的原因或影响因素。

## 二、文化的基本特征（共性）

**1. 地域性**

文化的地域性即文化的地区差异性，如世界上的东西方文化差异（东静西动），我国南北文化差异（北雄南秀，北刚南柔），其形成主要是由于自然环境和社会环境（如民族、政治、宗教等）差异的影响。其形成机制：自然环境与社会环境差异导致生产、生活方式的差异，进而导致文化差异。

随着人类改造自然能力的增强和人类相互交流的日趋频繁，如大众旅游的兴起与发展，文化的地域差异有逐渐缩小的趋势（如城乡差异等），但这种差异不会完全消失。即使旧的差异消失了，又会有新的差异产生。世界文化就是这样丰富多彩，永远不会是一个色调！

**2. 民族性**

世界上有许许多多的民族，每个民族都有自己的文化传统，使其与其他民族区别开来，这就是文化的民族性（如我国的蒙古族、藏族、土家族都有自己特有的文化）。以旅游文化中的民族性格而言，华夏民族旅游性格的原生特征主要有以下几点：

（1）稳重。旅游审美注重伦理（"非礼勿动"；"父母在，不远游，游必有方"；"君子不履险境"；"孝子不登高不临危"。中庸、孝道文化对旅游的影响与制约明显）；提倡适度旅游，反对过于张扬和冒险；注重仪态和安全。

（2）内敛。旅游审美注重内心感受和道德修养，儒家把自然山水与精神道德相联系的"天人合一"的思想对旅游审美有相当的影响；眷恋故土（"美不美，故乡水"，"谁不说俺家乡好"）；内陆旅游远多于航海旅游。

　　文化生态原因：半封闭的大陆性地理环境塑造了华夏民族稳健、内敛的原生旅游性格；农本自足经济环境使中国"游子"步履维艰并形成安稳、内敛的旅游性格；宗法制度使中国旅游呈现"下静上动"的历史格局；伦理本位的意识形态塑造了求稳求静、观物修身的原生旅游性格特征。

　　西方民族旅游性格原生特征主要表现是冒险勇进，开放张扬。其具体表现为以下几点：

　　（1）从行为上看，西方人善于冒险和探险，旅游行为比较张扬，喜欢表现自我。

　　（2）从观念上看，西方社会具有与中国传统社会求生意志不同的求胜意志。

　　（3）探险旅游是西方旅游文学作品中永恒的主题。

　　（4）西方旅游者具有外向性格，习惯于对自然和客观世界进行探索。

　　文化生态原因：开放的海洋性地理环境培养了西方民族冒险勇进的原生旅游性格；经济基础（工商业）对西方民族早期旅游风尚及原生旅游性格的形成起到了重要作用；民主的政治制度与开放的意识形态形成了西方旅游"上下均动"的历史格局。总之，由于地理上濒临海洋，经济上商贸发达，政治上民主、开明，民族精神上的雄劲扬厉，导致早期西方人航海业发达，流动频繁，塑造了他们独特的原生旅游性格——冒险勇进、开放张扬。

　　文化的民族性与文化的地域性互为表现，每个民族都生活在特定的环境之中，不同的环境造就了不同的生产、生活方式，形成了不同的语言、文字、艺术、道德、风俗习惯，从而构成了不同的民族文化。民族分布的地域性是文化地域性形成的原因之一。

### 3. 时代性

　　文化是在特定的时空条件中产生、发展的。在不同的社会历史发展阶段，文化的内容和功用是不同的。文化具有鲜明的时代性，可以划分出许多历史类型，如原始渔猎文化、农耕文化、工商文化、现代文化、后现代文化，它们分别代表着人类社会不同历史阶段的文化特征。

### 4. 承袭性

　　文化的承袭性也称为文化的继承性，是指一种文化一旦形成，便会在特定的人群中代代相传。其主要承袭途径是前辈传教、家庭抚育、学校教育、社会熏陶等。它使文化具有一定的稳定性。

### 5. 变异性

　　文化的变异性是指文化具有随时空条件的变化而改变的特性。中国传统文化随着社会历史的变迁和东西文化的碰撞、融合，现已发生了巨大变化。因此，我们必须用发展、运动、变化的观点看待文化问题。文化的变异可以人为调控，以扼制文化的恶性变化，促进文化的良性发展。

　　上述文化的几个基本特征，往往是人类旅游活动产生的直接诱因。

☞ 知识链接：

### 民族旅游性格的原生特征与次生特征①

一个民族的早期处于较为封闭的地理环境和社会环境中所形成的旅游性格属于原生特征。一个民族后期处于较为开放的国际环境和异质文化交流的背景下所形成的旅游性格属于次生特征。如西方民族随着文艺复兴和启蒙运动的兴起，其旅游性格中潜藏的亲近自然的因素，成为这些民族在近现代的次生特征。如今西方民族非常重视环境保护，注重人与自然的和谐发展。华夏民族旅游性格中潜藏的冒险进取因素，经过中西文化的对流和近现代的转换，成为它在新时代的次生特征。次生特征的形成，既是民族内因作用的结果，更是与自己交流的其他民族旅游性格特征示范作用的结果。次生特征具有取长补短的特点。民族旅游性格在近现代出现转换的趋势，一方面使各民族的旅游性格相互补充，符合国际旅游的时尚和潮流；另一方面，各民族的旅游性格特征尤其是原生特征，仍然以各种形式顽强地保持着自己的生命力，从而使该民族在世界日趋一体化的时代仍然自立于世界民族之林。

# 第四节　文化的基本功能②

文化的功能是指文化整体或文化因素对人类社会生活和个人发展所具有的效能和作用。文化的功能是多种多样的，主要表现在以下几个方面。

## 一、满足人类基本需求的功能

文化的物质层面是作为人类存在的前提和物质基础而出现的，它具有实用价值，能满足人们对物质生活的追求。随着社会的进步，物质文化在满足人们某种实用需要的同时，又越来越具有供人们欣赏的审美价值，集实用与艺术于一体。如现代化的旅游饭店不仅要满足顾客吃、住等物质需求，而且要富有特色，内外环境优雅，以满足顾客的精神需求。作为人类改造自然、改造社会创造的物质财富与精神财富的文化，无疑具有满足人类基本需求的功能。

## 二、记录、储存、传播功能

人类创造了文化，文化形成伊始就发挥着记录、储存人类创造能力和创造成就的作用，使人们在实践中获得的经验、知识、观念日积月累，代代相传。文化的记录、储存功能主要是靠语言文字（文化载体）来实现的。此外，人类创造的其他非文字符号，如地上保存的和地下发掘出来的各种文物古迹，包括建筑设施、生活用品、生产工具、艺术作品等都有记录、储存的功能（如万里长城、北京故宫、秦始皇陵兵马俑、西安半坡文化遗址

---

① 参见谢贵安，华国梁. 旅游文化学. 北京：高等教育出版社，1999：144-145.

② 本节参见马波. 现代旅游文化学. 青岛：青岛出版社，1998：20-25.

等），所以人们可以通过考古来复原文化的历史面貌。

文化还具有传播交流功能，语言文字、文化实物以及人类本身（通过旅游、交通、迁移、战争等人类活动）都是文化传播的媒体，通过文化的传播交流促进社会不断进步。

### 三、认知、助知功能

这就是说，人类能借助于文化认识世界、适应世界、改造世界。文化在扩大和深化人们的视野方面发挥着巨大的功能。

### 四、教化、教育的功能

文化是"自然的人化"，反过来，作为人化自然的文化环境又可以影响人、塑造人，起着教化、培育的功能。人，无论处于何地，都不能摆脱文化环境，文化从各个方面影响其成长与发展（如我国的绍兴、宜兴等人杰地灵之地）。这种作用的发生，多表现为一种潜移默化的作用。校园文化环境的作用更是如此。

### 五、凝聚、整合、冲突功能

生活在同一类型或同一模式文化环境中的人们，得到相似的教化和培养，其价值观念、社会习俗和生活方式容易趋于一致，自然就会使彼此之间的关系容易协调，形成一种向心力。文化的形成和发展，保证了人类和谐地存在和发展。如果没有文化，人类社会将成为杂乱无章、互不联系的一盘散沙，因此，有人说文化是人类社会高效的"黏合剂"。但文化差异也易导致文化冲突（如宗教之间、民族之间、东西方之间的文化冲突等）。

文化的凝聚功能在民族群体中体现得极为突出和明显，如中华民族、日本民族、阿拉伯民族等。文化的凝聚功能、整合功能、冲突功能在旅游活动中有时候有所表现，如旅游团成员文化背景一致，容易协调，相反则容易产生矛盾。

### 六、调节、控制功能

一定的文化，特别是精神文化、行为文化（如习俗规范、道德观念、法律制度等），对于人类社会来说，还起着调节、控制的功能。它能协调和稳定人与人、人与社会的关系，现实生活中不存在完全脱离文化约束的"超人"。文化使得人们按照一定的轨道来生活，使社会关系得到调节，使社会冲突得到控制。

综上所述，我们可以认为，文化是一个多层面并富有弹性的概念，不能对其做简单僵化的理解。

在当今时代，文化的作用愈来愈大，文化本身不再仅仅是一种象征符号或人类创造的成果，而是一种推动社会进步的力量，甚至可以说是一种生产力和竞争力，其致效久远（大至民族文化，小到企业文化都可以说明）。文化不仅推动了历史的演进，也决定着人类社会的未来面貌。以可持续发展的文化理念引导人类社会发展，道理就在于此。

**复习思考题**

1. 什么是文化？从要素和结构上予以说明。
2. 文化具有哪些基本特征和基本功能？
3. 分析说明文化的形成原因。
4. 有人认为，"文化无优劣高下之分，各种文化一律平等"。谈谈你的观点与认识。

**阅读材料**

## 地理环境对文化的影响①

地理环境是文化生成的土壤，文化是人类与地理环境不断发生交互作用的产物，研究文化必须从孕育、滋生文化的地理环境入手，探明文化产生与发展的自然前提。

关于地理环境与文化生成的关系，我国著名学者冯天瑜教授进行了卓有成效的研究，他认为，地理环境是文化创造的自然基础，如果把各民族、各国度有声有色的文化表现比喻为一幕接一幕的悲喜剧，那么，这些民族、国度所处的地理环境便是这些戏剧得以演出的舞台和背景。地理环境不仅是文化的消极衬托物，而且是锻冶文化合金的重要元素。

我们在肯定地理环境对文化的重大影响力之后，重要的是需要探明地理环境究竟在怎样的意义上，经由哪些中介，才作用于文化的生成与发展的，弄清地理环境对文化的作用机制非常重要。

人类创造的文化，不是地理环境单独的产物，而是自然环境因素与社会人文因素的复合体，人类文化的形成与发展是多重因素相互作用的结果，地理环境只是形成人类文化的复杂因果网络中的一个重要成分，它对文化风貌的形成，主要是通过提供生产方式的物质条件，间接地发挥作用。大家知道，社会生产方式是决定社会发展程度与文化发展水平的主要力量，其中生产力又居主导作用；而生产力的要素与地理环境存在着直接或间接、或深或浅的相互关系，尤其是劳动对象基本上是来源于地理环境本身。地理环境是人类从事生产须臾不可脱离的空间和物质—能量前提，是人类文明发展过程中不可缺少的必要条件。正是在这个意义上，物质生产方式构成地理环境影响人类文化发展的中介。地理环境经由物质生产方式这一中介，给各民族、各国度文化类型的建造奠定了物质基础。因此，我们在文化地理的研究中，对于地理环境的作用应给予恰如其分的估量与评价。

地理环境对民族文化主要有如下深刻影响：

**1. 地理环境的整体属性影响一个国家或民族的传统文化风貌**

这里，不妨以中国为例进行说明。中国文化的气质是内向型的，风格是和谐型的，内核是伦理型的。这些传统文化风貌的形成，均与我国地理环境的整体属性有密切关系，如

---

① 参见曹诗图. 文化与地理环境. 人文地理，1994(2)：49-51.

由于我国的地理环境为高山、大漠和海洋所包围，在古代显得相对封闭和孤立；但其内部腹地辽阔，资源丰富，因而能在不求外助的情况下独立地创造了具有自己特色的农业文明。这一切，必然使中国文化的气质具有典型的内向型特征(如"中国者，天下之中也"的地理观念)，从而与流动、开拓、掠夺、冒险的游牧与商业文化形成鲜明的对照。尽管中国的地理环境较为封闭，然而其腹地十分辽阔、完整，自然环境复杂多样，资源丰富多彩，有人把它形容为"外部封闭、内部活跃"，尤其是东部地区，河网密布，沃野千里，季风定期带来丰沛的降水，水热配合良好。春夏秋冬四季更替，寒来暑往，周而复始。平原上村落密集，男耕女织，江湖上白帆点点，渔歌唱晚……生活在这种优美、和谐、自给自足的土地上的中国人自然不喜欢冲突，更不喜欢侵略扩张与动乱。他们追求的是一个和谐的社会，是一个理想的太平盛世，从而就逐步形成了中国文化的和谐风格，这可以从中国哲学中的"天人合一、知行合一、情景合一"等哲学观中窥其一斑。由于内向型气质的文化，使得中国人很少关心外部世界和来世，而十分重视现世，注重人生，注重人际关系。这种和谐风格的文化，又使得中国人在处理人与自然、人与人之间的关系时，讲究和谐、统一、仁爱亲善，讲究和睦礼让，重视孝亲，宗法意识浓厚。这种文化的内核属明显的伦理型。

2. **地理环境的差异性影响文化的民族性(或地域特征)**

不同的民族在不同的生活环境中逐渐形成各具风格的生产方式与生活方式，养育了各种文化类型。地理环境的差异性、自然产品的多样性，是人类社会分工的自然基础，它造成各地域、各民族物质生产方式的不同类型，进而影响到文化的民族或文化的地域特征。例如，有大河灌溉的亚热带、暖温带为农作物的生长提供了优裕的水热条件，故农业最早得到发展(如四大文明古国)；草原地带有着流动畜牧的广阔场所，成为游牧经济的温床；滨海地区拥有交通之便和渔盐之利，工商业应运而兴。而上述不同的物质生产方式又是各种格局的文化类型得以形成的基础，深刻影响到各民族的生活方式与行为方式。冯天瑜先生研究认为，大河—农业文明的稳定持重，与江河灌溉造成两岸居民农耕生活的稳定性有关；草原—游牧文明的粗犷剽悍、惯于掠夺，与来自草原多变的恶劣气候提供的"射生饮血"的生活方式有关；海洋—文明的外向开拓精神，则与陆上资生环境的内不足和大海为海洋民族的流动生活提供纵横驰骋、扬帆异域的条件有关。

地理环境还在一定程度上影响到人们的心理素质与性格特征。人的心理，是人脑对于外界客观事物的反映。而地理环境则是重要的外界客观事物，它不能不深刻影响到人的心理。心理学家研究认为，生活在平川的人比较机警，生活在草原的人比较剽悍，住在海边的人比较坦荡，住在深山的人往往比较仁厚和狭隘，我国南方人与北方人的性格特征差别较大，城市与乡村的人们心理状况有所不同，这均与地理环境有一定的关系。

3. **地理环境影响文化产品的特色**

地理环境可以直接赋予某些文化产品以色彩，它对文化产品特色的形成起着强烈的"渲染"作用，以民歌而言，高原山地的民歌高亢嘹亮，草原牧区的民歌舒展奔放，平原水乡的民歌优雅秀丽。藏族民歌、蒙古族民歌、江南小调分别洋溢着高山雪峰、辽阔草原、水乡泽国的特有韵味。地理环境还影响到地方戏剧、文学作品、书法、绘画等文化产品的地域风格以及人才的空间分布，近来已有一些学者进行研究。

　　地理环境对人类文化的作用是真实而多方面的，持续而深刻的，但这种作用不是直接和立竿见影的，在通常情况下，地理环境只是为文化的生成与发展提供了某种可能性，至于某种可能性以何种形态转变为现实性，则取决于人的选择。

# 第二章 旅游文化

旅游活动(含旅游消费活动、旅游经营活动、旅游资源开发等)中的文化现象是普遍存在的,旅游业是具有文化属性的事业。美国学者罗伯特·麦金托什和夏希肯特·格波特在《旅游学》一书中指出"旅游文化实际概括了旅游的各个方面"。将旅游作为一种文化现象加以研究,有助于进一步认识和揭示旅游的本质和旅游发展的固有规律,促进旅游业的可持续发展和社会文化的繁荣。

## 第一节 旅游的文化属性

长期以来,人们偏重旅游的经济特性研究,有人甚至把旅游简单地视为单纯的经济现象,导致旅游业出现不可持续发展的危机。

关于旅游业的性质,我国著名经济学家、哲学家于光远先生曾经指出:"旅游是经济性很强的文化事业,又是文化性很强的经济事业。"从学科属性上看,旅游学是一门综合性质的社会人文科学,涉及多个学科领域。如果仅仅把它定位在经济学范畴内,显然是以偏概全,以目代纲。我国旅游研究从一开始就偏重其实用性极强的旅游经济,人们习惯用"旅游经济"来概括旅游活动的全部内容。目前我国旅游学界绝大多数研究者把目光盯在旅游经济上,从我国的旅游学术期刊以及把旅游研究作为一个固定栏目的相关学术期刊上可以看到,绝大多数研究者都把目光集中到了旅游经济、旅游经营管理、旅游开发与规划等旅游经济领域,而极少有人愿意去关注旅游的主体——旅游者,关注旅游的灵魂——文化,关注旅游在促进社会发展中的真正作用。

世界上许多发达国家并不将旅游发展首先视为经济利益,而更主要是为了提高人民的生活质量与整体素质,创造优美和谐的生活环境,促进社会和人的全面发展。这些国家能够将旅游、休闲与社会公益事业有机结合,其国内的旅游学术研究,主要不是从经济学的角度,而更多的是从文化学、社会学、人类学、美学、心理学或行为科学的角度来进行的,真正体现了"以人为本"的人文关怀意识。我们的旅游科学研究导向应该有所转变,多去关注旅游的价值、意义和人与社会的和谐发展，而不仅仅是服务于产值的增长和经营利润的增加。

事实上，旅游首先是一种文化现象，它与文化之间存在着密不可分的关系。旅游的本质是文化的产物，是一种文化、审美活动，是异域文化之间的碰撞与融合。旅游作为一种文化现象所发生的影响，或许比其单纯的经济影响更为深远。

旅游的文化属性可以从旅游的主体、客体、介体三个方面予以说明。

## 一、旅游主体的文化属性

旅游的根本动机是对异地景观、异质文化的憧憬、求知和体验。作为旅游的主体——旅游者外出旅游是出于一种较高层次的需求(出于"乐生"的需要，而不是"谋生"的需求)，这种需求无疑超越了生理的或本能的欲望，上升到了社会文化层次，具有了社会文化意义。旅游需要主要属于精神享受和发展需要(如增知长智、审美怡情等)，是文化制约和促成的结果。没有文化的发展就无法激发人们的旅游动机，也就不可能产生旅游。据专家调查，美、英、日、德、法、澳等国的旅游者无一例外地把"与当地人交往，了解当地的文化和生活方式"当做出境旅游的主要动机之一。专家们认为，回归自然、追溯历史、体验文化是当今旅游的三大潮流。从历史发展的观点看，旅游与其说是经济发展的产物，不如说是人类文化进步的结果，是文化观念变迁的结果(如国民关注的目标逐渐由物质转向精神，转向生活品质的全面提高，这在发达国家中尤为突出，由此导致旅游活动的大众化、生活化与社会化)。总之，从旅游者的角度讲，旅游活动尽管带有经济色彩，但在本质上是一种文化体验活动。旅游者进行旅游，本质上也是购买文化、消费文化、享受文化、交流文化。人是文化的产物，旅游主体(旅游者)是一定文化的负载者。因此，我们说文化性是旅游主体活动的本质属性。

## 二、旅游客体的文化属性

旅游活动的产生和普及，一方面是由于人类追求自由生命表现(审美、怡情等)的内力的驱使，另一方面也受到旅游客体即旅游资源(或旅游产品)这一外力的吸引和激发。旅游客体所具有的魅力调动和激发了人们旅游的欲望和动机，并最终转化为实际的行动。

旅游资源或旅游产品魅力的产生，与文化密切相关。旅游资源可以分为自然、人文两大类别。人文旅游资源，无论是以实物形态存在的文物古迹，还是无形的民族风情、社会风尚，都是人类生产、生活的产物，属于文化的范畴。自然旅游资源虽然不具有文化属性，但自然美无疑是需要通过文化来鉴赏、反映和传播的，而且要将自然旅游资源转化成旅游产品，必须通过旅游开发这一文化手段。因此，我们说自然旅游资源同样也具有文化性。

旅游资源的开发一定要以文化理念为指导，具有文化品位与文化个性，只有这样才能得到游客的青睐。传统观念认为，旅游开发是将旅游资源转化成旅游产品并使旅游活动得以实现的技术经济过程，其特点是经济性与技术性。我们认为，旅游开发不仅是一个技术过程与经济过程，而且也是一个文化过程。文化性应是旅游开发不可忽视的一个重要特性。文化在某种意义上可以说是旅游开发的灵魂。游离文化发展起来的旅游，充其量只能是一种低层次的旅游；脱离文化搞旅游开发只能产生一批短生命周期的劣质产品，最终会在旅游市场竞争中被淘汰。只有在"资源—市场—文化"三元理念指导下，将旅游开发根植于文化与市场的土壤之中，才能保证旅游的可持续发展。

工业社会化促进世界一体化，而世界一体化反倒使文化个性受到珍视。社会越发达，人们的选择性越强，从这个意义上讲，作为旅游资源、旅游产品的文化个性日益显得重要。中国的旅游资源、旅游产品的开发应该在体现文化个性、充实文化内涵、提升文化品位上狠下工夫，发挥出自己的优势。

### 三、旅游介体的文化属性

旅游介体即旅游业，应该针对旅游主体（游客）的文化特性（追求精神享受、审美情趣等），开发和经营有一定文化含量的旅游产品，在开发、经营、管理中既遵循经济规律，又遵循文化规律。

当代需求与消费文化的模式已经发生变迁，消费文化正向充满审美与文化意义要求的消费发展，人们对文化含量高、精美的旅游产品的需求不断增加。旅游与文化已交织在一起，旅游活动与文化活动已经不再被割裂或分开。旅游业的发展应该顺应这种消费模式的变迁。

旅游资源开发和利用反映着一个国家和地区人民的智慧和创造力，既是一种经济活动，更是一种文化创造活动。旅游资源开发、旅游产品设计，如果缺乏文化品位，就不可能吸引游客和具有生命力。

旅游饭店、旅行社的经营管理也具有明显的文化色彩。从某种角度上讲，旅游企业是生产文化、经营文化、销售文化的企业；旅游企业经营的产品主要是文化产品。旅游者千里迢迢前来旅游，本质上也是购买文化、消费文化、享受文化。只有增强产品的文化内涵，注重产品的文化品位与文化形式，提高从业人员（如饭店服务员、导游等）的文化素质，加强企业文化建设，才能增强吸引力与竞争力，在市场竞争中立于不败之地。文化竞争是高于价格竞争、质量竞争的最高层次的竞争，突出文化性竞争是旅游业发展的重要趋势之一。目前，许多旅游企业正热衷于迎合旅游者的文化需求，积极地对旅游供给要素进行"文化包装"，并加强企业文化建设，增强文化竞争力，就充分说明了这一点。

文化是旅游业可持续发展的支撑。旅游业的可持续发展不是一个简单的经济问题，把旅游业视为"经济—文化产业"更符合旅游业的本质。离开了文化的支撑，旅游业的可持续发展是根本不可能的。

总之，文化是旅游者的出发点和归结点，是旅游景观吸引力的关键与核心，是旅游业的灵魂或生命。

## 第二节　旅游文化的内涵与特征

### 一、旅游文化的概念与内涵

关于旅游文化的定义，学术界争议较大，一般有三种观点：第一种，能够为旅游者在旅游活动中提供欣赏和享乐的一切物质财富和精神财富的文化表现，即旅游文化。这是一种偏重于旅游客体的定义。第二种，旅游文化是人类通过旅游活动改造自然和化育自身的过程中所形成的价值观念、行为模式、物质成果和社会关系的总和。这是一种偏重于旅游主体的界定。第三种，旅游文化是旅游者和旅游经营者在旅游消费或旅游经营服务过程中所反映、创造出来的观念形态及其外在表现的总和。这是偏重于"旅游主体与介体文化"并带有经济色彩的定义。我们认为：凡能为旅游所利用和由旅游产生创造出的人类文明成果，都可谓之旅游文化。这样定义显然还包括旅游业文化(旅游业发展过程中形成的价值观念及其在行为方式、物质载体上的外在表现)及旅游主体、客体、介体相互作用产生的文明成果。这样界定，既内涵丰富，又简明扼要。

旅游文化具有三个层面：一是物质层面，包括作为旅游客体的自然景观和人文景观以及附加其上的游乐设施，为旅游者服务的交通工具、饭店、旅游纪念品等；二是制度层面，包括旅游法规、旅游企业的管理制度、旅游服务人员的行为规范等；三是精神层面，如旅游活动及旅游业管理活动中反映的文化心理、价值观念和思维方式等观念形态，包括旅游价值观念、旅游经营意识、旅游文学作品、旅游学术研究、旅游教育等。

旅游文化的内涵可以从三个方面理解：(1)旅游文化是人类过去和现在所创造的与旅游相关的物质、精神财富的总和；(2)旅游文化是旅游主体、客体、介体相互作用的物质和精神成果；(3)旅游文化是以跨文化交流为特征并与审美体验密切联系的特殊文化形态。

这里需要指出的是，旅游文化与文化旅游是两个有一定联系但又有着严格区别的概念。张国洪先生认为，文化旅游是人们对异地或异地文化的求知和憧憬引发的，离开自己的生活环境，观察、感受、体验异地文化，满足文化介入或参与需求冲动的过程。文化旅游可以看作旅游者通过观赏文化景观和了解、熟悉特定文化群体(区域)的文化来达到增长知识和陶冶情操的目的的旅游活动。文化旅游是旅游的一种重要形式，它与旅游文化有着内涵上的联系和形式上的区别。

## 二、旅游文化的特性与功能

### 1. 旅游文化的一般属性

(1)综合性。旅游文化系列复杂，形态多样，内容广泛，分布重叠。

(2)地域性。即旅游文化资源或旅游产品的地域差异、地方特色、乡土气息、社会背景的民族差异等，如我国旅游文化资源的"北雄南秀"。

(3)民族性。不同民族的旅游文化观念和行为模式是不同的。如从旅游性格上看，中国旅游者大多比较内敛稳健，西方旅游者大多比较外向和具有冒险精神；中国人旅游注重内心感受，而西方人钟情于外部世界的观察与探求；中国人倾心于旅游的道德塑造，且富于人文情怀，而西方人则看重旅游的求知价值，充满科学精神。此外，在休闲文化、审美观念(如对色彩美、景观美、人体美、服饰美、饮食美的审美观念)上也存在民族差异。

(4)继承性。旅游文化是在吸收、继承优秀文化成果的基础上发展的。旅游文化应对传统文化进行科学的扬弃，吸取其精华，剔除其糟粕，并不断吸收相关学科的优秀成果，使自己的机体更富有生命力。

（5）时代性。不同时代旅游主体的旅游文化观念和行为方式具有差别（尤其是审美观念）。旅游文化应适应当代人的需要，与时俱进，不断创新和发展。

### 2. 旅游文化的固有特性

（1）多元二重性或对立统一性。

由于旅游活动的特殊性，旅游文化在许多方面都表现出二重特征。例如，旅游文化是旅游消费文化和旅游经营文化的对立统一；旅游文化是暂时性和延续性的对立统一（暂时性是对旅游者而言，延续性是从社会整体的角度而言）；旅游文化是求雅与求俗的对立统一；旅游文化是求新与守真的对立统一；旅游文化是文化冲突与文化整合的对立统一；旅游文化是文化求异与文化认同的对立统一。旅游活动是旅游者在文化时空上的新与异、奇与美的追求。对旅游需求起决定作用的是旅游产品的文化差异，但文化差异又是文化距离，当它超出一定范围，达到主客间无法交流、认同的程度，对游客的吸引力反而减弱，甚至会产生文化冲突。因此，旅游业发展应注意处理好异质文化（以地域特色、民族特色吸引游客）与同质文化（如现代化设施，管理与服务的相通性、普遍性）两者的关系，这就要求一部分相应的旅游设施要达到异质外观，同质内涵，这是旅游文化创新应把握的一个方面。

（2）雅俗共赏性。

当代的旅游活动已经不再是社会上等阶层的特权，而成为一种社会大众性活动。关于旅游文化的大众性特点，何渊耀先生在《旅游文化散论》中指出的："旅游文化不是书斋文化，而是民间文化；不是高堂文化，而是庶民文化；不是雅文化，而是俗文化。它具有广泛的群众性。"旅游文化的这一特点，决定了旅游开发和经营必须充分考虑大众游客的需求特点，不能搞得"曲高和寡"，否则就有可能"高处不胜寒"；同时又不能一味媚俗，简单被动地迎合某些游客的口味，而是要有人文理性的渗透，使产品具有一定的文化品位，做到雅俗共赏。

（3）双向扩散性（移传性）。

旅游活动引起的文化扩散是双向的：一方面，旅游客源地的文化借助旅游者跳跃式地传入旅游接待地，从而引起接待地文化的变迁（如语言、风俗习惯、伦理道德、价值观念等）；另一方面，旅游接待地的文化也会被旅游者带回客源地，进而导致客源地文化的潜移默化。一般来讲，旅游客源地文化对于旅游接待地文化的影响作用要大于旅游接待地文化对于旅游客源地文化的影响。其原因与文化优劣势或强弱势的差异和旅游文化影响时间长短的差异等有关。

### 3. 旅游文化的功能

旅游文化具有陶铸自然（人对自然的精神投射及对自然风景的美化等），增知长智，陶冶情操，提高人的生活质量和生命质量，促进人的自由全面发展，推动社会进步等多种功能。

根据学者马惠娣对休闲的研究成果的启发，我们认为，旅游的最大特点是它的人文性、文化性、社会性、创造性，它对提高人的生活质量和生命质量，对人的自由全面发展与和谐社会的构建有着十分重要的意义。从旅游文化角度看，旅游是指人在完成社会必要劳动时间后，为不断满足人的多方面需要而处于的一种文化创造、文化欣赏、文化建构的生命状态和行为方式。旅游的价值不在于实用，而在于"文化"。它使人们在精神的自由中历经审美的、道德的、创造的、超越的生活方式。它是非功利性或非实利性的，它给我们一种文化的底蕴，支撑我们的精神。因而，旅游被誉为"是一种文化基础，是一种精神状态，是灵魂存在的条件"。它是一种对社会发展的进程具有校正、平衡、弥补功能的文化精神力量。

## 第三节　旅游文化的研究内容、方法与意义

### 一、旅游文化的研究内容

旅游文化的研究内容主要包括三个方面：一是对旅游主体文化的研究，如研究旅游主体文化身份的构成（如旅游者的价值观念与精神世界等），旅游主体经历异质文化的体验活动，旅游对主体的人性完善和自由全面发展的影响等；二是对旅游客体文化的研究，如从旅游的角度研究山水文化、园林文化、建筑文化、雕塑艺术、书法艺术、绘画艺术、音乐艺术、宗教文化、饮食文化、地域文化等，还包括旅游活动对旅游接待地文化的影响；三是对旅游跨文化交流的研究，包括不同旅游文化（如中西旅游文化）的比较，旅游文化的碰撞、互动与整合。

随着旅游文化研究的不断深入，目前已经形成了一门新兴学科旅游文化学，这门学科主要是研究旅游与文化的关系和旅游文化的构成体系以及旅游文化形成发展的规律。在学科性质上，旅游文化学是介于旅游学与文化学（如文化社会学或文化人类学、跨文化交流学等）之间的边缘学科。

### 二、旅游文化的研究方法

**1. 实地调查（包括观察）法**

实地调查法是指研究者用各种手段直接地、系统地收集有关旅游文化现象的资料，通过对资料进行科学的分析研究，得出结论，并说明问题的过程方法。实地考察、实物认识、实在感知是旅游文化学习与研究不可替代的有效方法。实地调查的基本程序是：调查准备—调查实施—调查总结。

**2. 分析比较法**

（1）历史比较法。即对旅游文化进行纵向的分析和比较研究，如对不同历史时期的旅游文化的分析和比较研究。

（2）类型比较法。即对旅游文化进行横向的分析和比较研究，如东方与西方、国家与国家、地区与地区、民族与民族旅游文化的比较研究。

将不同的旅游文化因素进行分析比较，可以发现彼此之间纵向和横向的联系，进而认识或揭示旅游文化产生、发展和演变的规律。

此外，还有理论分析法（运用哲学、美学、心理学等理论分析研究旅游文化）和文献考证法等。

## 三、旅游文化研究的意义

### 1. 揭示旅游活动发展的机理

人类的旅游活动从根本上来说，是文化驱动的结果。文化"求异"或"认同"都能导致旅游流。研究旅游文化有助于解释人类的旅游行为，揭示旅游活动发生、发展的机理与规律。

### 2. 促进旅游产品质量的提高

研究旅游文化有助于人们正确地认识和了解旅游业的发展规律，自觉地促进旅游产品质量与旅游经济效益的提高。只有明确旅游资源的文化内涵及其开发的文化规律，才能使开发出来的旅游产品具有较高的文化品位和较强的生命力与竞争力。

### 3. 促进旅游服务质量的提高

研究旅游文化有助于了解不同民族和不同地区的文化差异，为游客提供有针对性的高质量的服务，避免文化误解和文化冲突。

### 4. 促进旅游者及旅游从业人员素质的提高

研究旅游文化有助于促进旅游者及旅游从业人员素质的培养和提高。旅游文化最基本的功能，是对旅游者和旅游从业人员精神世界的充盈与塑造，塑造他们求真、向善、爱美的文化人格，使之具有现代人的优良品质与人文素养。

### 5. 促进旅游可持续发展

研究旅游文化有助于人们正确认识和理解旅游活动的社会影响，处理好旅游业的经济作用（效益）和社会文化作用（效益）的关系，促进旅游的可持续发展。

## 复习思考题

1. 说明旅游文化的内涵。
2. 旅游文化具有哪些特点与功能？
3. 试述旅游文化的研究内容和研究意义。

阅读材料

## 文化与旅游的关系分析①

文化与旅游的关系非常密切，这可以从旅游的三要素（旅游主体—旅游者，旅游客体—旅游资源，旅游介体—旅游业）来分析说明。

### 1. 文化是旅游者活动的本质属性

在具有了可自由支配的时间与收入的情况下，个人要成为旅游者还必须有旅游需求和旅游动机，而旅游需求与动机是一定文化背景的产物，是文化驱动的结果。旅游者出游主要是出于"乐生"的需要，出于了解异地文化的动机，旨在寻求一种"经历"或"体验"。旅游的本质是消遣和审美等身心自由的愉悦体验，其活动需要文化的参与；同时，旅游者作为旅游的主体是一定文化的负载者和传播者，旅游本身是一种跨文化交流活动，是两种地域文化的际遇与整合。旅游活动尽管具有经济色彩，但本质上是一种文化体验。享受"文化"和消费"文化"是旅游者旅游活动的出发点与归宿。因此，我们可以说：文化是旅游者活动的本质属性。

### 2. 文化是旅游资源的魅力所在，它与旅游资源有着水乳交融的关系

旅游资源与文化关系紧密。首先，我们从文化与人文旅游资源的关系看，文化孕育着人文旅游资源，人文旅游资源蕴含文化，人文旅游资源的鉴赏与开发都需要文化进行"解译"。人文旅游资源属于文化的范畴，许多文化产物都是人文旅游资源，不少文化资源只需通过略加开发就可以成为富有吸引力的旅游产品。大量的人文旅游资源都具有丰富而深邃的文化底蕴，游人要欣赏、感悟它，规划师、旅游商要开发利用它，必须具备一定的文化素养。其次，我们从文化与自然旅游资源的关系看，大好河山孕育文化，文化辉映大好河山，二者相得益彰。例如，众多的名山胜水成为佛寺道观建造之地，孕育、催化了灿烂的宗教文化。"山不在高，有仙则名；水不在深，有龙则灵"就是文化辉映河山的绝好写照。此外，许多自然旅游资源虽然本身不具有文化属性，但自然美无疑需要从文化层面来鉴赏，需要科学知识来解释，而且，要将自然山水转化成为旅游产品必须通过旅游开发这一文化手段来实现。因此，从这种意义上讲，自然旅游资源同样也具有一定的文化特性，与文化密不可分。

### 3. 文化是旅游业的灵魂

旅游业可以说是文化性很强的经济事业，同时也可以说是经济性很强的文化事业。旅游发展的实践证明，旅游者出游的目的主要是出于审美与求知等精神生活的需求，其追求的主要是文化享受。现代旅游已不停留在游山玩水这样一种感官愉悦的观光旅游层次上，日益成为一种综合性的高品位审美文化活动。这就要求我们开发出的旅游产品应具有一定的文化含量与文化品位，能够满足旅游者的文化需求，也只有这样，才能使开发出的旅游产品具有吸引力与生命力。旅游的文化特性还渗透和表现在旅游业的多种行业的运作之中，比如旅游饭店，只有提高餐饮、住宿、娱乐等服务环节的文化品位，培养和提高管理

---

① 参见曹诗图，袁本华. 论文化与旅游开发. 经济地理，2003（3）：405-406.

人员的文化素养，加强企业文化建设，才能在市场竞争中立于不败之地。至于旅行社经营、跨文化营销、导游解说等在文化上的要求更是不言而喻。文化可以说是旅游业发展的支撑与灵魂。

由上述可见，旅游与文化的关系非常密切。旅游是一种广义的特殊文化活动，它既是文化的消费过程，也是文化的创造过程。文化是旅游的内涵和深层表述，是旅游者旅游活动的出发点与归宿，是旅游资源或旅游产品吸引力的渊薮，是旅游开发与经营的灵魂；而旅游则是实现文化教化与身心愉悦功能的良好载体与途径，是对优秀文化的挖掘、提炼与弘扬。任何忽视文化理念的旅游开发都难以取得成功，甚至会误入歧途。

文化与旅游的相互关系可用一句话来概括：文化是旅游的灵魂，旅游是文化的载体，二者相互联系，彼此相互作用。

# 第三章 旅游审美文化

著名美学家叶朗先生曾经指出,"旅游涉及审美的一切领域和审美的一切形态"。旅游,从本质上讲,是一种审美体验活动,离开了审美,就说不上什么旅游。某种文化若与审美相联系,就易成为旅游文化。旅游文化本质上是一种审美文化。无论哪一种旅游,都是在旅游活动中寻求美的享受(如风光欣赏、休闲娱乐等),以愉悦身心,陶冶性情,增添生活的乐趣。旅游体验无时无刻不存在于美的背景之中,任何类型的旅游体验(如消遣、补偿、遁世、认知等体验)都笼罩在审美体验的氛围当中,或多或少沾染有审美色彩。对于旅游审美活动,既需从审美心理的角度加以分析,也需要从审美文化的角度予以探讨。

## 第一节 旅游审美构成与旅游审美活动的基本特征

### 一、旅游审美构成

#### 1. 旅游审美主体

旅游审美主体是指旅游审美行为的承担者,具体地讲,它是指有着内在审美需要、审美追求,并与旅游资源(或旅游产品)构成一定审美关系的旅游者。

旅游审美体验质量一方面与旅游产品本身的特质有关,另一方面与旅游者自身的文化素养、审美情趣、审美能力有关。如果旅游者不具备一定的文化素养、审美情趣、审美能力,旅游审美体验质量就会大打折扣。

旅游审美主体具有一般审美主体的规定性:

(1)旅游审美主体是精神活动的主体。旅游审美活动是一种以主体内在的审美需求为根据和动因的活动,审美需求在审美活动中具体化为主体的欲望、兴趣、情感与意识上的不同层次的需求。在旅游审美活动中,旅游者追求的主要是精神享受,物质享受是次要的。

(2)旅游审美主体是情感活动的主体。旅游者在旅游审美活动中主要处于一种情感状态，否则就不可能进入审美境界获得旅游真正的乐趣。在旅游审美活动中，旅游者追求的是一种情感活动与情感交流的愉悦体验。

(3)旅游审美主体是自由生命活动的主体。旅游审美同其他审美活动一样，是摆脱了生理需要支配的活动，是脱离了对"物"的绝对依赖性的活动。旅游审美主体不是粗陋的物质需要者，也不是低级的实用主义者，而是能对审美对象凝神观照、不旁及日常功利、不为物质欲望所纠缠的享有高度生命自由的人。在旅游审美活动中，旅游者追求的是一种精神的放飞和生命的自由。

旅游审美主体的审美尺度(即审美标准)有两种：一是形式韵律尺度，通常称为形式美尺度，根源于人的心理结构和作为自然生命体的活动规律，如均衡、对称、比例、韵律等；二是形式意蕴尺度，根源于人的社会文化心理活动规律，与社会的理性观念相联系。如东方人偏爱静态美与伦理美、理想美，西方人偏爱动态美与科学美、现实美；我国北方人偏爱阳刚之美，南方人偏爱阴柔之美。

**2. 旅游审美客体**

旅游审美客体是指旅游审美行为所及的客体，具体地说，就是具有审美价值属性(符合"美的法则")，并与主体结成一定审美关系的旅游资源和旅游产品。

旅游审美客体具有自身特殊的规定性，这主要表现在以下几个方面：

(1)空间性：指旅游审美客体一般是包括一个区域空间的风光，旅游审美主体可置身于风景之中进行欣赏，达到景随步移、步移景换的审美快感。这与欣赏一件艺术品不一样，因为艺术品只能从外部观赏。

(2)广泛性：指旅游审美客体的丰富多样性，熔自然、社会、艺术、生活于一炉，包罗万象，蕴含万千。

(3)协调性：指风景体现人与自然之间的协调关系，即自然景观美与人文景观美的有机融合。

(4)变化性：即风景的时间变化性。风景在一定程度上受季节变换的支配，随着时间的流逝而变化。如"春山淡冶而如笑，夏山苍翠而如滴，秋山明静而如妆，冬山惨淡而如睡"；又如植物的季相变化。

**3. 旅游审美关系**

旅游审美关系是指在旅游活动中，主体的审美需要、审美结构与客体的审美属性之间构成的一种"双向同构"关系。旅游审美关系的出现除具备主体与客体两个因素外，还有赖于人们的旅游审美社会实践活动。换言之，旅游审美关系是具有审美需要的旅游主体(旅游者)通过旅游实践活动，在对旅游客体(景物)的那些"满足需要"的属性的把握或旅游主体与旅游客体的"对话与交流"过程中建立起来的。旅游者在特定的旅游环境中，与旅游审美对象结成多向度、多层次的审美关系，并在交互作用和观照体味中获得满足。

## 二、旅游审美活动的基本特性

### 1. 综合性的审美实践

这是由旅游审美对象的丰富多样性特点决定的，旅游审美活动集自然美、人文美、社会美、艺术美、技术美于一体，熔山水、古迹、建筑、园林、雕塑、书法、绘画、音乐、舞蹈、戏剧、宗教、民俗等于一炉，涉及阳刚、阴柔、崇高、秀美、奇特、崇高等一切审美形态，可以满足人们不同层次的审美需求。

### 2. 特殊的审美场值

旅游审美具有置身性的特点。有学者借用物理学中"场"的概念来比较旅游审美活动与其他审美活动的不同。审美场值作为特定的审美行为、经验或感受结果，通常在不同的时空与审美关系中表现出一定的差异性。旅游审美与山水文学审美就有着许多不同；同样，欣赏一幅长江三峡风景的绘画作品或影视作品所获得的体验（"次陶醉"），与亲自游览长江三峡（全然陶醉的"高峰体验"）是无法比拟的。

### 3. 全身心自由体验

旅游审美与其他审美相比，在体验上具有明显的通感性、置身性、新异性与自由性。通感是一种主观心理感受，通感在于把人的感觉用于自然物象，使得这些物象也有了人的感觉，由此，人与物之间才能沟通。也就是说人的各种感官的感觉是相通的，可以互相感知，在旅游中经由审美观照而得的审美体验即是各种感官包括人的心意互相感知而得的审美感受，因而在旅游审美观照中人的感官就成了审美的感官，旅游主体的各种感官的感觉与心灵的知觉互相沟通，彼此融合，以此达至审美的自由体验。旅游的置身性其实就强调体验，人们置身于新异性的环境中已经是亲身体验，而且这种体验不仅是身体的，也包括心灵的，是全身心的全面的感触和体验，这种体验会带给我们精神的平静以及心灵的和谐。旅游审美在很大程度上与依赖于视觉、听觉的书法审美、音乐审美不一样，旅游审美是置身于新异的或非惯常的审美环境之中，使各种审美感官如人的视觉、听觉、嗅觉、味觉、触觉等多种感官沟通、融合，从而达到全身心自由的体验。

### 4. 循环效应

由于内外两类原因的共同作用，往往促成部分旅游者成为某些旅游地的"回头客"，在旅游审美活动中产生循环效应。其内因主要有人类的社会文化心理需求及认知的循环与提高过程；外因主要是旅游景观的丰富性、变异性及旅游服务的艺术性、发展变化性。

### 5. 巨大的反馈作用

旅游审美活动可以起到促进旅游者的自由全面发展（身心得到放松，心灵得到净化，情操得到陶冶，精神得到升华，行为趋于善美）和社会文明进步（按美的规律行事，促进人与自然、人与人、人与社会的和谐）的巨大反馈作用。

## 第二节　旅游审美文化的类型特征

旅游审美领域大体可分为自然领域、社会活动领域和艺术领域，在展开的过程中历史地形成了自然审美文化、社会审美文化和艺术审美文化三种类型。

### 一、自然审美文化

自然审美文化是以大自然为载体的审美文化。人类审美在自然领域的展开相对较晚（因自然审美观受人与自然关系的制约，远古时代人类与自然之间存在敬畏、疏远的关系，与审美的本质——"和谐"背离较远），随着社会生产力的进步，以及人类心智的开化，人类逐渐将自然由实用对象转化为审美对象。这种转变在中国大体始于先秦（如《诗经》中对山水风景的描写，庄子的"天地有大美"的观点），成于魏晋南北朝时期（此时期人的精神世界在一定程度上得到自由解放，因而便有谢灵运、陶渊明一类"倾耳听波澜"、"性本爱丘山"的文人涌现以及山水诗文的勃兴）。就当今时代看，自然景观在现代旅游审美活动中的地位仍非常高，这是因为在工业化、城市化的进程中，越来越多的人渴望获得"久在樊笼里，复得返自然"或"返璞归真"的乐趣。

从旅游审美文化的角度上讲，自然景观的旅游开发应以"天人合一"的理念为指导，尽量保持原生态的天然美感，注重人与自然的和谐。

### 二、社会审美文化

人类的社会交往、社会活动过程也是美的创造过程。这些美普遍存在于人类的道德伦理、习俗礼仪、婚姻家庭、宗教信仰以及社会劳动和社会产品之中。旅游者所到之处，必然会以审美的态度观察、体验这些美，由此形成一种社会审美文化形态。

国家旅游局曾对一批美国游客作过有关旅华目的的调查，结果显示：美国游客对中国人民的生活方式、习俗和伦理道德感兴趣的占一半多，远远超过以游山玩水为主要目的人数的比例。

从旅游接待地的角度看，需要重视这样几个问题：一是要有意识地拓宽社会审美的领域，有目的地开发一些具有典型性社会劳动、生活场景的旅游产品（如民俗博物馆、农耕文化博物馆等）；二是要意识到接待地的良好社会风尚的养成，特别是对旅游接待地居民亲切、热情待人态度的培养，是增强旅游吸引力的重要途径（热情好客的民风也是重要的旅游资源）；三是要加强旅游服务人员的职业道德教育，旅游服务人员良好的职业道德，无形中会强化旅游者的审美感受和道德体验。

### 三、艺术审美文化

旅游活动中的艺术审美文化，是指旅游者与作为旅游审美客体的各种艺术作品发生"同构"关系而产生的文化形态。

艺术作品具有鲜明的主体性特点，它决定了旅游活动中艺术审美文化的特点。一是这种审美文化具有主导性、强制性，从而使得导游人员介入旅游者审美过程具有重要意义（如雕塑、绘画的鉴赏）。二是艺术品的审美价值主要在于它的内在意蕴，这种内在意蕴是社会文化的历史积淀，欣赏艺术作品必须具备一定的艺术修养。三是艺术审美对旅游者的反馈影响独特而深刻。艺术审美不仅具有娱乐、消遣作用，还具有审美认识和审美教育作用，使人受到真、善、美的熏陶，思想上受到启迪，引导人们正确地认识生活、认识世界，树立正确的人生观和世界观。

上述三类旅游审美文化对于旅游审美主体来讲常常是水乳交融、合为一体的。因此，在旅游业的实际工作中，必须对旅游审美文化加以综合分析和灵活运用。

## 第三节　旅游审美感受的层次分析

在旅游审美过程中，虽然审美内容差不多，如观其形、察其色、闻其香、品其味、听其声、觉其态、悟其质、辨其类、思其因等，但由于主体各自的审美感受在程度上不尽相同，往往显现出多层次性，这主要是因为审美感受一方面受制于审美对象，另一方面还受制于审美个性以及历史文化等因素。著名美学家李泽厚先生对审美体验层次这一问题进行过深入探讨，他把美感分为悦耳悦目、悦心悦意、悦志悦神三个层次，对于我们研究旅游审美很有启发。

### 一、悦耳悦目

所谓悦耳悦目，是指以悦耳、悦目为主的全部审美感官所体验的愉快感受。这种美感形态通常以直觉为特征，以生理快适为基础。这是广大旅游者普遍的审美感受形态（例如，游览桂林山水、张家界、九寨沟、长江三峡等）。对于旅游产品的开发，形态要美观，色彩要协调，声音要悦耳，对游人具有感官吸引力，防止视觉污染和噪音污染。此外，旅游审美在于丰富和新奇，旅游项目和旅游活动的安排应当丰富多彩、有声有色，充分给予游客悦目悦耳的审美感受，努力避免雷同单调或简单重复。

### 二、悦心悦意

悦心悦意是指人们透过眼前或耳边具有审美价值的感性形象，领悟到审美对象某些较为深刻的意蕴，获得审美感受和情感升华。这种美感效果是一种意会，在许多情况下很难用语言来充分而准确地表述，可谓"只可意会，不可言传"。例如观赏齐白石的画，你感到的不只是草木、鱼虾，而是一种悠然自得、鲜活洒脱的情思意趣；又如你在登临云雾缥缈的黄山时，产生的飘然若仙之感和超然出世之情。

悦心悦意是比悦耳悦目更高层次的审美感受。如果说悦耳悦目以感性或直觉为主要特征，那么悦心悦意则以理解和想象为主要特征。悦心悦意的精神愉悦与悦耳悦目的感性愉悦相比，具有相对的持续性和稳定性。

### 三、悦志悦神

悦志悦神是指主体在观赏审美对象时，经由感知、想象、情感尤其是理解等心理活动，从而唤起的那种精神意志上的奋昂或愉悦状态和伦理道德上的超越。它是审美感受的最高层次。这种美感形态之所以高级而深刻，是因为它体现了主体大彻大悟、从小我进入大我的超越感，体现了审美主体与审美对象的高度和谐统一。如乘船游长江、黄河，信步登临泰山、长城，将会唤起我们的怀古之情和热爱大自然之情，给我们以民族自豪感、崇高的使命感和对大自然的敬畏感。这种美感不是一般在感性基础上的感官快适，也不是一般在理解基础上的心思意向的享受，而是一种在崇高感的基础上寻求超越与无限的审美境界。这种审美特质无疑是符合当今时代与社会需要的，是有助于精神文明建设和有利于完善人性的。

从旅游审美上讲，悦耳悦目、悦心悦意、悦志悦神之间是层次递进或层次提升的关系；从旅游境界上讲，这是一个由"兴游"到"神游"或由"小我"到"大我"的过程。

## 第四节　中国传统的旅游审美思想

中国传统美学思想源远流长，儒、道、佛三家美学思想形成了中国古代美学思想的主流与灵魂，主导着我国社会传统的审美观。在几千年来的旅游审美实践中，也形成了富有民族特色的旅游审美思想，这些旅游审美思想是在儒家、道家、佛家等多种思想流派和宗教文化影响下形成的，至今仍然影响着人们的旅游审美观，如儒家的"君子比德"、"中和为美"、"天人合一"，道家的"澄怀味象"、"自然为美"，佛家的"禅悟之美"、"圆融之美"、"空灵为美"，等等。因此，了解我国传统的旅游审美思想对指导现代旅游活动有着重要的现实意义。

### 一、审美意识的历史概述

考察中国人的审美意识及其发展历程，通常主要采用两种具有代表性的方法：一是重文字训诂的考据法，二是重历史分析的考古法。

"羊人为美"或"羊大为美"道出了原始意识萌生的可能途径和审美感性的本原特征。原始人的审美意识大约发轫于旧石器时代晚期，从已发掘出的原始、粗糙和简陋的石器或工具中初现原始意义上的形式美和色彩美的萌芽。人类的审美意识经历了原始宗教、图腾崇拜、原始歌舞和巫术礼仪等的熏陶和影响，终于在青铜艺术和文字创生的时代积淀而成。

随着社会文明的进程和人类的文化觉醒，审美意识经过长期的积累，在西周"制礼作乐"的时代趋向观念化和系统化，从而形成了具有初级理论形态的中国古典美学思想体系。西周礼乐文化经过孔子的宣扬推崇，逐渐成为中国封建社会的理想范本，对我国后来包括美学思想在内的思想文化有着重要而深远的影响。西周以后，中国审美意识经过春秋战国时期百家争鸣的学术陶冶、儒道互补的精神洗礼以及楚汉浪漫主义的文化浸润，加之佛教虚幻主义的影响，走上了一条不断拓宽、日益丰富和多维结构的发展之路，在玄学之风盛行的魏晋时代达到了新的高度，于盛唐结出了丰硕的成果。宋明以降，理学、文字狱与近现代的战乱和文化专制主义等，尽管在不同程度上影响或制约了文艺的创作和繁荣，但并没有阻止国人审美意识的不断深化与多元发展，这种态势始终伴随着物质文明和精神文明前进的脚步，继往开来，与时俱进。特别是改革开放以来，人们的审美意识空前觉醒，审美文化多元发展并展现出蓬勃生机。

## 二、中国富有民族特色的旅游审美思想

### 1. 天人合一的传统美学精神

"天人合一"思想是中国人宇宙观的基本思想，"天人合一"是中国哲学也是中国美学的基本精神。但它究竟是否指人与自然的和谐呢？中国哲学史上关于"天"、"人"关系的论述有很多，在这里我们取"天"为道家认为的"自然"之意，这里的"天人合一"主要是指人与宇宙自然为一整体，取人与自然的不可分割之意，人遵循自然规律，人与自然秉性相通，从而化生万物。在中国思想史上，"天人合一"是一个基本的信念。著名学者季羡林先生对其解释为："天，就是大自然；人，就是人类；合，就是互相理解，结成友谊。"

历史上西方人总是企图以科学技术征服自然、掠夺自然，而东方先哲却告诫我们，人类只是天地万物中的一个部分，人与自然是息息相关的一体。我国的儒家、道家、佛家都对"天人合一"的思想有过深刻论述。"天人合一"是中国人特有的文化心理结构，一种特有的天人感应意识，人以超功利的审美态度观乎于天，天则以怡情悦性的妙用拂照于人。人们在旅游审美的过程中，总是习惯于突破现实而达至人生的永恒和无限。在人们俯仰自得的旅游审美中，心灵与太玄豁然贯通，宇宙与心灵浑然相融，主体怡然大化，这便是走入了"天人合一"的审美的时空。站在旅游文化的角度看，"天人合一"的美学精神除了与旅游审美活动和审美体验相关外，还会直接或间接地影响到旅游景观的开发与旅游生态环境的保护等方面。

### 2. "自然为美"与"澄怀味象"的道家美学思想

在道家来看，天是自然，人是自然的一部分。庄子说："有人，天也；有天，亦天也。"天人本是合一的，但人制定了各种典章制度、道德规范，使人丧失了原来的自然本性，变得与自然不协调。人类行为的目的便是"绝圣弃智"，冲破这些加于人身的藩篱，将人性解放出来，重新复归于自然，达到一种"万物与我为一"的精神境界。以老子、庄子为代表的道家在审美上强调精神自由，倡导"返璞归真"，反对"为物所役"或人的异化，追求自然无为，把审美同超功利的人生态度紧密地联系在一起，从而把握住了审美活动乃至艺术实践的根本特质。"道法自然"、"自然为美"是老子哲学和美学思想的基石。在老庄看来，自然界和人类社会只有遵循"自然"这一普遍的法则，万物才能够和谐共存，社会运行才会有正常秩序，人类才可能健康生活。道家崇尚自然淡远、飘逸古雅、平和清新的艺术美，注重本性天真、遗世独立和悠然自在的人格美。

老子指出："涤除玄鉴"是把握"道"的根本途径。"涤除玄鉴"意味着人们排除主观欲念和成见，以虚静空明的心境观照万物的本体和生命，如此才可以"致虚极，守静笃"，

"静"意味着澄心，心澄方虚、方空、方灵，方能领略道的至大无垠、至小无极，也才能观照万物化生的奥秘。这也就是说，观照"道"（泛指"自然"）必须有一种虚静空明的心境或高尚的审美情怀。道家提倡的这种虚静空明的心境使得后世人们在欣赏自然山水时审美意象得以产生，其影响是深远的。人们通过"澄怀味象"的状态和方式，可以进入"含道应物"的境界。宗炳提出了"澄怀味象"的审美理论，"圣人含道映物，贤者澄怀味象"。"澄怀"，即老子说的"涤除玄鉴"，庄子说的"斋以静心"，具体地讲，"澄怀"，即虚静其怀，使人情怀高洁，不为物欲所累，进入一种超功利的审美直觉状态；"味象"，即品味、把玩、体会宇宙万物的形象之美，从而感应"神道"，领悟大道。"味象"的"味"是品味、体察之意，"味"既有感性的意义又有理性的意义。"味"属于理性知觉，它可以说是一种既非概念又非判断的理性把握事物的方式，又可以说是一种合理性的感性把握事物的方式。具体来说，"味象"是对宇宙生命本体的体验和观照，也是对自然山水、客观事物美的形象、精神旨趣的品味和把握。"澄怀味象"就是以一种洁静虚极的心境去领悟自然山水之神韵，去领悟宇宙的精神本体之"道"。"味象"中的"象"含义很多，其中包含以自然山水为对象的审美观照。对自然山水的审美观照，必须使内心无我无欲、澄怀虚寂，方能"含道应物"，进入审美的身心愉悦的自由境界。

道家的"自然为美"（或崇尚自然）与"澄怀味象"的传统审美思想，对当今旅游者正确的旅游审美观念的形成乃至旅游的可持续发展有着重要的理论与现实意义。

### 3. "中和为美"与"君子比德"的儒家美学思想

中和为美是儒家关于艺术价值、创作原则与人格塑造的审美理想之一。"中和为美"思想的哲学基础是中庸之道。中庸，常也，中和可常行之道。不偏之谓中，不易之谓庸；中者，天下之正道，庸者，天下之定理。"时中"是一个关键性的概念，是真正理解中庸之道的一把钥匙，"时"可指时间、时运、机遇、环境或具体情境，"中"作为正确性原则，在运用过程中要时常考虑具体的情况以便把握住适当的时机，只有那样才会立于不败之地。儒家在审美观照上崇尚"中和"并一以贯之。

在自然美领域，儒家主张"比德说"，倾向于从伦理道德和人格心理结构的角度去观照自然景物，惯于将其比拟为某种人格品性的象征或隐喻性表现。春秋战国时期，儒家思想形成了较为明确的"君子比德"思想。孔子提出"知者乐水，仁者乐山"（《论语·雍也》）的"比德说"。"比德说"立足于儒家经世致用的道德哲学与政治哲学，要求人们治国必先修身，所谓"修身齐家治国平天下"，要求君子具备"仁"、"义"、"礼"、"智"、"信"等品德。儒家除了要求人们通过教育的方式塑造完美的人格之外，也倡导从自然审美对象中获取教育的灵感。在儒家审美观念中，山水不再是单纯物质意义上的山水，而具有了各种"德"、"仁"、"义"、"智"、"勇"、"察"、"正"、"包容"、"善化"等人性的品德，君子观赏山水不是简单地获得身心感官的愉悦，而是要从审美对象中获得塑造心灵美德的感悟。孔子说的"知者乐水，仁者乐山"，把人仁、智方面的修养与山、水相联系；他说的"岁寒，然后知松柏之后凋也"（《论语·子罕》），将松柏不畏严寒的自然特性与人的坚强不屈的精神品格相比拟。

在我国，"比德说"的传统审美思想一直影响着人们对自然美特别是对山水美的欣赏习惯。观物比德在中国美学史上意义重大。马克思实践哲学认为人们只有在实践中具有了人的意识而非动物意识并且能够利用自然、创造世界的时候才会对自然进行欣赏，人才会把自己的道德品性和精神品格投注到自然物象中，也只有在这时人们才会产生自然审美观，比德说也才成为自然美的一种理论。观物比德标志着人们对自然认识的深化，自然成为审美观照的对象。观物比德，就是通过审美观照探讨审美主体与审美客体之间在伦理道德、情感方面所存在的某种同形同构或者异质同构的关系。比如《宥坐》有"君子观水"的比德，"大水"的运行具有君子的"似道"、"似勇"、"似法"、"似正"、"似察"、"似善化"这样的品质，孔子从水中观照出人的某些本质力量。实际上，道家也有"比德"说，比如老子的"上善若水"、"上德若谷"等。观物比德用伦理道德情感揭示了自然美的本质，观物比德代表着人们对于自然认识的进步以及对于自然的观赏，但是这一命题又将自然美囿于伦理道德的范围，这也是观物比德的局限所在。

从美学角度考察，儒家在审美观念上注重美善统一，约以中和；在美感经验上，注重道德修养，理性知觉。

### 4."空灵为美"和"以圆为尚"的佛家美学思想

佛家中的禅宗崇尚空灵的思想，一方面来源于佛教大乘空宗关于"般若性空"的智慧论，另一方面来自老庄"尚虚贵无"、"得意忘言"的体道说。佛教中的"空"既是对宇宙和人生的事实判断，更是价值判断，也是众生解脱的修持实践需要。其提倡的"空灵为美"一方面指艺术风格和形象的空幻、玄远与飘逸品性，另一方面是指其富有灵气、灵性并且表现灵巧、精妙的旨趣、情思和意向。禅宗在审美观念上，以空灵为美，以万象寂静的涅槃为最高境界；在审美经验上，注重妙觉顿悟，强调万法皆空，推崇圆融感受；在审美趣味上，则贵清净幽寂的氛围，尚空灵玄远的意境，求梵我合一禅境中的禅悦。主体在"空"的情境下看鸟鸣朱箔之象，自可得群华自落之境。有"诗佛"王维的诗句为证："明月松间照，清泉石上流"；"空山不见人，但闻人语响"。

以"圆"为尚，是佛教或禅宗对现实美的变相肯定的突出表现之一。"圆"在佛教著作中是一个审美用语，用来指称一切美好的东西。佛教认为，圆形圆满无缺，是现实中最美的图形；涅槃圆满无缺，因而称"圆寂"；般若圆通无碍，因而称"圆智"；佛法圆活生动，故称"法圆"。理事不二，圆融无碍，自心见性，清净无为。如果说"净"是佛典中频繁出现的道德术语，那么"圆"则是佛典中频繁出现的美学术语。中国古代美学或审美思想以"圆"为尚，多得力于佛家的倡导。

## 第五节　中国旅游美学研究的发展历程

潘海颖教授在《基于生活美学的旅游审美探析》一文（载《旅游学刊》2016 年第 6 期）中认为，我国旅游美学的研究始于 20 世纪 80 年代中期。30 多年来，根据其研究对象的不同，基本可以分为基础理论探讨期、实践参与期和研究领域拓展期三个时期。

## 一、基础理论探讨期(1984—1994 年)

这一时期以卢善庆《旅游审美闲话》、郑家度《旅游美学研究》、王柯平《旅游审美活动论》、乔修业《旅游美学》、庄志民《旅游审美本体论思考》等成果为代表,对旅游美学的内涵、审美关系等进行了研究。其中,乔修业编著的《旅游美学》成为许多旅游院校开设《旅游美学》课程的教科书。1993 年全国首次旅游美学研讨会在云南召开,对前期的旅游美学研究成果进行了总结和归纳。从某种意义上说,旅游美学研究是当时处于低谷的美学研究走出书斋、走出玄学、服务社会的有效途径。这个时期,可以说是美学找到了旅游。

## 二、实践参与期(1995—2004 年)

这一时期是旅游美学服务于旅游社会实践的重要时期。旅游学术界对旅游美学思想溯源、旅游景观美学特征等都有所涉及,比较偏重以区域旅游开发为导向的应用性研究。与前一个时期不同的是,一方面旅游开发的热潮需要旅游美学理论的支持;另一方面,是旅游教育的大发展的需要对学生旅游审美素质的培养。此期间,徐辑熙(1997)、王柯平(1997,2000)、庄志民(1999)等先后编写了旅游美学教材,再加上庄志民的《旅游美学的基本内涵及其理论框架》(1999)、章海荣的《旅游美学研究对象辨析》(2002)等学术论文的发表,对旅游美学学科体系的构建起到了奠基性作用。

## 三、研究领域拓展期(2005 年至今)

随着对审美主客两分观点的重新审视和基于生活美学的深入探讨,以《旅游审美是诗意的对话》(曹诗图、孙天胜、周德清,2011)、《旅游审美文化嬗变与异化》(王晓倩、杨万娟、曹诗图,2013)、《旅游审美概论》(曹诗图,2013)、《旅游审美观照的哲学阐释》(吴海伦,2015)、《基于生活美学的旅游审美探析》(潘海颖,2016)等成果为代表,旅游的意义被重新认识,旅游审美文化论、旅游审美心理的研究成果日益丰富,旅游审美认识论正在寻求突破。这一时期的代表性观点主要有:

曹诗图、孙天胜等认为,旅游是审美的散步,审美是旅游的精魂。基于对审美主客两分观点的重新审视,旅游审美是诗意的对话,旅游审美的最高境界是旅游审美主体与旅游审美客体融为一体,由"在场"洞见"不在场"。提升旅游境界,关键是突破人的功利性束缚,具有万物一体的意识和超越主客关系的心境。真正的旅游审美是建立在对樊笼的突破、对身心自由追寻的基础上对生命意义的终极思考。

王晓倩、曹诗图等认为,随着人们社会生活方式的变化和旅游需求比重逐步增加,包含旅游审美内涵与意蕴的旅游审美文化品质迫切需要受到重视及提升。社会消费时代的到来,休闲主义与实用美学的广为流行,都不同程度地改变了传统的旅游审美文化,旅游审美更加自由与解放,同时也带来旅游审美文化的嬗变,其嬗变包括演进与异化。这一现象引发了人们对旅游审美文化中的消费主义和庸俗美学的反思。"回归理性、回归真善、回归和谐、回归诗意"是旅游审美的理想归宿。

吴海伦认为,旅游审美观照与旅游凝视存在交集,即专注而投入的视觉凝视,责任和义务的暂时搁置。但旅游审美观照具有旅游凝视所没有的主客互融共通的优势,而这恰恰是获得旅游审美意境的重要方式。旅游审美观照具有置身性、知觉性、体验性、非功利性的审美特征，旅游审美观照所追求的是审美精神的自由与超越。当人们置身于新异性的旅游审美场景中，在非功利性的前提下，经由审美观照，人们可以体验到精神的自由，反映到生活中便是"诗意地栖居"，这是旅游审美观照的意义所在。

潘海颖认为，当代的旅游审美趣味是多元和世俗的。在生活美学视野中，旅游之美在于天人合一，在于能动超越。从观光旅游到休闲度假，反映了人们审美情趣和审美方式的流变。观光旅游审美注重感性认识，休闲旅游审美注重感性存在，是对生命中感性价值的确认。从观光到休闲，审美是感性超越的过程，体现在对时空的超越、对审美主客两分的超越，以及对体验的超越。旅游审美通过活泼的生命体验，最终超越感性，能动地从生命存在的意义上获得美，完满生活，成就生命。生活本身的丰富性造就了旅游审美的丰富性，生活美学视角的旅游审美是激发，是唤醒，是重新发现。旅游审美本质上是对生命归属和文化价值的寻觅，其本体意义在于成就审美的人。旅游的审美本质是一种寻觅，是对生命归属和文化价值的寻觅。

## 复习思考题

1. 何谓旅游审美主体、旅游审美客体？简要说明旅游审美关系。
2. 旅游审美文化有哪些类型？
3. 举例说明审美感受的三个层次。
4. 简述中国传统的审美思想。

# 第四章 风景与审美观赏

风景审美的研究是旅游美学的重要课题，这一课题的研究具有重要的理论意义（丰富美学、繁荣美学）和现实意义（促进旅游资源的科学开发和旅游业的健康、持续发展）。自然风景不分时代、不分阶级，世世代代为人们所欣赏、所赞美。欣赏风景可以增知长智（"旅游是读写在大地上的书"）、养性怡情、陶冶情操、丰富生活。把风景作为审美对象在我国由来已久，如孔子曰"知者乐水，仁者乐山"；南朝名士陶弘景说"山川之美，古来共谈"。在旅游业空前发展的今天，人们对风景美的欣赏更加普遍、更感兴趣了。

## 第一节 风景美的类别

风景美的形态多种多样，如泰山之雄，峨眉之秀，华山之险，嵩山之峻，黄山之奇，青城山之幽，西湖的妩媚多姿，故宫的典雅宏伟……构成风景美的各种形态，难以胜数，但总的概括起来，可以分为自然美与人文美两大类别。

### 一、自然美

这里讲的自然美是指自然风景的美，它是天然（或自然）赋存的美，是与劳动创造的人文美相对立而言的。具体来说，就是一些自然物和自然现象，如山川湖泊、树木花草、烟岚云霞、日月星辰等在一定条件下所呈现的一定形式的美的形态。仅以山而言，就呈现出多种形态的美，如前面所说到的泰山之雄，峨眉之秀……这些各具特色的美，都属于自然美之列。自然美是构成风景美的最基本的要素，自然美最能为人们所理解，所接受，所神往，所陶醉，自然美很少受到阶级、民族、政治、文化等社会因素的影响，在这一点上，自然美与社会美、艺术美等人文美有很大的不同。

### 二、人文美

人文美是相对于自然美而言的，它是人类劳动创造的产物的美。如风景中的建筑物

（桥梁、宝塔、宫殿、亭台楼阁、园林、城市）以及书画、雕塑等呈现的美。它包括有艺术美、社会美（人类劳动的美）等深刻的内容。

人文美与自然美往往形成一个统一的整体，二者相得益彰，共同构成绚丽多姿的风景美。我国风景区大多是自然风景与绚丽的人文美交融在一起的，这使自然风景增添了审美层次和审美色彩，如我国的五岳、四大佛教名山、杭州西湖等。

神话故事与民间传说往往是使自然美和人文美增色的重要因素。常言道："山不在高，有仙则名；水不在深，有龙则灵"，就说明了此道理。许多景点往往因流传一些神话故事而出名，而成为名胜。故事传说可以给旅游景点或风景区笼罩一种神秘的传奇色彩和增添丰富的审美情趣，使风景美大大增辉。如巫峡神女峰与故事传说，路南石林的阿诗玛与故事传说等。神话故事像一条纽带将自然美与人文美连接成和谐统一的美的综合体。

# 第二节　自然景观的审美特质

山水风景中蕴藏着各种各样的美，这些美表现出丰富多样的形式，如形象美（或形态美）、色彩美、动态美、声音美、朦胧美、巧合美……它们是风景美的主要特征或主要表现形式。游客大多是从形式美（形象美）的角度游览、观赏风景，体味美感的。风景的形式美是引起旅游的主要因素。

## 一、形象美（或形态美）

黑格尔说过："美是形象的显现。"风景中最显著的特征是形象美。所谓形象美（形态美），是指自然景观总体形态和空间形式的美。在欣赏自然景观美时，首先应注意从分析形象特征入手，抓住构景要素的本质特点进行认识。风景形象美的特征非常丰富，主要表现为雄、秀、奇、险、幽、旷、野等。

### 1. 雄（雄伟、雄壮）

"雄"是一种壮观、壮美、崇高的现象，它与"阳刚美"是同一审美范畴。雄的特征在自然风景中，特别是在山体中是广泛存在的，如"泰山天下雄"、"夔门天下雄"……这里的"雄"主要是指其高大的形象（相对高度）和磅礴的气势。泰山位于辽阔的华北平原东部边缘，绝对高度不算很高（主峰海拔 1 545 米），但由于相对高度大，以磅礴之气势凌驾于齐鲁大地之上，故显得特别高大雄伟。杜甫在《望岳》中所写的"会当凌绝顶，一览众山小"，就是对泰山之雄的生动写照。

另外，山坡陡峭、山体线条挺直、植被稀少、自然轮廓分明也有助于形成雄（伟）的特征（北方的山多具有"雄"的特征）。

除山体以外，水体也能产生雄（伟、壮）的形象。水的雄壮在于水面的辽阔和水势的激荡（大海、瀑布、潮汐），如钱塘潮有"天下之伟观也"的赞誉。苏东坡曰："八月十八潮，壮观天下无"。每当大潮来时，有排山倒海之势（"远若素练横江，声如金鼓；近则旦如山岳，奋若雷霆"），形成雄伟壮观、气势磅礴的水景。黄河壶口瀑布也具有"雄"的美感。

若山水之结合，更能产生"雄"的特征，如长江三峡中瞿塘峡的"夔门天下雄"，与陡峭的高山和昔日奔腾的急流均是分不开的。

自然风景中的这些雄伟、壮观的形象，引起人们的审美感受主要是赞叹、震惊、冲突、崇敬、愉悦。雄伟之美使人产生仰慕、敬畏、激励之情，增人豪情壮志，催人奋发进取（如图4-1、图4-2所示）。

图 4-1  夔门天下雄

资料来源：陆大道.中国国家地理百科全书（四）.北京：北方妇女儿童出版社，2002：101.

图 4-2  东岳泰山

资料来源：人民画报编辑部.中国旅游名胜全书.北京：中国画报出版社，2002：28.

**2. 秀**（秀丽、秀美、秀雅）

秀美的主要特征是柔和、秀丽、优美、雅致、精巧，它与"阴柔美"属同一审美范畴。秀在自然风景区中是常见的一种审美形态，如"峨眉天下秀"是风景秀美的典范；再如"淡妆浓抹总相宜"的杭州西湖，如情似梦的漓江，山明水秀的江南春色，画廊般的巫峡，亭亭玉立的神女峰，绿水悠悠的小河，轻盈柔美的垂柳……都属于"秀"的审美形态（如图4-3所示）。

风景秀美一般具有这样的一些条件：一是景物的体量较小，形态的轮廓、线条较柔和、优美，呈波形；二是具有良好的植被，如茂林修竹，鲜花芳草，这是南方风景多具有秀丽特征的原因；三是有水景或云雾相伴。秀丽的景色多有绿水清流，云雾缭绕，这也是"南秀"的原因之一。

风景中秀美的形象，引起人们的审美感受主要是甜美、安逸、舒适、和谐、陶醉。秀美景观使人悠然自得，心绪平和，怡情养性。

图4-3　桂林山水——漓江

**3. 奇**（奇特、神奇）

什么样的风景才称得上"奇"呢？这里的奇主要是指景观的形态非同一般，出人意料。人称"黄山天下奇"，奇就奇在黄山的石、松、云、泉都非同一般。以石而言，造型别致，千姿百态（如喜鹊登梅、金龟探海、松鼠跳天都等）；以松而言，或扎根于危岩，或挺拔于峭壁，多姿多态，妙趣横生（如迎客松、送客松、卧龙松、黑虎松等）；以云而言，烟云缥缈，波澜起伏，浩瀚似海；以泉而言，温泉终年喷涌，不溢不涸，可沐浴，可医疗。又如张家界、雁荡山的山水，峨眉山的"佛光"，蓬莱"海市蜃楼"，云南的路南石林，仁化丹霞山的阳元石（被称为"天下第一奇石"）与阴元石，奉节小寨天坑，巫溪红池坝夏冰洞，当阳关陵无头树，沈阳、太连的怪坡，以及一些地方泉水中的喊泉、鱼泉、间歇泉、珍珠泉等都是我国风景中的神奇景象(如图4-4、图4-5、图4-6所示)。

图4-4　天下第一奇山——张家界

图4-5　路南石林

奇特之美的景观能愉悦人的情感，启迪人的智慧，激励人们追求和探索。

**4. 险(险峻)**

险(峻)这种风景美特征，对旅游者特别是年轻游客和西方游客富有吸引力。往往越是险的地方游人越是想攀登，而且往往越是险的地方越有美丽奇特的风光。如王安石在《游褒禅山记》中所说，"世之奇伟、瑰怪、非常之观，常在于险远"；又如毛泽东的诗句"无限风光在险峰"。黄山的天都峰、张家界的黄狮寨等都是以险、美著称。

图 4-6　天下第一奇石——丹霞山阳元石

资料来源：中国地理学会等. 中国国家地理（选美中国特辑）. 2005：112.

　　什么样的景观才称得上"险"呢？以山的形态而言，坡度特别大，山脊高而窄，往往形成险峻的山势，如华山。常言道："华山天下险"，"自古华山一条路"。华山峭壁如刀削斧劈，两侧皆是万丈深渊，异常险峻。又如黄山的天都峰、武当山的金殿与南岩宫、庐山的龙首岩、张家界（索溪峪）的鹰窝寨、恒山的悬空寺（有民谣曰："悬空寺，半天高，三根马尾空中吊"）、四川剑门关等都是著名的险景（如图 4-7、图 4-8 所示）。

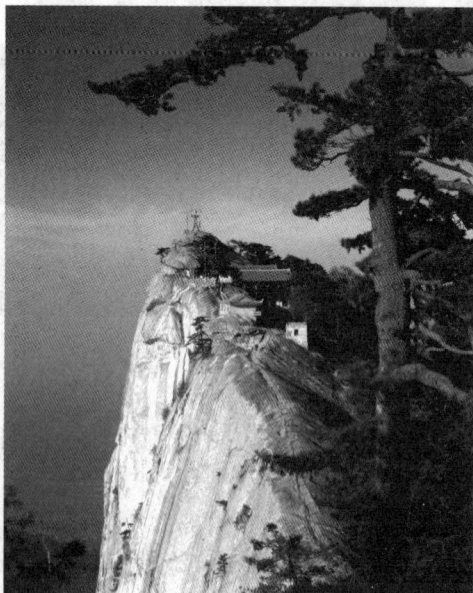

图 4-7　西岳华山

资料来源：陆大道. 中国国家地理百科全书（五）. 北京：北方妇女儿童出版社，2002：95.

图 4-8　恒山悬空寺

资料来源：人民画报编辑部. 中国旅游名胜全书. 北京：中国画报出版社，2002：202.

险峻之美的景观给予人们的审美感受是惊喜、激越、惊心动魄，它能炼冶人们的意志与胆略，激励人们奋勇进取，努力拼搏。

对于险峻美的景观的审美体验始于痛感而终于美感。它从心理不适开始，却以激情或紧张感得以释放、心理得以满足而告终。

**5. 幽（幽美、幽静、幽邃）**

"幽景"常以崇山、深谷或山麓地带为地形基础，辅以铺天盖地的高大乔木为条件，构成比较封闭的空间。这种景观视阈较窄小，亮度较低，空气洁净，景深而层次多，有迂回曲折之妙。可见"幽"与"深"、"曲"、"暗"、"静"是密切相连的。幽美在于深藏，景藏得越深越富有情趣，越显得幽美。这种景观常见于三面或四面环山、一方出口的山间小盆地，这里往往是建筑寺庙的理想之地，故有"深山藏古寺"之说。如峨眉山的伏虎寺、泰山的普照寺、湖北当阳的玉泉寺、五台山的寺庙等（如图 4-9 所示），很能给人以幽静的美感。

我国自然风景中的幽美之地，首推四川的青城山，素有"青城天下幽"之说。此外，四川的九寨沟、湖南张家界的金鞭溪、湖北建始的石门河等地"幽"（美）的特征也很突出。

幽景给人的审美感受是恬静、舒适、超逸，使人悠闲自得、超然物外，助人潜心静思，最宜养怡情，这也许是佛寺道观建于幽静之处的原因之一吧。

图 4-9　幽美的五台山寺庙

### 6. 旷 ( 旷远、辽阔 )

　　浩渺的水面、坦荡的平原、苍茫的草原及登高峰而俯瞰群山，皆可谓"旷景"，自有一种旷远辽阔之美感。上述景色的共同特点是视野极广、极远，一望无际，了无障碍，与幽景截然相反。旷景具有雄浑、博大、深沉、单纯之势，在单纯与变化的协调中透出无限生机，对生活空间狭小、视阈封闭的都市居民很有吸引力。我国典型的"旷"美景观首推"八百里洞庭"，故有"洞庭天下旷"之说。

　　旷远之美的景观，给人的审美感受与美育功能是使人视阈空间开阔，心境开朗豁达（如图 4-10 所示）。

图 4-10　辽阔坦荡的呼伦贝尔大草原

### 7. 野 ( 天然、质朴 )

以"野"为美的景观多见于原始天然、纯真古朴、富有野趣的景观,其一般很少受人类的干扰、雕饰或破坏。许多地区都具有这种美,如有大漠荒原之野的美("大漠孤烟直,长河落日圆"),有山林之野的美("返景入深林,复照青苔上"),有边塞之野的美("走马川行雪海边,平沙莽莽黄入天")。还有那美人的天生丽质,村姑的淳朴无娇等。它们的共同特点是妙境天成,绝少人为,可谓"天然无雕饰"。在环境污染、生态失衡的当代,人们亲近大自然、返璞归真的愿望非常强烈。具有天然野趣的旅游地或风景区是人们向往之地,日益受到旅游者的青睐(如青藏高原、小三峡、九寨沟、神农架、喀纳斯、张家界、野三河等)。

具有天然野趣之美的景观给予人的审美感受和美育功能是,具有自由自在之趣,苍凉悲壮之慨,助人童心不泯,使人心灵净化,促人率直磊落(如图 4-11、图 4-12、图 4-13 所示)。

图 4-11　天然美的青藏高原

## 二、色彩美

色彩在构景中起着非常重要的作用,它与形象美相比,对人的感官更富有刺激性。姹紫嫣红的花草树木(花是色彩的"天使"),光彩夺目的朝晖夕阳,色彩斑斓的云霞彩虹,晶莹光洁的冰雪雾凇,流光溢彩的江河湖海,无不以其特有的色彩引人注目、诱人欣赏。

自然景观的色彩可分为山色(近山绿而远山蓝,渐远渐淡,层次可辨),石色(如丹霞山、黑石山、白石山、火焰山、紫金山等),天色(如朝霞、彩云、雾霭等),水色(如九寨沟的五花海、黄龙的五彩池、鸭绿江、漓江、清江等),植物色(如鲜花、红叶等)。

古往今来,有许多关于自然景物色彩的歌咏与描写,如王勃的"落霞与孤鹜齐飞,秋

图 4-12　原始美的新疆喀纳斯湖——月亮湾

图 4-13　朴野的九寨沟木屋

水共长天一色"；白居易的"日出江花红胜火，春来江水绿如蓝"；杜牧的"停车坐爱枫林晚，霜叶红于二月花"；范仲淹的"浮光跃金，静影沉璧"，均可谓千古绝唱。朱自清先生把浙江仙岩梅雨潭的绿水比做"一张极大极大的荷叶"、"一块温润的碧玉"；他将梅雨潭的绿形容为"醉人的绿"、"女儿绿"。他在《绿》一文中对自然景物色彩美进行了高超的描绘。

色彩美最易于被人直观感受，对旅游者最富有吸引力。美丽的色彩能给游人带来赏心悦目的感受，乃至令人兴奋、神往、想象。

### 三、动态美

运动是生命的表现，运动具有力度，富有气势，运动所产生的美感能令人精神振奋，促使人们遐想、激励和追求，如观钱塘江潮，看黄果树瀑布，赏黄山云海等都可以有这种感受。

自然风景中的动态美，主要是由波涛、飞瀑、溪泉以及云雾的运动等自然景观所构成的。自然界中的风是形成动态美的主要动力之一，如垂柳拂岸、云雾缭绕等。

在特殊情况下，空间位置虽未得到改变的物体(即静止不动的物体)也能产生动态感。例如，因岩石的纹理与植被的特殊组合关系形成漓江岸边"九马画山"的景观，隐约显现出众马奔腾的图案。特殊的造型与组合更能产生动态美感。如雁荡山有"灵猫捕鼠"景观，是相对的两崖上各有一石，酷似一猫一鼠，审美联想作用使人觉得好像猫追鼠逃，虽然这两块石头千年不动，却具有较强的动态美感。

在旅游审美过程中，想象力丰富的人往往善于发现动态美，更能欣赏动态美。

### 四、朦胧美

朦胧美是相对于清晰而言的，如透过云雾看风景时，云雾中的景物若隐若现、模模糊糊、虚虚实实，使人产生神秘、幽邃、玄妙之感，易引起观赏者许多遐想。朦胧能使物体界线显得模糊，轮廓显得柔和，给人以缥缈之感。朦胧不是"挡美帘"，而是"遮丑纱"，在特定的条件下，景色妙在模糊，美在朦胧。若清晰可见，其丑处则显露无遗，而朦胧则能"弥补"某些先天不足，显示出神奇的美感，如"月下看佳人"就含有这方面的道理。游三峡于云雾中看神女峰，惟妙惟肖(如图4-14所示)，若晴天用望远镜观之，看到的只是一块普普通通的石柱，令人大失所望、兴味索然。再如烟雨中的西湖("山色空濛雨亦奇")，朱自清先生描写的《荷塘月色》，从审美的角度看，都体现出"朦胧美"的浓厚特色。"距离产生美感"也含有"朦胧美"的意思。

中国人在审美上有欣赏朦胧美的偏爱，如"晴湖不如雨湖，雨湖不如雾湖，日湖不如夜湖"之说；人们对"雾失楼台、月迷津渡"等朦胧美景情有独钟。

游览中要想采获丰硕的朦胧美果实，关键在于变被动接受的欣赏心理为主动创造的欣赏心理，展开想象这双自由翱翔的翅膀。

自然风景美中除上述四种表现形式外，还有声音美(如高山流水，泉水叮咚，瀑落深潭，泉泻清池，惊涛拍浪，雨打芭蕉，风起松涛，幽林鸟语，寂夜虫鸣)、嗅觉美(梅花暗香浮动，丹桂飘香，风送荷香)、质感美(如地毯式的草地)、巧合美(如曲阜孔庙的"五柏抱槐"，张家界的"神鹰护鞭"等)，它们共同构成丰富多彩的风景美，吸引着人们去发现，去研究。

图 4-14　朦胧美的神女峰

资料来源：刘家信. 神奇画廊. 北京：中国城市出版社，1998：30.

## 第三节　风景审美观赏方法

先哲康德说过："一个能够在自然中发现美的人，是一个具有优美灵魂的人，值得令人尊敬"。可见善于在自然中发现美对于人生有多么重要。怎样才能在大自然中敏感地发现美呢？其中一个重要的问题是观赏风景的方法问题。

如何有效地观赏风景呢？简单地说，离不开知识、方法、距离、角度、时间和情感。根据传统的赏景经验和自己的实践体会，我们总结出六个基本方法，即"观景先知，动静结合，变换视位，选择时机，抓住特点，调动情感"。

### 一、观景先知

我们的审美感知不只是五官的感受，而且带有一定的理解、领悟的因素。因此，当你要到某一风景地游览时，首先应了解一些该风景地的景物特点以及风景地的有关知识，这就是人们常说的"游景先问"，这对观赏效果是大有好处的。如武当山是我国著名的道教名山，普陀山是我国佛教名山。武当山的美主要表现在人文景观与自然景观的结合上，即建筑美与山水美的结合上；普陀山的景观特点则旨在表现"海天佛国"的意境，追求一种庄严、清静、神秘、脱俗的宗教气氛。如果对有关知识了解不多，游览时可能会使你收获甚少，甚至感到失望。有的人上武当山游览后发出"不上武当想武当，上了武当上大当"的感叹，原因之一恐怕与此有关。至于游览名胜古迹时，更应事先对有关历史知识和典故作较多的了解。只有对观赏对象有较充分的了解，才能有重点、有目的地进行游览，以便核对、印证、充实、深化已有的认识，从而获得最佳的旅游效果。

### 二、动静结合

动静结合即动态观赏与静态观赏相结合。动态观赏，实际上是一种游览：或步行，或乘车，或乘船，这种游览方式比较适合观赏宏观之景或密集之景（如山水风光，街市景观）。动态观赏的特点是快捷、经济，如乘舟游览河流两岸风光，驱车游览都市街景。这种观赏方式对于游客具有较大的吸引力。如长江三峡、漓江、清江等采用乘船游览这种动态游览方式。

静态观赏是旅游者在一定的位置上停留，面对风景的一种细致的欣赏活动，或注目观赏，或缓慢地移动视线，仔细品味其中的美感与奥妙，它比较适宜对精细、复杂、微观之景特别是园林（假山奇石等）、古建筑、溶洞、碑刻、雕塑等景观的观赏。

对动态与静态这两种观赏方法的选择，主要视游览对象的特点与性质而定。需要强调的是，动观一般追寻天趣与动美，静观通常寻求情趣与静美。两种方法交替使用，方能领略景观的全貌，获得整体美感。事实上，动中有静、静中求动、动静结合的观赏方法，也符合旅游者在搜奇览胜过程中的心理、生理节奏。只有这样，旅游者才能全方位享其美趣，得其神韵。

### 三、变换视位

我们所观赏的自然风光等旅游景观，都是以整体连续的空间形式展现在眼前的，如同观赏连续不断的立体风景画面，这些画面有近有远，有大有小，而且随观赏者的动态游览的相对位置而变化，可以说是远望近观，各得其妙。要想完整、深入地游览赏景，必须做到远近结合，宏微结合，远望得"势"（把握总体特征，有些景观造型，远观其形象逼真，一旦近看则面目全非），近观取"神"（把握细节与精华）。一般来说，壮观美、朦胧美、广袤美宜远眺，优美、奇美、细美宜近看；粗犷豪壮之美宜远看，精细灵巧之美宜近观。具体到自然景物来说，丛山、大海、悬崖、草原等宜远眺；稀树奇花、珍禽异兽、假山奇石、雕塑、石刻宜近看。此外，"横看成岭侧成峰，远近高低各不同"，还要善于变化游览观赏的地点、高度与视角，以达到移步换景的观赏效果。一般来说，远视可揽全景和整体的美，近看可观局部、细致的美，仰视足以显示景物的雄伟、高峻，平视可见景象开阔、辽远，而俯视则见其纵深层次，尽收眼底（"欲穷千里目，更上一层楼"；"俯首群峰低，放眼天地宽"）。

### 四、选择时机

山水的自然美，随着春夏秋冬的季节更替和阴晴雨雪的天气变化乃至昼夜的变化而变化。古人曰："春见山容，夏见山气，秋见山情，冬见山骨"；"夜山低，晴山近，晓山高"。这种变化的美，因时而异，各具特色。春季繁花遍地、鸟语花香；夏季草木苍郁、生机盎然；秋季天高云淡，硕果累累；冬季银装素裹，琼楼玉宇。四时之美，各有千秋。欣赏自然美，要根据具体景物的特点，善于选择时机，如果你到北京香山游览，最好是在秋季，以观赏满山红叶，一饱眼福。又如观赏浙江"钱塘潮"，大理"蝴蝶会"，吉林的"树挂"（雾凇）都只有在特定时间前往才能得以欣赏。内蒙古的"那达慕"、云南傣族的"泼水节"等人文景观亦是如此，游人在节日观赏的感受与一般日常表演性观赏的感受是大不一样的。

自古道"良辰美景"，自然界中的有些美景须待良辰才能被很好地欣赏。有些景观的美是随天气条件而变化，在不同的天气条件下，观赏的效果大不一样，必须根据"因景制宜、因时制宜"的原则善于选择。如观赏瀑布，最好选择在雨天或雨天过后，如黄山的"人"字瀑，平时水量很小，很难形成"人"字，只有当大雨过后、水量大增之时，才能观赏到"人"字瀑的奇妙景观。

## 五、抓住特点

我们所观赏的自然风光等旅游景观千姿百态，各具特点。对于自然景物而言，旅游审美中应注意抓住景物的特点如形态美（雄、奇、险、秀、幽、奥、旷、野等）、色彩美、声音美、动态美、静态美、朦胧美、巧合美、象征美等；对于人文景观，旅游审美中应注意抓住景观的特点如社会美、技术美（如对称与均衡、调和与对比、尺度与比例、节奏与韵律、多样与统一等互动原理）、协和美、风情美、意境美等。抓住了景物的特点，将会大大提高游览观赏的质量。

## 六、调动情感

我国传统的风景欣赏经验很强调外在的景观与观赏者自己内心情感的交融，讲究情景交融，做到观景生情，以景悟情，以景激情，达到物我同一。这就要求旅游者对风景美较为敏感，具有丰富的情感和活跃的思想，做到"登山则情满于山，观海则意溢于海"，与大自然产生共鸣，而这些又是与个人的游览观赏经验、文化素养及心理素质相联系的，特别是与游览者的想象能力分不开的。如苏东坡赞美西湖："欲把西湖比西子，淡妆浓抹总相宜"，是在观赏的过程中展开了丰富而美好的想象与联想，将西湖的风光美与西施的人体美进行类比，别具一格地抒发了这一千古绝唱的赏景情怀。又如，法国美学家麦尔眉把山河类比为父母，"山河之美使我想起了我的父母亲，我的父亲好比是一座山，既庄严，又吝啬，你想得到他的一块矿石，得付出比采矿石多几倍的血汗；我的母亲好比是一条河，她给我犹如流不尽的河水，你提千桶万桶她也不嫌多"，亦可谓人与自然审美观照中的迁想妙得。如果说科学研究要控制情感的话，那么赏景审美活动则是情感越丰富越好。

需要说明的是，游览观赏中情景交融的出现每每有一定的条件，这与缓步漫游、凝视静观、精神自由等是分不开的，来去匆匆、走马观花、心绪不宁是达不到情景交融的审美效果的。

# 第四节　中西山水文化审美比较

中国人与西方人在对山水审美的视角、偏爱、情趣、内在意蕴、人文性表现等方面，有着各自不同的特点。

## 一、山水审美的出发点不同

在中国，"比德说"的审美思想一直制约着中国人对自然美特别是对山水美的欣赏习惯。人们深受重实践理性的儒家文化的影响，在山水审美中，习惯于将山水看作理想、追求、憧憬、道义以及人格的象征。"智者乐水，仁者乐山"就是这一倾向的高度概括。"比德"（"比德"就是赋予自然山水以仁智等道德人格，通过审美观赏，从山水中获得道德启示）特征明显。

西方人对山水自然景色的欣赏，不会寄托这么多的道德伦理内容。他们对山水的欣赏主要出自两点：一是纯粹欣赏自然的形态美；二是感受自然与人的心情的契合。"畅神"（"畅神"就是旅游主体将自然界当做审美对象，在欣赏性的旅游活动中得到神情舒畅、极视听之乐的审美愉悦）特征明显。

## 二、山水审美偏爱不同

从整体上说，奇峰怪石、江河湖海、溪流瀑布、奇树异花，中国人与西方人都是喜欢的，但如果我们从广义上理解自然山水的概念，那么仍会看到一些或大或小的区别。

中国人与西方人对水的审美着眼点有所不同。中国人爱水的柔和、润滑、洁净、秀雅等阴柔美形态；西方人的性格、心理与中国人有些不一样，同样是爱水，除了爱水的柔和、润滑、洁净、秀雅等阴柔美形态外，还特别对它的辽阔、汹涌、澎湃等阳刚美形态感兴趣。因此，他们更喜欢海洋以及与此有关的海湾、海岛、海滩等。

中国人因为对自然抱有一种人格化的审美倾向，故而大至自然山水，小至树木花草，都将理想人格投射进去，如偏爱"四君子"（梅、兰、竹、菊）式的自然生物便是基于此。不同的是，西方人除了爱好直接生长在山水中的植物以外，还喜欢弥漫在山水间的空气和阳光。中国人虽然也喜欢太阳，但更偏爱月亮，例如古今咏月诗文不计其数，而歌颂太阳的诗文相对较少。在西方文化中，日神阿波罗始终占有极其重要的地位。

中国人在山水游览中，特别喜欢空灵、神奇而又虚幻、玄秘的景色，如峨眉山的佛光、蓬莱仙境和许多以"仙"、"神"、"佛"、"龙"等为名目的景观。四川乐山卧形"隐佛"（乐山大佛位于"隐佛"心胸部位）的发现吸引了众多游客的观赏，这就是中国人旅游虚幻审美的典型。由于西方人具有爱激动、易兴奋、敢于冒险的性格特征，故他们更喜欢险峻壮丽的景观，如峡谷、险峰、峭壁、瀑布、大海等。

## 三、山水审美情趣不同

中国人欣赏自然山水，认为最高境界是人与自然的融合，讲究物我同一；西方人在欣赏自然山水时却是将人与景置于不同的位置进行"对接",互作观照,而不是完全融合、不分彼此。如"人闲桂花落,夜静春山空","感时花溅泪,恨别鸟惊心",这种中国人津津乐道的美文佳句,西方人也许认为是无病呻吟或小题大做,因为景中之"我"难以觅其踪影。

### 四、山水景观的人文性表现不同

在山水景观的人文性表现上,中国人甚于西方人,具体方式也有所不同。中国的山水景观的人文性表现主要形式为特色点化(如"泰山天下雄"、"黄山天下奇"、"华山天下险"等),诗文的描绘(如苏东坡咏杭州西湖的诗句等),神话故事与传说的渲染(如神女峰的传说),与宗教的结合(如"天下名山僧占多")。相对来说,西方的一些自然山水景点就没有中国这么强的人文性色彩,除了一部分纯粹以本身的形态魅力吸引游客的景观外,带有人文性的景观主要是戏剧、小说描绘的环境和传说依附。在人文性的描绘上,中国大多是歌颂善良、勇敢、智慧和战胜邪恶,结局圆满,而西方大多带有传奇和悲壮的色彩。

**复习思考题**

1. 举例说明风景美的主要特征或主要形式。
2. 怎样观赏风景?结合你自己的旅游审美实践谈谈体会。
3. 试对中西山水审美观进行比较。

# 第五章 中国古典园林与审美观赏

园林是指在一定的地域运用工程技术和艺术手段通过改变地形(筑山、叠石、理水)、种植花草、营造建筑和布置园径等途径而形成的休闲与游憩境域。

古典园林在我国旅游资源中占有重要地位,例如中国十大风景名胜中就有两大风景名胜属于古典园林,即苏州园林与承德避暑山庄。中国园林艺术历史悠久(起源于商周时代的"囿",即帝王游猎、娱乐和进行礼仪的场所。秦汉改称为"苑",唐代达到成熟时期,明清时代达到高峰),风格独特(设计精湛,布局奥妙,巧夺天工,富有诗情画意,有"凝固的诗,立体的画"之美誉),在世界园林艺术中享有盛名,被誉为"世界园林之母"。中国园林艺术包含有丰富的古典美学思想,具有很高的观赏与游览价值。园林文化在中国文化中占有很高的地位,它与京剧、烹饪、山水画并称为中国的"文化四绝",是我国旅游文化资源中的瑰宝。近年来"城市园林化"呼声日益高涨,山水园林城市备受青睐;旅游景观设计中的园林艺术得到普遍应用,园林艺术必将迅速普及并不断提高水平。

## 第一节 中国古典园林艺术概述

### 一、中国造园艺术

#### 1. 我国造园艺术的基本美学思想

中国古典园林景色富有诗情画意(诗是园林造景的理论,画为园林造景的蓝本,园林设计者多是诗人、画家),追求"三境"(生境、画境、意境),追求含蓄,追求自然,追求情趣,追求小中见大,追求集多种艺术于一体(如诗歌、书法、绘画、雕塑、建筑等),讲究情景交融。造园艺术思想是儒家以"中和"为美、道家以"自然"为美、禅宗以"空灵"为美三种古典美学思想的综合体现。

园林艺术并不以建造房屋为目的,而是将大自然的风景素材通过概括与提炼,使之再现,供人观赏。它虽然为人工建造,但力求具有真山真水之妙,以达到身居闹市而享受山水风景的自然美与天然野趣之目的。它刻意创造一种小中见大、空灵玄远的精神空间，供人们游乐观赏，养性颐情。中国园林寄托着人们对祖国大好河山的眷恋之情，创造了人与自然和谐相处的艺术，并表达了中国传统文化中的经典美学思想。中国园林是诗意的栖息地。

**2. 园林艺术创作手法——巧于"因"、"借"**

（1）因地制宜。自由灵活布局，追求自然美（如图5-1所示）。

图 5-1　因地制宜的北海园林建筑

（2）空间分隔。多用假山、花墙作为隔景与屏障，以达到含蓄、曲折之目的。中国园林有"园必隔，水必曲，隔则深，畅则浅"之说。

（3）空间对比。注意大小、开合、抑扬等，以引人入胜。

（4）空间的渗透与构图的层次体现（如漏窗的泄景、引景作用）。

（5）对景与借景。对景是在园内主要的游览线或视线方向布置景物，即连接对应景象；借景是把园林的景物巧妙地组合到园内来，以强化景象的深度与广度，丰富观赏内容，提高观赏效果。

**3. 园林造景艺术要谛——"五要"与"五避"**

（1）在有限的空间里，要再现自然山水的美，寓意曲折含蓄，引人探求、回味，避免全盘托出，一览无余。

（2）造山挖池，要巧夺天工，避免矫揉造作。

（3）建筑物的设置，要与周围环境有机结合，避免画蛇添足或争奇斗胜。

（4）景物的安排，要有构图层次，突出重点，避免喧宾夺主。

（5）景物的组织，要和谐统一，有连续性，避免杂乱无章、断径绝路。

二、中国园林的分类

中国园林按归属分类，可以分为皇家园林、私家园林、宗教园林三大类别。

**1. 皇家园林**

皇家园林属于皇帝和皇室所私有,古籍里称为苑、苑囿、宫苑、御苑、御园等,主要集中分布在古都北京和黄河中下游的西安、洛阳、开封等地。这种情况与北方长期是我国的政治、文化中心有关。皇家园林中的典型代表有北京颐和园、河北承德避暑山庄等。其突出特点是规模较大(体现"普天之下,莫非王土"的皇权思想),气势恢弘,宏伟壮观,布局比较严整,分区明确,园中有园,建筑物的色彩浓重、富丽,色调以红、黄为主。同时,还具有风格粗犷、多野趣、各种人工建筑厚重有余,轻灵、委婉不足等特点。如果用一个字来概括其总体特点,即"雄"。此外,北方的皇家园林在建筑结构上较敦实、厚重、封闭,有着抵御寒风和风沙之功能;建筑色彩比较富丽且以艳色和暖色为主,给严寒的北方以暖意(如图 5-2 所示)。

图 5-2 北京颐和园

资料来源:陆大道.中国国家地理百科全书(一).北京:北方妇女儿童出版社,2002:55.

**2. 私家园林**

私家园林,又称第宅园林,多属于官吏、富商和文人所私有,古籍里称为园、园墅、池馆、山庄、别业等,主要分布在江南的苏州、无锡、南京、扬州、杭州、湖州等地。选址多在城市,功能上居住、休憩、游赏三者合一。其主要特点是规模较小(如苏州园林中最大的拙政园只有 62 亩,不到承德避暑山庄的 1%),布局灵活,营造精巧,建筑体量相对较小,多假山奇水(奇石、池塘),玲珑秀雅,韵味隽永,富有个性。第宅园林的主人多是文人士大夫,或由文人、画家参与设计营造,因此表现出士大夫阶层的清高淡泊、寓意深远的思想。中国文人重视园林建设有着深刻的文化渊源,因为中国知识分子的生存基座向来不大，思想不自由，而生活态度自由，因此不遗余力地在生活的细节中努力开拓创造空间，将万般诗书沉淀于衣食住行，从而形成了独具特色的园林建筑等文化。第宅园林风格富有诗意与书卷气，清雅质朴，个性鲜明，多以写意式的山水为主体（"一勺代水，一拳代山"；咫尺之内，再造乾坤），将大自然的山水景观浓缩提炼到诗情画意的境界，并致力于创造和表现"小中见大"、"空灵玄远"的精神空间。宋代以降消闲主义日益抬头，文人的山水诗画更为发达，而明清时期出现的江南园林建筑，似乎就是消闲心态——静本位的一种物质形态化的象征。佛家、道家文化是一种"静"的文化，故易融入园林文化之中。私家园林的造园艺术受禅宗文化影响较大，追求"空灵、玄远"之美，如"小中见大"、"曲径通幽"的布局，具有"空灵之美"的太湖石，景点命名上的"空心潭"、"筛月亭"等。江南园林建筑物色彩与北方园林明显不同，其色彩处理朴素淡雅，色调以黑、白为主。黑色的小青瓦屋顶与水磨砖窗框、栗色或棕色的木梁架、白粉墙等，既与青山、秀水、绿树的环境十分协调，也迎合园林主人追求闲适、宁静的心理需要，整个园林显得十分秀丽、雅致、幽静。如果用一个字来概括其总体特点，即"秀"。总体风格特点与我国地理环境的"北雄南秀"的地域特征是一致的，其美学特征与我国南方人的审美观（崇秀尚雅）也非常吻合。此外，南方的私家园林建筑结构轻巧、通透、开敞，有着排水、防霉之功能；建筑色彩以素淡为主，给炎热的南方以凉意。建筑玲珑雅致，讲究细部处理和内部陈设（如图5-3、图5-4所示）。

图5-3　无锡寄畅园

### 3. 宗教园林（寺观园林）

宗教园林是以佛寺、道观为主的庭园或佛寺、道观的附属园林，其总体布局体现对老庄思想"旷达放荡、纯任自然"的追求，通常选取环境优美或险要之地，用以象征仙境。刻意体现宗教宣扬的"天堂"的感应气氛，并致力追求肃穆、庄严、神秘色彩，以达到对

图 5-4　苏州网师园

资料来源：楼庆西．中国古建筑二十讲．北京：生活·读书·新知三联书店，2004：182.

人们产生强烈的宗教感应的目的。佛教、道教多在深山名川建造寺观，以自然景观为主作为构景方式，形成山林型的寺观园林。地处山巅的寺观，其地理特色是高山峻岭，地势险要，寺观居高临下，视野开阔，巧妙利用地形，少饰色彩，朴实无华，与周围自然环境融为一体(如泰山绝顶的碧霞祠、青城山顶的清宫、远安的鸣凤山道观等)。地处山坳山麓的寺观地理特色是山深林静，环境幽邃("深山藏古寺"；"山当曲处皆藏寺，路欲穷时又遇僧")，寺观布局取宁静清雅之利、层叠曲折之巧，具有"曲径通幽处，禅房花木深"的意境，与自然环境很融洽(如峨眉山的伏虎寺、杭州的灵隐寺、当阳的玉泉寺等)。宗教园林总的特点是幽深恬静、自然和谐。

　　一般而言，道教园林以建在山顶险峻之处居多，佛教园林以建在山麓幽静之处居多。宗教园林受"天人合一"的传统文化影响较大，讲究"自然和谐为美"。宗教园林除了具有寺观建筑与自然景观密切结合、宗教功能与游赏功能密切结合的特点外，还具有公开开放、任人游览的特点。这是由宗教的性质决定的。宗教旨在"普度众生"，崇尚"乐善好施"，对来朝觐者、游览者，不管贵贱贫富、男女老少，一概欢迎，因此宗教园林具有公共游览的性质，不同于只供少数人独享其乐的皇家园林和私家园林。

　　此外，中国园林还通常按地理分类，如北方园林、江南园林、岭南园林、巴蜀园林、西域园林以及风景园林、城市园林等。北方园林以皇家园林为主，江南园林以私家园林为主。岭南园林主要分布在珠江三角洲的广州、番禺、佛山、顺德、东莞。岭南园林发展历史较晚，曾师法北方园林与江南园林，风格介于北方的皇家园林与江南的私家园林之间，近代又受到西方构园方法的影响，吸收了一些西方的造园手法。岭南园林因受地理环境因素的影响，具有浓郁的热带风光特色，建筑物洗练简洁，轻盈秀雅。

## 第二节　园林要素及其审美特征

中国园林主要是由山石(假山叠石)、水(池)、花木、建筑(亭台楼阁、桥榭厅廊)四大基本要素组合而成的一个综合艺术品。

我国造园艺术深受山水诗、山水画的影响,园林建造要求再现山水的自然美,故山水是我国造园艺术不可缺少的基本要素。

### 一、园林中的山石

山,是园林中的"骨架"。其体量高大,可以将园林分割成不同的空间,构成不同特色的景区、景点,并形成制高点,供游人登临以便鸟瞰全园景色。我国大多数园林中的山是假山(人造山),造山叠石是中国造园的传统。我国假山叠石的艺术,扬州的个园是一个典范,它以高超的假山叠石技艺而驰誉,故有"扬州以名园胜,名园以叠石胜"之说(个园有著名的四季假山)。

#### 1. 假山叠石的审美功能

其功能主要是点缀和分割空间,增添园林野趣与自然美,尤其是景石具有天然的轮廓造型,质地粗实而纯净,是园林建筑与自然环境空间联系的一种美好的中间介质,故石在园林中地位十分重要,历来有"无园不石"之说。将景石用来处理死角、装饰池岸、加强山势、连接墙根、点缀门景、落地叠山、长路割切、池中点步、平地点景、景窗作陪、狭道对景等都能收到很好的造景效果。

#### 2. 假山叠石的审美标准

(1)以假乱真。

注重模拟自然中的真山之美,"虽由人作,宛若天成",达到"以假乱真"的艺术效果。评价园林中一座假山美不美,主要是看它是否具有真山的形象,是否具有一定的原始味道和天然野趣。造山不在高,贵在有脉络、有层次,假山如真方妙,真山似假便奇。

(2)瘦、透、漏、皱、清、丑、顽、拙。

这是古人总结的品石的主要标准。

"瘦"是指石或峰要挺拔俊秀,以苗条并露出石骨为好,旨在体现中国古代文人的思想情感,即以山石的瘦象征文人棱角分明、刚直不阿的风骨和"衣带渐宽终不悔"的意境。

"透"是指石的纹理贯通,玲珑多孔,外形轮廓飞舞多姿。以石的通透比拟中国古代文人耳聪目明的意态。

"漏"是指石身有许多孔穴,上下相通,四面玲珑,暗喻血脉相通的活力。"透"、"漏"均寄寓着文人士大夫们对"空灵美"的追求(与受禅宗文化崇尚空灵美的影响有关)。

"皱"是指奇峰异石的表面有凹凸,有纹理,起伏多变,在光线下呈现有节奏的明暗变化,寓含风姿绰约的韵味。山石有皱方能显示其古朴苍老,才富有真山之气质。

上述四字侧重于石"形"的评价。

"清"是指石、峰的阴柔秀丽之美,寓秀雅、清静之意。

"丑"是指石、峰的愚拙奇异之美,含不入流俗之意。丑石在叠石诸品中尤为难得,其富有个性,丑中寓美也。

"顽"是指石、峰的坚烈阳刚之美。

"拙"是指石、峰的浑朴敦厚之美。

上述四字侧重于石"神"的评价。

"瘦、透、漏、皱、清、丑、顽、拙"这八个方面在具体的峰、石上常常互相显现,这就需要仔细品味,从整体上把握假山叠石的景态美。

### 3. 水石的审美标准

水石(如三峡石、黄河石等)的审美标准为:色泽、纹理、形态、质地、神韵。水石是河中卵石,石中含有不同种类的矿物质,而矿物质的色泽、结晶、形态、硬度各不相同,经河水冲击、搬运后形成色彩斑斓的图画,似像非像,富于想象。现代不少园林用水石点缀装饰,别有情趣和韵味。

中国古典园林叠山用的石料主要有湖石和黄石两种,因其质地、色泽、形态不同,叠出的假山也表现出不同的风格,具有不同的艺术效果。湖石山秀丽玲珑,给人以空灵精巧的美感,似亭亭玉立的少女(如图 5-5 所示,苏州留园的冠云峰);黄石山浑厚拙扑,具有壮伟质朴的气质,像敦厚少文的伟丈夫(如上海豫园的黄石假山)。湖石山起脚难而收顶易;黄石山起脚易,收顶难。堆山叠石,湖石山要空灵中寓浑厚,黄石山要浑厚中见空灵(如图 5-6、图 5-7 所示)。

图 5-5 留园冠云峰

图 5-6　太湖石叠山

图 5-7　黄石叠山

☞ 知识链接：

## 扬州个园的四季假山艺术鉴赏

　　个园在江苏扬州市东关街，据传初为清代著名画家石涛寿芝园故址，嘉庆、道光年间盐商黄应泰又行修建。园内植竹千竿，因竹叶形如"个"字，故名个园。"个"是"竹"字的一半，园名隐晦曲折地道出了坚贞不屈的竹子只有这里一根了，用以表达园主人的孤高情怀。

此园以假山叠石最为有名，用石奇特，技法超群，布局巧妙，意蕴深邃，意境高雅。一进个园，湖石依门，修竹迎面，石笋参差亭立，构成一幅以粉墙为纸、竹石为绘的生动画面，一笔点出"春景"。点放的峰石好似茁壮的竹笋在春雨后破土而出，给人以春回大地的感觉。为了体现春天的季节特点，采用十二生肖象形山石，象征春天的到来，各类动物已从冬眠中苏醒，即将活动频繁。过春景，绕过桂花厅，前面出现以湖石叠成的玲珑剔透的"夏山"，夏山通过灰调的石色、广玉兰泼洒的浓荫、山洞的幽深、水态的涟洞，如大雨初霁，流云变幻，予人以千山苍翠欲滴、清凉世界的意境。为体现秋山的秋季特点，造园者特意采用黄石，黄石堆叠上引用国画的斧劈皴法，用石泼辣，烘托出高山峻岭的气派，其位于庭院之东，面迎西斜夕阳，黄石丹枫，倍增秋色，以添人"秋思"诗意。秋山是全园的高潮，故山形堆筑得特别雄奇挺拔，好似缩小了的安徽黄山。冬山叠石选用颜色洁白、体态圆浑的宣石(雪石)，并将假山叠至南墙北下，给人产生积雪未化的感觉。墙面开有吸纳东北风的口琴音孔式排列的 24 个圆形窗洞，使人工制造的北风呼啸长年不断，形成寒冬氛围。冬山邻接春山，形成春夏秋冬四季循环。

个园的假山构筑主题鲜明，意境深远，布局奇特，章法不凡，配景奏效，运用一年四季不同的季节特点，把整个园子划分为大小不同、性格各异的四个空间，使"春山艳冶而如笑，夏山苍翠而如滴，秋山明净而如妆，冬山惨淡而如睡"，各显其趣。由于春、夏、秋、冬四山的景色是沿环行路线安排的，来回数遍，游人好似经历着周而复始的四季气候的循环变化，大有无止无境之意，便不由发出"时间无限，人生无涯"的感叹，得到"珍惜时间，发奋图强"的哲理启迪。

## 二、园林中的水

水是组成园林的要素之一，它以形、质、色、声给人们带来特有的美感。"园不在大，有水则灵"。大凡中国园林，多以水趣取胜；造园必有水，无水难成园。中国园林的重要特征之一是山水结合，二者相映成趣。如果把山比做园林的"骨架"，那么水则好比是园林的"血液"（"山，骨于石，褥于林，灵于水"）。如果营造园林忽视水，则会造成"枯山"，缺乏灵气和生机。南方多雨，水系密布，这是园林精华多集中在南方的原因之一。

园林中的水具有这样几个审美功能：

(1)水可增强园林的生气，形成动态美，乃至声音美(如无锡寄畅园的"八音涧"，流水潺潺、泉水淙淙，形成天然琴声)；或放养观赏鱼类，供人垂钓。园若无水，则岩不显、岸无形。水可形成供人观赏的许多景色。

(2)园林中的水与山可形成高低对比，这样才能显示出山势的壮观，水的秀丽。如颐和园中的万寿山与昆明湖高低对比，相映成趣。若没有昆明湖，颐和园将逊色许多。

(3)水是柔和的、含蓄的，当它与园林中的山石建筑组合在一起时，能形成动与静、柔与刚、虚与实的对比。

(4)水面可形成倒影,产生"俯借"效果(如朱熹诗曰:"半亩方塘一鉴开,天光云影共徘徊"),能扩展视觉空间,丰富园林景色。

(5)园林中大面积的水可消除人的沉闷感,给人以空灵开阔、气舒胸展、洁净、清爽之感觉。

造园理水应注意:水不宜深,水面与驳岸顶端的高差尽可能缩小,以降低落水的担忧,增强人对水的亲近感。园林水面形状宜呈自由活泼的无规则形,尽量降低人工化程度(如图5-8所示)。

图5-8 近春园中的水

古典园林理水之法有三种:

(1)掩,以建筑和绿化将曲折的池岸加以掩饰,这样可打破岸边视限,或造成池水无边的视觉印象;

(2)隔,或筑堤,或架曲桥,或步石。如此则可增加景深和空间层次,使水面有幽美之感;

(3)破,当水面很小时,如清泉小池,可以乱石为岸,植配细竹野藤。那么虽是一洼水池,也令人似有幽邃山野风致的美感。

中国园林和西方园林都很重视水趣,但有动静之别。西方古典园林以动态水为美,多以喷泉、流瀑点缀园内;而中国古典园林中的水基本上是静态水,故历代名园以"含碧"、"凝玉"、"镜潭"等命名的水景比比皆是。

中国古典园林设计也注意表现水的动态美,但不是喷泉和规则式的台阶瀑布,而是以自然式的瀑布和跌水等方式来表现,如无锡寄畅园的"八音涧"在理水设计上十分高超,取得了水动、水响的理想效果,在追求水景动态美上很有特色。这种动态水景的成功设计,在中国古典园林中堪称典范。

### 三、园林中的建筑

园林中的建筑主要是亭台楼阁、桥榭厅廊以及围墙等，它好比园林的"眼睛"，像人一样，有了眼睛才有神采。各种园林建筑应有相应的性格特征和追求的美学风格：殿——庄重，堂——豁达，亭——闲逸，榭——风雅，窗——憧憬，舫——从容，阁——潇洒，廊——活泼，围墙——隐秘。

中国园林建筑主要有四个特点：

（1）多曲：由于曲线比直线、折线优美，加之自然景物很少呈笔直方向的形状，园林建筑也要与之呼应，尽量多"曲"，以保持其与环境的和谐，如曲径、曲桥、曲廊、飞檐翘角、卷棚屋顶等。

（2）多变：适应山水地形变化，因地制宜，灵活布局。

（3）雅朴：不用繁缛艳丽的装饰，追求自然大方、简洁淡泊、朴实无华、风韵清新的风格。

（4）空透：便于人们自由自在地环顾四周，尽情赏景（多栏杆、门窗），以达"纳千顷之汪洋，收四时之烂漫"的观赏效果。

#### 1. 桥

架桥通隔水是造园技艺常用的手法之一，它在平静的水境中绘出可变的低视阈空间，特别是借助于小船漫游和景石、景树、池岸能组成很好的意境和有趣的画面。园林中的桥有简洁明快、质朴野趣的平直桥，蜿蜒曲折、造型优美的曲桥（如三曲桥、五曲桥、九曲桥，曲桥曲径意使游者左右顾盼有景，信步其间使距程延长，趣味加深），形如半月、优雅空灵的拱桥等。虹桥卧波，小桥流水，富有诗情画意，是园林中的幽景。桥在园林中除了实用外（供游人过沟涉水），更主要的是为了联结风景点，点缀风景，增加园林的情趣与意境美。如颐和园的17孔桥，宛如长虹横跨湖上，拱洞形成一连串美丽的倒影，呈现为链珠似的圆环，富有韵律美。园林中的桥，一般采用拱桥、平桥、亭桥、廊桥、折桥（曲桥）等几种类型（如图5-9所示）。

#### 2. 亭

园林中的亭是供游人停憩的地方，选址精心，营造奇巧，十分讲究与自然的结合。其形态多样，常见的有方亭、圆亭、角亭（三角亭、六角亭、八角亭）、半亭（多建筑在悬崖上）、桥亭（桥上筑亭）、伞亭、重檐亭、楼亭等。亭是园林中的主要建筑物之一，常言道"有园必有亭"。

在园林风景中，亭是富有生机点睛之笔，它往往使园林风景增添风韵和神采。如北京的景山如果没有气宇轩昂的万寿亭等亭阁的烘托，只不过是一个平庸的小山包而已（它是人工堆成的小土丘，俗称"煤山"）。

亭在园林风景中起着引导游览、点明主题，以及驻足观景（"亭者，停也"）、休息、纳凉、避雨等重要作用。亭在园林中的位置不同，所起的作用也不同。若亭筑在全园的最高处，取居高临下之势，可以起着统帅全园景色、眺望园外之景的作用；若亭掩映在绿树

图 5-9　平桥、曲桥

资料来源：中国地理学会等. 中国国家地理（风水专辑）. 2006（1）：141.

丛中，时隐时现，则给园林增添神秘色彩；若亭建在湖心，则虚浮缥缈，恰似人间仙境。

**3. 廊**

廊是我国园林中的一种独特的带状建筑物，一般被称为长廊，形曲而空长，随形而曲，依势而折，或蟠山腰，或穿水际，通花渡壑，蜿蜒伸展，与景物融为一体。其具体又可分为直廊、曲廊、抄手廊、回廊、波形廊和复廊几种，还有水廊、桥廊、爬山廊（步廊）、叠落廊、花架廊等。颐和园的长廊是我国园林中最长的廊（全长 728 米），廊中设有"留佳"、"寄澜"、"秋水"、"涛遥"四亭，分别象征着春、夏、秋、冬四季。颐和园长廊以建筑精美、曲折多姿和丰富多彩的绘画装饰而称绝于世。

廊具有引导游览、休憩和分割空间、组合景物、丰富景观、遮阳避雨等多种功能。它对于游览者来说，是一条导游线，它引导游人渐入佳境，且视阈宽广，同时可供游人休息，是游人的歇脚佳处。

廊在特点上妙在"曲"、贵在"长"。其建造应特别注意与地形、地貌的结合，力戒僵直呆板，力求生动活泼。

**4. 楼**

楼为两层以上的房屋，其体量较大，造型丰富多样，多作为观景之用，供游人登高俯景，又使自然景色更具诗情画意。楼者，透也。园林造楼必空透。"画栋朝飞南浦云，珠帘暮卷西山雨"，其境界可见一斑。

另外，园林中的建筑还有：

榭——台上开敞的房屋。其借景而成，常伸向水中、花中，上悬下挑，将游人带入景中。多用于点缀水景或花景，可供游人观赏风景、休息纳凉。

厅——园林中的主体建筑，常用做聚会、宴请、赏景之用。

堂——是园主人起居之所，有读书、会客、团聚家人、处理事务等作用。

轩——为开敞而居高的有窗的小建筑物，有"轩轩欲举"之感，多作观景之用。多建在环境幽静之处。

斋——斋即书房和学舍，是园主人静修、读书的场所。园林中的斋一般建在静谧、封闭的边落小庭园中。

阁——建筑精巧、四周有窗的方形房屋，一般为两层以上的重楼。多作为藏书、供佛、游憩、观景之用。特点是通常四周设栏杆回廊。楼与阁在形制上不易明确区分，故人们常将"楼阁"两字连用。

舫——舫即画船、游船。园林中的舫多为旱船，有石舫、木舫之分。舫供人休息、游赏、饮宴之用，使人更接近于水。舫也是园主人寄托情思的地方，含有隐居之意。

### 四、园林中的花木

顾名思义，"园林园林，园中无林则不称其为园林"。在园林艺术中，如果把山谓之"骨架"，水谓之"血液"，建筑谓之"眼睛"，则花木好比园林的"毛发"或"服饰"。树木葱茏，繁花似锦，才能显示出园林的秀媚与生机。

园林中栽植花木，主要是为了绿化、美化环境，使其具有诗情画意。几丛翠竹、几枝腊梅，点缀在山石、亭阁之间，不仅使人感受到绿色生机的魅力，而且形成刚柔相衬、虚实对比的感应氛围。同时，花木是园林的素材或主题（如承德避暑山庄的"万壑松风"），能丰富景点构图，赋予景点时空变化与生机。绿色是生命之色，绿色的花木能使游人精神焕发，增添游兴。花木的存在还可以吸引飞禽，造就园林中鸟语花香、生机勃勃的景象，使游人精神振奋、心旷神怡。此外，植物有分割空间和隐蔽建筑物的功能（如颐和园造园时用西堤的垂柳挡住围墙的墙体，扩大了观景空间）。园中树木花卉应注重姿态（形、色、香、层次、季相），不追求品种之多，力求使之具有个性、特色，具有观赏价值。

园林中的花木配置通常有孤植、对植、列植、丛植、群植等方式。在花木种类的选择、数量的确定、位置的安排上，往往采用对比与衬托、动势与均衡、起伏与韵律、层次与背景、色彩与季相有机结合等艺术手法。在造景艺术上遵循因地制宜、因位制宜、因景制宜、色相配合、季相变化、珍古等原则。

此外，楹联匾额也是中国园林要素之一，有人谓之园林的"精神"，它是园林美的"灵魂"。如《红楼梦》第十七回"大观园试才题对额，贾宝玉机敏动诸宾"中的贾政曾道："若大景致，若干亭榭，无字标题，任是花柳山水，也断不能生色"。中国许多园林的题名，文字隽永，含义深远，极富韵致，令人一唱三叹，回味无穷。如大观园中的"沁芳闸"、"怡红院"、"潇湘馆"、"稻香村"等，苏州拙政园中的"见山楼"、"远香堂"、"留听阁"（取自李商隐的"秋阴不散霜飞晚，留得枯荷听雨声"之诗句）等。扬州的"个园"以"竹"字一半或竹叶的形状作为园名，旨在表现园林主人品格的高风亮节和习性的谦虚。有的园林景点的命名（点景），则反映了宗教文化思想，如匾额上的"空心潭"、"筛月亭"、"静心亭"等文字，则反映了禅宗"空灵为美"的思想。题额的字数以二字、三字、四字居多。楹联因其字数较多，而且工整对偶，因而更能表现出园林景色的诗情画意。如描写济南大明湖的楹联"四面荷花三面柳，一城山色半城湖"就是很好的写景楹联。楹联匾额以美妙的文字再加上精湛的书法与雕刻，很能烘托园林中的"文学之美"。

由上述可见，山石、水、建筑、花木以及楹联、匾额是组成整体园林不可缺少的要素，这些要素的有机结合，使得中国园林具有极高的审美价值。

## 第三节　园林构景手法与审美[①]

为了使游人更好地观赏园林中的景色，造园艺术家在设计园林时，往往注意巧妙地组织安排景观要素（如景观线、观赏点、特写景、借景、引景、障景等），以便使游人有步骤地游景，达到步移景变，得到丰富审美感受的目的。园林中常见的构景手法或组景技法有以下几种。

### 一、景观线

景观线就是观赏风景的路线，即园林中的路，它好比人体的脉络，起联结贯通的作用。景观线的设计要注意巧妙地把一个个风景点连接起来，并注意曲折迂回，使人有"曲径通幽"的美感。园林、风景区的游道，宜曲不宜直，小径应多于主道，如此方能景幽而客散，使人有景可游，有泉可听，有石可赏，有亭可留，吟想其间，回味深远。景观线上的空间要将大、小、开、合、高、低有机结合起来，使游人感受到优美的节奏感或音乐美（如北京的颐和园、苏州拙政园、杭州的西湖风景区的景观线设计），游园如展手卷，贵在景之联结。

### 二、观赏点

为了满足游人静观的需要，在园林的一定地点设置观赏点（如亭、阁等建筑物）。观赏点的设置要因地制宜，巧妙地利用地形、地物和人的审美心理，或高，或低，或登山、或临水，或访胜，或寻幽。总之，要富于变化，尽量使游人观赏到园中的美景。

### 三、特写景

园林的设计，除布置大面积的风景外，还要设置一些风格独特、小巧玲珑、精雕细刻的景物，供人仔细玩味欣赏。这种特殊的景物叫特写景，它可丰富游人的视觉与审美感受。

中国园林的特写景十分丰富，像一些特殊的富有观赏价值的植物、花卉、盆景、奇石（精巧的叠石）、水族馆（养殖各种观赏鱼及小水生动植物）、精致典雅的建筑小品等，都可以构成特写景。它的特征是以小、精、雅见长，仔细玩味这些特写景，可使人感受到游

---

① 本节参见乔修业. 旅游美学. 天津：南开大学出版社，2000：53-58.

园的无穷妙趣。

## 四、引景

引景是吸引游人继续游览的景物，即"以景引人"。如在山上修筑一个亭子，游人往往就会往山上爬，有到亭子和山上去看看的心理。弯曲的长廊、曲折的小路、小小的"漏窗"都可起到引导游人继续游览的作用。

## 五、点景

点景主要是用一词、一语、一物点出景物的特征和意境，以增加风景的魅力和文采（简单地说就是"景题"，给风景起个好名，通常用匾额、对联、刻石、画屏等艺术构件来点出景物的主题）。点景除抓住景物本身的特征外，还应注意空间环境特征，进行高度概括，指出景色的精华，点出景物的意境乃至游览观赏的最佳时间，使游人产生深刻的审美感受。如西湖十景中的"苏堤春晓、平湖秋月、断桥残雪"等。点景如"点睛"，通过这一"点"，可使景色更富有文学美和意境美，从而增加景物对游人的吸引力，并起到指导游览的作用，如苏堤春晓、断桥残雪、平湖秋月，就点出了游览的最佳时间。

## 六、对景

对景即在园内主要观赏点和游览路线的行进方向或视野方向（如通过门洞或窗门）布置景物，联结对应景象，这样可以使游人从一个空间观赏到另一个空间的某一景物。这样处理，一方面可以借远方景物来吸引游人的注意力，诱发期望和形成悬念；另一方面被"对"的景物恰巧处于门洞或窗口之中，宛如一幅图画嵌于框中，由于隔着一个层次去观看，因而就更加含蓄而耐人寻味。对景的主要作用是加强园内景物之间的呼应与联系。

## 七、框景

框景是以门、窗、廊柱或树木间隙作为画框而组成天然图画。其作用主要有两点：（1）使景物别无旁涉，使散漫的景色得以集中、凝练；（2）优化审美对象，把自然美升华到艺术美，呈现一种"画中情"（如"窗含西岭千秋雪，门泊东吴万里船"之诗句描写的风景画面）。框景艺术手法反映了中国园林建筑营造小尺寸之间的大时空精神。

## 八、漏景

漏景即通过墙中空窗、漏窗，把墙外的景物透漏进来。漏景可使景物时隐时现，千变万化，引人入胜，吟想其间。

## 九、借景

借景就是把园外的景物巧妙地组合到园内来，以充实园内的空间，丰富园内景色，使园内、园外景色融为一体，达到园外有园、景外有景的效果（如无锡的寄畅园可把园外惠山、锡山及龙光塔等景色纳入园内）。借景的作用主要有四个方面：打破园林界限，扩大观赏空间；丰富景观层次，使境界更加深远；使园景与周围的自然环境沟通和协调起来；

增添园林艺术情趣，富于诗情画意。

中国园林讲究"巧于因借"，从而达到丰富景观的效果，借景的形成主要有如下几种。

远借：即把离园较远的景物借到园中，如圆明园借景西山。其手法可在园内设特殊的观赏点，如登假山、登楼台以眺望远方佳景。

邻借：把园林邻近或周围的景物纳入园内。邻借借的是与本园为邻的景色，常常形成互借，如苏州拙政园中的"宜两亭"（中园与西园形成美景互借）。

仰借：把比园林高的园外景物纳入园内或由低处观赏高处的景物，可产生高远之美，如由故宫御花园仰望景山上的万春亭。

俯借：指由高处观赏低处的景物，如凭依水榭栏杆观赏游鱼戏水，水中的倒影（"半亩方塘一鉴开，天光云影共徘徊"）等都属于俯借。承德避暑山庄文津阁池中的"日月同辉"之景点的设计可谓"俯借"中的神品。

应时而借：把因时间不同造成的景况纳入园内。如一日之内可以朝借旭日、暮借夕阳、夜借明月来丰富园林景观的美；四季之中春天的烟雨、夏日的凉风、秋季的蓝天、冬季的雪景，特殊的季节和气候条件往往可以使园林更有个性，甚至成为名胜。"枫叶含丹色"、"桂子飘幽香"、"兽云吞落日"、"弓月弹流星"都可应时而借。

上述不同借景的形成可产生不同的审美效果。其技法运用的关键在于巧妙地选址、布局。

## 十、障景

园林最忌直奔主题、将主要部分过早地袒露，障景可在这方面发挥积极作用。

所谓障景，就是在主体景观之前用假山或建筑物竖起一道屏障，以挡住游人视线，引导空间方向的转折，以曲折多变的路线丰富游人的视野，以欲扬先抑、欲露先藏的手法激发游人的兴趣，所以障景又叫"抑景"。其作用主要有三个方面：一是为了突出重点景观或用前后对比的方法强化某种心理效应，给人以"山重水复疑无路，柳暗花明又一村"的豁然开朗之感（如颐和园、拙政园的入口布局即通过"障景"手法追求上述心理效应）；二是分隔空间或扩展空间（如颐和园的西堤垂柳挡住园墙，扩大了观赏空间）；三是使景物更加含蓄和富有情趣，给人以"犹抱琵琶半遮面"的美感。

## 十一、藏景

所谓藏景，就是指"园中园"（大园包小园，旨在以有限面积造无限空间），它一般都藏在园林中僻静之处，游人在游览中往往容易漏掉它。如颐和园中的"谐趣园"就是藏在东北角上的一个小园林。藏景可使园林起到大中见小、小中见大的对比效果。它富有艺术特色，易引起游人的神秘感，对游客很有吸引力。藏非真藏、全藏，目的在于露。园林的藏景常为半藏半露，藏头露尾，欲盖弥彰，暗示内涵之丰蕴。

## 十二、断景

断景的"断"非真断，断是为续做准备，是为游人提供驻足观景之中介；断是遮掩部分，加强整体。断景犹如乐曲中的休止符，断皆断在胜处。"横云断岭"、"横桥锁溪"即断景之写照，形有断而意相连，园林断景的"断"不是目的而是艺术手段。

总之，借景、对景、障景、断景、藏景等都是通过布置空间、组织空间、变化空间、扩大空间、创造空间的种种造园艺术方法，丰富美的感受，创造艺术境界，以达到"奴役风月，左右游人"的目的。中国古典园林是空间变幻的艺术。

## 第四节　园林游览与观赏方法

园林的游览与观赏除把握园林外观结构的轮廓美、形态美、色彩美、声景美和内在意蕴的画意美、诗情美、景名美、意境美外，有以下几点方法值得注意。

第一，做好必要的游览准备。游园的人要有点文化修养(如具备一些园林、诗词、书画、音乐、建筑方面的知识)，对传统文化有兴趣。游览前应认真查找有关资料，熟悉该园的历史文化背景及园内具体情况，了解该园的特色，做到心中有数。

第二，以路为导。古典园林的路径具有实用和观赏的双重价值，它像一位高明的"导游"引领游人走上一条巧妙的观景路线。因此，游人入园后应沿着一定的游览路线进行游览。游览路线一般由廊、路、桥连接而成，其中主路用以连接景区，支路用以连接景点。

第三，选择好观赏位置。园林游览观赏要善于选择观赏角度。视角不同，观赏感受就不同。变换观赏位置，移步换景，往往能够达到"横看成岭侧成峰，远近高低各不同"的效果。因此，选择最佳的观赏位置，是获得最佳美感的重要方法。造园艺术家在园林设计时已经充分考虑了这一点，其建设的亭、台、楼、阁、轩、榭等基本上是游人最佳的观赏位置。但这还不够，许多美景的观赏位置或视角还要靠游人根据自己的审美情趣来选择。

第四，动观与静观有机结合。游览园林必有动观、静观之分，一般来说，大园以动观为主，小园以静观为主。所谓动观，即在游览路线上(廊、路)漫步游览赏景，由于廊和路都是曲折的，所以在漫步游览时往往具有步移景换的特色，因而游览时不宜太快，而以走走看看、看看走走、漫步赏景为宜，特别是在转弯时，更应注意景色的变化。凡是动观，意在领略变化中的景色。所谓静观，即在游览过程中，遇到亭、台、楼、榭、桥等建筑时，应停下来静观四周的美景。凡是静观，意在观赏景色的精华处，包括各个对景和各个观赏对象。园林的欣赏，贵在动观与静观的结合，注意解决好"游"与"停"的问题。

第五，掌握观赏的主要内容。园林观赏的主要内容有：观赏园之胜景，如上海豫园大假山之雨景、玉玲珑；欣赏造园艺术，如上海豫园鱼乐榭花墙下的水流，玉玲珑的组景，无锡寄畅园的八音涧，扬州个园的四季假山；推敲园之意境，古典园林最讲究意境，作为导游在介绍园林时应该把园林的意境交代清楚；了解园林常用的构景手法如主景、配景、借景、框景、障景以及构图层次等。

第六，静观慢游，静心品评。游览园林的速度要慢，环境要静。中国古典园林的特色在于宁静，在于含蓄。有人说，中国古典园林如一首典雅的诗，需要轻轻地吟；中国古典园林是一幅美丽的画，需要细细地看；中国古典园林像一盅醇香的酒，需要慢慢地品；中国古典园林似一壶清香的茶，需要悠悠地饮。游览园林不可性急，不可心绪浮躁，应细细玩味。游园的不二法门是"慢"，是"静"，来去匆匆、人山人海是没有效果的。安静的环境是游园者的福分。中国古典园林应该是静的，宁静更具魅力。

第七，多次游赏，方可领悟。对于古典园林的欣赏，贵在深化，尤其是那种"庭院深深深几许"的艺术殿堂，单凭一次漫游是很难窥其奥妙的，常常需要一次、两次，甚至三次、四次……才能深入领悟到意境、妙境之所在。

## 第五节　中西古典园林艺术比较

中西古典园林艺术有许多不同之处。

在造园艺术风格上，中国古典园林以山水画、山水诗为美学原则，设计者多为画家、诗人，刻意体现诗情画意，追求生境、画境、意境，追求自然美、含蓄美、静美(如水景以溪池、滴泉、平湖为主)，属于自然山水园。布局呈生态型自由式，追求自由灵活，讲究迂回曲折、曲径通幽、移步换景，故中国园林有"步行者的园林"之说。

西方古典园林以几何、建筑为美学原则，设计者多为建筑师，追求人工美、图案美、动美(如水景以喷泉、瀑布为主)，强调主从关系、理性与秩序，属于几何型园林(如图5-10、图5-11所示)。园林构景要素按一定的几何规则加以组织，保持中轴对称布局并突出中心建筑物(因园林在西方多为皇家贵族的社交活动场所，强调中轴线有利于解决皇家贵族出场的位置安排问题)，主体建筑物前面多有一个面积较大的广场，布局大面积的草坪，配以笔直的林荫路、修剪整齐的树木花圃、几何形状的水池与人工喷泉、大理石雕塑。园林讲究规整、直观、开朗、明白，一览无遗，以俯视观赏的审美效果最佳，故西方园林有"骑马者的园林"之说。

图 5-10　西方园林(奥地利的米拉贝尔花园)(曹诗图摄)

在园林规模上，由于功能有别，中国古典园林相对较小(如具有代表性的江南园林)，西方园林规模相对较大。

在园林与建筑的关系上，中国古典园林是园林统率建筑，西方古典园林则是建筑统率园林。

图 5-11 西方园林(法国的凡尔赛宫后花园局部)(曹诗图摄)

在植物处理上，中国古典园林的树木以自然形孤植、散植为主，花卉重姿态，以盆栽花坛为主；西方古典园林的树木以整形对植、列植为主，树木重造型，花卉重色彩，以绿篱、丛林、图案花坛为主。

在景态上，中国古典园林是以奥景为主，幽闭深藏；西方古典园林则是以旷景为主，开敞袒露。

在艺术意境表现上，中国古典园林多用象征手段；西方古典园林多用写实手段。

在园林综合美的体现上，中国古典园林主要是借助于叠石、书法、绘画、文学等手段；西方古典园林则主要是借助于雕塑(如裸体、半裸体的人物像)、工艺美等手段。

若从园林文化艺术渊源上深究，中国古典园林艺术受人文、幻想(如皇家园林中象征神仙世界的"一池三山")和传统文化中的儒、释、道古典美学思想以及"天人合一"的哲学思想影响较大；西方古典园林艺术受科学、理念(如建筑原则、几何构图、图案美观念)和"天人相分"的哲学思想影响较大。

如果把西方园林比作一部明朗欢快的交响曲，中国古典园林则是一首委婉细腻的抒情诗，二者各有千秋。但从旅游审美的角度上讲，中国古典园林可能略胜一筹。近现代以来，中国园林艺术与西方园林艺术有日趋融合和日臻完善的趋势。如 18 世纪以后的欧洲便开创了以自然乡村风光为风格特点的自由式园林景观，现代更是注意吸收中国古典园林的自由式构园手法；而我国近年的城市建设，在广场、绿地的营建中，都可看到西方园林文化的影响之深。

## 复习思考题

1. 简述我国古典园林艺术的基本美学思想及主要创作手法。

2. 分别比较我国皇家园林与私家园林的不同特点。

3. 分别比较中国园林与西方园林的不同特点。

4. 简述我国园林构成要素及其在造园艺术中的审美功能。

5. 阅读陈从周先生的文章《说园》，试写出读书心得。

阅读材料

## 说　园①

我国造园具有悠久的历史，在世界园林中树立着独特风格，自来学者从各方面进行分析研究，各抒高见。如今就我在接触园林中所见所闻而掇拾到的，提出来谈谈，姑名《说园》。

园有静观、动观之分，这一点我们在造园之先，首要考虑。何谓静观，就是园中给予游者多驻足的观赏点；动观就是要有较长的游览线。二者说来，小园应以静观为主，动观为辅，庭院专主静观。大园则以动观为主，静观为辅。前者如苏州"网师园"，后者则苏州"拙政园"差可似之。人们进入网师园宜坐宜留之建筑多，绕池一周，有槛前细数游鱼，有亭中待月迎风，而轩外花影移墙，峰峦当窗，宛然如画，静中生趣。至于拙政园径缘池转，廊引人随，与"日午画船桥下过，衣香人影太匆匆"的瘦西湖相仿佛，妙在移步换影，这是动观。立意在先，文循意出。动静之分，有关园林性质与园林面积大小。像上海正在建造的盆景园，则宜以静观为主，即为一例。

中国园林是由建筑、山水、花木等组合而成的一个综合艺术品，富有诗情画意。叠山理水要造成"虽由人作，宛自天开"的境界。山与水的关系究竟如何呢？简言之，模山范水，用局部之景而非缩小（网师园水池仿虎丘白莲池，极妙），处理原则悉符画本。山贵有脉，水贵有源，脉源贯通，全园生动。我曾经用"水随山转，山因水活"与"溪水因山成曲折，山蹊（路）随地作低平"来说明山水之间的关系，也就是从真山真水中所得到的启示。明末清初叠山家张南垣主张用平冈小陂、陵阜陂阪，也就是要使园林山水接近自然。如果我们能初步理解这个道理，就不至于离自然太远，多少能呈现水石交融的美妙境界。

中国园林的树木栽植，不仅为了绿化，且要具有画意。窗外花树一角，即折枝尺幅；山间古树三五，幽篁一丛，乃模拟枯木竹石图。重姿态，不讲品种，和盆栽一样，能"入画"。拙政园的枫杨，网师园的古柏，都是一园之胜，左右大局，如果这些饶有画意的古木去了，一园景色顿减。树木品种又多有特色，如苏州留园原多白皮松、怡园多松、梅，沧浪亭满种箬竹，各具风貌。可是近年来没有注意这个问题，品种搞乱了，各园个性渐少，似要引以为戒。宋人郭熙说得好："山以水为血脉，以草为毛发，以烟云为神采。"草尚如此，何况树木呢！我总觉得一个地方的园林应该有那个地方的植物特色，并且土生土长的树木存活率大，成长得快，几年可茂然成林。它与植物园有别，是以观赏为主，而非以种多斗奇。要能做到"园以景胜，景因园异"，那真是不容易，这当然也包括花卉在内。

---

① 陈从周著. 梓翁说园. 北京：北京出版社，2004：1-11.

同中求不同，不同中求同，我国园林是各具风格的。古代园林在这方面下过工夫，虽亭台楼阁，山石水池，而能做到风花雪月，光景常新。我们民族在欣赏艺术上存乎一种特性，花木重姿态，音乐重旋律，书画重笔意，都表现了要用水磨功夫，才能达到耐看耐听，经得起细细的推敲，蕴藉有余味。在民族形式的探讨上，这些似乎对我们有所启发。

园林景物有仰观、俯观之别，在处理上应区别对待。楼阁掩映，山石森严，曲水湾环，都存乎此理。"小红桥外小红亭，小红亭畔，高柳万蝉声。""绿杨影里，海棠亭畔，红杏梢头。"这些词句不但写出园景层次，有空间感和声感，同时高柳、杏梢，又都把人们的视线引向仰观。文学家最敏感，我们造园者应向他们学习。至于"一丘藏曲折，缓步百跻攀"，则又皆留心俯视所致。因此园林建筑物的顶，假山的脚，水口，树梢，都不能草率从事，要着意安排。山际安亭，水边留矶，是指人仰观、俯观的方法。

我国名胜也好，园林也好，为什么能这样吸引无数中外游人百看不厌呢？风景绚美，固然是重要原因，但还有个重要因素，即其中有文化、有历史。我曾提过风景区或园林有文物古迹，可丰富其文化内容，使游人产生更多的兴会、联想，不仅仅是到此一游，吃饭喝水而已。文物与风景区园林相结合，文物赖以保存，园林借以丰富多彩，两者相辅相成，不矛盾而统一，这样才能体现出一个有古今文化的中国园林。

中国园林妙在含蓄，一山一石耐人寻味。立峰是一种抽象雕刻品，美人峰细看才像美人，九狮山亦然。鸳鸯厅的前后梁架，形式不同，不说不明白，一说才恍然大悟，竟寓鸳鸯之意。奈何今天有许多好心肠的人，唯恐游者不了解，水池中装了人工大鱼，熊猫馆前站着泥塑熊猫，如做着大广告，与含蓄两字背道而驰，失去了中国园林的精神所在，真太煞风景。鱼要隐现方妙，熊猫馆以竹林引胜，渐入佳境，游者反多增趣味。过去有些园名如寒碧山庄(留园)、梅园、网师园，都可顾名思义，园内的特色是白皮松、梅、水。尽人皆知的西湖十景，更是佳例。

亭榭之额真是赏景的说明书，拙政园的荷风四面亭，人临其境，即使并无荷风，亦觉风在其中，发人退思。而对联文辞之隽永，书法之美妙，更令人一唱三叹，徘徊不已。镇江焦山顶的"别峰庵"，为郑板桥读书处，小斋三间，一庭花树，门联写着"室雅何须大，花香不在多"，游者见到，顿觉心怀舒畅，亲切地感到景物宜人，博得人人称好，游罢个个传诵。至于匾额，有砖刻、石刻，联屏有板对、竹对、板屏、大理石屏，外加石刻书条石，皆少用画面，比具体的形象来得曲折耐味。其所以不用装裱的屏联，因园林建筑多敞口，有损纸质，额对露天者用砖石，室内者用竹木，皆因地制宜而安排。住宅之厅堂斋室，悬挂装裱字画，可增加内部光线及音响效果，使居者有明朗清静之感，有与无，情况大不相同。当时宣纸规格、装裱大小皆有一定，乃根据建筑尺度而定。

园林中曲与直是相对的，要曲中寓直，灵活应用，曲直自如。画家讲画树，要无一笔不曲，斯理至当。曲桥、曲径、曲廊，本来在交通意义上，是由一点到另一点而设置的。园林中两侧都有风景，随直曲折一下，使行者左右顾盼有景，信步其间使距程延长，趣味加深。由此可见，曲本直生，重在曲折有度。有些曲桥，定要九曲，既不临水面(园林桥一般要低于两岸，有凌波之意)，又生硬屈曲，行桥宛若受刑，其因在于不明此理(上海豫园前九曲桥即坏例)。

造园在选地后，就要因地制宜，突出重点，作为此园之特征，表达出预想的境界。北京圆明园，我说它是"因水成景，借景西山"，园内景物皆因水而筑，招西山入园，终成"万园之园"。无锡寄畅园为山麓园。景物皆面山而构，纳园外山景于园内。网师园以水为中心，殿春簃一院虽无水，西南角凿冷泉，贯通全园水脉，有此一眼，绝处逢生，终不脱题。而新建东部，设计上既背固有设计原则，且复无水，遂成僵局，是事先对全园未作周密的分析，不假思索而造成的。

园之佳者如诗之绝句，词之小令，皆以少胜多，有不尽之意，寥寥几句，弦外之音犹绕梁间（大园总有不周之处，正如长歌慢调，难以一气呵成）。我说园外有园，景外有景，即包括在此意之内。园外有景妙在"借"，景外有景在于"时"，花影、树影、云影、水影、风声、水声、鸟语、花香，无形之景，有形之景，交响成曲。所谓诗情画意盎然而生，与此有密切关系。

万顷之园难以紧凑，数亩之园难以宽绰。紧凑不觉其大，游无倦意，宽绰不觉局促，览之有物，故以静、动观园，有缩地扩基之妙。而大胆落墨，小心收拾（画家语），更为要谛，使宽处可容走马，密处难以藏针（书家语）。故颐和园有烟波浩渺之昆明湖，复有深居山间的谐趣园，于此可悟消息。造园有法而无式，在于人们的巧妙运用其规律。计成所说的"因借（因地制宜，借景）"，就是法。《园冶》一书终未列式。能做到园有大小之分，有静观动观之别，有郊园市园之异等等，各臻其妙，方称"得体"（体宜）。中国画的兰竹看来极简单，画家能各具一格；古典折子戏，亦复喜看，每个演员演来不同，就是各有独到之处。造园之理与此理相通。如果定一式，使学者死守之，奉为经典，则如画谱之有《芥子园》，文章之有"八股"一样。苏州网师园是公认为小园极则，所谓"少而精，以少胜多"。其设计原则很简单，运用了假山与建筑相对而互相更换的一个原则（苏州园林基本上用此法。网师园东部新建反其道，终于未能成功），无旱船、大桥、大山，建筑物尺度略小，数量适可而止，亭亭当当，像个小园格局。反之，狮子林增添了大船，与水面不称，不伦不类，就是不"得体"。清代汪春田重葺文园有诗："换却花篱补石阑，改园更比改诗难；果能字字吟来稳，小有亭台亦耐看。"说得透彻极了，到今天读起此诗，对造园工作者来说，还是十分亲切的。

园林中的大小是相对的，不是绝对的，无大便无小，无小也无大。园林空间越分隔，感到越大，越有变化，以有限面积，造无限的空间，因此大园包小园，即基此理（大湖包小湖，如西湖三潭印月）。此例极多，几成为造园的重要处理方法。佳者如拙政园之枇杷园、海棠坞，颐和园之谐趣园等，都能达到很高的艺术效果。如果入门便觉是个大园，内部空旷平淡，令人望而生畏，即入园亦未能游遍全园，故园林不起游兴是失败的。如果景物有特点，委婉多姿，游之不足，下次再来，风景区也好，园林也好，不要使人一次游尽，留待多次有何不好呢？我很惋惜很多名胜地点，为了扩大空间，更希望能一览无余，甚至于希望能一日游或半日游，一次观完，下次莫来，将许多古名胜园林的围墙拆去，大是大了，得到的是空，西湖平湖秋月、西泠印社都有这样的后果。西泠饭店造了高层，葛岭矮小了一半。扬州瘦西湖妙在瘦字，今后不准备在其旁边建造高层建筑，是有远见的。本来瘦西湖风景区是一个私家园林群（扬州城内的花园巷，同为私家园林群，一用水路交通，一用陆上交通），其妙在各园依水而筑，独立成园，既分又合，隔院楼台，红杏出墙，历历倒影，宛若图画。虽瘦而不觉寒酸，反窈窕多姿。今天感到美中不足的，似觉不够紧凑，主要建筑物少一些，分隔不够。在以后的修建中，这个原来瘦西湖的特征，还应该保留下来。拙政园将东园与之合并，大则大矣，原来部分益现局促，而东园辽阔，游人无兴，几成为过道。分之两利，合之两伤。

本来中国木构建筑，在体形上有其个性与局限性，殿是殿，厅是厅，亭是亭，各具体例，皆有一定的尺度，不能超越，画虎不成反类犬，放大缩小各有范畴。平面使用不够，可几个建筑相连，如清真寺礼拜殿用勾连搭的方法相连，或几座建筑缀以廊庑，成为一组。拙政园东部将亭子放大了，既非阁，又不像亭，人们看不惯，有很多意见。相反，瘦西湖五亭桥与白塔是模仿北京北海大桥、五龙亭及白塔，因为地位不够大，将桥与亭合为一体，形成五亭桥、白塔体形亦相应缩小，这样与湖面相称了，形成了瘦西湖的特征，不能不称佳构。如果不加分析，难以辨出它是一个北海景物的缩影，实在做得十分"得体"。

"远山无脚，远树无根，远舟无身（只见帆）"，这是画理，亦造园之理。园林的每个观赏点，看来皆一幅幅不同的画，要深远而有层次。"常倚曲阑贪看水，不安四壁怕遮山。"如能懂得这些道理，宜掩者掩之，宜屏者屏之，宜敞者敞之，宜隔者隔之，宜分者分之，等等，见其片断，不逞全形，图外有画，咫尺千里，余味无穷。再具体点说，建亭须略低山巅，植树不宜峰尖，山露脚而不露顶，露顶而不露脚，大树见梢不见根，见根不见梢之类。但是运用上却细致而费推敲，小至一树的修剪，片石的移动，都要影响风景的构图。真是一枝之差，全园败景。拙政园玉兰堂后的古树枯死，今虽补植，终失旧貌。留园曲溪楼前有同样的遭遇。至此深深体会到，造园困难，管园亦不易，一个好的园林管理者，他不但要考查园的历史，更应知道园的艺术特征，等于一个优秀的护士对病人作周密细致的了解。尤其重点文物保护单位，更不能鲁莽从事，非经文物主管单位同意，须照原样修复，不得擅自更改，否则不但破坏园林风格，且有损文物，关系到党的文物政策问题。

郊园多野趣，宅园贵清新。野趣接近自然，清新不落常套。无锡蠡园为庸俗无野趣之例，网师园则属清新典范。前者虽大，好评无多；后者虽小，赞辞不已。至此可证园不在大而在精，方称艺术上品。此点不仅在风格上有轩轾，就是细至装修陈设皆有异同。园林装修同样强调因地制宜，敞口建筑重线条轮廓，玲珑出之，不用精细的挂落装修，因易损伤；家具以石凳、石桌、砖面桌之类，以古朴为主。厅堂轩斋有门窗者，则配精细的装修。其家具亦为红木、紫檀、楠木、花梨所制，配套陈设，夏用藤棚椅面，冬加椅披椅垫，以应不同季节的需要。但亦须根据建筑物的华丽与雅素，分别作不同的处理。华丽者用红木、紫檀，雅素者用楠木、花梨，其雕刻之繁简亦同样对待。家具俗称"屋肚肠"，其重要可知，园缺家具，即胸无点墨，水平高下自在其中。过去网师园的家具陈设下过大功夫，确实做到相当高的水平，使游者更全面地领会我国园林艺术。

古代园林张灯夜游是一件大事，屡见诗文。但张灯是盛会，许多名贵之灯是临时悬挂的，张后即移藏，非永久固定于一地。灯也是园林一部分，其品类与悬挂亦如屏联一样，皆有定格，大小形式各具特征。现在有些园林为了适应夜游，都装上电灯，往往破坏园林风格；正如宜兴善卷洞一样，五色缤纷，宛若餐厅，几不知其为洞穴，要还我自然。苏州狮子林在亭的戗角头装灯，甚是触目。对古代建筑也好，园林也好，名胜也好，应该审慎一些，不协调的东西少强加于它。我以为照明灯应隐，装饰灯宜显，形式要与建筑协调。

至于装挂地位，敞口建筑与封闭建筑有别，有些灯玲珑精巧不适用于空廊者，挂上去随风摇曳，有如塔铃，灯且易损，不可妄挂。而电线电杆更应注意，既有害园景，且阻视线，对拍照人来说，真是有苦说不出。凡兹琐琐，虽多陈音俗套，难免絮聒之讥，似无关大局，然精益求精，繁荣文化，愚者之得，聊资参考！

# 第六章 中国传统建筑与审美欣赏

建筑可以通过立体和平面构图，运用线、面、体在时间、空间上展开运动的过程中给人以视觉上的影响，使人获得美的感受。在审美上，建筑与音乐之间有着密切关系，歌德说过："建筑是凝固的音乐，音乐是流动的建筑。"建筑有着音乐所具有的节奏、韵律、对比、和谐之美，如建筑群的高低起伏、逶迤错落、虚实结合、疏密交织、对应变幻，均可产生节奏、韵律、对比、和谐的美感。建筑是人类文化的结晶，是我们旅游赏景中最重要的人文景观之一，尤其是中国传统建筑具有丰富的文化内涵、鲜明的文化性格和很高的审美价值。中国建筑文化是东方所独有的一种"大地文化"，它独有的文化性格，如天人合一的时空意识，淡于宗教浓于伦理的建筑理念，"亲地"倾向和"恋木"情结，达理而通情的技艺之美等耐人寻味。

## 第一节　传统建筑与旅游

旅游活动除了游览、观赏自然风景之外，历史遗迹（含古建筑或传统建筑）也是重要的游览观赏内容。伟大的建筑，往往成为一个国家、一个民族或一个地区、一个城市的象征物或地标。埃菲尔铁塔，成为巴黎乃至法国的一大标志；悉尼歌剧院，成为澳大利亚建筑风格的某种代称；万里长城，早已成为中华民族的象征；天安门则成为北京的代码；至于黄鹤楼、滕王阁、岳阳楼则分别可以作为武汉、南昌、岳阳三个城市的指代。无怪乎人们将杰出的建筑物誉为"人类历史文化的纪念碑"、"空间地域的标志"。这些伟大的建筑尤其是经典的传统建筑无疑是游客游览观赏的主要对象，自然也是重要的旅游资源。由此可见，旅游与古建筑或传统建筑有着不解之缘。

我国是一个历史悠久的文明古国，传统建筑是我国优秀文化遗产的一部分。我国传统建筑比比皆是，千姿百态，丰富多彩，装点在祖国美丽辽阔的大地上，其中有许多建筑享有盛名，蜚声海内外，如万里长城被称为"世界新七大奇迹"之一；北京故宫、承德避暑山庄、山东曲阜孔府孔庙堪称我国三大传统建筑群；还有著名的"江南三大名楼"——黄鹤楼、岳阳楼、滕王阁。中国十大风景名胜中，古建筑或传统建筑占据四项；中国旅游胜地四十佳，古建筑或传统建筑占据十二项。由此可见，古建筑或传统建筑在我国旅游资源中的重要地位。众多的古建筑或传统建筑是我国发展旅游业的优厚资源条件。中国古建筑或传统建筑是以木构框架为结构主体，带有繁复屋顶的群体建筑，它那特别的布局形式、组合方式与造型特征是旅游者很感兴趣的赏景对象。中国古建筑或传统建筑以丰富的文化内涵、鲜明的文化个性、高度的鉴赏价值、强烈的艺术魅力吸引着广大的中外游客。西方古典建筑或传统建筑如众多的神庙、教堂、宫苑也有很高的艺术水平和审美价值，同样是重要的旅游资源，吸引着无数的游客。

# 第二节　中国传统建筑的主要形式

中国传统建筑的种类繁多，形式多样。我们这里介绍的传统建筑主要是指在历史上具有一定的纪念意义，并且现在仍具有一定观赏价值的建筑物。

## 一、古城建筑——"华夏文明的缩影"

从字形分析，"城"含有"土"和"戈"，戈是一种兵器或用来护卫的武器，所以"城"在最初是以土构筑而成用来防卫的一种军事防御建筑。现在古城已经失去了防卫的作用，成了历史遗迹，供人游览观赏。古城建筑给人的审美感受是古朴、雄浑，颇能激起人们的思古之情。

中国古城的主要特点：一般都筑有高大雄伟的城墙，城墙外有护城河，有的城内还有皇城、宫城、内城等，可谓"城中有城"、"固若金汤"。城市建筑布局封闭、严谨，强调中轴对称。例如，北京古城的中轴线从永定门经前门过紫禁城（故宫）至安定门、德胜门，长达 8 000 米。这条中轴线如同人的神经中枢，统率着整座北京城变化起伏和左右对称的空间布局，使北京城具有独特的壮美的秩序。都城的布局一般为前朝后市，左祖右社，城市轮廓多呈正方形或矩形，城内街道房屋呈棋盘状分布，秩序井然（如西安、北京等）。这与西方古城所具有的活泼、开放、自由的风格（同心圆、放射状）形成鲜明的对比，其根源在于不同传统文化的影响（中国崇尚封建礼制文化，具有封闭、严谨的特质，西方推崇自由与民主的开放文化，具有开朗、活泼的特质）。

我国的古都古城包括民居的选址布局比较讲究风水，一般追求背山面水、左右护围、坐北朝南的地理环境。唐恢先生在《城市学》一书中曾经用"地理五诀"（龙、砂、穴、水、向）进行了概括："背负龙脉镇山为屏，左右砂山秀色可餐；前置朝案呼应相随，天心十道穴位均衡；正面临水环抱多情，南向而立富贵大吉。"祈求平安顺利，渴求人居环境与自然环境的和谐是人们的共同愿望，或许正是由于这样一种心理，风水文化在人居建筑中至今仍具有一定的生命力。

在我国，古都古城风貌目前仍保存得较好的历史文化名城有西安、北京、南京（现存规模最大的古城墙）、曲阜、平遥、荆州、襄阳等，这些古城的古城墙、护城河吸引着众多的游人（如图 6-1 所示）。

　　万里长城属于广义的古城建筑，它东起山海关，西至嘉峪关，像一条莽莽巨龙，爬越巍巍群山，穿过茫茫草原，越过浩瀚沙漠，横贯天际，气势磅礴，全长6 700千米。城墙的高度与墙底宽度都在6米以上，总体积高达2亿多立方米，是我国也是世界上古城建筑中最伟大的工程，它被西方人称为"Great Wall"。长城是战争与和平的纽带，是中华民族智慧与力量的丰碑，它记载着一部沉重的中国历史。在中国十大风景名胜中，万里长城排列第一位，现存长城以北京八达岭一段保存得最为完好，每天都有数以万计的中外游客攀登游览（如图6-2所示）。

图 6-1　荆州古城

图 6-2　万里长城

## 二、宫廷建筑——"古典建筑的典范"

宫廷建筑是皇帝为了巩固自己的统治、突出皇权的威严、满足生活享受而建造的规模巨大、气势磅礴的建筑群。宫廷建筑旨在显示帝王之威，在建筑风格上具有"高、大、深、庄"四大特点。其最主要的特征是：规模宏大，结构规整，气势非凡，豪华壮丽。宫廷建筑具有等级森严的大屋顶（多为重檐庑殿顶或五脊殿、重檐歇山顶或九脊殿等大屋顶形式），金黄色的琉璃瓦铺顶，硕大的斗拱，绚丽的彩画，高大的盘龙金柱，雕镂细腻的天花藻井（古建筑平顶上凹进部分，有方形、六角形、八角形，上有雕刻与彩绘。藻井含有阴阳五行以水克火、预防火灾之意），汉白玉台基以及众多的建筑小品，以显示宫殿的豪华富贵（如图6-3、图6-4、图6-5所示）。建筑物的布局上强调中轴对称（前朝后寝、左祖右社、三朝五门），装饰和建筑小品多具吉祥含义（如龙、仙鹤、鼎式香炉、象驮宝瓶等），在审美上以其巍峨、崇高、雄伟、辉煌、庄重、森严、肃穆为特色。

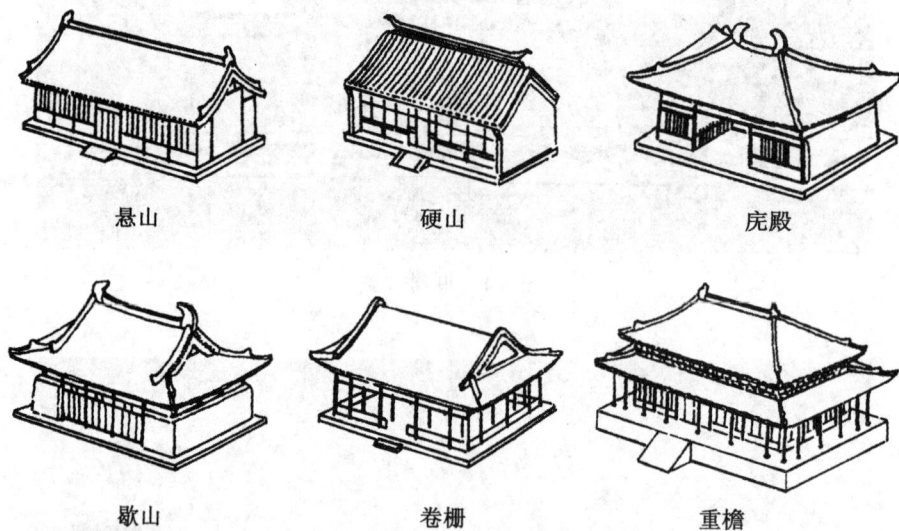

悬山　　　　　　　　硬山　　　　　　　　庑殿

歇山　　　　　　　　卷栅　　　　　　　　重檐

图6-3　屋顶造型

我国宫廷建筑较著名的有北京故宫、沈阳故宫等。其中北京故宫（紫禁城）是我国古代宫廷建筑保留最完好的一处，占地面积72万平方米，建筑面积15万平方米，有大小房屋近万间，主要建筑有太和殿、中和殿、保和殿及御花园等。故宫周围是10米高的红墙，周长3 400多米，城墙外是护城河。故宫是一处豪华壮丽的殿宇之海，这处宏伟的古建筑群充分显示了我国宫殿建筑艺术的高超水平（如图6-6所示）。曲阜孔庙孔府也具有宫廷式建筑风格。

图 6-4　斗拱（张振光摄）

图 6-5　天花藻井

图 6-6　北京故宫
资料来源：中国地理学会等. 中国国家地理(风水专辑). 2006(1)：112.

### 三、陵园建筑——"永恒的归宿"

我国古代陵园建筑特点：陵墓选址在山环水抱、背风(北风)向阳的"风水宝地"，多利用自然地形，靠山建坟；陵园周围筑有陵墙，四面开门，四角建有角楼，陵前建有神道，神道上建有门阙以及众多的石人、石兽雕塑(石象生)，旨在将"石"的厚重与"死"的凝重相对应，给人一种庄严、肃穆、宁静之感。

我国现保存的古代陵墓较多，规模壮观，保存较为完好，这与我国古人崇拜祖先、"厚葬以明孝"、"来世转生"的文化意识有关。西安附近是我国帝王将相陵墓最为集中的地方。帝王陵墓除了骊山秦始皇陵墓以外，还有西汉 11 个皇帝的陵墓，唐代 18 个皇帝的陵墓等，其中著名的帝王陵墓有昭陵(唐太宗李世民之墓)、乾陵(武则天与唐高宗李治的合葬墓)、茂陵(汉武帝刘彻之墓)等。北京明十三陵、辽宁的清初关外三陵、河北的清陵(清东陵、清西陵)等也是帝王陵寝集中之地。

我国在奴隶社会即开始厚葬，且有"人殉"之制，车马为常见殉葬之物，春秋战国时期的墓不仅垒坟，而且植树并建有享堂或祭殿(如曲阜孔子墓)。周代陵墓集中分布于陕西咸阳以北，封土多为平顶方锥形，故名"方上"或"方坟"(体现"天圆地方"传统观念中的"地方"文化意识)。

秦代厚葬之风更盛，大筑陵墓，多夯土垒叠而成(或"方上"形式)，规模宏大。如秦始皇陵，现台基东西宽 345 米，南北长 350 米，高 43 米(陵墓原高 120 多米，外围长6 300米)，并有兵马俑等无数珍宝陪葬，目前已探知兵马俑坑 4 个，其中 1 号坑有武士俑、陶马 6 000 多具，被誉为"世界第八大奇迹"(如图 6-7 所示)。

图 6-7 秦始皇陵墓

西汉帝王重臣陵墓多在陕西的咸阳北原及长安附近。西汉继承了秦朝陵寝制度，大规模修建陵墓，其规模与形制如同宫殿，并开始以"陵"为帝王墓的专用名词。名将功臣、贵戚之墓设于帝王墓附近，形成以一代帝王陵为中心的陵墓区；创陵邑制度，迁天下富豪居之，为帝王守陵；首开陵前设石象生之先河，于神道（甬道或御路）两房置石人（翁仲）、石羊、石马、石虎，以壮声威，如汉武帝茂陵（如图 6-8 所示）。

图 6-8 汉武帝茂陵

东汉陵墓集中于洛阳邙山，邙山在洛阳市北，地势高旷，背对黄河，俯视洛阳，颇具气势，故有"生于苏杭，葬于北邙"之说。东汉陵墓规模取消了陵邑制，同时改木椁为砖椁，立墓表，设石象生。汉代的重要墓葬中多金缕玉衣，这是汉代陵墓的一个主要特点。

魏晋南北朝时期，社会动荡不安，政权更迭频繁，人们多有朝不保夕之感（如曹操《短歌行》曰："对酒当歌，人生几何"，"譬如朝露，去日苦多"），崇尚佛教，盛行玄学，不再追求厚葬，帝王陵寝大为简化。

至唐代又重新开始修建巨大的陵寝。唐陵主要分布在陕西的礼泉、三泉、乾县一带，不再用人工堆土封丘，而改用"依山为陵"的方法，在山丘上造陵，既省人力，也比人工堆土更加壮观。陵区筑有陵墙，四面辟门，门外设石狮，四角建角楼。神道顺坡势向南伸展，石象生众多，如乾陵等（如图6-9所示）。

图 6-9　武则天乾陵

宋代陵制是我国古代陵寝制度的一个转折点。宋以前历代帝王都各自选地建陵，一个帝王自成一个陵区，自北宋起，同一个朝代的帝陵都集中于一个或两个陵区。宋代陵园一般规模不大，较秦、汉、唐陵小一些，这是由于宋代规定皇帝死后才允许建陵，且规定全部工程必须在7个月内建成。北宋以后，帝陵恢复"方上"形式，但陵体由方形转化为圆形。北宋帝王陵墓集中于河南巩县洛河南岸台地上，北宋9个皇帝有7个皇帝葬于此地，其中最大的陵墓是宋太祖赵匡胤的永昌陵；南宋帝王陵墓则分布在浙江绍兴。

元代依蒙古族风俗，遗体浅葬草原，再以万马踏平地面，使之不留痕迹，帝王将相亦是如此葬法，故元代无陵寝遗存。至于成吉思汗陵，则是现代修建的象征性建筑。

明、清两代陵寝制度大致相同，陵墓多采用"宝城、宝顶"形式（上圆顶下方城），都选址于"风水宝地"（山环水抱，背风向阳），设集中陵区，如明十三陵、清初三陵、清东陵与清西陵。陵区内进行统一规划，各陵依年代（辈分）先后由中央向两侧依次排列，尊卑等级分明，由神道与主神道（公共神道）相连，布局严谨而富有艺术效果（如图6-10所示）。陵所在山之阳坡广植松柏。明清陵墓不同之处在于明陵帝后合葬，而清陵则为晚于帝王而逝的后妃另葬，后妃的建筑规格降低。清自雍正帝起，隔代分建于东、西两陵区

（清东陵、清西陵），实行父子分葬之制。民间传说是由于雍正用阴谋爬上帝位，怕会受到其父的严厉责备，于是实行父子分葬，自此以后也就成了定制。

图 6-10　明十三陵神道

中国陵墓建筑是建筑、雕塑、绘画、自然环境融为一体的综合艺术，古代中国陵寝除了追求强烈的礼制色彩和大规模建筑组群的空间组织处理方面的精湛造诣外，还刻意追求山川自然形势的完美，精心探究自然景观美与人文景观美的有机结合，力图使整体环境给予人很强的艺术感染，营造神圣、永恒、崇高、庄严、肃穆而又充满生气的感应氛围。

陵墓景观的鉴赏，主要应从建筑的艺术形式、雕塑的艺术形式、祭品的艺术形式等方面把握，并注意从外观结构（地面建筑部分的祭祀建筑、神道，地下建筑部分的地宫建筑）和内在意蕴（风水观、礼制观等）两个方面去鉴赏。

除帝王陵寝外，我国还有许多名人陵墓如孔子墓、关陵（关羽头葬洛阳，身葬当阳）、岳坟（岳飞墓）、昭君墓，以及近现代的中山陵、毛主席纪念堂等都是重要的陵寝旅游资源（如图 6-11、图 6-12 所示）。

这里需要补充说明的是，由于东西方殡葬方式及对待宗教的态度不同，欧洲等西方国家一般不修建大规模的陵墓，几乎所有信奉基督教的国家都大抵如此（他们认为人世与天国截然不同，人死之后将一切由上帝来安排，活着的人没有必要为逝者操心，因此大规模的陵寝建筑以及陪葬品都是没有必要的），所以，这些国家极少将陵墓作为重要的旅游资源。由此我们可以这样说，陵园建筑是中国特有的人文旅游资源。

## 四、寺庙建筑——"红尘世界的倒影"

寺庙是我国佛教建筑之一，数量众多，分布广泛。寺庙建筑起源于印度，我国在南北朝大兴寺庙建筑的土木之风，唐代诗人杜牧《江南春》诗曰"南朝四百八十寺，多少楼台烟雨中"，可见当时寺庙之多。前些年人们常戏称我国旅游是"白天看庙，晚上睡觉"，虽然

图 6-11　曲阜孔子墓

图 6-12　南京中山陵

此话是讽刺我国某些地方旅游的单调，但同时也说明了寺庙这一古建筑在我国旅游资源中的重要地位。

　　由于最早的佛寺是在官府的基础上修建的，因此与封建社会时期的其他建筑在形式上没有什么大的区别。中国的宗教建筑或是采用官式建筑的尺度模式，或是采用民间建筑的特点，"神化"与"出世"的特点不突出。中国佛塔形制是世俗楼阁的仿造。因此，有人说"寺庙是世间衙署的翻版"、"红尘世界的倒影"。中国宗教建筑体现了"以人为中心的文化观念"与"实践理性精神"，这与西方宗教建筑刻意体现"宗教神灵精神"和"出世"思想大不相同。

　　我国寺庙建筑与布局的主要特点是：中轴对称，正中路前为山门，山门内左右为钟楼、鼓楼，正面为天王殿（殿内供有四大金刚塑像和弥勒佛），后面是寺庙的中心——大雄宝殿（供奉"大雄"——佛教始祖释迦牟尼的地方），再后是藏经楼（阁）。正中路左右布置有僧房、斋房等建筑（如图6-13所示）。

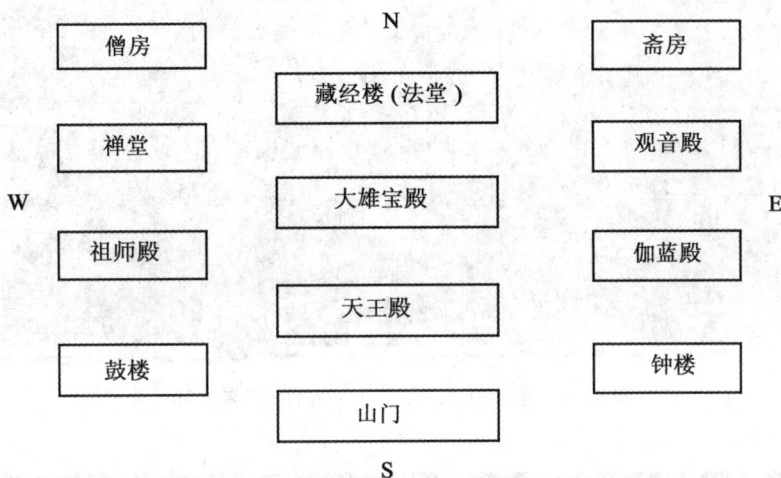

图 6-13　寺院空间布局图

这种布局旨在以雄浑规整的气势、庄严肃穆的感觉，以及神秘阴森的宗教气氛来震慑信徒。其中喇嘛教的建筑比一般的寺庙建筑更加宏伟，装饰更为华丽（如拉萨的大昭寺等）。寺庙建筑往往结合园林构景手段创造出"仙山琼阁"的天国境界，以调节神秘阴森的宗教环境气氛，并满足僧众、信徒、游客的审美需要和增强宗教的教化效果。我国宗教寺庙大多建在山水风光优美之处（"深山藏古寺"，"曲径通幽处，禅房花木深"），体现了"天人合一"的传统美学思想。

我国著名的寺庙建筑有：天下第一名刹少林寺、西藏拉萨的布达拉宫、山西恒山的悬空寺、河北承德避暑山庄的外八庙、北京的雍和宫、天津的独乐寺、山西的显通寺、浙江的普济寺、安徽的化成寺、河南的白马寺、四川的报国寺、西藏的大昭寺、甘肃的拉卜楞寺、青海的塔尔寺等。我国寺庙建筑比比皆是，其中不少寺庙建筑规模与建筑艺术为广大中外游客所称绝（如图 6-14、图 6-15 所示）。

### 五、石窟建筑——"宗教与艺术的殿堂"

石窟原是印度的一种佛教建筑，多是僧侣们开凿的，是教徒们集会、诵经、修行的地方。我国的石窟是仿照印度开凿的，主要是用来供奉神像和菩萨。我国最著名的石窟有甘肃敦煌的莫高窟（千佛洞）、山西大同的云冈石窟、河南洛阳的龙门石窟、甘肃天水的麦积山石窟（我国最大的泥塑艺术博物馆）、重庆大足石刻等。这些石窟对于研究我国古代建筑艺术、雕塑、绘画、佛教文化以及发展旅游事业都具有重要价值。中国石窟具有自己独特的民族性，这不仅表现在石窟建制由印度单一的塔庙式礼拜窟发展为具有中国殿堂特色的佛殿窟、大像窟、佛坛窟等，更表现在雕塑、绘画由取法印度发展为具有中华民族审

图 6-14　承德外八庙之一——普陀宗乘之庙

图 6-15　布达拉宫

美理想和现实精神、艺术特点的新风格。中国佛教石窟在地域分布上有着自身的规律性，由于传入的时间不同，使中国石窟大体上呈西先东后、北早南晚之势。在地域上又因地区文化的差异和石窟艺术盛衰的时间不同而形成若干个大的石窟艺术发展区，如新疆地区、陕甘宁地区、晋豫冀地区、川浙地区、西藏地区等。每一个地区的石窟艺术既具有一个时期全国共有的艺术风貌，又具有自己独特的艺术个性，从而使中国佛教石窟艺术呈现百花齐放、气象万千、南北分流的局面(如图 6-16、图 6-17 所示)。

图 6-16　敦煌莫高窟

图 6-17　龙门石窟

### 六、古塔建筑——"装点河山的神笔"

我国的古塔绝大部分属于宗教建筑，一般称为佛塔。我国古塔种类繁多，丰富多彩，其大体可以分为密檐式塔、楼阁式塔、覆钵式塔、金刚宝座式塔、亭阁式塔等类型。各种塔的结构基本相同，分别由地宫、塔基、塔身、塔刹等部分组成。我国的古塔中，有些属于风水塔，风水塔多立于水系入村处或出村处，以镇风水。塔的基座具有敦厚、稳重的美感，塔身层层相叠，形成有规律、有比例的重复，具有韵律之美。目前，我国拥有 3 000 多座佛塔，它们是我国古建筑的重要组成部分。最著名的有西安的大雁塔、小雁塔，山西应县木塔，北京正觉寺金刚宝座塔，云南大理三塔，嵩山的少林寺塔林，宁夏青铜峡的108塔(我国古建筑中唯一总体布局为三角形的大型塔群)，南京的灵谷寺塔，当阳玉泉寺的棱金铁塔(我国最大的铁塔，高22米，13层，重53.5吨)等。我国古塔比例合度，结构精密，宏伟壮观，肃穆安闲，给人以崇高的美感和浓厚的神秘感。它以自身的挺拔英姿，对风景区起着重要的装点、协调以及"引景"的作用。古塔对环境还具有特殊的美化效果，对山水景观起着弥补不足或锦上添花的作用，甚至起到"化平凡为神奇"的巨大审美功效，故称之为"装点山河的神笔"(如图6-18、图6-19、图6-20、图6-21、图6-22、图6-23、图6-24所示)。

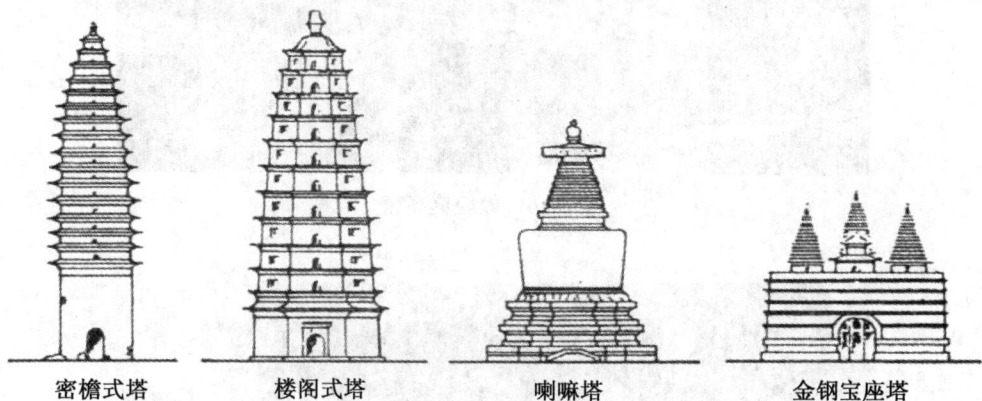

| 密檐式塔 | 楼阁式塔 | 喇嘛塔 | 金钢宝座塔 |

图 6-18　塔的类型

资料来源：楼庆西. 中国古建筑二十讲. 北京：生活·读书·新知三联书店，2004：123.

图 6-19　西安小雁塔

资料来源：杨海波，赵志远. 游遍中国(三). 长春：吉林摄影出版社，2002：22.

图 6-20　西安大雁塔

资料来源：杨海波，赵志远．游遍中国(三)．长春：吉林摄影出版社，2002：22.

图 6-21　山西应县木塔

资料来源：陆大道．中国国家地理百科全书(一)．北京：北方妇女儿童出版社，2002：100.

图 6-22 北京正觉寺金刚宝座塔(张振光摄)

图 6-23 大理三塔(曹诗图摄)

图 6-24　宁夏青铜峡 108 塔

资料来源：陆大道．中国国家地理百科全书（六）．北京：北方妇女儿童出版社，2002：27.

### 七、桥梁建筑——"力与美的交融"

我国桥梁建筑的历史悠久，至少已有 3 000 多年的历史，不少桥梁建筑经历了千百年的风雨考验，至今仍然坚固完好。我国的地理环境多山多水，为交通便利，遇山则开路，遇水则架桥，故桥梁遍布祖国山河。众多的桥梁，有的长若垂虹，有的环如半月，有的如玉带浮水，有的雄伟壮观、气贯长虹，有的小巧玲珑、柔美纤巧，可谓千姿百态。很多古桥已成为游览、观赏的重要对象，吸引着众多的游客。

桥梁大致可以分为梁桥、拱桥、索桥、浮桥几种基本类型。其具有交通运输、遮风避雨（如风雨桥）、点缀河山、观景赏景等功能和用途（如图6-25、图 6-26 所示）。我国著名的古代桥梁有所谓的"古代三大名桥"——河北赵县的赵州桥（又名安济桥，系隋代李春设计建造）、福建的泉州与惠安交界洛阳河上的洛阳桥（万安桥）、北京永定河上的卢沟桥（意大利旅行家马可·波罗称赞"它是世界上最好的、独一无二的桥"）。非常驰名的古代桥梁还有西安附近的灞桥（我国最古老的桥梁，系汉代建造），苏州的宝带桥、枫桥，广东潮州的广济桥，福建的安平桥（又名"五里桥"，为我国最长的古桥），广西程阳的风雨桥等。江南水乡"小桥流水人家"，如诗如画，古代桥梁比比皆是，浙江绍兴有"古代桥梁博物馆"之美称。三峡地区则是"现代桥梁的博物馆"，已建成十多座长江大桥和数百座现代大中型桥梁。重庆、武汉皆有"江城桥都"的美誉。

### 八、民间建筑——"地域环境的镜子"

传统民间建筑主要包括民居和村落。我们的先民发挥聪明才智，创造了良好的、与自然和谐的人居环境，让人们诗情画意般地栖居在祖国的大地上。传统民间建筑有着悠久的历史传统，在建筑的群体组合、院落布局、空间处理、外观造型、地形利用等方面都积累了丰富的经验。不同地区、不同民族的民居和村落都有着自己独特的艺术风格和特色，这

图 6-25　河北赵县的赵州桥

图 6-26　广西程阳的风雨桥

些风格和特色的形成与当地的地理环境、民风民俗和生活方式有密切关系，可谓"地域环境的一面镜子"。传统民居的外观虽然种类繁多，但大致可以归纳为合院式（如四合院、三合院）、干栏式（用竹、木等构成的底层架空的楼居）、碉房（用土、石砌筑成形似碉堡的房屋）、毡帐（如蒙古族的蒙古包、哈萨克族的毡房、藏族的帐房）、阿以旺（新疆维吾尔民居，房屋连成一片，平面布局灵活，庭院在四周）等。我国传统民居建筑很有特色的有北京的四合院、黄土高原的窑洞、西南地区的吊脚楼、福建闽西的土楼、安徽的古民居、广东客家的围龙屋等。古村落是农耕社会人类聚居的地方，反映出中国古代强烈的血缘与地缘关系，在建筑布局上顺应自然环境、重视生活需要与防御安全。我国的传统民居与古村落具有较高的游览观赏价值和科学研究价值（如图 6-27、图 6-28、图6-29、图 6-30、图 6-31、图 6-32、图 6-33 所示）。

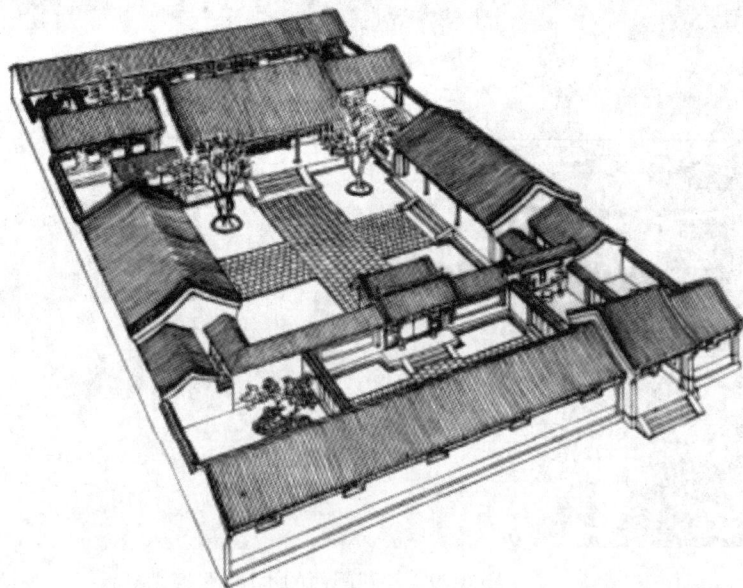

图 6-27　北京四合院总体布局

图 6-28　吊脚楼

图 6-29　福建闽西的土楼（张振光摄）

图 6-30　广东客家围龙屋

图 6-31 安徽古民居——宏村

图 6-32 陕西窑洞(张振光摄)

图 6-33　西藏的碉房（张振光摄）

中国古代的民居和村落建设十分重视风水环境，易学堪舆理论影响深刻。风水学中所说的理想人居环境应该是背靠祖山，左有青龙（山丘），右有白虎（山丘），两山相辅，背景开阔；远处有案山相对，有清流自山间流来，曲折绕前方而去；四周之山最好多层次，即青龙、白虎之外还有护山相拥，前方案山之外还有朝山相对；朝向最好坐北朝南。如此一个群山环抱、负阴抱阳、背山面水的良好地方是民居和村落建设的理想之地。这样的地方，用现代科学的观念来分析，无疑是一个十分优越的人居环境。因为，背山可以阻挡冬季寒风；前方开阔可得良好日照，纳夏日凉风；四周山丘植被既可供木材、燃料，保持水土，也能形成适宜人居的小气候；流水既可保证生活与灌溉使用，又可蓄水养殖（如图6-34所示）。

传统民居和古村落的审美鉴赏主要应从外观、内景、意蕴（如"天人合一"哲学观的民间化、山水田园作品的文学意蕴、浓郁的民俗乡情）、环境等方面把握。传统民居和古村落的审美鉴赏方法为：从整体着眼，注意建筑与周围自然环境的和谐性（用科学的风水观观察分析）；注意结合地域文化、民族文化，小中见大，平淡中见神奇，去体会文化意蕴；选择最佳的观赏时间（如清晨、黄昏、烟雨天），以期获得最佳的美感效应。

中国传统建筑在文化上可以分为三种类型：官式建筑、文人建筑、民间建筑。它们各自的特点分别为：官式建筑雄伟壮丽、等级森严（如宫殿、苑囿、陵寝、学宫、府第等）；文人建筑朴素雅致、平和含蓄（如私家园林、书院等）；民间建筑具有较强的实用性与经济性、地方性与民族性、简易性与神秘性（如民居等）。

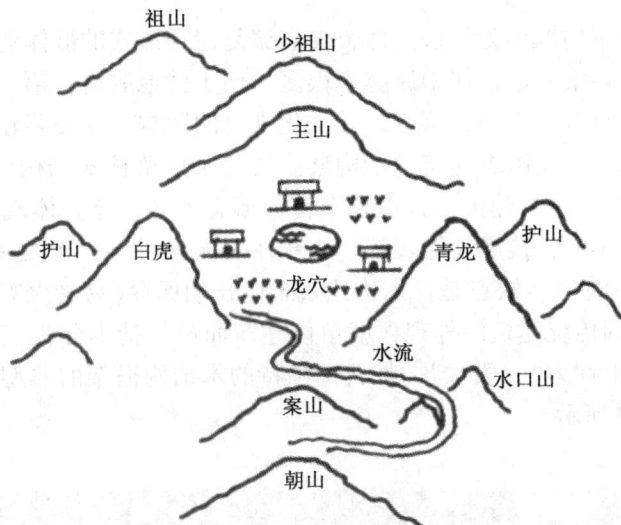

图 6-34　风水学中所说的理想环境

中国建筑的文化历程特点大致可以概括为：秦汉建筑气度恢弘，风格粗犷；魏晋南北朝文脉变调，朴素节俭；隋唐大气磅礴，有容乃大；宋元清逸而严谨；明清精细富缛与古典终结（高度腐熟）；近现代趋新求奇，中西融合。

# 第三节　古建筑审美特征与欣赏

建筑不是单纯具有实用要求和科学技术功能的产品，而蕴含有深刻的审美功能、审美因素。审美因素（或审美功能）对实用功能和技术手段也具有重要的制约作用，在某些建筑中，审美因素甚至起着决定性的作用。如在英文中，建筑"architecture"的原意是"巨大的工艺"。因此，建筑具有强烈的艺术审美特征，它是物质与精神、技术与艺术、善和美的有机统一。

中国古建筑的主要特点是：土木结构，群体组合，布局严谨，造型优美，装饰丰富多样，与自然环境协调，伦理色彩浓厚。

中国古建筑具有很高的审美价值，它给人的美感是：或雄伟、宏大，或浑厚、质朴，或挺拔刚健，或雍容华贵，或柔和纤秀，或端庄大方……这些形式美主要表现在序列组合、空间布局、比例尺度、造型式样、色彩装饰等方面，这些形式美的因素决定了中国古建筑的审美特征。此外，对于我国古建筑的欣赏还受欣赏者的文化素养、审美修养及民族的审美习惯等的影响。一般来讲，对我国古建筑的审美与欣赏，可以从以下几个方面去认识和把握。

## 一、结构形式

中国古建筑是以木构框架为结构主体，带有繁复屋顶形式的群体建筑。中国人选择木结构建筑的原因在于：第一，古代中原林木很多，便于就地取材；第二，适合建筑需要的石材相对较为难觅，且搬运不便；第三，受文化观念的影响，除陵墓建筑外，中国古人并不刻意追求建筑的永恒。我国古建筑的木构架主要是采用梁柱式结构（地面上立柱，柱上架梁）。其优点是：第一，构建灵活，造型丰富，形态各异，充分体现了中国古建筑的民族特点和艺术风格；第二，抗震性能较强。由于木材柔韧性强，加之采用榫卯安装办法，非常坚固（"墙倒屋不倒"）。缺点是：木构建筑难以长期保存（易受火灾、白蚁、战争等损坏，且易腐朽）。中国传统建筑的外观，就单体建筑而论，基本分为三部分：台基、墙柱构架和屋顶（建筑学上称为"三段式"，如我国独特的木结构框架的典型建筑——北京天坛的祈年殿，如图 6-35 所示）。

图 6-35　北京天坛祈年殿

资料来源：徐德宽等.民俗风情.武汉：湖北教育出版社，1999：72.

在古建筑结构形式上，西方与我国有显著的区别：中国古建筑多土木结构，梁架承重；西方古建筑多石质结构（采用拱券结构技术），墙柱承重（基于扩大空间和解决采光的目的，采用围柱式结构，即四周以高大的石柱围绕而形成一个柱廊，如古希腊神庙建筑）。基于西方（如古希腊、罗马等）环境特点及山石地质因素，西方古建筑体现出以石为本的风格，即主要采用冷而硬、厚而沉、庞而大的石块，以追求一种高大、强劲、神秘、威严、震慑效果，体现一种弃绝尘寰的宗教出世精神（如图 6-36、图 6-37、图 6-40 所示）。

图 6-36　雅典卫城的胜利神庙

图 6-37　意大利曼德瓦德尔丹府邸[券柱组合]
资料来源：陈志华. 外国古建筑二十讲. 北京：生活·读书·新知三联书店，2002：35.

二、群体组合与布局特征

　　中国古建筑在布局上为群体组合，即是由一个一个的单位建筑组合成的一个大的群体建筑。我国古建筑的一个共同特征是，在平面布局上以间为单位，由间组成房屋，再由房屋组成庭院，进而由庭院组成横向铺展的各种形式的建筑群。凡有地理条件的，主要建筑物一般都是沿着中轴线布局，使建筑物组成有层次、有深度的空间，追求布局的纵深效果和含蓄美(这一点与西方有很大的不同,西方古建筑的布局具有独体性,着重追求立面与个体的艺术风格,主体建筑物较集中,一目了然,而中国古建筑只能一点一点地细细观看),中轴线两侧的建筑物保持严格对称和均衡,显示出整齐和对称的美(如宫殿、寺院、庭院建筑等)。这种依附地面以主要建筑为中心的向四面扩散、中轴对称式的群体布局,与我国古代封建思想意识中的皇权观念、儒家伦理、宗法礼教、以土为本等传统文化有关("普天之下,莫非王土",所以君王的建筑居于中央;而儒家"君君臣臣父父子子"的社会伦理观,也使中华礼教在主次、内外方面甚为讲究,比如四合院中享有尊崇地位的长辈居住正房,晚辈只能分居两侧厢房)。中国建筑布局在整体上是内向的、收敛的、封闭的(如四合院、皇宫、围合的城墙、长城等),追求内在的含蓄和私密性;西方建筑布局在整体上是外向的、放射的、开放的,追求外在的进取和民主性。可见东西方的建筑和各自的民族性格基本上是统一的。

建筑之所以被称为"凝固的音乐",除了形容建筑和音乐一样有明显的节奏、韵律以外,也说明完美的建筑序列(群体组合)犹如一曲完美的乐章,有主有从,有始有终,有和谐的旋律,中国古建筑可谓典范。中国古建筑的美,不仅在于单体的造型比例,而且在于群体的序列组合;不仅在于局部的雕琢趣味,而且在于整体的神韵气度;不仅在于突兀惊异,而且在于节奏明晰;不仅在于可看,而且更在于可游。我们在游览群体建筑时(如北京故宫、曲阜孔府孔庙等),首先要强化自己的空间概念,从群体组合或布局特征上去体味美感(如图6-38、图6-39所示)。

三、装饰色彩

我国古建筑十分讲究内部的装饰、陈设和外部的空间点缀。建筑物内部常用雕梁画栋、图案花纹、匾额楹联以及壁画进行装饰,以增加华丽富贵的气氛。古建筑的外部空间常常用假山叠石加以点缀,设置华表、香炉、石狮、铜鹤等,有的还建有九龙壁。古建筑装饰的内容可归纳为六大类:突出皇权、表示等级、表明品格、崇扬功绩、驱魔辟邪、祈求吉祥。装饰色彩中,红、黄、绿是我国古建筑的主色调。从中华民族传统的审美观来看:红色代表喜庆、欢乐,黄色代表辉煌、富贵、庄严,象征中央(根据"五行说",黄色代表中央、世界的中心。中华民族崇尚黄色,还与黄土、黄河、黄帝、黄皮肤等地理、文化等因素有关);绿色是生命之色,给人以生机勃发的感觉。我国的宫殿建筑一般都是"红墙黄瓦",显得金碧辉煌,象征着皇权的威严,显示出皇宫的豪华富贵。白色台基、黄色或绿色的琉璃瓦、朱红色的门窗墙柱和以青绿色为主的梁坊彩绘是宫廷、坛庙最盛行的色调,地域上具有北浓烈、南淡雅的特点(与气候等地理环境和人的审美情趣有关)。我国古典建筑中的色彩处理技艺以北京天坛祈年殿最为高超。

在装饰色彩上,西方古建筑与我国古建筑有较大区别:西方古建筑由于采用石质结构,色彩较为朴素、淡雅、单调(以白色、灰色为主色调),体现出调和性格;中国古建筑由于采用木构架,需要油漆等涂料加以保护,以及琉璃瓦、汉白玉、大理石的使用,则显得富丽堂皇、鲜艳夺目(以鲜艳的红、黄、绿三色为主),表现出强烈对比的性格。

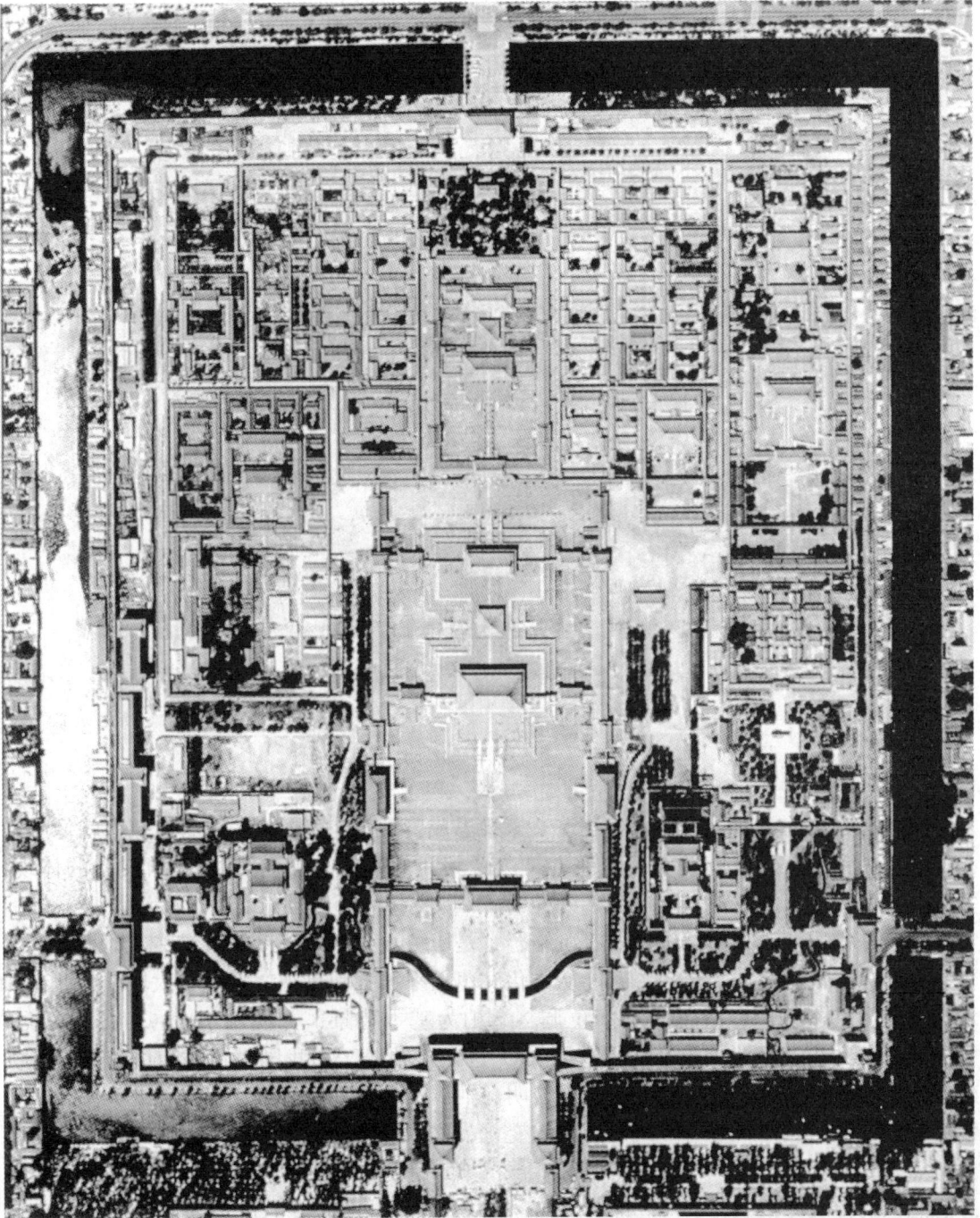

图 6-38 故宫建筑空间布局
资料来源：中国地理学会等. 中国国家地理(风水专辑)，2006(1)：112.

图 6-39　北京城古建筑空间布局

### 四、文化内涵

文化是建筑的灵魂，我国著名建筑学家梁思成曾说过："欣赏优秀的建筑，就像欣赏一幅画、一首诗。建筑最吸引人的地方是蕴藏其间的一系列的'意'。"建筑文化的体现，关键在于采用适当的方式表现这一系列的"意"（即文化内涵与创意）。

建筑是物质外显和文化内涵的有机结合，是历史文化的一面镜子，是一定时期社会文化的缩影，在古建筑的欣赏中，若能从文化底蕴上来发掘和审视，将趣味大增。如北京天坛以圆形为基本构图，蓝色为基本色调，翠柏为基本背景，并使用了 1、3、5、9 等与"天"有关的尺度，突出地象征与体现了"天"这个主题。又如我国古代城市的布局，各类建筑的体量和形制大多方整划一、主从分明、轴线贯通、秩序井然，而且从北到南，千百年保持着统一的风格，基本形式没有大的变化。这种现象深刻地反映了中国封建文化的基本特点，即国家统一、皇权至上、等级森严、典章完备，生产与生活方式变化幅度很小，思想意识的传统性很强（大一统观念），突出地刻画了封建社会的伦理秩序观念和人们的生活节奏。

中国古代传统文化思想对古建筑的影响极大，这主要表现在我国古建筑在审美文化上具有四大特点：

第一，以大称威：如万里长城、北京故宫、承德避暑山庄、阿房宫等都是以大称威的杰作。

第二，以中为尊：如国都选址上要"择天下之中而立国（都）"，在都城规划上，要"择国之中而立宫"。建筑群的主要建筑应建在中轴线上。

第三，礼制至上：即建筑有十分森严的等级制度观念，这从屋顶形式、台基高低、面阔间数等可见而知。

第四，祈吉为尚：我国古建筑的装饰和内外陈设都有祈求吉祥的含义。如龙、凤、鹤、龟、麒麟、狮、象、松柏、灵芝等图案，鸱吻、藻井等为镇火的装饰物。故宫中的文渊阁（藏书楼）的琉璃瓦用黑色，以寓镇火之意。

西方的古希腊建筑亲切明快的风格，反映了奴隶制城邦社会民主的开朗生活；古罗马建筑雄伟、敦实、豪华的风格，则是奴隶主穷兵黩武、骄奢淫逸的生活写照（如凯旋门、斗兽场、神庙等）；欧美城市拥有众多可供集会的广场和公园，体现了社会民主、自由、开放的先进文化；中世纪建筑哥特风格的基督教堂，以高耸的尖塔，超人的尺度，光怪的装饰；直刺苍穹的尖顶，表现了人们崇拜上帝的宗教热忱（意在把目光引向天空、向往天国、忘却现实）和对尘世幸福的渴望。建筑师们旨在歌颂崇高美、灵魂美、宗教美、自由美、终极美。在欧洲，人们称建筑是"石头写成的史书"。

建筑大师梁思成曾经说："建筑是一面镜子，它忠实地反映着一定社会的政治、经济、思想、文化。"中国传统文化强调统一性，忽视差异性；强调群体，忽视个体。这些都在建筑文化中有所反映。无论是欣赏中国古典建筑，还是西方古典建筑，都应该从文化内涵上去仔细体会和把握。总之，建筑是历史的见证，文化的标志，心灵的寄托。

## 五、艺术性与功能性、技术性密切结合

我国古建筑具有艺术性与功能性、技术性密切结合的审美特征，若能在观赏中体味出它们之间的关系，将得到无穷的妙趣。如台基既是木构件防水、防腐的需要，又使整座建筑显出稳定和统一的形象特征；柱子既是主要传力构件，又是划分开间的标志，有时还施以精美的雕刻；大屋顶之所以有较大的出檐，是为了保护周边的木构件及墙面，但出檐大了净空就低，室内的光线就暗，于是就设计了一种屋面檐口部分向上反翘，使阳光易射入、空气易流通的反曲屋面（地域上南长北短）。同时，为解决出檐大而造成的承载力问题，便设计安装斗拱；油漆彩画是保护木材的必要措施；屋顶上的仙人走兽是固定屋瓦的铁钉套子。中国古建筑的实践理性精神较强（功能性较强），而西方古建筑的宗教神灵精神较强（追求精神境界）。

## 六、建筑美与环境美的和谐（或环境氛围）

环境是构成建筑艺术感染力的主要因素之一，例如，埃及的金字塔必须是置身于广阔无垠的荒漠中，才能给人以永恒的神秘感，如果把它建在我国江南水乡则完全变成了另一种气氛和感觉；哥特式教堂必须是在周围狭窄曲折的街巷中，才能显示出向上飞腾之势，表现出特有的宗教情调，如果把它建在摩天大楼附近，则显得渺小并不伦不类；古刹只有在峰回路转、苍松翠竹掩映之中，才能显示出佛教幽雅清净的境界，体现"深山藏古寺"的意境。现在有些地方，把笔直的大路修到庙前，汽车停到山门，附近还盖起了西洋式的

宾馆，美其名曰是为了便于旅游，实则大煞风景，严重破坏了寺庙建筑应有的环境气氛。我国古典建筑的设计与布局严格遵循"亲和大地"的原则，注意建筑物与周围的自然环境的完美结合，与环境相互映衬，使建筑美(人工美)与自然美和谐地融为一体。像颐和园、承德避暑山庄、天坛、帝王陵寝等皇家建筑以及许多寺庙宫观等宗教建筑都是建筑美与自然风景美有机结合的典范。如武当山的道教宫观依地形而建，倚山叠起，层层殿堂，颇具特色。

此外，中国古代建筑讲究风水理论，重视环境优化设计，建筑文化具有较强的环境意识与神秘色彩。这种审美特征的形成与我国传统文化观念中的"天人合一"、"天人感应"等思想影响有一定关系。

## 第四节　中西传统建筑文化比较

由于地理环境、民族性格、历史文化等因素差异之影响，中国传统(或古典)建筑与西方传统(或古典)建筑在建筑材料与结构、建筑布局、装饰色彩、艺术风格、美学价值等方面存在着诸多差异。

从建筑材料与建筑结构上看：中国传统建筑主要是土木制品，采用框架式结构，榫卯安装，梁架承重，外观富有曲线美，气韵生动；而西方传统建筑材料主要是石质制品，采用围柱式、券柱式结构，墙柱承重，重视块、面的应用，形态厚重。中国传统建筑的砖木结构适应小家小户的个体生活，凭借经验和巧思即可成功，故中国传统建筑始终没有上升到结构力学的理论研究高度。西方古建筑多兴建大跨度的拱门、穹隆以容纳上万会众，要有精密的力学知识，由此促进了结构力学的研究发展。

从建筑布局上看：中国传统建筑不太注重单个建筑的高大，而强调群体的宏伟；不追求纯空间的凝固的音乐，而追求在时间的流动中展开自己的旨趣。因此，中国大型的传统建筑为群体组合，即由一个个的单位建筑组合而成一个大的建筑群，在布局上虚实结合，空间上横向扩展，讲究中轴对称，追求纵深效果。城市布局多为矩形或方形。整体风格是内向的、封闭的、严谨的，追求内在的含蓄和私密性；而西方传统建筑多注重单体的建筑艺术效果，空间上垂直扩展，讲究突兀高耸，追求立面效果。城市布局多同心放射状。整体风格是外向的、开放的、活泼的，追求外在的进取和自由性。

从装饰色彩上看：中国传统建筑由于是木构件，需要油漆或涂料保护，色彩以红、黄、绿、蓝为主色调，台基多为汉白玉，鲜艳夺目，具有强烈对比的性格特征；而西方传统建筑由于多使用石质材料，色彩以白、灰、米黄为主色调，朴素淡雅，具有调和性格特征，但内部装饰色彩鲜丽，追求一种光怪陆离、迷幻、朦胧的宗教感应氛围。

从建筑理念上看：中国传统建筑风格具有温和、实用、平缓、轻捷等特征，表现的是入世的生活气息，实践理性精神(或功能性)较突出，故谓之为"人本主义建筑"。西方传统建筑风格具有冷硬、敦实、突兀、玄妙等特征，体现的是以神灵为崇拜对象的宗教神灵精神或一种弃绝尘寰的宗教出世观念，故谓之为"神本主义建筑"。

从美感效应上看：中国传统建筑旨在缩小主客体的"认同"距离，给人以"亲近"的感觉；而西方传统建筑旨在扩大主客体心理距离，使人产生"崇敬"、"仰慕"的感觉。中国传统建筑温柔敦厚，气韵生动，曲线美突出；西方传统建筑雄浑厚重，飞扬跋扈，块、面体积感强(如图 6-40 所示)。

图 6-40  德国新天鹅宫

从价值观念上看：中国传统建筑表现为"新陈代谢"(认为建筑是人为的)，突出"善"，即更注重建筑的实用性；而西方传统建筑表现"永恒"(认为建筑是神为的)，突出"美"，即更注重建筑的艺术性。

从历史变化上看：中国传统建筑从古到今，从东到西，从南到北，都是差不多的艺术风格，千篇一律，变化很小，即使有变化，也是缓慢地渐变。大一统、共性特征突出；而西方传统建筑则不断创新，风格不断变化，历史发展节奏显明，时代特色强烈，具有文脉突变、多姿多彩的特点。先后有古希腊、古罗马、哥特式、拜占庭、文艺复兴、巴洛克、洛可可、帝国风格等建筑。

从旅游审美鉴赏上看：中国传统建筑重在动态的"游览"而不是静态的"观望"，人置身建筑之中，步移景换，情随境迁，可仔细玩味各种线条的疏密，色彩的浓淡，体积的变化，体察实与虚的替换，从而领悟到建筑的神韵；而欣赏西方传统建筑，则像欣赏雕塑作品，它与周围是明显分离的，它的外界面就是供人玩味的，它是暴露的、放射的，其欣赏的方式重在可"观望"而不是可"游览"。

如果要追溯一下中西传统建筑存在差异的根本原因，除地理环境以外，也许中西两种文化关于"天"的不同观念是最值得注意的因素。对于西方人来说，"天"是神的居所，也是每个善良人的灵魂所归，因此活着的人都应该尽量地感触它、贴近它。这就使得西方传统建筑具有浓厚的"彼岸"色彩，建筑形象努力营造出一种升腾感。而对中国人来说，尽管"天"也是有威严的，但人并非要进入天国。中国人关心的是人们在天地之间的这一空间中怎样和谐、幸福地生活，这就使得中国传统建筑有着比西方传统建筑更多的世间情感的味道或"此岸"色彩，建筑形象比较温文尔雅。

## 复习思考题

1. 简述中国传统建筑的主要形式(或类别)。
2. 中国古建筑的审美特征主要应从哪些方面去认识和把握?
3. 试比较中西传统(或古典)建筑风格上的主要差异。

## 阅读材料

### 聚落建筑与地理环境①

　　聚落是地理环境与地域文化的一面镜子，是人与自然间的介质。人类建造自己的居住环境，必然要受到自然环境的限制，同时又适应社会文化环境。从中国传统的民居看，无不显示出强烈的地域性。中国民族众多，民居地缘特色突出，类别纷呈。如北京的四合院，江南的水乡民居，四川的坡地民居，福建的客家大院和土楼，闽粤沿海的骑楼，黔桂的干栏住宅，黄河中游的窑洞，青藏高原的碉房与内蒙古大草原的蒙古包，无不适应当地的自然条件，无不与当地传统的社会文化条件相协调。

　　民居之中，北京的四合院，秉承中国传统建筑风格，显现出儒家文化风貌与古都风采。黔桂的干栏住宅千古沿袭而来，适于炎热潮湿气候，习从山高地陡的西南山地地形。黄河中游的窑洞，采地质之宜，冬暖夏凉。蒙古包适于游牧生活，由经济活动形式而定。青藏碉房，平顶厚墙适应特殊的高原气候，位于险峻之地，是为防御、贮存贵重物品之用。江南多水乡，民居形制随地而建，沿河临水，粉墙黛瓦，剔透玲珑，渲染了自然之景，更显现了江南人文荟萃之文化色彩。

　　许多地方的民居讲求风水，追求"背山面水、背风向阳"和"左青龙、右白虎、前朱雀、后玄武"四神兽结构的桃花源模式。

　　具体分析，地理要素对聚落的影响如下。

　　气候影响：各地降水量的大小直接影响到房屋的建筑形式。这在农村中反映明显。一般来说，降水多的地方，屋顶坡度较大，以利泄水，反之屋顶坡度较小。在气候特别干旱的地区甚至屋顶都是平的。这一点，我们可以从表6-1中看得更加清楚。

---

　　① 参见曹诗图，孙天胜. 新编人文地理学. 北京：大众文艺出版社，2004：48-50.

表 6-1 屋顶坡度与降水量

| 地区 | 屋顶坡度 | 年降水量 |
|------|----------|----------|
| 西双版纳 | 近于直立 | 1 600～2 000mm |
| 江浙地区 | 坡度较大 | 1 200～1 600mm |
| 湘赣地区 | 相对平缓 | 1 200mm 左右 |
| 陕北 | 接近水平 | 400～600mm |
| 新疆 | 水平 | 50mm 左右 |

从表 6-1 中可以约略看出乡间民宅屋顶坡度与我国降水分布的相关性。中欧和北欧山区的中世纪尖顶民居，一方面与宗教文化影响有关，另一方面是因为这里冬季降水量大，为了减轻积雪的重量和压力所致。此外，我们还不难发现，我国南方屋顶出檐较长，可以使屋顶过多的雨水下泄时"射程"较远，有利于保护墙面不被雨水冲蚀，北方屋顶出檐较短，因为它们无雨多之忧。从屋檐口看，南方屋檐口向外挑出许多，这既可避雨水，又有遮阳之功效，而北方屋檐口向外挑出较少，也因无多雨水之患，同时也利于接受较多的阳光。我国北方一些民居屋顶仅有仰瓦而无覆瓦，与降水较少有关。再就合院式民居而言，我国北方多为分散式(院落宽敞)，南方多为聚合式，这主要是因为东北、华北气候寒冷，冬天日照角度较小，为了争取较多的阳光，故分散房屋，加大院子，以增加阳光接触，延长日照时间。长江流域与华南地区光热充裕，夏季炎热，为了减少日照，故合院采用聚合式，中庭狭小，以便遮阳。长江三角洲地区，民居为适应该地潮湿炎热气候的需要，房屋建筑空间高敞，并采用敞厅、天井、通廊等开敞通透的布局，墙的外壁多抹白灰，以减少对阳光的吸热效应。南部沿海民居选址朝向重风向而不重日照，一般不取正南向。西南地区的民居建筑多采用木竹架空式即"干栏式"结构，俗称吊脚楼，在通风、消暑、避潮、防洪等方面十分有效。青藏高原昼夜温差极大，终年风强雨少，故多采用土石造的平顶厚墙建筑，白天利用厚墙吸热，到了夜晚厚墙散热，恰可增温御寒。

地形影响：如山区的居民，多依山建筑居民点，高矮参差，成为一种山村或山区集镇。苗族、土家族的吊脚楼，即傍山而筑，整个楼房的前房的前半部是用木柱撑在斜坡上，铺以木板，再在上面建造住宅，远远看去好像是悬空一般，整个村寨显得雄伟险峻。这种建筑方式不破坏地貌和地质的稳定性，节约土地、人力、财力；而且山区的许多住宅，多用石料建筑，就地取材，形成一种特有的聚落外观。山区村落一般较分散，规模较小。平原地区，村落一般较集中，规模较大。同时，由于受地形的影响，聚落在几何形态上也呈现明显的差异，如北方平原的城镇、村落，布局秩序井然，道路笔直通畅；南方山区城镇、村落，布局松散灵活，道路迂回曲折，完全是另一种风格。这种城镇建筑格局对人的心理行为特征有一定的影响，如北方人地理方位意识较强，指路多说向东走、向南走、向西走、向北走；南方人指路多说向前走、向左走(或拐)、向右走(或拐)。

地表水影响：聚落的位置必须有方便的、比较洁净的生活水源。在我国广大的干旱地区，聚落的分布与水源的关系显而易见，即使是在我国广大的湿润地区，聚落的分布也明显受到用水的影响。在水网稠密的地区，聚落比较集中，且规模较大；在水网稀疏的地区，聚落比较分散，且规模较小。在江南的丘陵山区，村落一般分布在山麓和开阔的河谷平原，这与居民用水方便等有关，山上的孤村或寺院也多建筑在泉水出露处。长江三角洲地区，河网密布，村庄之间多靠舟楫往来，很多村庄皆沿河湖分布，临水建筑，形成"人家尽枕河"、"楼台俯舟楫"的水乡景观。

# 第七章　中国雕塑艺术与审美鉴赏

## 第一节　雕塑与旅游

雕塑是一种旅游文化资源。古今中外勤劳而智慧的历代能工巧匠，天才地创造了难于计数、精美动人的菩萨、佛像、陶俑及陵墓石雕等，这些雕塑艺术像一颗颗璀璨的明珠散布在著名的旅游景区和旅游城市（尤其是欧洲城市），它们以古老的文化、精湛的技艺和无与伦比的艺术美感，吸引着众多的游客，成为颇有魅力的风景名胜区的人文景观。

世界旅游中常见的雕塑主要有两大类：宗教雕塑和陵寝墓园雕塑。宗教雕塑主要是以基督教故事题材为主的教堂雕塑，以佛教为题材的石壁造像、石窟雕塑和彩塑，以及寺庙内的木雕、泥塑、铜铁铸佛等。为陵寝墓园服务的雕塑，地上部分有石人、石兽，地下部分有陶制的陪葬俑（如秦始皇陵兵马俑等），多具有森严、神秘的色彩。我国著名雕塑艺术有被称为"世界第八大奇迹"的陕西临潼秦始皇陵兵马俑、举世闻名的甘肃敦煌莫高窟、山西大同的云冈石窟、河南洛阳的龙门石窟，还有被称为"稀世奇珍"的昭陵六骏浮雕。它们足以和世界上任何国家的雕塑艺术相媲美，是品位很高的文化旅游资源。随着旅游事业的发展和旅游者文化艺术修养的提高，雕塑艺术已越来越成为人们易于理解和乐于接受的审美对象。

雕塑与旅游的关系是紧密联系、相互促进的。我们可以从国内外一些有代表性的旅游名胜地来说明这一点。例如四川乐山市，乐山大佛使得此地成了各国游客非常向往的旅游胜地，人们一提起乐山大佛便会联想到乐山，乐山景区每天的游人络绎不绝。有特色的现代雕塑艺术作品也是重要的旅游吸引物，如天津民间艺人于文成的泥塑作品每年创造旅游收入 200 多万元。在国外，众所周知的"断臂维纳斯"、"掷铁饼者"、"大卫"、"摩西"等不朽雕塑作品，多少年来一直吸引众多的游客前往旅游观光，它们构成了欧洲文化旅游的重要组成部分。还有一些建筑雕塑也是如此，如巴黎圣母院、凯旋门、埃菲尔铁塔、比萨斜塔等都是举世闻名的旅游景点。在历史发展的现在与将来，雕塑与旅游的这种密切关系都将会持续地发展下去。旅游景点的开发和旅游城市的建设，都离不开雕塑。虽然雕塑属于艺术范畴，但它不仅仅是一种艺术现象，而且是一种精神和文化的融合，把它放置于景点之中，能使景点有生气，有生命力，能给人以感染力与吸引力。有学者认为，"伟大的雕塑，常常是一个国家、一个民族或一座城市的象征与精魂"。雕塑可谓旅游景点和城市"表情"的重要组成部分。有品位的旅游景点和旅游城市自然少不了雕塑。例如，奉节白帝城景区为再现刘备托孤这一幕感人肺腑的悲壮历史，塑造了一组大型人物彩塑——刘备托孤，其造型生动、个性鲜明、惟妙惟肖，具有强烈的艺术感染力。游人观瞻时，不免"发思古之幽情"、"独怆然而涕下"。雕塑是城市的"名片"或灵魂（如自由女神像之于纽约，五羊雕塑之于广州，渔女雕塑之于珠海等），是旅游景区的点睛之笔。因此，在旅游景区、旅游宾馆和旅游城市建设中应重视雕塑景观的建设。可根据本地的历史文脉、地理环境特别是名人文化建设雕塑景观。如重庆沙坪坝建有名人文化广场，广州中山大学建有近代 18 先贤广场，成为著名的雕塑旅游景观。适当规模的名人雕像可渲染名人神韵，突出名人形象。名人雕塑可采用群雕、室内或回廊的壁画或浮雕、或蜡像，使旅游者有名人可凭吊，有景观可观赏，有遗物可追思。旅游宾馆、旅游饭店在规划设计时，如能结合地域文脉和企业文化及当地环境，设计一些文化内涵丰富和品位较高的雕塑，与建筑设施相辉映，将对游客和旅驻者产生很好的吸引作用。对于城市旅游而言，雕塑既促进了城市旅游业的发展，也借助旅游业创造自身的经济价值与品牌价值。例如青岛市东海路雕塑一条街，武汉市的江汉路步行街的民俗文化雕塑景观，合肥市的城市雕塑景观（合肥市目前共有城市雕塑百余座），南昌市的名人雕塑园，都吸引着不少游人并口碑相传，促进了城市旅游的发展。

此外，在数量庞大的旅游纪念品中，旅游雕塑（如石雕、玉雕、木雕、竹雕、铜雕、陶雕等）纪念品是一支不可缺少的生力军，深受游客欢迎，在销售方面，品种之多、覆盖面之广是其他品种难以相比的。如无锡灵隐大佛旅游景点销售的"小型佛手"就是例证。这个小型雕塑的造型是按大佛手的比例缩小的，尺寸在十几厘米，可亲可爱，而且还有很好的寓意："拥有大佛手，好运年年有。"这种具有本景点特色的雕塑纪念品满足了不同游客的需求，使游客们乘兴而来，满意而归，在旅游业中直接体现了它的经济价值。

由上述可见，雕塑是一种重要的旅游文化资源或旅游产品，它与旅游有着密切的关系。

# 第二节　雕塑的艺术特点与形式

## 一、雕塑的构成要素与艺术特点

雕塑是艺术家为反映现实生活和表达自己的审美感受、审美情趣、审美理想，利用可雕、可刻或可塑的物质材料（通常用大理石、花岗岩、石灰石、木料、黏土等）塑造出占有三维空间的可视、可触的艺术形象的造型艺术。"雕"就是减，将材料如石块、木材等以凿、刻、削的方式将不必要的地方去除，从而得到立体的形象，这是一个剥离的过程。

"塑"就是加，以可捏塑的材料如黏土、石膏、水泥等渐次添加、堆积、揉捏、浇铸成为立体的形象。雕塑的要素包括形体、空间感、质感、光感。

雕塑三维空间的实体性，可使人直接了解形象处于空间中的具体性、可信性，而且随着欣赏者视角与距离的变换，常常能够带来极其多样的美的感受（如立体感、质量感、力度感、动感等），这种特点或优点是具有二维空间的绘画艺术难以企及的。总之，具有极强的艺术感染力，这是雕塑艺术的特点，也是它的优越性。

## 二、雕塑的形式

雕塑具有多种形式，通常可分为圆雕和浮雕两种。

### 1. 圆雕

圆雕的特征是完全立体的，它是独立地、实在地存在于一定的空间环境中，不附着在任何背景上的雕塑作品。观众可以从四面八方、每一个角度去观赏它。如著名的"秦始皇陵兵马俑"、苏州西园的济公和尚塑像（半面哭、半面笑、正面看是一副尴尬模样），这种颇具感染力的艺术效果是绘画根本无法达到的（如图7-1所示）。

图 7-1 秦始皇陵兵马俑

资料来源：杨海波，赵志远. 游遍中国（三）. 长春：吉林摄影出版社，2002：12.

### 2. 浮雕

浮雕是介于圆雕与绘画之间的类型，是在平面上雕出或深或浅的凸起的图像。它主要用于建筑物的装饰或装饰大型建筑物的重要部位，如北京天安门广场上的人民英雄纪念碑的基座周围装饰的汉白玉雕刻，以及著名的"昭陵六骏"等。它与圆雕最大的不同点就是观众不能从四周观看，只能从正面欣赏(如图 7-2 所示)。

图 7-2　昭陵六骏浮雕
资料来源：www.huitu.com

此外，雕塑按其不同的社会功能可分为纪念性雕塑、建筑装饰雕塑、园林雕塑、宗教雕塑、陵墓雕塑、明器(或冥器)雕塑、工艺雕塑等。由于雕塑的社会功能不是单一的，其功能经常会交叉重合，所以雕塑类型的划分并非是绝对的。

## 第三节　中国雕塑的美学特征[①]

### 一、纪念性

中国古代雕塑常常是体现特定时代和一定阶级的信仰、崇拜，或是为了纪念某一历史人物和事件，纪念某种功绩和勋业的产物，它具有政治性和纪念性，是具有独立鉴赏价值的艺术品，如著名的唐代雕刻"昭陵六骏"就是现存最有纪念意义和观赏价值的雕塑之一。

纪念性雕塑在艺术形式上，往往采用巨大的体量和粗犷的风格来充实思想内涵和深度，在现代雕塑艺术上尤为如此。

### 二、象征性

中国古代雕塑艺术继承了"托物言志"、"寓意于物"这一美学风格与传统。许多雕塑不仅仅是为了表现某些物体的形态(如石狮、石马等)，而且是为了表现人们一定的意念，烘托一定的意境。如皇宫里的雕龙、宫殿门外的铜狮是权威的象征，庙堂、石窟的"正

---

[①]　参见乔修业.旅游美学.天津：南开大学出版社，2000：123-128.

神"（如菩萨等）则是慈悲的象征。象征性是中国雕塑艺术的主要美学特征之一。

中国现代雕塑艺术将古代传统中的"象征性"美学特征发扬光大，并推向一个新的高峰。如原深圳市委大院内的主题性雕塑"孺子牛"（系著名雕塑艺术家潘鹤的杰作）是一件象征意义很强的、艺术上非常成功的作品。一头雄健的牛正运用全身力量在拉犁，犁铧把一棵大树盘根错节的根从地下翻出来。它的象征意义是：作为人民群众的孺子牛，应像这头开荒牛一样，带领人民群众把贫穷落后、封建愚昧连根拔起，这是时代的要求、历史的使命（如图 7-3 所示）。

图 7-3　孺子牛

资料来源：中国地理学会等. 中国国家地理（风水专辑）. 2006(1)：74.

### 三、装饰性

装饰性又称为表现性，因装饰是为了表现。中国古代雕塑，不以如实模仿自然形态为满足，而是采用装饰手法，把自己在生活实践中形成的某种情感、趣味和审美理想，寄托在创造性的形象中。例如，为了表现石狮凶猛的本能和表现石狮作为镇墓神兽的特征，工匠们把狮子的外形加以装饰性处理——嘴巴阔大、眼睛鼓出、昂首、挺胸、张口，给人以威武、沉着、镇定的形象美感。

装饰性雕塑以优美、形象生动为主要特征，旨在通过生动活泼的艺术形象美化空间环境，给人以美的感受。

### 四、假定性（概括性）

中国古代雕塑比较注意对自然形态的固有特征进行有所选择的掌握和概括。不拘泥于对象的所有特征，不讲究逼真，即"离形得似"、"遗貌取神"，注重概括它的固有特征，以使观众从对象的固有特征中，凭借联想和想象认识它。如古代雕塑中常见的石狮、石天禄、石翼马等之所以具有极大的艺术魅力和极高的审美价值，正因为它不是和真的一样。

可见，中国雕塑具有明显的假定性(或概括性)的艺术特征。

### 五、类型化

中国雕塑艺术往往不拘泥于对象的某一形体比例和性格的真实刻画，而是综合了同类对象的基本特征，创造出具有共性美的艺术形象。这就是类型化艺术手法，但这种类型化也并非千人一面、缺乏个性的美。中国雕塑是通过类型来表现个性的，如武汉归元寺 500 罗汉塑像，既有共性(具有罗汉法力无边等共同形象)，也各具鲜明的个性特征(喜怒哀乐、胖瘦高矮各异)。

### 六、群体性与程式化

中国雕塑特别是宗教雕塑具有明显的群体特征，即以群体为主，每一个庙或窟之中必须有一个凝聚中心。这一雕塑既处于观者视点的中心，又是最高大的，其余雕塑则服从它、呼应它，从而构成整体效果。龙门、云冈、敦煌石窟如此，著名寺庙亦是如此。从六朝到宋明，寺庙中雕塑群体又有一个逐渐由印度的寺庙安排到近似于中国朝廷的帝王文臣武将的仪式安排的演化过程，雕塑群体越来越秩序化、程式化。

### 七、与建筑、环境融为一体

雕塑常被作为建筑的一部分而创作。雕塑是美化建筑、烘托环境气氛的手段之一，它与建筑、环境的关系极为密切。这三者之间常常表现出惊人的和谐与默契，体现了"天人合一"的古典美学思想和传统哲学思想。如乾陵"因山为陵"，巧妙地利用自然环境，放大石雕体量，具有强烈的"震慑"效果。如果离开了建筑、环境这些组合，雕塑的艺术内涵与魅力就会大大降低。一件雕塑作品放在相应的环境中，与之和谐呼应，便会取得相得益彰的艺术效果。

## 第四节　雕塑艺术的鉴赏方法

### 一、注意雕塑本身的形象和神态之美

欣赏中国的雕塑艺术，应注意品味雕塑本身的形象之美和神态之美。例如，大肚子开口笑的弥勒佛各庙都有，但杭州灵隐寺飞来峰石壁上的那尊宋刻弥勒佛最为完美。这尊佛像一手按布袋，一手持念珠，喜笑颜开，袒腹踞坐，造型自然生动，形神俱佳。又如，五台山南禅寺的唐塑——天王和女菩萨两手相携，眼神相接，递送秋波，表现出男女友情，这在顶礼膜拜的佛像中是极少见的，这说明唐代文化受封建理学的影响较小，是一种博大、开放的时代文化。当你领悟到这些奥妙时，那么你对雕塑的欣赏就深入一层了。

### 二、注意雕塑与周围环境(或空间)的关系

欣赏中国的雕塑艺术，应注意把握雕塑与周围环境(或空间)的关系，并品评二者关

系是否和谐。例如，乐山大佛的雄伟，与大佛足下奔流湍急的岷江是分不开的（如图7-4所示）；洛阳龙门石窟的群雕佛像之美，则依赖于双峰对峙、伊水中流、翠柏满山的环境烘托。又如乾陵，山顶处有一对奇伟的雄狮雄踞其上，昂首怒吼，瞭望四周，川原茫茫，这对雄狮的气势仿佛不但控制了陵墓，而且镇住了八百里秦川。

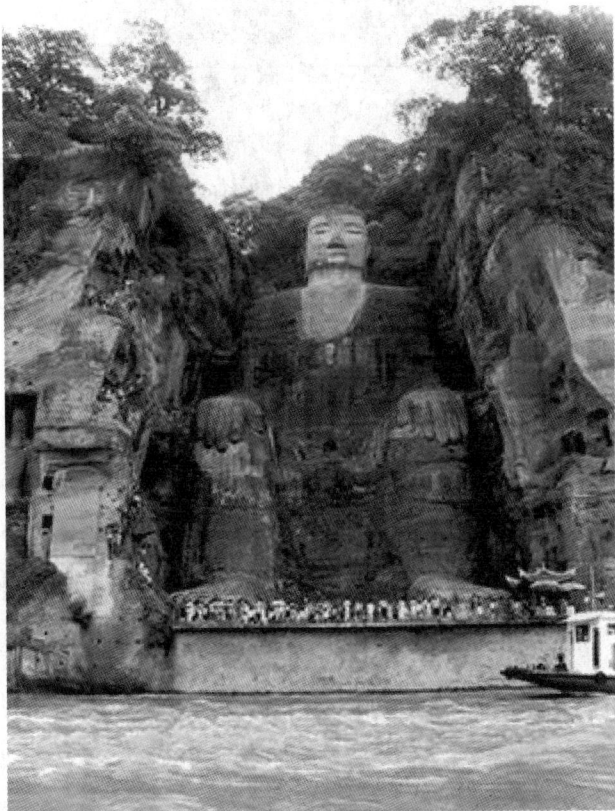

图7-4　乐山大佛

　　由上述可见，风景中的雕塑，除了它们自身的艺术价值之外，在欣赏空间环境中还扮演着重要角色，使游人在观赏中产生一种特别的趣味。在欣赏雕塑中，我们应特别注意强化"环境意识"或"空间意识"，如雕塑的位置、背景乃至空间的光线、颜色等。

### 三、注意雕塑随时代产生的风格演变

　　从雕塑艺术史上看，中国雕塑艺术审美经历了古朴与狞厉（先秦、春秋战国）、雄犷与生机（秦汉）、阳刚与阴柔（南北朝）、成熟与圆融（隋唐）、文弱与温婉（宋）、成熟与衰退（元明清）的历史演变。具体来讲，时代风尚、审美心理等艺术观念的变化，往往能在雕刻上反映出来。如"曹衣出水、吴带当风"这一艺术史上的趣谈就很能说明此问题。东汉魏晋，雕塑、绘画受印度文化（随佛教传入的）影响较大，雕塑、绘画的造像隆鼻、垂耳，衣纹全身紧贴肌肤，好像刚从水中出来一般，充分体现出人体之美。而到唐代，根据

汉族的审美习惯，艺术形象中人物的衣带渐宽、飘忽有姿，好似当风飞舞，颇有仙意。我们要是将云冈石窟的露天大佛（开凿于北魏）与龙门石窟奉先寺的卢舍那大佛（开凿于唐代）相比较，就能领悟到"出水"与"当风"的意味（如图7-5、图7-6所示）。

图7-5　大同云冈石窟佛雕

资料来源：陆大道.中国国家地理百科全书（一）.北京：北方妇女儿童出版社，2002：96.

图7-6　洛阳龙门石窟雕像卢舍那佛

资料来源：杨海波，赵志远.游遍中国（三）.长春：吉林摄影出版社，2002：102.

此外，雕塑艺术的鉴赏还要注意雕塑的色调、背景、最佳视角、最佳视野距离等。

# 第五节　中西雕塑文化比较

## 一、艺术地位

长期以来，雕塑在中国没有获得像西方那样独立的艺术地位，几乎一直是从属于建筑艺术的一个小的部分。因此，在历史上，中国雕塑艺术工作者的地位也远不如西方雕塑艺术工作者的地位高，在境遇上有"皂隶之匠"与"艺术家"的巨大差别。黄宗贤、吴永强在《中西雕塑比较》一书中分析指出：在中国漫长的文明史中，尽管有秦陵兵马俑、昭陵六骏等精美绝伦的雕塑作品，尽管有龙门石窟、敦煌彩塑等数量浩繁、气势恢弘的佛教造像，有自成体系的帝陵神道石刻，雕塑艺术贯穿各朝各代，可是，雕塑家却默默无闻。中国古代雕塑家不过是皂隶百工的一员，他们不仅被历史叙述所忽略，在现实社会中的地位也与欧洲古代雕塑家有天壤之别。中国的艺术史文本不曾给雕塑家留下篇章，致使一部中国雕塑史几乎是没有创作者名字的历史。中国艺术史家可能兴趣盎然地记下一位根本没有作品存世的画家的名字和生平，甚至对他们的轶闻趣事津津乐道，但对雕塑家却十分吝啬笔墨。在西方艺术史上，雕塑不仅一直是艺术门类中显赫的一员，雕塑史也是由米隆、菲狄亚斯、米开朗基罗、罗丹这些伟大雕塑家构成的历史。无论是雕塑艺术还是雕塑艺术工作者，在西方都拥有很高的地位。

## 二、审美追求

中国雕塑：偏于"写意式"雕塑，追求形态神韵美（注重神韵，追求传神，写意性和象征性强，取其神而遗其形，妙在"似与不似之间"，追求自然直观主义价值）；突出共性（求同）；在重视美与善的结合的同时更关注雕塑艺术的审美教化功能。

西方雕塑：偏于"工笔式"雕塑，追求自然模仿美（注重形似，写实性强，对人体雕塑特别强调形体解剖学意义上的结构准确，追求理性写实主义价值）；突出个性（求异）；在重视美与真的结合的同时更关注雕塑艺术的认识作用。

## 三、雕塑材料

中国雕塑：材料丰富多样，但以与自然密不可分的泥土、木材、花岗岩居多。概言之，中国雕塑特点是"以泥为塑"。

西方雕塑：材料比较多样，但以大理石以及青铜等为主。概言之，西方雕塑特点是"以石为雕"。

## 四、雕塑技法

中国雕塑：在雕塑技法上，重塑轻雕。相比较而言，中国雕塑艺术家"塑"的艺术水平相对较高。

西方雕塑：在雕塑技法上，重雕轻塑。相比较而言，西方雕塑艺术家"雕"的艺术水平相对较高。

### 五、题材式样与功能

中国雕塑：多为权势、尊严、神圣的象征；多宗教（佛像为主）、英雄、名人雕塑；庄重意味多，具有帝国风采。雕塑功能多用于陵墓等装饰，故中国雕塑被称为"坟茔的艺术"。

西方雕塑：多为自由、爱情、战斗等抽象观念的体现；多人体雕塑（人体美）；娱乐意味多，具有世俗情调。雕塑功能多用于城市装饰，故西方雕塑被称为"城市的艺术"。

### 六、形体刻画

中国雕塑：人物塑像以直立式、端坐式为主，表情变化少（静美）；强调人首而虚化人体。

西方雕塑：人物塑像以运动形式为主，表情丰富（动美）；强调人体而虚化人首。

### 七、艺术技巧

中国雕塑：以一面（正面像）造型为主；讲究装饰性及色彩的运用（与泥塑多有关）。这就是说，中国雕塑明显地具有绘画的特点：一是平面性。雕塑本应能够让人们从四面八方来观赏，而中国的雕塑大多是让观众从一定的方向和视点去看的，这样，雕塑注意的都是让人看到的那一面，而看不见的那一面就少费工夫。二是重视彩绘或讲究色彩。西方雕塑是通过材质本身的起伏凹凸来显示对象的特质，不施彩绘也能使得雕塑很好地显示出自己的特点。中国雕塑的程式化往往忽视细部，平面性减弱了雕塑的特质，而彩绘则可以帮助中国雕塑起到雕塑以外的功能。因此，中国雕塑特别是彩塑的很多细部不是雕或塑出来的，而是绘出来的，故有"塑容绘质"之说。

西方雕塑：多面造型（如"掷铁饼者"），注重体积关系和体面结构，讲究光的效用（与石雕多有关），故西方雕塑艺术有"形体的艺术"之称。

## 复习思考题

1. 雕塑艺术有何突出特点或优势？
2. 试述雕塑艺术的鉴赏方法。
3. 试对中西雕塑文化进行比较。
4. 运用你所学的雕塑知识，分析评价你所在城市的雕塑或某旅游景区的雕塑。

阅读材料

## 洛阳龙门石窟大佛①

　　龙门石窟位于河南省洛阳市南郊 12 千米的伊水河畔。"龙门"之称始自东汉，它东为香山，西为龙门山，中间是伊水。两山屹立，形成一座天然门阙，所以又称"伊阙"。这里风景秀丽、寺院林立，历来是游客和文人流连忘返之地。

　　龙门石窟主要开凿于北魏太和年间至唐光化元年，至宋初仍有开凿，连续营造达四百多年。龙门石窟迄今保存着历代大小石窟龛 2 345 个，大小造像97 000 余尊。大大小小的窟龛蜂窝似地密布于伊水两岸的峭壁上，南北绵延约 1 000 米。

　　龙门是历代帝王发愿造像最集中的地方。古阳洞为北魏孝文帝所开，宾阳洞是宣武帝为其父母做功德所开，奉先寺大卢舍那佛是唐高宗、武则天所造。它们都属于带有纪念性意义的雕刻。

　　龙门石窟在雕刻艺术上的最大特点，是具有浓郁的民族风格。随着佛教在中国的传播，佛教艺术也逐渐中国化了。早期佛像面型、发式、衣冠甚至姿态神情，所表现的浓厚的印度风味，特别是印度佛教艺术那种强调女性形体特征、夸张动作与姿态等，都被排除出去；而演化为雍容超然、宽衣博带的"秀骨清相"，反映了南北朝士大夫的审美标准。到了唐代，佛教艺术基本上摆脱了魏、晋、南北朝以来那种宗教的神秘色彩，明显地呈现出世俗化的趋势，造像以丰满健壮、雍容华贵为美。龙门大卢舍那佛则集中地反映了在我国封建社会鼎盛时期那种特定历史条件发展起来的审美观点和美学思想。

　　卢舍那佛是释迦牟尼的报身像。卢舍那意译为净满，又译做光明遍照。据记载，大像龛开凿于公元 655 年，历时 20 年，到唐上元二年( 公元 675 年) 完工。当时执政的武则天曾资助脂粉钱两万贯。由于政治上的需要，破天荒地把卢舍那佛像塑造成女性形象。佛像"方额广颐"，和武则天的面貌很相像，可以说是"武则天的模拟像"。佛像螺形发髻，身披袈裟，结跏趺坐于束腰须弥座上，高 17.14 米，头高 4 米，耳高 1.90 米。丰颐秀目，仪容端庄、贤淑、典雅；嘴角微翘，略带微笑；头部稍低，略作俯视态。卢舍那佛既刻画了男性的雄伟庄严，又略带女性的慈祥温和。它比之超凡脱俗、充满不可言说的智慧和精神的北魏佛像，具有更多的人情味和亲切感。它不再是超然自得、高不可攀的神灵，而是被高度美化了的至高无上的大唐帝国皇帝武则天形象的化身。为了突出表现主像，匠师们运用对比、夸张的艺术手法，全力进行烘托、渲染。大佛面部的雕刻精湛，以形写神；并以简洁的衣纹、富于装饰性的螺发以及华丽的火焰纹背景加以衬托，使大佛面部光彩焕发，栩栩如生。很有意思的是，你无论从正、侧哪个方位面向这尊佛像，它都是以慈祥和善的目光注视着你。著名美学家李泽厚先生在《美的历程》一书中称这尊大佛"以十余米高大的形象，表现如此亲切动人的美丽神情——是中国古代雕塑作品中的最高代表"。

---

①　参见乔修业. 旅游美学. 天津：南开大学出版社，2000：134-135. 略有改写。

# 第八章 中国书法艺术与审美鉴赏

中国书法是一种以汉字为表现对象、以线条造型为表现手段的艺术。书法艺术"笼天地于形内，措万物于笔端"，它因其丰富的文化内涵、独特的艺术魅力和广泛的实用性深受人民大众的喜爱。我国许多风景名胜地有不少优秀的书法作品（如石刻、匾额、楹联等），为旅游地增辉添色。人们每到一处游览，若看到优秀的书法艺术作品，往往会深深地为书法艺术的美所陶醉；若欣赏到古代名人的墨宝字迹，往往能引发游人的怀古幽情。

## 第一节　书法与旅游

书法艺术文化是我国独具特色的旅游资源。参观风景名胜地的楹联、匾额、碑林、石刻等，可以观赏到古今许多优秀的书法艺术作品。以碑林而言，在我国，其数量相当浩大。最为驰名的有西安碑林(1 400余方)，山东曲阜孔庙的碑林，江苏镇江的焦山碑林与石刻，四川西昌的地震碑林，台湾地区的高雄碑林，以及三峡地区的水下碑林——涪陵白鹤梁和白帝城碑林、万州太白岩碑林、宜昌三游洞石刻等，在这些地方可以欣赏到古今许多书法艺术珍品。此外，在我国的许多名山中，如泰山、华山、嵩山、衡山、黄山、武夷山等风景地的摩崖石刻，数量也很多。游客在这些地方可以尽情领略中国书法艺术之大观。

中国的书法是随着中国文字的产生而产生的。中国文字的产生时间相当久远，是世界上最古老的文字之一，其结构和书写方式与其他文字有着显著区别。在文字的演变过程中，形成了甲骨文、金文、篆、隶、楷、行、草等不同字体，产生独特的书法艺术魅力，它是中国传统艺术中生于斯、长于斯、地地道道的中国特色艺术。这种独特的书法艺术文化遍布全国各地，成了颇具中国特色的旅游资源。比如碑刻、摩崖、匾额、楹联，大凡我国旅游胜地无处不有，往往又以数量之多形成特色，几乎成了名胜古迹不可缺少的内容之一。尤其是古代的一些碑刻，由于立碑上石多为有名的书家，篆、隶、楷、行、草各体皆有。这些碑刻作品大多神完气足，或古朴雄浑，或苍劲刚健，或秀雅飘逸，风格多样，蔚为大观,成为人们欣赏书法艺术和临习的范本,为书法爱好者和旅游者所倾慕向往。

我们游览风景名胜古迹,观赏到的古代书法艺术遗产,居多者要数碑林和石刻了。例如西安碑林,是我国历史上集中保存碑刻较早的场所之一,也是荟萃碑石最丰富的地方。这里碑石如林,保存着自汉魏至明清以来十多个王朝遗留下来的具有历史、文学、绘画、书法和雕刻等价值的数千块珍贵碑石。尤其对学习书法的人来说,西安碑林确实是一个书法艺术圣地,难怪有人说,"如果你到西安,没有参观碑林,不算真正到过西安"。比如,唐代名碑《多宝塔碑》点画圆整,笔法精严,结构缜密,风格端庄。汉碑名品东汉的《曹全碑》清秀俊美,纤丽飞动,线条婉转流畅,为汉隶书法的典型。特别是宋徽宗赵佶自书的《大观圣作之碑》,其"瘦金体",婀娜如兰,劲枝如竹。在这里,不仅可以看到中国书法艺术的沿革发展过程,而且可以观赏到历代书法家精妙的作品。其中以隋唐碑最为壮观,驰名中外,最为中外书法家和广大书法爱好者们所倾慕向往。五岳之首的泰山,不仅是风景壮丽的旅游胜地,同时也是一个著名的碑刻集中地。从山脚的岱庙到泰山绝顶,沿途石刻超过千余处。有小篆创始人李斯所书的《泰山刻石》,书法严谨浑厚、平稳端庄。字形修长宛转,线条圆健似铁,结构缜密匀称,具有极高的艺术价值;有唐玄宗李隆基封山时所书的《纪泰山铭》,其用隋唐风行的八分字体凿就于石崖之上,其书浑厚苍劲,"若鸾凤翔于云烟之表",碑铭典雅,遒逸婉润。整个石碑布局匀称,结构谨严,气势雄浑。这些碑刻诸体皆备,风格各异。

由于我国历代文人骚客、名道高僧在游历名山时,常常勒石抒怀,"慨然有感,摩崖记游",于是便留下众多的"摩崖碑"。如黄山清凉台的"灵幻奇秀"、"天然图画"、"清凉世界"石刻;海南三亚的"天涯海角"、"南天一柱"等石刻;以及武夷山、崂山、太白岩等山石壁上的题刻,无不为中外游客所观赏、所玩味,从中领略到山水中的人文之情。这些凝聚了几千年文明的书法艺术遗产,同其他文物艺术一起,构成壮丽的文化艺术景观。

书法这种人们喜闻乐见的艺术,它融于自然、美化自然,并赋予大自然生命和灵气,吸引着成千上万的中外游客纷至沓来观光旅游。尤其是许多日本和东南亚的游客对中国的书法艺术有着浓厚的兴趣。许多游客每到一处游览地,观赏到书法珍品往往是细细品味,流连忘返。近年来,有些地方组织书法旅游,吸引了不少游客和书法爱好者,取得了良好的社会效益和经济效益。

可见,中国书法艺术也是一种重要的旅游资源,在旅游开发中应予以重视。发展书法旅游大有可为。中国书法艺术历来具有诱人的文化魅力,作为我国一种独特的文化旅游资源,蕴藏着巨大的旅游价值。从旅游资源开发的角度看,对其进行系统的专题性开发意义重大,具有可观的经济效益。其一,中国书法艺术具有不可估量的历史文化价值因而具有诱人的科学考察价值。在理论上,中国书法艺术有许多难解之谜等待着人们去探讨(如中国书法与地理环境、传统文化的奇妙关系,结构形式、线条质量与风格情感的对应关系等),在实物考古方面,大量重要的书法文化遗产等待着我们去发现、认识和保护。其二,可增加新的旅游景观和形成旅游经济新的增长点,以带动相关项目的发展。一个旅游点中书法艺术因素的介入可大大增强旅游项目的活力。旅游景点若能适时巧妙地增加一个碑廊(亭)或书法作品及工艺品展厅、书画旅游商品店,或适时举办一个书法笔会,必定会使游客的兴趣大增,形成新的景观,从而延长旅游容时量,增加游客购物,相应也增加了旅游收入。

书法旅游资源的开发主要有以下途径：一是开展书法专题旅游；二是在旅游活动中举办中国书法艺术讲座，展览和出售书法作品；三是书法艺术旅游购物；四是将书法作品用于旅游饭店、园林建筑内外部装饰，增加文化品位。

## 第二节　中国书法艺术的产生与发展

中国的书法是随着文字的产生而产生的，其历史相当久远，大约有 6 000 多年的历史。由于中国的文字具有较强的形式美与意境美，因此中国书法有着很高的艺术欣赏价值，如篆书的古雅，隶书的丽姿，楷书的端庄，行书的流丽，草书的飘逸，各具美感。我国的书法艺术经过历代书法家千锤百炼，可以说已达到了炉火纯青的程度。历代许多书法大家给世人留下了丰富的书法艺术珍品，供人们学习、观摩和欣赏，成为我国民族文化宝库中的宝贵资源。下面，我们以历史的发展为线索，简要介绍一下我国书法艺术发展的概况。

### 一、主要书体的艺术特征及其发展演变

**1. 篆书**

（1）大篆(甲骨文、金文、石鼓文)。

这三种文字是我国最早的书法，它们具有象形质素或象形精神，在商、周时代就已经使用。甲骨文是刻在龟甲上的文字；金文(钟鼎文)是刻在钟鼎等铜器或铸刻在金属钱币上的一种文字；石鼓文是战国时期秦国刻在石鼓上的记事韵文(记叙贵族出猎等)。这三种文字已都具有一定的艺术美，即原始、质朴、象形、雄浑之美(如图 8-1 所示)。

图 8-1　石鼓文

（2）小篆（秦篆）。

一般认为，书法形成一种独立的艺术是从秦代开始的。秦始皇统一中国后，命丞相李斯负责统一全国的文字，李斯把大篆（钟鼎文、石鼓文）简化为小篆。小篆比大篆更加规范化，而且更加抽象化，较大地减少了象形意味，将汉字的图案化进一步向符号化推进。这时由于文字的广泛使用，篆书的书写技艺也大有提高。李斯本人就是一名大书法家，他的书法"画如铁石，字若飞动"，其风格简洁明快、端庄严整、生动有力、气魄雄伟。篆书的发展在秦朝达到高峰。秦篆（小篆）的书法艺术特点主要是讲究圆笔曲线美，用笔工整峻拔，体态遒劲，字呈长形，风格朴茂自然，严谨肃穆。相对大篆的雄浑美来讲，小篆具有一种精巧美。比较有代表性的篆书作品有《毛公鼎铭》、《泰山刻石》、《琅琊山刻石》、《峄山石刻》。篆书因难以辨认，在现代运用较少，主要用做刻印，故又称为篆刻（如图 8-2 所示）。

图 8-2　秦篆

## 2. 隶书

继李斯创造小篆之后，很快就出现了隶书。隶书是篆书的演变和简化，传说它是秦朝一位隶人（封建时代的衙役或隶卒）程邈在铁窗生涯中，用了十年时间研究改造出来的。隶书的主要特点是：变篆书圆转的线条为方折，讲究方笔的直线美；比篆书的笔画大为减少，几乎摆脱了图案化，变成符号化的线条；波（左撇）磔（右捺）分明，"蚕头燕尾"意态显然；笔势左右张开，线条粗细变化较大，横粗竖细（与楷书相反），字呈方形或扁阔形；比篆书更强调结构的平衡、对称、整齐一致。东汉是我国隶书发展的高峰时期，汉隶书法艺术的主要审美特点是风格古朴、含蓄柔美、雄浑厚重、工整精巧，于流畅之中显露方正之相。比较有代表性的隶书作品有《石门颂》、《曹全碑》、《张迁碑》等。隶书是古今文字和书法的分水岭，它以丰富的点画形态取代了以往单一的线条形态，从而使汉字的体势发生了根本性的变化（如图 8-3 所示）。

图 8-3　汉隶

**3. 楷书(真书或正书)**

楷书也叫"真书"或"正书",因笔画平直、点画匀称、形体方正,可做楷模而得名,它是由汉隶、章草演变而成的一种书体。一般认为,楷书始于三国时期,是魏代钟繇创造并由王羲之确立的,其最大特点是端庄工整,结构严谨,艺术性高,实用性强。楷书发展分为两大体系,即前期的魏碑体系和后期的唐楷体系。

(1)魏碑。

南北朝时期盛行佛教,造像、碑刻、墓志很多,当时的书法艺术主要是用碑刻写,其中以北魏作品较多,故形成魏碑这种书体。魏碑是我国最早的楷书或楷书的雏形,在书法艺术发展上处于隶书向楷书的过渡阶段,书法艺术风格上承汉隶遗韵,下启唐楷先河,它继承了隶书波磔笔法,又有楷书的雏形,风格古拙雄强、生动自然;笔势沉着大方,粗犷豪放,别具风采(如图 8-4 所示)。具有代表性的魏碑作品有《龙门造像》、《张黑女碑》、《郑文公碑》等。

至魏晋之际,国家明令禁止立碑,于是碑的刻写暂时衰竭,代之而起的是写在绢上或纸上的帖(讲究用笔、用墨),这是我国书法艺术发展史上的重大转折,进一步推动了我国书法艺术的发展。此时期书法地理分布上具有"北碑南帖"的地域特征。

(2)唐楷。

唐代是我国楷书艺术发展的高峰。这一时期,因当时印刷术尚未盛行,大量文书全靠抄写,所以楷书空前繁荣,可谓名家辈出,书法家灿若群星。如颜真卿、柳公权、欧阳询等是著名的大书法家,他们的书法艺术各有特点(如颜体以"雄"见长,柳体以"刚"取胜,欧体以"险"称绝),均达到登峰造极的境界,均被后人奉为学习书法的楷模。唐楷中具有代表性的作品有颜真卿的《多宝塔感应碑》、《勤礼碑》,欧阳询的《九成宫》,柳公权的《玄秘塔碑》等(如图 8-5、图 8-6、图 8-7 所示)。

图 8-4　魏碑

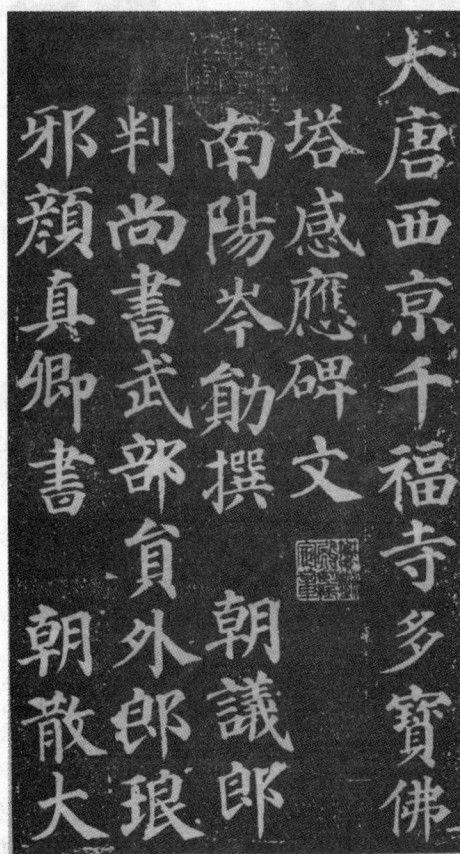

图 8-5　颜体

图 8-6　欧体

图 8-7　柳体

#### 4. 草书

草书是为了书写便捷而产生的一种书体，始于汉初。东汉的张芝是草书始祖。根据用笔、结体、气势等的不同特点，草书分为章草、今草、狂草三种类型。

章草是隶书的草书。"章"即规矩之意。章草虽有连笔，但字字独立，排布整齐，结体平整。章草保存了汉隶的波磔笔法，字形古怪，格调高雅。章草相传是汉代杜度创造的。三国时的皇象被誉为"章草之神"。

今草又称小草，是楷书的草书，字大小相间，正斜相倚，意态活泼，但体势较连绵，点画较规矩。今相传是汉代张芝创造的，而真正的奠基人是张旭。

狂草又称大草，用笔放纵，线条连绵(运笔上下多牵连引带，往往一字或数字只用一次落笔写成，故又称"一笔书")，章法布局不受任何约束，离散聚合，跌宕起伏，错综变化，点线变化具有强烈的节奏美感，追求通篇气势的畅达豪放。狂草变化多端，很难辨认，是纯书法的艺术品类。狂草的代表人物是唐代僧人怀素。

著名的代表性草书作品有皇象的章草《急就章》、王羲之的小草(行草)《十七帖》、张旭的狂草《古诗四帖》、怀素的狂草《自叙帖》等(如图 8-8、图 8-9 所示)。

#### 5. 行书

行书产生于汉代末期，相传为刘德升所创。行书是介于楷书和草书之间的一种书体或被认为是楷书的流动写法，它吸收了楷书与草书二者的长处，既易于辨认又书写简洁，所以实用价值很高，这也是自行书出现以来经久不衰的重要原因之一。行书有行楷和行草之分：在结构、笔势上偏重于楷书的称为行楷，如王羲之的《兰亭序》；偏重于草书的称为

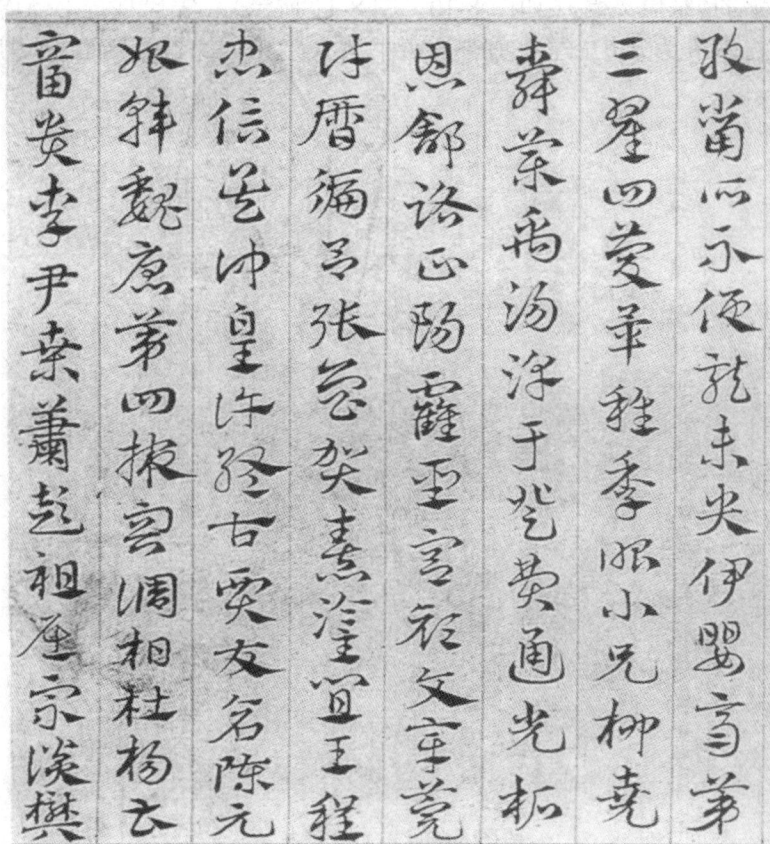

图 8-8　皇象章草

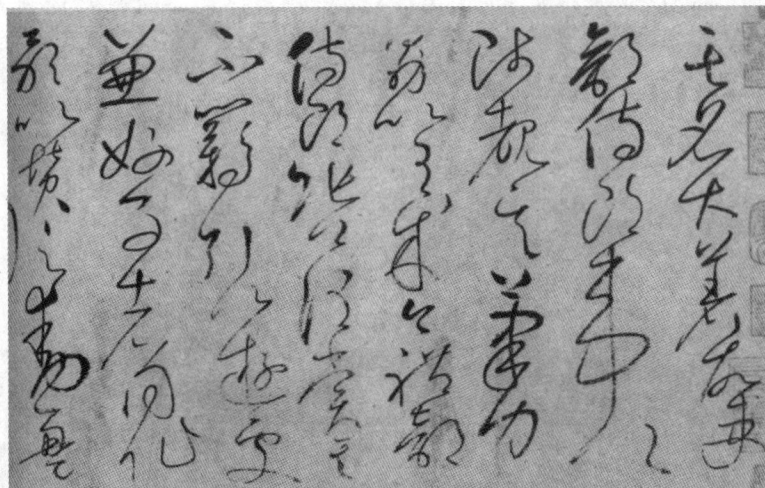

图 8-9　怀素草书

行草，如颜真卿的《祭侄文稿》（如图 8-10、图 8-11 所示）。宋代是行书鼎盛时期，蔡襄、苏轼、黄庭坚、米芾是历史上享有盛誉的行书大家（"宋四家"）。元代赵孟𫖯、清代郑燮等亦成就卓著。

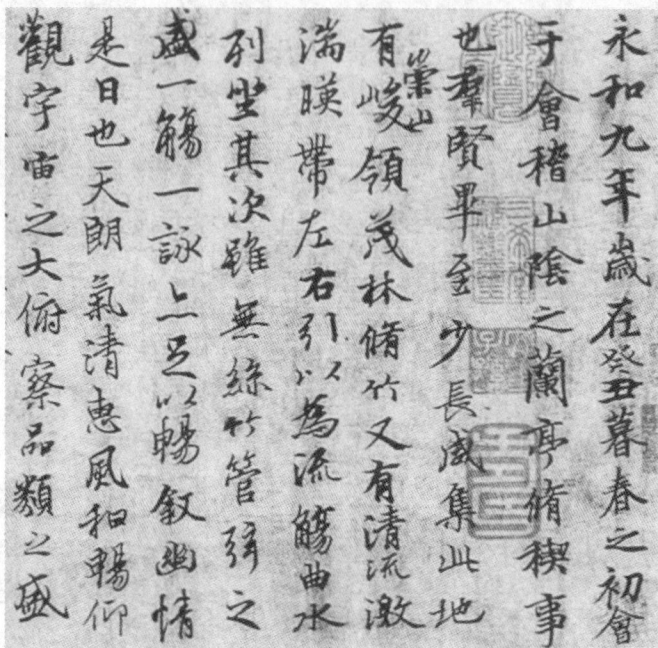

图 8-10　王羲之行书

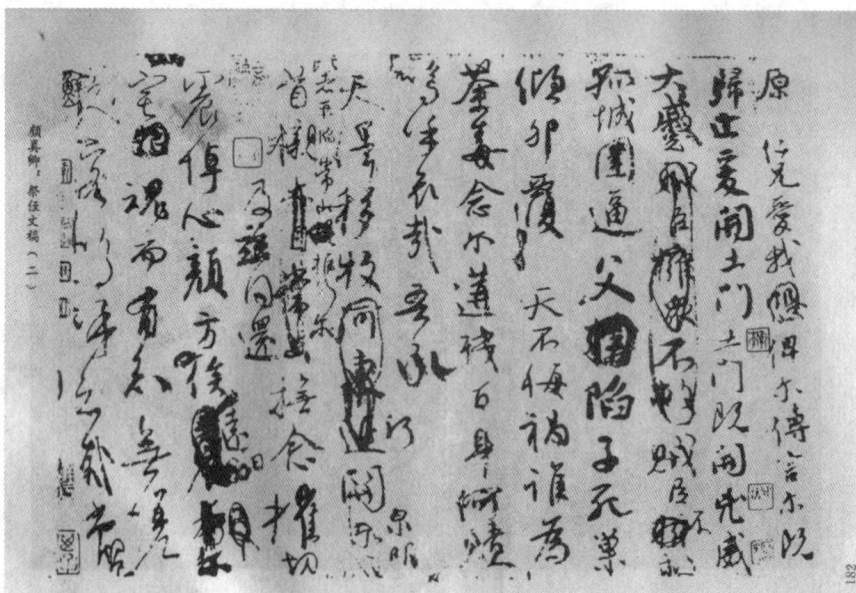

图 8-11　颜真卿行书

## 二、书法艺术史中的代表性成就

### 1. 晋代书法艺术——自然清丽，平和含蓄，崇尚风韵

晋代是我国书法艺术的鼎盛时期。晋代书法崇尚风韵，字形优美妍媚，风流潇洒，反映了士大夫阶层的清闲雅逸，流露出一种娴静淡然之美。此时期最有影响的大书法家首推王羲之，号称"书圣"。他的书法笔势飘若浮云，矫若游龙，点画骨力遒劲，起落转侧如断金切玉，干净明丽，对后世书法影响较大。《兰亭序》是他最典型的代表作，不论用笔或结构都具有一种浑然天成的美，集中体现了晋代书法艺术的特点，颇具平和、含蓄、风韵之美，既自然清丽，又妙变入神（帖中凡相同的字，如"之"等字，写得个个不同，各尽其态，极尽变化之能事），被誉为"神品"，素有"天下第一行书"之称（如图 8-10 所示）。王羲之在书法艺术上的最大贡献是发展了钟繇的楷书艺术，使行书和草书完善和定型化，博采众长，推陈出新，变汉魏以来质朴书风，创妍美流便新体，为历代书法家所崇尚。王羲之之子王献之，也是晋代成就卓著的大书法家，他秉承家传并有所创新。

### 2. 唐代书法艺术——刚健雄强，大气磅礴，讲究法度

唐代社会是比较开放的社会，有助于文化、艺术的发展，文学、书法、绘画、音乐、雕塑等文化艺术都空前鼎盛，其中书法艺术尤为繁荣，涌现出了大批著名的书法家，颇有影响的有欧阳询、虞世南、褚遂良、薛稷、颜真卿、柳公权、张旭、怀素等。

欧阳询创造的欧体，独具一格，其书法艺术的特点主要是：楷书用笔精到（可谓"增一分太长，减一分太短"），刚劲有力；笔画方润，刀戟森严；结构紧密爽健，于平正中见险绝；字形较窄长，字的大小随字异形，富有变化。用笔方圆兼施而险绝峭拔，其中竖弯钩等笔画带有隶书笔意。欧体在神韵上险劲秀拔，英武潇洒（如图 8-6 所示）。

颜真卿所创造的颜体，最能代表唐代书法刚劲有力、气势雄强的特点，其楷书书法艺术的主要特点是：肌体丰满，笔道筋健（有"颜筋"之说），端庄雄伟，气势磅礴。具体来讲，颜体有以下三个主要特点：在点画上，强调"藏头护尾"；在结体上，强调端庄平正，四平八稳；在笔画线条上，强调老辣凝重，讲究横细竖粗。竖画多外凸，内有张力（如图8-5 所示）。颜真卿尤其善写正楷和大字，行书造诣也很高。颜真卿的书法放达、稳重、从容，历来被推为最具有儒家文化气息的书法典范。颜体的价值主要在于它突破了自二王至初唐以来的以"秀"、"雅"为尚的美学观念，以"雄"代"秀"，化纤巧为刚健，从而极大地丰富了中国书法艺术。他的书法艺术对后世影响极大。

柳公权也是唐代极负盛誉的楷书大家，其书法艺术的主要特点是：字体棱角分明，骨力硬朗，刚劲有力，笔势精悍，法度森然。他的书法用笔方圆兼施，强调刚劲的骨力，转折棱角突出，点画爽利劲挺，故有"柳字以骨力胜"之说（如图8-7所示）。他的书法艺术特点与其为人秉性刚直、率直磊落的个性有关，他曾说"心正则笔正"，可谓"字如其人"。

张旭是唐代极负盛誉的草书大家，有"草圣"之称，尤其擅长"狂草"。他的草书有一种"孤蓬自振，惊沙坐飞"的境界。其书法艺术特点是：雄强有力、奇伟飞动，笔走龙蛇，似惊雷激电。其代表作有《古诗四帖》等。张旭的书法简直就是舞蹈、武术、音乐和激情，"伏如虎卧，起如龙腾，顿如山峙，控如泉流"。张旭很注意从日常生活所见的各种事物

的形体和动态上寻求书法美的创造，如从公孙大娘舞剑、担夫争道（穿插迎让）中得到启发，由此提高了书法技艺。他的书法具有飞速流动、豪壮奔放的特点，这和他的性格特点有关。他性格狂放颠逸（有"颠张"之称），嗜酒，常大醉后在室外狂奔大叫一阵后回室挥笔流星般地书写，如此潇洒气质与"诗仙"李白大相契合。在中华文化史上，"草圣"张旭与"诗仙"李白比肩齐名。张旭的草书对后人书法影响很大，怀素、毛泽东的书法均深受其影响。

怀素为唐代继张旭之后的著名书法家。他练习书法十分勤奋刻苦（有"绿天庵草书称独步"的故事），善于捕捉自然界中美的现象，深受"行云流水"的启迪，在潜心钻研张旭草书的基础上创造出自己的风格。他的草书笔势狂放，如激电奔流，似惊蛇入草，书写时尽情挥洒，龙飞凤舞，有"排山倒海"、"横扫千军"之势，其代表作有《自叙帖》（如图 8-9 所示）、《食鱼帖》等。怀素在行笔的流畅飞扬和气势开阔宏伟方面有超过张旭的地方，被称为与"颠张"齐名的"狂素"。

### 3. 宋代书法艺术——自由豪放，奇秀隽永，追求意境

行书艺术水平鼎盛是宋代书法的一大特点。北宋时期的蔡襄、苏轼、黄庭坚、米芾被称为宋代四大书法家，这"四大家"对宋代及后世书法艺术影响深远。他们的书法艺术与唐代的刚健雄强、讲究法度的风格有较大区别，往往更强调个人情感的抒发，具有自由豪放、以"意"取胜的艺术风格。其书法追求意境，纵横跌宕，自由豪放，标新立异，正是在"国家多难而文运不衰"的时局下，文人墨客不满现实的最好表达方式。

蔡襄的书法功底深厚，字体端庄沉着、隽永秀丽、温淳和美，具有很高的鉴赏价值，但他的书法有些缺乏独创精神和明显的个人风格，对后世书法的影响不如黄庭坚和米芾（如图 8-12 所示）。

苏轼既是宋代大书法家，也是宋代大文豪、大画家。他的书法的最大特点是丰润、沉着、劲媚、豪放，并具有天真烂漫之趣和婀娜多姿的独特风格，字形媚中带骨、外柔内刚，在隽永中透露出端庄淳厚的真情，正如他自己所说"余书如绵裹铁"。他的行书用笔圆润、精致，结字自然生动，笔墨浑厚而爽朗，特别是以神采、气韵见长，充分显示了一代大文学家兼书法家的高深修养（如图 8-13 所示）。

黄庭坚既是宋代的大书法家，也是大诗人。他的书法特点是在用笔和结构上比苏轼更加自由豪放，气势开张，而且沉着、有节制。他的行书的重要特点在于结体，具有"中宫收敛、四周辐射"的特点，撇长而舒展，中腰的横长而波折（据说是由船工摇橹受到启发），笔法瘦劲婉通，险峻而新颖。黄庭坚在书法史上的重要贡献是开辐射派之先河，自成一家风格（如图 8-14 所示）。

米芾既是大书法家，也是大画家和书画鉴赏家，尤善行书，他的书法比苏轼、黄庭坚更显得自由、潇洒、豪放，很能表现宋代文人那种洒脱不拘的风度（米芾有"半颠"之称）。他的书法运笔翻腾起倒，八面出锋（善于以侧锋取势）、酣畅淋漓、雄强险峻，有"风樯阵马，沉着痛快"之誉评。字的结构隽永奇变，非同一般；字形多倾斜；章法布局上常以下字的重心追随上字的重心，摇曳生姿，饶有情趣。米芾的书法对后世行书艺术发展影响很

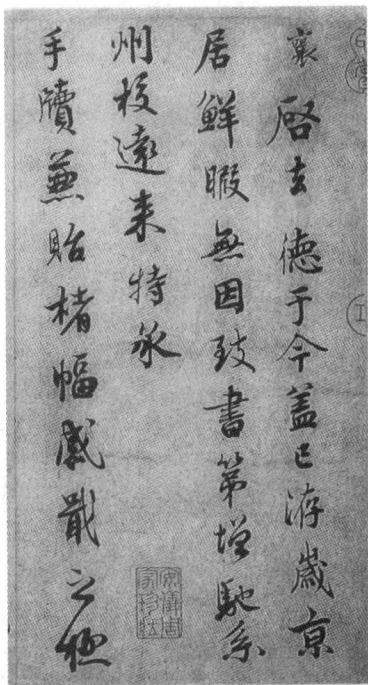

图 8-12　蔡襄行书

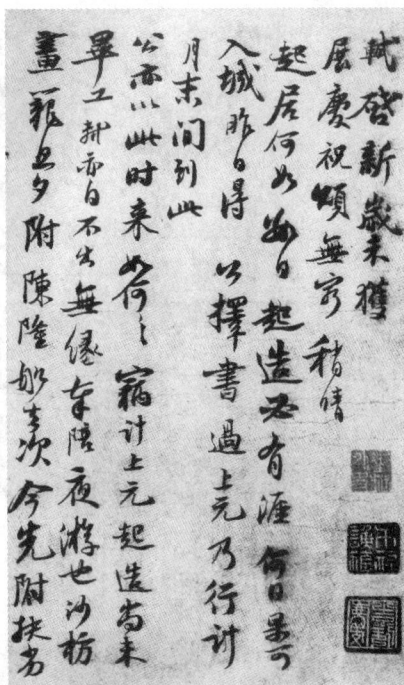

图 8-13　苏轼行书

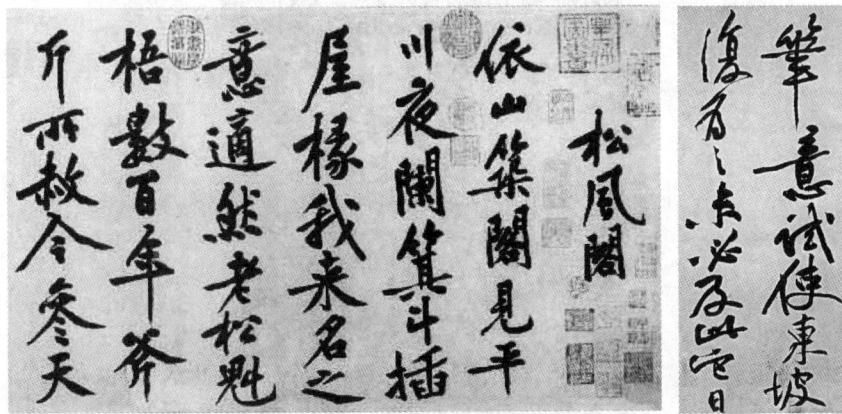

图 8-14　黄庭坚行书

大，为许多学习行书者所效仿。米芾的书法艺术在许多方面有超过蔡襄、苏轼、黄庭坚之处。他曾对同时代的几个书法家的书法艺术风格评价时口无遮拦地说"蔡襄勒字，黄庭坚描字，苏轼画字，我是刷字"。他也瞧不起颜真卿的字（这与他个人的审美情趣和个性有关），是书法家中的狂人（如图 8-15 所示）。

此外，宋代的赵佶（宋徽宗创瘦金体）、陆游、范成大、朱熹、张即之等书法大家对后世也具有较大影响（如图 8-16 所示）。

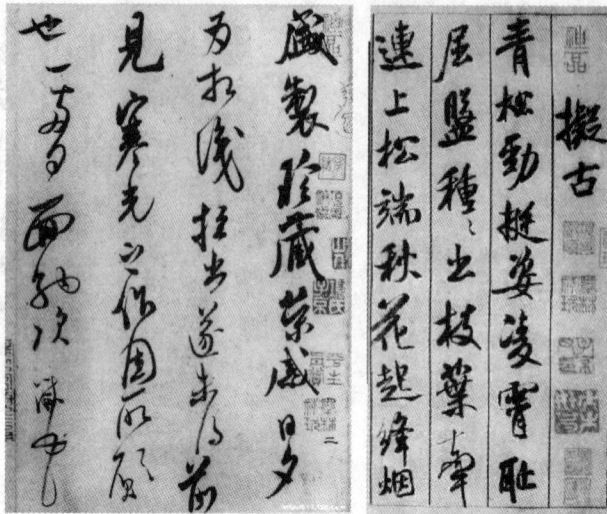

图 8-15 米芾行书

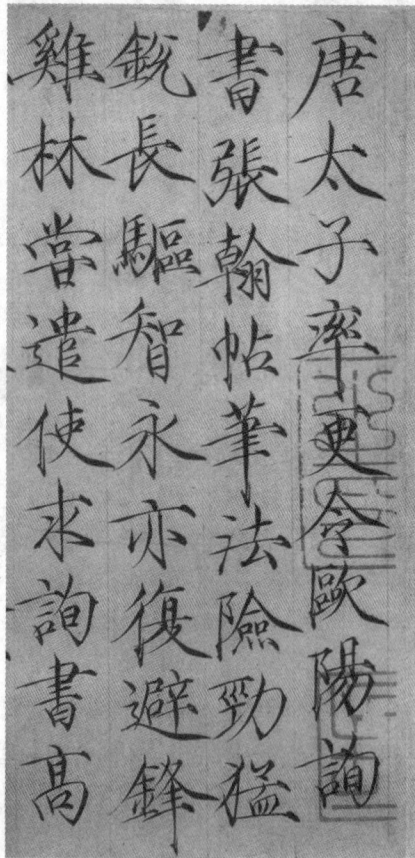

图 8-16 宋徽宗瘦金体

**4. 元、明、清书法艺术——元代尚古，明代尚态，清代尚质，但创新发展不足**

自宋代以后，中国的社会、经济与文化发展由盛转衰。元、明、清三代的书法艺术也没有什么大的创新与发展，基本上是晋代（自然清丽、和平含蓄）、唐代（刚健雄强、大气磅礴）、宋代（自由豪放、隽永奇秀）三种风格的延续。

元代书法的特征是"尚古尊帖"，宗法晋、唐而少创新；明代书法以"态"求胜，"一字万同"、"台阁体"风靡神州，工稳的小楷达到至高境界；清代的书法艺术的总体倾向是"尚质"，大多风格古拙质朴，金石考据之学盛行一时，学碑者趋之若鹜，成为当时书坛主流。

这一时期也有一些书法家很有成就和个人特色。例如：元代的赵孟頫在楷书和行书上都造诣颇深，楷书中兼有行法画意，字体潇洒、圆润、温雅、秀媚，对后世影响较大。鲜于枢、邓文原、陆居仁、康里巎（náo）等也有大家风范；明代的文徵明（"落第习字"，书法秀朗、典雅，精严寓变，行草极工）、董其昌（楷书、行书都造诣很深，用笔典雅清丽、活泼多姿，结体随意，动中寓静，妩媚动人，书法自成一家，有"南董北米"之称）、沈度（擅长婉丽端秀、圆润平正的"台阁体"）、沈周、张瑞图、祝允明、唐寅、宋克等颇有成就，声名远播；清代的郑板桥（自创一种把草、篆、隶结合而成的新书体，并用作画的方法书写，笔画形如竹叶，他自称"六分半体"，表现了不拘传统、藐视时尚的精神），康有为、王铎、傅山、刘墉、邓石如、何绍基、杨守敬等人的书法也颇有特色，具有较高的审美鉴赏价值（如图 8-17、图 8-18、图 8-19 所示）。总的来讲，这一时期的著名书法家虽然不少，但多数比较保守和复古，作品缺乏气韵和生机，对后世影响不是很大。

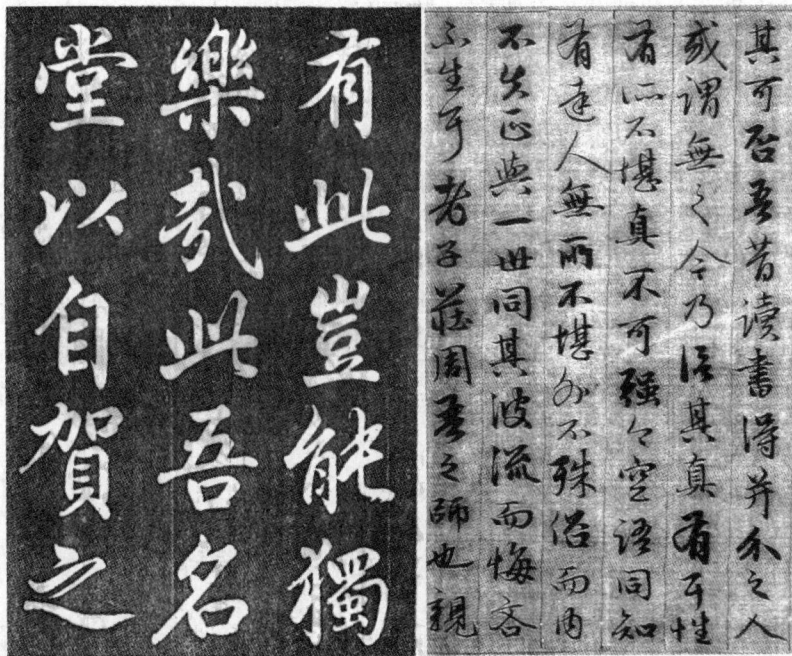

图 8-17　赵孟頫书法

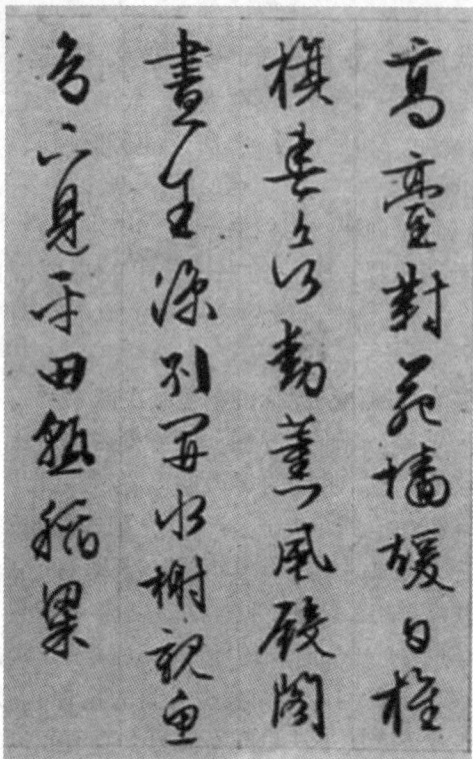

图 8-18　文徵明书法　　　　　　　　　图 8-19　郑板桥书法

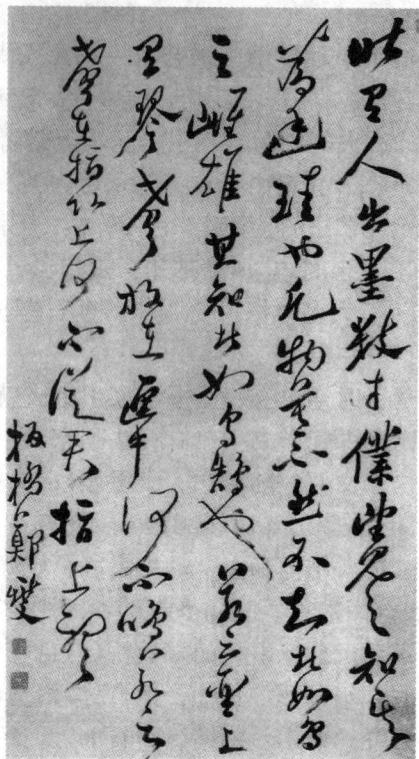

　　近现代书法艺术空前繁荣，书法家灿若群星，较有影响的有毛泽东(草书气度豪雄，章法奇妙，行笔酣畅、飘逸而沉稳、险峻而奇秀)、林散之(被书家推崇为现代"草圣")、沈尹默、郭沫若、启功、舒同、刘炳森、欧阳中石、费新我、赵朴初、沈鹏、周慧珺、李铎等。硬笔书法家更是层出不穷，不胜枚举，较有影响的有田英章、杨再春、庞中华、高惠敏、司马彦、席殊、卢中南等。目前，许多年轻的书法家很注重开拓创新，但过分否定传统、远离传统，书法功底欠扎实，致使书法界一些"狂、怪、野、俗"之作应运而生，这已成为妨碍和危及中国书法艺术健康发展的最大问题。

　　根据我国书法的历史演变，有学者对各历史时期的书法艺术特点作出这样的归纳总结：商周尚象、秦汉尚势、晋代尚韵、南北朝尚神、唐代尚法、宋代尚意、元代尚古、明代尚态、清代尚质、现代尚新。时代更替，岁月流逝，而中国书法艺术却如深窖美酒，越久越醇，殊堪鉴赏和品味。

## 第三节　中国书法艺术的审美体现

　　我国不少著名的美学家、书画家对中国书法艺术的地位及审美进行了精辟的论述，例如：

宗白华曾经指出："中国书法是一种艺术，能表现人格，创造意境，和其他艺术一样，尤接近于音乐的、舞蹈的、建筑的构象美(和绘画雕塑的具象美相对)。中国乐教衰落，建筑单调，书法成了表现各时代精神的中心艺术。中国绘画也是写字，与各时代书法用笔相通，汉以前绘画已不可见，而书法则可上溯商周。我们要想窥探商周秦汉唐宋的生活情调与艺术风格，可以从各时代的书法中去体会。西洋人写艺术风格史常以建筑风格的变迁做基础，以建筑样式划分时代，中国人写艺术史没有建筑的凭借，但可以拿书法风格的变迁来做主体形象。""中国的书法，是节奏化了的自然，表达着深一层的对生命形象的构思，成为反映生命的艺术。因此，中国的书法不像其他民族的文字，停留在作为符号的阶段，而是走上艺术美的方向，而成为表达民族美感的工具。"(《艺境》，北京大学出版社，1998 年出版)

沈尹默说："世人公认中国书法是最高艺术，就是因为它显示了惊人奇迹，无色而具画图的灿烂，无声而有声音的和谐，引人欣赏，心畅神怡。"(《历代名家学书经验谈辑要释义》，香港中外出版社，1975 年出版)

李泽厚说："书法像音乐从声音世界里提炼抽取出音乐来，依据自身的规律，独立地展开为旋律、和声一样，净化了的线条——书法美，以其挣脱和超越形体模拟的笔画的自由展开，构造出一个个、一篇篇错综交织、丰富多样的纸上音乐和舞蹈，用以抒情和表意。"(《美的历程》，文物出版社，1981 年出版)

徐悲鸿说："中国书法造端象形，与画同源，故有美观。演进而简，其性不失。厥后变成抽象之体，遂有如音乐之美。"(《美术研究》1982 年第 4 期)

吴冠中说："书法，依凭的是线组织的结构美，它往往背离象形文字的远祖，成为作者抒写情怀的手段，可说是抽象美的大本营。"(《东寻西找集》，四川人民出版社，1982 年出版)

熊秉明说："西方艺术只有雕刻和绘画，在中国却有一门书法，是处在哲学和造型艺术之间的一环。比起哲学来，它更具体，更带生活气息，比起绘画、雕刻来，它更抽象，更空灵。书法是中国文化核心的核心，是中国灵魂特有的园地。"(《中国书法理论体系》，天津教育出版社，2002 年出版)

概而论之，中国书法艺术在审美特性上具有抽象性和概括性、简易性和丰富性、质感性(立体感、圆浑感)和力感性、神采性和生命性(活力)、可塑性和或然性(不确定性)等特性。

具体来讲，中国书法艺术的美，主要体现在以下六个方面：

## 一、线条的美

书法给人的美感，首先来自线条的美。中国书法的线条极其丰富，不同的线条可以表现不同的美。如平行的线条可以表现一种平静之感，垂直的线条具有一种庄严、高贵与向往之感，扭曲的线条可以表示激动和愤怒之情，弯曲的线条被认为具有柔和、优美的特质，粗线具有丰满、风韵之气，细线则有苗条、潇洒之姿，渴笔线条可以表现刚劲、骨气，湿笔线条则可以表现秀丽、痛快等。这种笔画的力量感、韵味感、苍劲感、俊秀感、柔和感等正是书法线条的美学特征。书法的线条美主要表现在圆厚的立体感、笔力的力量感、起伏的节奏感等方面(如图 8-20 所示)。这都需要我们在欣赏时仔细把握。

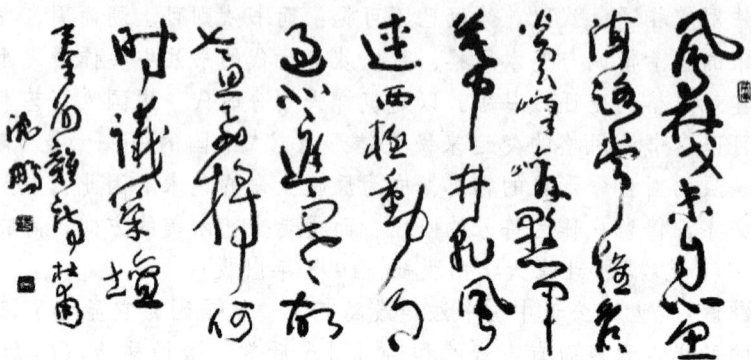

图 8-20　沈鹏书法

这里需要说明的是，应注意书法中毛笔(软笔)与钢笔(硬笔)不同的线条美感：毛笔书法讲究线条的"圆"(饱满、结实、有立体感)、"涩"(凝重、老辣、苍劲，如"万岁枯藤")；钢笔书法则讲究线条的流利、劲挺，富有弹性与骨力。

### 二、结体与布局的美

字的结体也叫间架结构，即一字笔画间的疏密关系和比例大小。中国书法十分讲究结体，每个字的大小、长短、宽窄、疏密都要精密地考虑，要做到意随心到，笔随势生，使之富有情趣。在字的结体上，不同的书体要写出不同的风格，如：楷书应端庄、严谨、峻整；行书要流畅、生动、清秀，运笔要有节奏，有动势；草书笔墨要酣畅、潇洒，如行云流水，似龙飞凤舞；篆书、隶书和魏碑则应古拙、质朴、苍劲。书法的结体美主要表现在和谐自然之美、流转变化之美等方面。

中国书法除注意结体以外，还很讲究章法布局，谋篇布白。布局的妙处在于富有变化。行草书字与字之间、行与行之间都要有所变化，不能死板，字身大小要鳞羽参差，疏密相间，错落有致，自觉地把疏密、仰俯、伸缩、向背、迎让等技法运用到字里行间中去，使之富有笔墨情趣。章法布局之美追求阴阳调和、气血贯通，计白当黑、虚实相生。

中国书法布局一般有两种形式：纵有行，横有列(多为楷书作品)；有纵行，无横列(多为行书、草书作品)。

### 三、形与神的美

形神兼备，是中国书法与绘画的最高境界。书法形的美，主要是指字态的形象美和布局的章法美；书法神的美，主要是指书法家用点、线表现出来的一种内在的美(或者说气质、内涵、品格的美）。这两种的有机融合，即神、形的统一，是书法家追求的艺术境界。书法只有达到这种神形兼备的艺术境界才能算是精品佳作。

## 四、墨法的美

中国书法历来讲究笔墨情趣或墨韵。用墨要燥润相间，浓淡相成，有层次，有变化，有节奏，有韵律，追求"挥毫落纸如云烟"的美感。许多书法家十分留意用墨的燥润变化，或笔实墨饱，雄浑丰润；或渴笔干刷，飞白险燥；浓墨濡染则大气磅礴，淡墨挥洒则飘逸俊秀。

## 五、意境的美

书法的意境，主要是指一整幅书法作品所体现出来的一种艺术境界。不同的书体产生不同的形式美，所体现的意境也不尽相同。如王羲之的书法平和、自然、清丽，体现出一种"芙蓉出水"的意境；怀素的草书奇伟飞动，变化多端，气势磅礴，体现出一种"排山倒海"、"横扫千军"的艺术境界。

书法家要很好地体现书法的意境美，光靠字写得好还不行，还需要具备多方面的知识修养，如文学修养、艺术修养、美学修养、品德修养等。历史上许多书法家中不少还是诗人、画家、文学家，由于他们各方面的修养都比较深厚，所以他们的书法作品能体现出深刻的艺术境界。生辉是作品，内涵却是本人修养。作者大气，作品就大气；作者学问好，作品就有书卷味；作者阅历丰富，作品就有沧桑感；作者雅静，作品也就雅静；作者淡泊名利、心胸旷达，作品就有闲云野鹤之风采，作品综合气质自然也好。可谓字如其人，读字如识人。

## 六、情的美

科学是用事实、数据来说服人的，而艺术则是用情感来打动人的。书法是一门艺术，应体现书法家的思想情感，并以此来感染观赏者。书法在表现思想情感方面同其他艺术如音乐、舞蹈、绘画、雕塑等相比，有较大的局限性，它只能表现一种概括、抽象的情绪，主要是通过点画、线条长短粗细的变化、字体大小肥瘦的变化、墨色的枯润浓淡的变化来表现。若运用得当，颇能表现出书法家的喜怒哀乐等思想情感，如王羲之的《兰亭序》（平和舒畅）、颜真卿的《祭侄文稿》（悲愤激情）、毛泽东的《满江红》（天马行空、气势磅礴）等作品都是很能体现情感美的书法佳作。

书法艺术的情感性和个性是书法艺术的灵魂。在各类艺术中，书法是最自由、最心灵化的艺术。书法家以真情面对人生，从万物中提取生命的律动，用"淡然无极"的黑、白作为宇宙幽邃而丰富的总体之色，在线条的流动律变中体现出阴阳刚柔、运转不息、争斗拼搏而又相谐不悖的生命原则，并且融入主体精神的光辉，创造出"众美从之"的理想境界，从而使书法艺术具有长盛不衰的生命力。

书法艺术是无声的音乐，静态的舞蹈，抽象的绘画，堪称中华民族文化瑰宝。

# 第四节　中国书法艺术鉴赏要领

## 一、法度

### 1. 字法

字法又叫结构法，它是指字的结构不但要讲究重心平稳、疏密匀称，在书写的过程中，要围绕中心穿插避让，而且要点画呼应，斜正相揖，讲究辩证法。笔势、字势顺乎自然。

### 2. 笔法

笔法，一是要中锋运笔；二是讲究笔势，强调笔画的动感和力量感；三是注意矛盾律，圆笔与方笔、连笔与断笔互用，纵与收、疾与徐、轻与重、刚与柔等都要辩证对待，追求"中和"之美。

### 3. 墨法

墨法就是讲究笔墨情趣，注意墨色的干、湿、浓、淡、清的变化。如现代书法大师林散之先生尤善用墨，整幅字中干湿浓淡、满纸云烟，富有墨趣和韵律之美。

### 4. 章法

章法就是整体布局，因此，欣赏章法也就是寻求整幅作品的总感觉。在布局上要注意计白当黑、虚实相生，追求左顾右盼、疏密有致、血脉贯通。

### 5. 气度

气度即内涵、神采、耐看。书法家马治权先生认为："书法衡量的标准主要有一个，不管这幅作品是否漂亮，只要有气度，就可称为书法。"

## 二、笔力

历代评品书法作品都公认为"多力丰筋者圣，无力无筋者病"。优秀的书法作品应该是"骨劲十足"、"力透纸背"、"入木三分"，如"屋漏痕"（如图 8-21 所示）。书法中的笔力是一种具有美感的力，表现为刚健、弹性、韧性的结合。书法所表现的力不是身体的力气，也不是物理性的力量，而是一种生命的、心灵的力量。因此，古往今来书法家总是视书法为一种"生命的艺术"。

## 三、形象

书法的形象美表现在点画、线条上具有的丰富的立体感，表现在点画和结体上的多姿多态，生动活泼。优秀的书法作品，每个字都各具神态，造型完美，栩栩如生。

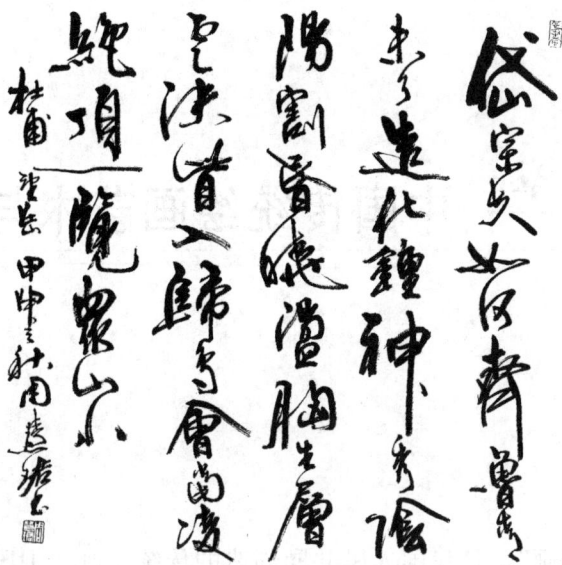

图 8-21　周慧珺书法

## 四、气韵

气韵即气度(质)与神韵的综合。作为书法艺术,不仅要有外表的形美,而且要有精神内涵和神采。宋代书法家黄庭坚说:"书画以韵为主",主张"凡书画当观韵"。一件优秀的书法艺术作品应该是气脉贯通、生动活泼、神采飞扬的,富有韵律与节奏之美,令人目注神驰,耐人寻味。与人聊起书法,常常有人发问:"为什么有些字很漂亮却算不上书法?为什么有些字很难看却被称做书法呢?"这就涉及内涵、气韵、神采等有无的问题。"深识书者惟观神韵",这就是说,真正懂得书法的人是观其神韵而忘其形。

中国书法之所以成为一门重要的艺术,在于它与中国文化的紧密相连。书法家作书的创造过程,观赏者欣赏书法的过程,也是深刻领悟中国文化之道的过程。中国文化的宇宙是一个气化流行、生生不息的宇宙,对非质实而虚灵的气的模拟,用笔墨的浓淡、枯润、虚实和周流、运转的书法来表现最易令人体悟了。所谓"气脉不断"、"笔断意连"乃至"气韵",都是因中国文化"气"的性质而具有一种较高的境界。因此,书法艺术被认为是中国文化的典型象征,"书法是中国文化核心的核心,是中国灵魂特有的园地"(熊秉明语)。

总之,中国书法是由文字、书写工具和文化思想综合形成的一个独立的艺术世界。

## 复习思考题

1. 指出晋代、唐代、宋代书法艺术的主要特点。
2. 说明历史上具有代表性书法家的书法艺术特点。
3. 试述中国书法艺术的主要审美特征、审美体现。
4. 试述中国书法艺术的鉴赏要领。

# 第九章 中国传统绘画艺术与审美鉴赏

中国绘画简称"国画",是我国人民共同创造的传统绘画。中国画风格独特,富有浓郁的东方色彩,讲究形神兼备,注重表现感受和情调,强调笔墨情趣和意境,推崇画家的个性创造。在长期的历史发展中,形成融会着中华民族独特的文化素养、审美意识、思维方式、美学思想和哲学观念等完整的艺术体系,深受世界各国人民的喜爱。

中国画的艺术性与装饰性均很强,我们在宾馆、饭店、餐厅、旅游接待处大厅、博物馆、车站和一些名胜古迹处、文化娱乐场所常可以见到。中国画对许多游客富有吸引力,尤其是岩画、古代壁画更是一种宝贵的文化旅游资源。

## 第一节 中国画概述

### 一、绘画历史成就及其代表人物

中国画历史非常悠久,源远流长,具有鲜明的民族风格和卓越成就,在世界美术之林中自成体系、独树一帜,是世界画坛艺术峰丛中一座自成体系的高峰。考古工作者在河南仰韶村发现的彩色陶器上的花纹和装饰,是迄今为止发现最早的绘画艺术,被称为"仰韶文化",距今有 6 000 多年的历史。若从史前的岩画算起,已逾 3 万年的历史。春秋战国时代,我国绘画艺术已达到一定水平,可以用彩色在帛上作画(帛画)。魏晋南北朝时期的顾恺之擅长人物画,张僧繇擅长山水画,并创制了没骨法(即画前不用墨预先勾勒,直接上色)。到了唐代,山、水、花、鸟开始作为独立的画科发展起来,并在宋代得到蓬勃发展。唐代著名画家有阎立本(擅长人物画)、吴道子(有"吴带当风"之赞誉)、王维(山水画的南宗之祖)、李思训(山水画的北宗之祖)、韩干(擅长画马)、韩滉(擅长画牛)。宋代朝廷设立了翰林图画院,画坛高手如云,人才辈出,著名画家有张择端、李唐、苏轼、马远、郭熙、米芾、米友仁、杨无咎、郑思肖等。画家张择端的《清明上河图》长卷风俗画是当时杰出的中国画代表作。中国绘画在宋代达到了登峰造极的境界。元代绘画较宋代思想开放，创作活跃，重感情而富有特色（"宋画重理，元画重情"之语道明其差别），著名画家有赵孟頫、高克恭（"南赵北高"）及有"元四家"之称的黄公望、王蒙、倪瓒、吴镇等。明清时代，中国画达到繁荣昌盛，画派较多（如"明四家"、"金陵八家"、"扬州八怪"等），但具有创新意识的画家要数石涛、朱耷、石溪、弘仁（多是僧人，多画梅、兰、竹、菊，品位高雅，情操高尚）。近现代的杰出画家灿若群星，如吴昌硕（将诗书画印完美结合）、齐白石、傅抱石、丰子恺、潘天寿、黄宾虹、李可染、李苦禅、徐悲鸿、黄胄、刘海粟、关山月、张大千、吴冠中、吴作人、孙天牧、范曾……可谓不胜枚举。古今这些众多的中国画家为中国绘画艺术的发展作出了杰出的贡献。

二、中国画的种类

中国画的种类较多，可以从不同的角度去分类。

**1. 从创作思想及审美情趣（或功用）上分类，可以分为文人画、宫廷绘画和民间绘画**

文人画：文人画是中国画的主流。这种受文人审美情趣制约的画风，主要是着意体现抽象美，追求"神似"。题材主要是一些幽雅淡泊的云烟山景、枯木竹石、兰菊水仙之属。画家喜欢用淡淡的水墨，以书法潇洒奔放的"笔墨"来抒写。画风自然、清淡，韵味犹如清茶、幽兰（如图9-1所示）。

图9-1 文人画

宫廷绘画：即院体画，这种为皇家显贵所扶植，受帝王贵戚的审美趣味所制约的画风，主要体现"具象美"，追求"形似"，风格工致、典雅，以理性绘画为主要特征。题材主要是宫廷人事、珍禽异兽、牡丹红梅之类，大多为形态纤丽、色彩浓艳的物象。

民间绘画：包括民俗画、市民画，这种绘画朴质无华，洋溢着浓烈的乡土气息和生活情趣。绘画内容主要与民间习俗有关，如财神图、门神图、送子图、福寿图之类，反映一般民众趋福避害的心理。

**2. 按照表现对象即创作题材进行分类，可将中国画分为山水画（在中国画中居主体地位）、花鸟画、人物画等（如图 9-2、图 9-3、图 9-4 所示）**

图 9-2　山水画

图 9-3　花鸟画

图 9-4　人物画

**3. 按照表现手法（笔法）进行分类，可以分为写意画和工笔画、半工写画等**

写意画是用简练的笔法描绘景物，多画在宣纸上，纵笔挥洒，墨彩飞扬，较工笔更能体现所描绘景物的神韵，也更能直接抒发作者的感情。写意画主张神似，注重用墨，强调作者个性的发挥。画风特征是简练生动、酣畅淋漓（如图9-5所示）。写意画在中国画中居主体地位。

工笔画是以精湛细腻的笔法描绘景物的中国绘画表现方式。"工"即"工整、工细"之意，敷色层层渲染，显得浑厚浓重。画风特征是工整精细、惟妙惟肖。工笔画一般先要画好稿本，然后附上有胶矾的宣纸或绢，再用狼毫小笔勾勒，继而随类敷色，层层渲染，从而获得神形兼备的艺术效果（如图9-6所示）。

图9-5 写意画　　　　　　　　图9-6 工笔画

半工写画是介于上述两个画种之间，并将写意、工笔两种不同的技法运用于一幅绘画作品之中。

**4. 以绘画原料与基本技法划分，可分为水墨画、设色画**

水墨画指纯用水墨所作之画。基本的水墨画，仅有水与墨，黑与白二色，墨为主要原料，根据加入清水的多少形成浓墨、淡墨、干墨、湿墨、焦墨等，画出不同浓淡层次，别有韵味。长期以来水墨画在中国绘画史上占据重要地位。水墨画被视为中国传统绘画，也就是中国画的代表。

设色画即绘画时敷色，运用色彩的效果，表达物像的情境变化和韵味。古人称为"随类赋彩"。设色画注重物像的固有色彩与色度的变化。设色是在熟宣或绢上进行。从配彩类别上可分为：墨彩、淡彩、粉彩、重彩。具体着色方法有：渲染、平涂、罩染、统染、立粉、积水、没骨点写、烘托等。

此外，还可以按特定用途和特殊材料、特殊手法等进行分类，如年画、寺观壁画以及铁画、贝壳画、工艺绘画、剪纸等。

**5. 从旅游者对中国画审美欣赏的角度划分，可以分为卷轴画、壁画、工艺绘画**

本章节主要从旅游者对中国画的审美欣赏这一角度去分类，对卷轴画、壁画、工艺绘画做简要介绍。

（1）卷轴画。

它泛指用纸（主要是宣纸）或绢画成后，经装裱而成的中国画。卷轴画是中国画最典型的款式，既便于卷而收藏，又便于张挂、创作、携带。它广泛用于环境装饰，对游人富有吸引力。

（2）壁画。

壁画即在墙上所作的画，其价值较高的多为古代壁画。中国现存的古代壁画有寺观壁画、石窟壁画、墓室壁画等，大多数为重要的保护文物，具有很高的观赏价值与研究价值，其中最为著名的有敦煌壁画等。中国壁画在地域分布上北方多于南方。究其原因有两个：一是社会文化方面的原因，北方在古代长期是我国经济、文化重心，而且佛教最先传入北方；二是自然环境方面的原因，北方山石裸露，易于壁画制作；且气候较南方干燥，不易化学风化，易于保存。壁画是中国画中的艺术瑰宝和珍贵的旅游资源。

（3）工艺绘画。

工艺绘画即利用特殊材料和特殊手法创作的绘画。它具有三大特点：一是注意利用材料的美。如安徽芜湖铁画，以铁打成线条、焊接成画，发挥了铁条凝重、坚实刚劲乃至铁锈的古朴苍劲之美。其代表作如北京人民大会堂、昆明世界园艺博览园的《迎客松》铁画（如图9-7所示）。又如鱼羽画、贝壳画等。二是注重特种技艺之美。如漆画显示了油漆工艺技术之美，烙画则显示了火烙工艺技术之美。三是具有地方特色和民族民间特色，如剪纸、木版画、竹帘画等。

图 9-7 芜湖铁画
资料来源：中国红色旅游网（中红网）

## 第二节 中国画的审美特征①

绘画是一门运用色彩、线条和形体态势，在二度空间的范围内反映现实美，表达人们审美感受、审美理想的艺术。中国画的审美特征（或美学要点）主要有三点：一是意境，二是格调，三是气韵。

### 一、意境

意境是中国画的灵魂。什么叫中国画的意境呢？"意"即画家思想情感的表现（主观）；"境"即画面形象（客观）。二者有机结合便形成"意境"（即通过画面形象来表达画家的思想情感或由画面形象引起的形象思维）。中国画意境追求的审美感受是：诗中有画，画中有诗；以形写意，"得意忘形。"

**1. 诗中有画，画中有诗（或抒情言志，或哲理表达）**

诗是无形的画，画是有形的诗，二者在艺术上有着密切的关系和相通之处。中国的诗与画都重视抒情言志。例如，"诗言志"就是说诗要着重表达作者的思想感情，画也是如此，故有"画中有诗"之说。画中有诗，不仅仅是指画上题诗，画与文学上的联系，更重要的是指画可以像诗一样，能表达作者的思想感情。例如元代倪云林画的山水，寒荒萧疏、淡泊平和，体现画家看破红尘、超然物外的思想情绪。清代朱耷（八大山人）痛感国破家亡、朝政腐败，他笔下的花鸟冷隽怪诞，体现了画家对现实的藐视和对统治者的反抗。他所画的禽鸟和鱼类都是"白眼向人"，以宣泄一腔悲愤，因此有人评论朱耷的画是"墨点不多泪点多"。一些画家多爱画劲松、寒梅、翠竹，多注入自己的思想感情，意指自己高风亮节或不与世俗合流。中国画，不论是云烟缥缈的峰岚、寒江独钓的扁舟，还是

---

① 参见乔修业. 旅游美学. 天津：南开大学出版社，2000：65-77.

慷慨悲歌的壮士、怡然自得的鱼虾草虫，都是画家寄情于笔墨，旨在把人带入诗情画意的境界，抒情言志，表达一定的哲理诗思。人们常说国画中的"深度"多针对抒情言志而言。中国画的内涵丰富而深刻，这一点是西方画无法企及的。

### 2. 以形写神，得意遗形

从美学上来讲，西方绘画追求物象的逼真，注重几何、透视、比例，即"科学的真"；而中国绘画追求的是气质和神韵，形神兼备，即"艺术的真"。中国画不拘泥于客观对象的形，而主张以形写神，以神达意，"得意忘形"（得其意则可遗其形）。这里讲的"神"，就是指客观对象的精神本质，如牡丹之富贵、翠竹之高风亮节等。文人画梅，主要是画出凌霜傲雪之姿、孤芳自赏之趣，而不是拘泥于梅花的外形，力求表达文人的清高气质和刚直不阿之风骨。中国花鸟画的一个突出特点是，不刻意追求客观美的描述，而是通过描绘有生命的对象，巧妙地利用比喻兴借，来表达作者对生命的感悟与看法。中国画家认为，作画不要求外表的酷似，而要求精神的酷似，正如齐白石所说"妙在似与不似之间"。太像为媚俗，太不像为欺世。中国绘画的基本美学性质，就是具象美与抽象美的矛盾统一体。

旅游者如何欣赏中国画的意境？一是要善于联想，"迁想妙得"；二是要具备较丰富的知识，对欣赏的对象要先有间接的认识，在游览欣赏的过程中，要多看、多想、多听、多问。导游更应做好引导和启发联想工作，这样才能使旅游者真正欣赏到中国画的妙处。欣赏中国画，关键要领会它的意境，对意境的欣赏是中国画审美的重要"门道"。

## 二、格调

中国画的笔墨技法规律叫做"格"，由技法的运用所形成的情趣韵致叫做"调"，二者的有机结合便形成"格调"。用笔、用墨、设色、构图这些形式技法的高低决定着一幅画的格调高低。

从某种意义上讲，格调比意境更难追求，因意境有时可以作假，但格调却难以伪装（这是因为格调是真情于有意无意之间在技法中的自然流露），格调的形成与人格有密切的关系。常言道，"画如其人"、"文如其人"，若人格较低，画格、文格也绝对不会很高。画的格调虽与人格有关，但又具体体现在绘画的形式技巧当中。

### 1. 用笔——书画同源，以线造型

我国的书法艺术高度发达，对中国画影响深刻，书法、绘画都讲究用笔技巧和以线造型，故有"书画同源"之说。有的学者认为，中国画植根于诗词和书法，追求的是意境和用笔(线条和造型)；而西洋画植根于建筑和雕塑、几何、色彩学、解剖学，追求的是空间感和立体感，传统的造型手段主要是"面"。我国书画的线是靠笔来表现的，用笔有粗、细、轻、重、疾、徐、转、折、提、按、顿、挫等(如中国人物画线条中有18描，就说明了用笔技法的多样性)，它们分别可以表现物象的不同形质。如画马，可以用细而劲挺的线条勾勒其轮廓，画牛则最好是用较宽而粗拙滞重的线条勾勒其轮廓，这样画出的马、牛就很生动逼真。不同的用笔与线条还可以表现人的喜怒哀乐等各种感情。中国画的线条

除了造型、抒情之外，还具有自身的美感，线的出神入化可以形成音乐般的节奏与韵律。总之，中国画的形象、节奏、韵味、精神、旋律以及虚实强弱对比、情感的体现，只有通过线条才能表达得深刻。线条是中国画的"遗传基因"和"情感载体"。

我国当代著名画家范曾先生作画非常讲究用笔的提按、顿挫等，线条风格独特，他的书法也很有特色，与绘画的用笔具有非常一致的风格(富有节奏、韵律之美)，很能说明"书画同源，以线造型"。我国历史上有许多书法家同时也是画家，如米芾、苏轼、赵孟頫、文徵明、郑板桥等，这也从另一个方面说明了"书画同源"。

### 2. 用墨——水墨为上，墨分五色

中国画主张以墨为主，以色为辅。如大多中国画若去掉色彩，画面照样完整，而去掉墨线，便不成其为画。这是中国画的一大特点。中国文人画极力主张质朴自然、平淡天真。因此，水墨便成为文人心目中最美的绘画形式，水墨的地位也大大超过了色彩的地位，这就是所谓的"画道之中，水墨为上"(王维语)。

中国画十分讲究用墨，在用墨方面积累了十分丰富的经验。所谓"墨分五色"是指用墨方法多种多样。如墨色有焦、浓、重、淡、清各种层次之分(由水分多少决定的)；用墨有破墨、积墨和泼墨(用墨如倾，随笔泼洒，再随机应变加以整理)之分。这些用墨方法可以用在特定场合而恰到好处。中国画用的是宣纸，笔墨在宣纸上自由渗化，颇有气势和韵味。笔墨在独特的宣纸上所形成的美感、韵味是别的绘画媒介所不能替代或达到的。

中国画的笔墨既是形而下的材料工具与具体技法的运行痕迹，又是一种形而上的作者心灵情愫的宣泄与民族文化精神内涵的体现。黄宾虹说："画中三昧，舍笔墨无由参悟。"没有笔墨，就无由谈论中国画。中国画的魅力也在于笔墨情趣之美，舍弃了这一点，就等于舍弃了中国画的命脉与灵魂。

### 3. 设色——随类赋彩，色不碍墨

随类赋彩，即作画大致与固有色相类似即可，目的不在于追求色彩的逼真，而是在于取意、取气。如画家画竹多画墨竹，墨竹清雅，立意颇高；若用绿色画竹，反而拘泥于现实，有俗气之嫌了。吴昌硕画牡丹，花用红色，叶用墨色(而不是绿色)，气质高雅，神完气足，深刻体现了牡丹"国色天香"的精神本质。

色不碍墨，即要求"以墨为主，以色为辅，不能喧宾夺主"。此外，还要求正确处理好墨与色二者相辅相成的关系，做到"色中有墨，墨中有色"，"以色助墨光，以墨显色彩"，力求使二者交相辉映、相得益彰。

### 4. 章法——虚实相生，置阵(陈)布势

章法即构图，它关系到一幅画的整体布局和成败关键。作画与书法都要注意虚实相生。中国画的"虚"，可以是用笔最松动，或用墨最清淡，或构图最疏朗之处，也可以是无笔无墨，一片空白。如齐白石画虾、吴作人画鱼常以空白当水，其正如古诗所言："只画鱼儿不画水，此中亦自有波涛。"南宋马远的画往往有大片的空白，山石、溪流、人物等只占画面的一角，故人称"马一角"。看他的画，由景物转向空白，会使人产生飘忽、

悠远、丰富的遐想，可谓"虚实相生，无画处皆成妙境"。而西方绘画则偏重于满构图，务实求全。中国绘画的"实"，可以是用笔之实，用墨之实，也可以指构图繁密处。一幅好画，要有虚有实，虚实相生，有机结合，注意"笔简而意周"，体现"计白当黑，妙在无处"的艺术手法。

绘画与书法一样，也要讲究置阵(陈)布势或经营位置(布局)，或开阔平远，或险峻奇突，或稳如泰山，或虚幻缥缈……这些"势"主要靠章法或构图来实现。书画界曾总结出一些"取势"的程式，如"三远法"(深远——俯视构图；高远——仰视构图；平远——平视构图)，"以大观小法"(俯视作画，居高临下，一览无余)，"散点透视法"(即游移透视法，如《清明上河图》)。中国画的空间处理自由灵活，既可以用"以大观小法"画重峦叠嶂；也可以用"游移透视法"画长江万里。总的来讲，中国画的构图不受时空的限制，能给人以丰富的时空想象。

此外，中国画在章法、布局上还具有诗、书、画、印有机结合的特点，以及独特的装裱艺术，大大丰富了中国画的内涵，增强了中国画的艺术魅力。

### 三、气韵

"气"是指气势(气度)、生气；"韵"是指风韵、神韵，即作品内涵的美。气韵可以理解为意境和格调综合形成的整体艺术效果。简单地说，就是神采，它是作画中很难达到的东西。古人作画者中不少人认为只有天才才能掌握气韵之法，并认为气韵与人品密切相关，它既是中国画意境与格调的总和，又是一种生生欲动和余味隽永的美感境界。南朝谢赫提出品画的第一标准应是"气韵生动"。明代陈洪绶把画家分为神家、名家、作家、匠家四等，认为达到"韵致神似"的方可称为神家。

作为旅游者特别是导游，应先掌握中国画的基本鉴赏标准，然后与一些画家们接触交谈、请教学习，最好是自己能学着画上几笔，经过日积月累，将会不断提高自己的绘画鉴赏水平，使自己有一双懂得绘画艺术的眼睛。只有这样，才能为旅游者中的绘画爱好者与欣赏者服好务。

综上所述，中国绘画的欣赏，主要应从意境、格调、气韵三个方面以及笔墨、画法、布局、诗书画印的结合等方面把握。

## 第三节　中西绘画艺术风格比较

中国绘画艺术主要具有以下特征：运用线条点簇和墨色变化等描绘对象，抒发情感；不受空间、时间限制的构图方法；高度概括，突出主题的表现手法；绘画与诗、书、印的有机结合。中国绘画在世界绘画艺术丛林中独树一帜，与西方绘画艺术风格大相径庭。具体而言，中国绘画艺术与西方绘画(主要是油画)艺术具有如下差异。

### 一、艺术追求

在绘画的艺术追求上，中国绘画注重"神似"，讲究"妙在似与不似之间"(画人则画其神采，画山则取其气势，画花、鸟、虫、鱼则画其生机），尚意，求变（毛笔是软笔，其状态是变化的；墨分五色是变化的；宣纸上墨后也是变化的），重表现与情感，重象征与共性，表现手法较传统；西方绘画注重"形似"，讲究比例、结构的科学性，强调写实、具象（如画人首须毫发毕现，画人体肌肤或柔嫩光洁或刚强健美），尚形，重再现与理性，重情趣与个性，表现手法新奇。

## 二、绘画语言

绘画也有个"语言"问题，画种不同，语言不同。绘画语言决定了造型观念和造型手段。西方绘画注重用光、色、体、面和焦（交）点透视等绘画语言来造型；中国绘画的造型观念和造型手段注重用点、线、面等笔墨技法来表现。

具体来讲，从造型手段上看，中国绘画以线条造型为主，与书法为缘（追求意境和用笔），在表现物象的"力量感"、"体积感"和"光影"、"透视"效果上是薄弱环节；西方绘画以块、面造型为主，与建筑为缘（追求的是空间感与立体感），在表现物象的"力量感"、"体积感"和"光影"、"透视"效果上颇具优势。

从用色上看，中国绘画用色较单纯，以墨色为主（如水墨画）。中国画最高境界是"无色如有色"，"有色如无色"；西方绘画用色复杂调和，注意光色变化（如油画在色彩、色调表现上具有很强的优势）。西方画家善于选择特定的色调或强烈的对比去表现油画的主题和意境，因此，欣赏油画就是欣赏色彩世界。"近看鬼打架，远看一幅画"，是西方油画运用色彩的妙处。

从透视方法上看，中国绘画主要采用散点透视。如三远法，即"高远、深远、平远"，不拘泥定点描绘，游移写生，不受视域局限，能"以咫尺之幅，写千里之遥"（如《清明上河图》等绘画艺术作品）；西方绘画主要采用焦点透视，即画家站在某一位置不动，描绘眼前所见的事物。油画的画框犹如窗框，观油画如凭窗静立赏景。

## 三、构图或章法布局

在绘画的构图或章法布局上，中国绘画的画面比较空灵和单纯，计白当黑，融诗、书、画、印于一体；而西方绘画的画面则比较充实，在画面上全部绘图着色。绘画完成后，画家仅在画面的一角签名和注明日期。

## 四、绘画形式

中国绘画形式丰富多样，有中堂、挂轴、册页、长卷、扇面等；西方绘画形式多为框镜式，形式较少，比较单调。

## 五、绘画题材

在绘画的题材上，中国绘画以自然山水、花鸟虫鱼、文人仕女较多，有绘画艺术发源于山水之说；西方绘画以宗教、神话、田园风光、静物画（"厨房画"）、裸体人物较多，有绘画艺术发源于女人之说。

### 六、画理

有学者认为：中国绘画是哲学，西方绘画是科学；中国绘画讲究章法，西方绘画讲究透视(形成的结果是：一个是平面的，一个是立体的。一个是虚实并用，一个是有实无虚。在中国人眼里，一张白纸就是宇宙万物。在西方人眼里，一个画框就像一扇打开的窗户)。中国绘画善于以小见大，西方绘画善于以大见小。中国绘画在意象中遨游，西方绘画在物象中转圈；中国绘画理念是"静"的，西方绘画理念是"动"的(中国人在静中寻找精神世界，西方人在动中寻找世界精神)。在艺术发展上，西方绘画是跳动的、变动不居的(例如传统的"光色派"、修拉的"点彩派"、凡·高的"颠覆主义"、毕加索的"立体主义"、马蒂斯的"野兽派"等，见图9-8)，而中国绘画是延续的、一脉相承的。

图9-8 西方绘画风格的变化

此外，中西绘画在绘画材料、审美情趣、创新程度等方面有诸多不同。

　　照相技术的发展和人们审美情趣的变化，使得以具象描摹为特色的西方绘画逐渐减弱了艺术魅力。目前，许多西方绘画艺术家在理论与实践上不再强调具象的忠实摹写（或追求逼真），而开始从中国绘画中汲取艺术养分，表现出某种写意的倾向，并取得了令人瞩目的成就，如凡·高的《向日葵》、莫奈的《日出》等作品（见图9-9、图9-10）。

图9-9　凡·高的作品《向日葵》

图9-10　莫奈的作品《日出》

## 复习思考题

1. 试述中国绘画历史成就及其代表人物。
2. 中国画如何分类?
3. 中国画的审美特征有哪些?
4. 试比较中西绘画艺术的风格差异。

# 第十章 中国传统音乐与审美欣赏

音乐是通过一系列有组织的、在时间上流动的音响来表达人们的思想感情，反映社会生活的听觉艺术。中国音乐有很强的艺术魅力，且地域特色鲜明，对许多游客富有吸引力，是一种宝贵的文化旅游资源。目前，世界许多国家都十分重视音乐艺术资源的旅游开发，如奥地利的音乐旅游每年吸引数百万游客。然而，在我国旅游开发中，音乐文化这一丰富的旅游资源尚未得到理想的开发利用，音乐文化开发对我国旅游业来讲，基本上还是一片处女地。这一现象应该引起我们的重视。旅游应该搞得"有声有色"，而不是"有色无声"。要有效地开发利用音乐文化资源，首先必须对中国传统音乐文化的基本知识、艺术特点和欣赏方法有所了解。

## 第一节 音乐与人

音乐，是从人的生命中直接流淌出来的那部分特殊的音响。"音乐是一种灵魂语言"（青主语）和最贴近心灵的艺术。它在人类文化中是不可或缺的一部分。无论表现为低声的吟唱、铿锵的锣鼓、跳动的笙歌，还是舒朗的管弦交响，人们都可以凭借它抒发情感，与大自然对话，与神灵沟通……音乐虽然是抽象、高妙的艺术部类，但它却是人皆爱之，雅俗共赏，能直达人的心扉，给人牵魂摄魄的艺术魅力，留下余音绕梁的隽永意味。音乐又是人类特有的精神财富，自然的演替、人世的兴衰，都积淀在人的心灵中，升华为音乐。

音乐艺术是人类社会最古老、最动人的艺术形式之一。传说中，先民在远古时代就创造了音乐。音乐与人的情感关系密切，它能直接地表现和激发人的情感。音乐是美的结晶，音乐之美滋润着人的心灵。在人的心理结构的建造过程中，形成一种对美的热爱和追求的心理定势。在这种积极的心理定势作用下，人们以美的法则塑造自己，使心灵、情感、个性、举止、行为、仪容都统一在美的基调之上，使精神得到真、善、美的升华。在聆听音乐时，我们往往会有激动、兴奋、安详、闲适、倾慕、愉悦、哀伤等种种情感的体验，甚至进入一种陶醉、忘我的境界，使情感得到升华，心灵得到净化。

音乐是人心灵真诚的表达。"诚"是音乐的基本因素，《乐记·乐象篇》中说："唯乐不可以为伪"，音乐真实自然地将人的内心之情乐化于外。

音乐的社会功能，主要是以潜移默化的方式通过欣赏者的心理活动得以发挥。有人说，音乐蕴含了天地之灵气，闪烁着人性之光辉。崇高净美的音乐语言，能唤起并充实人的爱心，例如，爱己、爱人、爱自然、爱社会、爱国家、爱正义等。这种爱，成为推动人从事有益于社会的活动的内在动力。没有音乐的生活是无法想象的。

音乐给人以美的享受，它培育人的激情，陶冶人的性灵。当你休息时，音乐给你舒适；当你拼搏时，音乐给你力量；当你忧伤时，音乐给你慰藉；当你无聊或空虚时，音乐给你充实的天地。音乐是心灵的家园，生活的美酒，生命的良方。

音乐与人的关系十分密切，它能促进人的全面发展。宗白华先生认为："音乐使我们对事物的感觉增加了深度，增加了纯净。……音乐领导我们去把握世界生命万千形象里最深的节奏起伏。"著名科学家爱因斯坦、李四光、钱学森、袁隆平、李政道等很热爱音乐，有的还在音乐方面很有造诣，这说明音乐艺术修养对于人的全面发展多么重要。李岚清先生认为：音乐有助于开发右脑的功能，有助于提高工作效率和学习效率，有助于培养创新精神，有助于调整人与人的关系，有助于培养宽广而平和的胸襟，有助于培养对个性的尊重，有助于创造和构建和谐社会。

# 第二节　传统文化中的音乐及传统音乐的分类

## 一、传统文化中的音乐

中国自古被称为"礼乐之邦"。在我国的传统文化中，对音乐的认识是非常深刻的，认为宇宙的自然运行本身就是音乐。我们的先人在劳动生活中模仿着大自然的声音，仿效"凤凰之鸣"而成音律，仿效"山林溪谷之音"而成歌韵。他们用"天籁之音"这样的字眼来描述大自然中优美的音响。罗马哲学家卢克莱茨说："最早教会人们吹芦苇的是西风在芦苇空茎中的哨声。"的确，宇宙自然之声是人间音乐的理想范式，《乐记》有云"大乐与天地同和"，就是这个道理。这种建立在"天人合一"基础上的音乐，追求的是平和、典雅、玄远、温厚的境界，这与西方音乐激越、狂放、冲突的风格明显不同。西方音乐重逻辑、重冲突，中国传统音乐则崇尚情感的发展与自然相和谐。

中国最早谈论音乐问题的是《管子》一书，已经出现"宫、商、角、徵、羽"五声。在古代，任何受过教育的人都必须懂得音乐。《礼记》所说的"四术"中包括诗、书、礼、乐，后来，孔子制定的"六艺"中竟被人减去了乐，变成"五经"，这是中国文化史上的一大损失。虽然在宫廷中音乐还是占有相当重要的地位，某些风雅的读书人也喜欢唱唱歌、弹弹琴，老百姓也爱随处哼几句小调，但是，音乐在孔子以后的中国文化中已不占显著地位，职业音乐家更不为人们所重视则是一个不争的事实。即便在宫廷里为帝王演奏的乐手，也只是一个低级的奴仆。因此，音乐在中国虽然很早就有成就，但与西方音乐相比，可以说没有得到应有的充分发展。

在古代，音乐并不是一种单纯的艺术欣赏形式，它同时还具有成就社会和人生的特殊作用。和谐的音乐是一种"治世之音"，它可以达到"善民心"和移风易俗、使万民和睦的目的。音乐是养生修性的手段，这也是传统文化的独特之处。平和的音乐与心境相交融，能使人心安体泰，对人的修性保真具有相当重要的意义。古人认为音乐能"疗疾"，就是因为它能将人体的阴阳两方面相互协调，并与宇宙自然的阴阳变化相统一。在中国这个宗教不占统治地位的国度里，音乐负载着人们的精神寄托，使躁动不安的灵魂得以宁静地栖息，成为人们心灵的港湾。

诸子百家对音乐的作用均有论述，其中影响最大的当推儒、道二家。老庄崇尚自然，认为道的音乐、自然的音乐才是真正美的。"大音希声"（老子），"无声之中，独闻和焉"（庄子），说的是最美的音乐是无声之乐，人可以感受听不到但却是最和谐的音乐，追求自然和谐的思想有助于音乐的自由发展。儒家礼、乐并称，视为治国修身不可缺少的法宝。相对来说，儒家更看重音乐的社会作用。传统音乐在道家自然、无为、逍遥的思想和儒家雅正、中庸、道德的观念影响下，形成了自己独特的精神面貌与气质内涵。

在传统养生学中，音乐与自然、与人体是相互协调的，这就是"乐与人和"，通过音乐来达到人与自然"天人合一"的最高境界。晋代的阮籍在《乐论》中说，音乐是使人精神平和、身体康健的重要保证。

传统音乐还追求意境，"境"可以是虚幻之境，也可以是写实之境。中国艺术重意境，重"以虚涵实"。例如利用音乐中的休止音、疏密的对比、声韵的对比，使音乐开拓通达，欣赏者的心灵可以随其展现的空间而逍遥天地、涵咏万千。

传统音乐中还蕴含着哲理，促使人了悟哲理的力量，从而乐观地对待生活，在事业上树立起坚定的意志和信心。

中国传统音乐的商品化现象远远少于自娱（包括个体自娱与群体自娱）现象。在传统观念里，艺术是无价的，把艺术当饭碗，无论是表演还是传授，都被认为是对艺术的亵渎，是不光彩的，这种观念在文人圈里尤其普遍。因此，中国传统音乐更多地呈现了人的"心灵状态"。

## 二、传统音乐中的分类

我国的传统音乐，按受众层面可分为民间音乐、宫廷音乐、宗教音乐和文人音乐等，其中最普及最为大众所接受的乃是民间音乐。

传统音乐按体裁大致可以分为民歌、曲艺、歌舞、戏曲和器乐曲这五大类，每一大类下又可进一步细分。如民歌又可分为山歌、号子和小曲；曲艺是单弦、大鼓、弹词、琴书等说唱艺术的总称；歌舞则包括花灯、花鼓、采茶舞、二人台等由民歌与民间舞蹈相结合的、以民间器乐曲为伴奏的体裁形式；戏曲含有高腔、昆腔、皮黄腔、梆子腔等不同剧种；器乐曲主要是指中国民间器乐的合奏音乐，如鼓吹乐、吹打乐、锣鼓乐、弦索乐、丝竹乐等。它们都是我国宝贵的传统文化资源。

# 第三节 传统音乐艺术的审美欣赏

音乐的欣赏主要应把握好以下几个方面：一是熟悉音乐的表现功能，掌握必要的音乐基础知识(如音乐要素等)；二是理解作品的标题或主题内容；三是了解作者及其创作个性；四是了解作品的时代背景；五是抓住音乐的民族特征或地域特色。这里仅就音乐的审美要素和传统音乐一般的艺术欣赏知识做一些介绍。

## 一、音乐的审美要素

音乐的欣赏主要是抓住音乐语言要素或审美要素进行欣赏。作曲家创作乐曲，也像文学家写诗歌、小说一样，有一套表情达意的体系，那就是音乐语言。音乐语言包括很多要素：旋律、节奏、节拍、速度、力度、音区、音色、和声、调式等。一部音乐作品的思想内容和艺术美，要通过多种要素才能表现出来。

旋律：即曲调，它是按照一定的高低、长短和强弱关系而组成的音的线条。它是塑造音乐形象最主要的手段，是音乐的灵魂。

节奏：即各音在进行时的长短关系和强弱关系。由于不同高低的音同时也是不同长短和不同强弱的音，因此旋律中必须包括节奏这一要素。

节拍：即强拍和弱拍均匀的交替。节拍有多种不同的组合方式，叫做"拍子"，正常的节奏是按照一定的拍子而进行的。

速度：即快慢的程度。为使音乐准确地表达出所要表现的思想感情，必须使作品按一定的速度演唱或演奏。

力度：即强弱的程度。音的强弱变化对音乐形象的塑造也起着很重要的作用。

音区：即音的高低范围。不同音区的音在表达思想感情时各有不同的功能和特点。

音色：即不同人声、不同乐器及不同组合的音响上的特色。通过音色的对比和变化，可以丰富和加强音乐的表现力。音色好比绘画中的颜色，是音乐中极为吸引人并能直接触动感官的重要表现手段。

和声：即两个以上的音按一定规律同时结合。和声的作用是，直接影响到力度的强弱、节奏的松紧和动力的大小，它帮助旋律更丰富地表现音乐内容。此外，和声的音响效果还有明暗的区别和疏密浓淡之分，从而对音乐具有渲染色彩的作用。

调式与调性：调式即从音乐作品的旋律与和声用的高低不同的音中所归纳出来的音列。这些音互相联系并保持着一定的倾向性；而调性则是调式的中心音(主音)的音高。在许多音乐作品中，调式和调性的转换和对比是体现气氛、色彩、情绪和形象变化的重要手法。

## 二、传统音乐的审美欣赏

这里讲的传统音乐的审美欣赏，主要是谈传统音乐中的民歌、歌舞音乐、古代诗词歌曲、民族器乐、戏曲音乐的一般的艺术欣赏知识。

我国民歌的起源，最早是劳动类的歌曲，它们产生于生活的某种实际需要，像蒙古族的《猎歌》，景颇族的《杵歌》，川江上的《船夫（工）号子》都属此类。另外，民歌中的大量山歌、牧歌、田歌等，虽然并不一定都直接用于劳动，但却从不同的侧面反映着历代人民的生活。这些山野里唱的歌，歌唱或表演的方式较自由。由于这类歌曲都是在野外唱，所以歌唱者无论是为了放纵一下自己，还是为了传递给他人听，往往都是通过吆喝式的高音区起唱，只有这样，传递才尽可能地悠远，才便于纵情宣泄。由于野外唱歌少受封建礼教和家长的束缚，所以歌曲以爱情内容居多。内蒙古的"爬山调"；西藏的山歌、牧歌；青海、甘肃、宁夏的"花儿"；陕西的"信天游"均属此类。小曲类叙事歌曲，有名的有《孟姜女》、《绣荷包》、《瞧情郎》等。

歌舞音乐在我国各民族地区都有，如汉族的秧歌、花鼓灯、采茶调。它们可先歌后舞，也可边歌边舞，有些偏重于群众性娱乐，有些主要用于表演，如"二人台"、"二人转"、"花鼓灯"、"小放牛"等。"凤阳花鼓"也属此类，它是旧时安徽凤阳穷苦农民逃荒卖唱时演唱的歌舞曲。演唱时，一般为女敲花鼓，男打小锣，边唱边舞。

最早的古代诗词歌曲是南宋词人兼作曲家姜夔的 17 首自度曲。《满江红》也属于这一种。古典的琴歌中最有名的有《阳关三叠》、《胡笳十八拍》和《关山月》等。从《阳关三叠》流传的久远我们可以体会到，倾诉离情别恨自古就是中国文艺中最重要的抒情内容之一。中国人重家庭、重友情，自古以来，男人出门谋生、戍边，女人在家苦守空房，由于交通不便，信息难传，考场、官场无情，得意者有限，一旦分手，再见也难。因此，用诗词歌曲抒发这方面的感情者，不计其数。如文人琴歌的《阳关三叠》，颇具代表性。《阳关三叠》的"叠"字是指叠奏，即一种"基于同一音乐轮廓的自由反复、变奏或即兴发挥的音乐结构形式"。

民族乐器主要有锣鼓、唢呐、笛子、洞箫、古琴、古筝、琵琶、胡琴等，这些民族乐器各有特色，独具魅力。

锣鼓和吹打乐在中国传统音乐中，是与广大民众关系最为密切的形式之一。它的特点就是长于渲染，从古代的将士出征、仪仗威风，到老百姓的婚丧嫁娶等红白喜事，常常都需要借助于它们来烘托气氛。在锣鼓与响器织就的乐曲中，没有忧愁，没有缠绵，只有勃勃生机在人群中聚合而升腾的气氛。人们往往需要用这种气氛来维持生存的欲望，就像越是苦寒、荒凉、贫瘠的地方人们越是把喜事和节日操办得特别隆重一样，锣鼓喧天的地方，往往有着艰难的民生。此外，在一些宗教仪式、戏曲音乐中，特别是农村逢年过节的群众性娱乐歌舞活动中，从南到北，台上台下，无处不见这类音乐的演奏。比较有名的有太原锣鼓、潮州锣鼓、浙东锣鼓等。在中国，大喜大悲往往都采用吹打乐，它们看上去是两个极端的东西，但却有着共性的基础，这就是共同在追求一种毫不掩饰的情感宣泄。中国的吹奏乐（如唢呐）在表现哭天喊地的凄凉、悲愤之类的情绪时，尤其具有很强的艺术感染力。

笛子是最常见的民族乐器之一。在欣赏笛子演奏的时候，除了应该体会、理解乐曲所表现的情绪、内容外，最主要的一点就是体味笛子演奏的北、南两派的风格了。如果你欣赏过《扬鞭催马运粮忙》、《陕北好》、《鹧鸪飞》、《姑苏行》等曲子的话，你就会觉得《扬鞭催马运粮忙》、《陕北好》两首乐曲具有共同的特点，即它们的旋律欢快活泼，笛子音色高亢明亮，显得粗犷奔放；而《鹧鸪飞》、《姑苏行》则是另一番风味，它们的旋律秀丽悠扬，笛子音色醇厚圆润，显得细腻典雅。在笛子的选择上，"北派"常用"梆笛"，"南派"多用"曲笛"；在演奏技法上，"北派"注重舌头的技巧，如吐音、花舌音、滑音、垛音等，这些技法最适合吹奏那些欢快、奔放的乐曲，表达北方人民那种质朴、豪爽的性格和气质。"南派"在演奏上则多强调气息和力度的控制，并常用打音、倚音、震音、颤音等技巧来润饰优美委婉的旋律，易表现南方人民细腻、含蓄、平和的性格。

古琴即七弦琴，是我国最古老的乐器之一，早在《诗经》中就有"窈窕淑女，琴瑟友之"的句子。因其"清、和、淡、雅"的音乐特色尤为历代文人墨客所喜爱。古代文人修养讲究"琴棋书画"，为首的"琴"即是古琴。"士必操琴，琴必依士"，古琴音乐可以说是中国文人音乐文化的象征。古琴琴体不大，且很薄，故音量较小，在没有麦克风的古代，就决定了古琴的产生并非为了表演，而是一种"自弄还自罢，亦不要人听"的自娱性室内乐器。但古琴音色丰富，演奏手法细腻，多表现超脱或出世的感情。在中国弦乐器中，古琴发音的琴弦较长，拨弹一个音，能持续一段相当长的时间，因此它具备表现悠远意境的优势条件。演奏古琴很自然地成了文人们表现淡泊、超逸，不与世俗同流合污的最好方式。古人抚琴前，每每焚香沐浴，以示隆重。琴界素讲"五不弹"：疾风甚雨不弹，尘世不弹，对俗子不弹，不坐不弹，不衣冠不弹。有些人则喜欢把琴案摆在竹林里、月光下，领略那种美妙的自然意境，著名的琴曲有《广陵散》、《高山流水》、《平沙落雁》等。古琴的演奏和欣赏，应注意乐曲内容、意境、演奏技法（指法、泛音）、环境（寂静为佳）等。

我国的琵琶最初来自波斯，公元5世纪前后，经丝绸之路传入中原，隋唐时期已在宫廷中广泛运用。琵琶传到中国后，无论从外形、结构还是演奏方法、演奏韵味等方面，都产生了深刻的变化，使它终于变成了一种地道的中国民族乐器。隋唐时琵琶演奏是用拨子的，到了明朝就改成用五指弹奏。现有的传统琵琶曲主要是清代以来的传谱，包括《汉宫秋月》、《夕阳箫鼓》、《月儿高》、《塞上曲》等"文曲"，又有《十面埋伏》、《霸王卸甲》等"武曲"。琵琶以其颗粒性音响见长，音色独特，演奏灵活多变，自古就有"大珠小珠落玉盘"的赞誉。它不仅能唱、能吟，还长于通过精美的节奏表现歌舞动作，或通过各种多音演奏技术表现复杂的戏剧性音乐内容，所以近年来发展尤其迅速。

拉弦类乐器最早出现在少数民族地区，如唐代北方奚部落有奚琴，用竹片拉弦，是目前所知的我国最早的拉弦乐器了。之后，在我国的蒙古族等部落中，也出现了用马尾弓拉奏的马尾胡琴和马头琴。在漫长的历史岁月中，拉弦类已经演变为庞大的家族，如皮膜类琴筒结构的二胡、京胡、粤胡、坠胡、四胡、中胡、高胡，以及板面类琴筒结构的板胡、椰胡等，用于各种民间乐舞、地方戏曲、器乐合奏和独奏。特别是二胡独奏，近年来的发展尤其引人注目，这与二胡具有独特而丰富的艺术表现力（音色自然、深沉、优美，弓法多变，既适合演奏那些发自内心深处如泣如诉的曲调，也能拉出欢乐明快的乐曲）有关，更与民间艺人阿炳和民族音乐家刘天华等对二胡艺术的杰出贡献有关。有名的曲子有《二泉映月》、《光明行》、《良宵》、《豫北叙事曲》等。在国内外享有盛誉的《二泉映月》是民间艺人阿炳的代表作。

民族器乐合奏曲中，最有名的就是《春江花月夜》。它以优美流畅和雅俗共赏的音乐语言，柔和的色调和独具东方韵味的、连绵不断的结构方式，让音乐像涓涓流水那样不紧不慢地展现在听众面前，它并无任何先声夺人或张扬宣泄的意图，只是任听众自由感受那江南风景的妩媚秀丽和熏风阵阵所带来的惬意。这是一种在音乐中追求适度和中庸的艺术趣味。

　　戏曲音乐在我国传统音乐中占有比较重要的地位。中国人素有欣赏综合性艺术的传统，所以中国戏曲的发展道路不同于西方，没有把戏剧表演的不同方面各自独立出来，分别成为"话剧"、"歌剧"、"舞剧"等。中国戏曲是在中国民歌、说唱、器乐、歌舞音乐高度发展和与文学戏剧等综合艺术相结合的基础上发展起来的。通过歌舞说故事，是中国戏曲的最基本特点。虽然中国戏曲讲究唱、念、做、打等多种手段的综合表现，但音乐在其中还是占据主导性地位。当然，这音乐并不仅仅局限于唱，还包括有器乐曲、锣鼓曲等。就连戏曲的唱诗和念白，也含有不可忽视的音乐性成分，所以中国人也习惯于将看戏称为"听戏"。

　　在中国传统音乐中，与"票房价值"最相关联的就是戏曲了。自宋元以来，戏曲一跃成为中国文艺舞台上的"霸主"，而且一霸就是几百年。戏曲艺人一般以戏班子为单位游走江湖，走到哪里演到哪里。在农村，他们每到一地演出，往往会吸引方圆几十里的农民。在城市里，他们一是在戏园子里公演，二是在达官贵人的府邸里"唱堂会"。清代著名文艺理论家李渔，就是从民间戏曲艺术中成长起来的奇才。

　　在中国，戏曲音乐与民众有着极密切的关系。这是因为中国戏曲不像欧洲那样，一般由作曲家创作，而多半由属于平民阶层的艺人自己编成。全国各地都有地域性的戏剧，如陕西的秦腔、山西的梆子、河南的梆子(豫剧)、湖北的汉剧、四川的川剧、浙江的越剧、江苏的昆曲、福建的歌仔戏等。可以说，中国的戏曲音乐与说唱音乐是地域文化的产物，它们的旋律往往是对方言的艺术夸张，人们在音乐中感受到的是亲切熟悉的乡音，满足了审美习惯上的期待。

　　中国现存的戏曲有300多种，其中有些地方小戏与民间歌舞音乐有着千丝万缕的关系。如南方的花鼓戏、采茶戏，北方的二人传、吉剧等；有的与曲艺说唱关系更直接，如北京的曲剧、陕西的眉户戏等，它们都直接地反映着中国戏曲音乐发展的历程，并始终保持着与地方人民最直接的血肉联系。所以，作为一个旅游者，如果想了解某一地区人民的生活，了解当地的语言、风土人情和艺术趣味，你最好去看看那儿的地方戏，那可以说是最生动可靠的教材。

　　"韵"是中国艺术的最高审美范畴。绘画、书法、雕塑、建筑、园林等非听觉艺术门类在审美上最终都趋向于音乐状态，统属在"韵"字下面，尤其是对音乐的审美欣赏，最主要的应把握其韵味或神韵。按刘承华教授解释，韵由形式要素(节律)、动力要素(气)和内容要素(意、味)构成。韵具有三大表现特点：空间上以"虚"为本，时间上以"曲"为体，意义上以"隐"为宗旨。韵是中国音乐的最高之美，是艺术之魂。

　　音乐审美欣赏能力的培养来源于音乐欣赏的实践训练和对生活世界中的各种情感的感知和理解。音乐欣赏能力的提高有三个层次：第一个层次是耳听的层次，其表现为对音乐表现形式即旋律、节奏、和声的直观感知；第二个层次是心领的层次，其表现为在感官把握的基础上对音乐作品的情感意义和理性内涵的知觉理解；第三个层次是神会的层次，通过音乐的欣赏使人产生哲理的感悟、心灵的净化、精神的升华。

# 第四节　传统民歌的地域特征与音乐分区

音乐美的审美特征之一是具有鲜明的民族风格或地域特色，音乐中民族风格或地域特色最为突出的首推传统民歌。传统民歌是一种最流行的音乐形式。我国现存的民歌，从文化传承上讲，大多数来源于明清时期的民间歌曲。众所周知，我国幅员辽阔，民众生活的地理环境复杂，又是一个多民族的国家，因此，在音乐发展的历史长河中不仅造就了中华民族丰富的音乐文化心理，同时也形成了中国民歌多姿的音乐文化特点。正因如此，要想准确地描述中国民歌的风格特点，确实是一件很困难的事情。

## 一、传统民歌的地域特征

### 1. 小曲的音乐风格与文化特征

小曲又称小调，时尚与流行是它主要的社会文化特征。它主要是在农村地区传统民歌的基础上形成的，同时，随着城镇经济生活的发展，又形成新的城镇时尚歌曲。早在明清时期，各种类型的小曲就广泛流行于南北各地的社会音乐活动中。小曲是华北平原流传最广的民歌体裁。演唱时根据其不同的文化功能和表演特征，形成多样的曲调风格。如长于抒情的小曲旋律流畅，节奏平稳，委婉细腻；而叙事性的小曲则较为质朴、简练，不追求装饰效果；表现节日喜庆的小曲则明快活泼，对句上下呼应，富于动感。小曲也是齐鲁地区民歌中数量最多、分布最广的民歌体裁，因而常被认为是齐鲁民歌的主体。它流传广泛，内容涉及各种社会生活，其中有相当数量是反映人民的爱情生活。齐鲁民歌多用夸张、渲染的手法，以及富于地方语言特点、饶有趣味的衬词和真假声唱法的交替，表现诙谐、淳厚的乡土情趣。

### 2. 牧歌的音乐风格与文化特征

牧歌是我国北部草原上牧民生活中常见的民歌体裁。古往今来，以游牧为生的牧民，在蓝天白云之下，骑在马背上放牧，不时敞开歌喉来抒发自己的感情，这就形成了节奏自由、高亢嘹亮的牧歌。蒙古族的牧歌具有蒙古族音乐最为典型的音乐风格。蒙古族人将自己对草原生活的深切体验融入歌中，歌唱草原和赞美骏马是牧歌中最常见的表现内容。他们的牧歌在音乐风格上，一般呈现出高亢的音调、自由的节奏、大起大落的旋律及宽阔悠长的气势并在吟唱中表现出畅达的抒情性，就连民族乐器马头琴，那独特的音色表现出的曲韵，都仿佛是草原风光的艺术展现。

### 3. 山歌的音乐风格与文化特征

山歌，是高原山岭文化的产物。我国的山歌，以黄土高原、云贵高原和青藏高原地区最典型。黄土高原的山歌，以陕北高原和陕南秦巴山地为代表。在这里，山歌又有"信天游"、"山曲"、"顺天游"、"爬山调"等称谓，在当地人民的生活中，山歌就是他们生活内容的一部分，人们随时会触景生情，根据已有的曲调，即兴填词演唱。在那山川沟壑中唱山歌的多是经常风餐露宿的脚夫和个体放牧者。山歌是穷苦人精神生活中情感的最好寄托。云贵高原(含鄂西南地区)的山歌，与黄土高原上的山歌大有不同，那里的山歌多在山野、田间以及农作时演唱，并且，唱山歌成为男女青年表达爱情的主要方式，曲调大多舒展、奔放，且往往采用对唱的方式。为了引起对方的注意，一开始要先唱一个高亢悠长的引腔，这类民歌音域较宽，起伏较大。藏族的山歌旋律一般是两起两伏，跌宕起落，犹如陡峭深谷中流淌的江水，令人思绪万千，浮想联翩。青海地区的"花儿"是生活在这里的各族人民普遍喜爱的一种山歌，曲调辽阔、奔放，舒展而富于变化。由于流传地区和演唱民族的不同，各地的"花儿"也形成不同的音乐风格。除了高原地区，在许多山地也流行山歌，例如在湖北，山里人做什么活就唱什么山歌，采茶唱茶歌，砍柴唱柴歌，薅草唱薅草歌……湖北长阳山歌曾经声名远播、驰誉全国。

### 4. 田歌的音乐风格与文化特征

田歌是长江流域稻作农业区的产物，其演唱方式源于水田耕种这种生产方式。长江中下游地区自古适于稻作，农民水田劳作时间长，劳动强度大，季节性强，经常进行统一耕种。这时，为了缓解劳动中的疲劳、调节情绪，人们找到了唱田歌这种能统一劳动节奏的方式。唱田歌时，通常由"歌师"站在田头，边敲锣鼓边唱歌，歌师领，众人和，或者采取歌师互对的形式来演唱。当然，长江中下游地区面积广大，各地的音乐体裁、风格本身就不相同，因此，虽然同是田歌，各地田歌的音乐风格也是各不相同的，比如江汉地区的田歌，自古盛行敲锣打鼓唱田歌的形式。而在江浙地区，农民们则自己创作了大量配合田间劳作的秧田歌。江浙地区的秧田歌，曲调通常优美婉转，一些田歌的内容还带有故事情节，唱时此起彼伏，连绵不绝，很有生活情趣。田歌的历史可以说与稻作文化的历史一样古老。这种民歌甚至受到诗人的关注，唐代刘禹锡就写有《插田歌》，可见其社会影响有多普遍。

### 5. 渔歌的音乐风格与文化特征

渔歌是沿海地区渔业劳动中产生的民歌。在广东沿海，渔歌是重要的歌种。海上作业有深海、浅海的不同，渔歌也有深海号子、浅海号子的不同分类。渔歌经常用嫁接、移植的方式，将其他的民歌、戏曲音调吸收进来，所以，在传统渔歌的演唱中有所谓"千样歌头，万样歌尾"的说法。广西的渔歌泛指一切水上劳作歌曲，如出海歌、洗贝歌、采珠歌等，演唱时富有劳作的节奏感，曲调优美，富有情趣。闽南沿海则常可听到嘹亮的渔民号子，渔民爱借号子来协调力量、指挥劳动，歌声激昂雄壮，很有气势。江浙的渔歌以"舟山渔歌"最负盛名。不管是出海捕鱼还是在岸上织网，都有渔民号子及渔歌相伴。号子主要用于海上捕鱼，渔歌则主要用于织网和养殖。相对于号子的力度与节奏，渔歌的曲调展开更自由，也更富于歌唱性。

### 二、中国汉族的音乐分区与地域之美

我国地域辽阔，环境复杂，历史悠久，人口众多，因此，仅仅是汉族，音乐的艺术风格就多姿多彩。钱茸等学者根据地理、历史状况、语言三大背景，把中国汉族的音乐按地

域风格色彩划分为 14 个区域。

### 1. 东北音乐文化内区

此区地处黄河下游，为以华北平原为主的古齐鲁燕赵之地。自古多慷慨悲歌之士，秦时荆轲壮士一曲绝唱，令后人感叹至今。该区多流行民歌、小调。民间歌舞有秧歌、莲花落等。说唱品种有京韵大鼓、西河大鼓、山东大鼓、单弦、北京琴书、河南坠子等。这一带盛行吹打合奏乐，其喧嚣和阳刚之气颇有北方特色。

这一地区的音乐比较朴实、粗犷。河北多几分慷慨、耿直，山东多几分豪爽、率真，河南多几分热情、爽朗。这里的乡土音乐展示了北方人血气方刚的鲜明性格。

### 2. 东北音乐文化外区

此区以东北平原为主，位于山海关以外、长城以北。这里自古是北方少数民族生活的地区，至今仍有满、蒙、朝鲜、赫哲、达斡尔、鄂温克、鄂伦春等民族，后来大批汉民从关内迁来，故文化交融现象十分突出。

这里民间音乐较有特色的品种，民歌有"林工号子"，歌舞有"二人转"，说唱有"奉天大鼓"，戏曲有"吉剧"、"龙江剧"，器乐合奏乐种有"辽南鼓吹"、"唢呐乐"。

一般来说，"闯关东"的人，多半较有血性。东北的白山黑水与严寒气候培育了人们的刚毅、泼辣的性格，因此，这里的音乐风格除了与内区同样朴实和粗犷外，更添了些开朗和泼辣。

### 3. 西北高原音乐文化内区

这一地区包括阴山以南，秦岭以北，太行山以西，陇山以东的黄土高原地区。不少人认为，这一地区的音乐是汉族民间音乐中最有魅力的。这里的民歌具有浓郁的原生态特征，它那种高亢低回、苍凉悠远、沁人心脾、情深至骨的音乐风格与魅力，是世界上其他民族所没有的，也是我国中原和南方少见的。这里是华夏文化的摇篮，历史上与北方游牧民族频繁接触，中原文化与草原文化碰撞融合。这里的特色音乐文化是异质文化长期碰撞融合的结果，也是当地地理环境和地域文化所起的抵御现代流行文化和都市文化浸染的"冰库保藏"作用所致。民间音乐的特色品种中，民歌有信天游、爬山调、二人台，戏曲有秦腔、碗碗腔等，器乐有西安鼓乐，说唱音乐有潞安鼓书等。其中信天游作为陕北民歌的主要形式，具有独特的美学特征，主要表现为情感的真挚性，强烈的抒情性，鲜明的形象性，形式的灵活性，手法的多样性（比兴、铺陈、夸张、白描、叠词、对比等）。

该区域的音乐旋律基本框架强调四度起落，节奏较自由，整体音乐常表现为气势雄浑，跌宕起伏，回肠荡气，销魂摄魄，韵味悠长，感染力极强。

### 4. 西北高原音乐文化外区

这一地区包括青海、甘肃、宁夏、新疆，是 20 多个民族的聚居地。青海南部是黄河的发源地，黄河以西的河西走廊自古就是通往西域及欧洲的丝绸之路。

这一带最具特色的音乐品种，民歌有"花儿"，说唱有"兰州鼓子"、"青海平弦"，戏曲有"陇剧"、"平弦剧"、"新疆曲子戏"等。从整体上说，这里的音乐比内区装饰性强，"花儿"里面使用真假声交替，有很强的艺术性和技艺性。每年定期举行的"花儿会"，促进了人们日常的声乐训练。

### 5. 西南高原音乐文化内区

此区包括四川和陕西南部。这里的地形也以山地为主，但与西北相比，这里气候温润，降水丰富，植被比较繁茂。这里的水土哺育了李白、杜甫、陈子昂、苏轼、郭沫若等大诗人，也哺育了"诗意"的人民。

此区的特色民歌品种，有川江号子、南坪小调、晨歌、栽秧歌。民间歌舞主要是花灯类。器乐的特色品种是锣鼓乐、吹打乐和蜀派古琴。说唱音乐有四川竹琴、四川清音和四川扬琴。戏曲则分为傩戏、灯戏和大戏(川剧)。川剧历史悠久，文化涵盖面宽，是一种多声腔剧种，其中的高腔"声高调锐"，鬼气十足，幽默诙谐。

### 6. 西南高原音乐文化外区

这一地区是指云贵高原。云南有"小天府"之称，贵州则地形崎岖，山大石头多，人民生活相对贫困。两地汉民多从四川迁移而来，自然使用四川人说的西南官话。这里还是汉族与少数民族大融合的地域。

这里因山多而盛产山歌，因交通不便要靠马帮运输而多"赶马调"。器乐的代表品种是洞丝音乐。说唱代表品种是贵州灯词、贵州琴书、云南琴书、云南扬琴。汉族戏曲有黔剧、滇剧等。云贵地区的汉族音乐中，明显让人感到少数民族音乐文化的渗入，如有些频密的节奏形式来自少数民族歌舞，有些歌词单个字上的迅速下滑音、假声的音色特点等都有异族风味。

### 7. 江淮音乐文化区

江淮地处长江、淮河之间，特定的地理环境使此区兼具南北文化的特点，形成一种过渡类型的文化特色，最有代表性的民歌有"慢赶牛"、"震颈红"、"格冬代"，民间歌舞有凤阳花鼓，说唱品种有安徽大鼓、安徽琴书，戏曲最有名的是徽剧、黄梅戏。

江淮音乐的气质是外刚内柔，豪爽中透有一丝婉约。黄梅戏的迅速发展，正说明江淮音乐拥有南北地域的观众和听众。

### 8. 江浙平原音乐文化区

此音乐文化区包括苏南、上海、浙江大部及皖南的一部分。此区东临黄海，西濒鄱阳湖，平原广阔，山丘相间，河湖广布，气候温和，雨量充足，山明水秀，自古就是"鱼米之乡"。这里古代为吴、越之地，居民使用的是音柔语软的吴方言。

由于江浙以平原水乡为主，所以小调发达。在全国广为流传的孟姜女调、茉莉花调即出于此。浙南山地丘陵也有少量山歌，全国各地的秧歌在这里都有出现。说唱音乐发育最成熟的就是苏州弹词。戏曲在这一地区传统深厚，丰富多彩，昆剧、越剧、沪剧、锡剧、扬剧、淮剧、苏剧、婺剧、绍剧、甬剧等，真是数不胜数。其中，昆剧是我国戏曲中的大剧种，越剧因《红楼梦》剧目和小提琴协奏曲《梁祝》的问世而声名远播。器乐合奏有江南丝竹、苏南十番鼓等。古琴的广陵派、虞山派和琵琶的众多流派均出自这个地区。

江浙音乐以细腻、婉约著称，旋律以级进为主，但在说唱音乐与戏曲中也出现起落幅度较大的旋律，与级进的基本旋律线构成鲜明对比，艺术效果尤为显著。

### 9. 江汉音乐文化区

此文化区位于江汉平原和鄂西山地，这一带为荆楚之地，是古代楚文化的摇篮。与江汉平原西部接壤的封闭、险恶山川有利于巫文化的形成，因而造就了浓郁的古代浪漫主义文化氛围。荆楚文化的多源性导致了它的突出个性，巫文化的遗风使楚声具有一种奇诡之美。鄂西南地区的山歌(如长阳山歌)、民歌(如《龙船调》、《黄四姐》)以及船工号子等颇有特色，非常驰名。

此地有特色的说唱品种有湖北渔鼓、湖北小曲(曲调优美动听，具有浓郁的水乡韵味)、湖北大鼓等，戏曲有汉剧、楚剧和清戏。此外，本区还有一种特殊音乐道乐，因为鄂西北的武当山是道教名山，是东汉以来的道教圣地，道教音乐与古代楚乐是一脉相承的。

### 10. 湘文化音乐区

此区与湖南省境大体一致。这里的文化应是楚文化的一部分，但音乐风格却与荆楚明显不同。这一地区的山歌中，最动听的是湘西桑植民歌，有人分析，这里是三省(湘、鄂、川)交界处，又是少数民族与汉族杂居地，故而桑植民歌是一种美丽的优质"混血"品种。

湘文化的特色歌舞是采茶戏和竹马灯，说唱品种有常德丝弦、湖南渔鼓、长沙弹词、祁阳小调等，戏曲有湘剧、祁剧，器乐合奏乐有"响房"。湖南音乐真挚而甜美，温柔之情沁人心田，正如那碧波荡漾、水产丰茂的八百里洞庭和绵延起伏、植被葱绿的大片丘陵给人的感受一样。也正是这种独特的环境，才养育产生了像李谷一、宋祖英、张也等这样颇具艺术魅力的歌唱家。

### 11. 赣音乐文化区

此区是指江西省。这里东、西、南三面环山，北部渐次向鄱阳湖倾斜，中部多丘陵，纵横江河两千多条。该区方言众多，极不统一，民间音乐也受方言分布的影响，很难找出一个统一点，"杂"也就成了该区音乐的一大特色。

这一地区的民歌代表品种有"哭嫁歌"、"兴国山歌"、"隔山拖"，民间歌舞有傩舞、道教舞蹈、佛教舞蹈，戏曲有赣剧、宜黄戏等。

### 12. 闽台音乐文化区

此区包括福建、台湾的大部和广东潮州的部分地区，中心文化是福建文化。福建三面环山，东南临海，这种特殊的地理环境使福建文化与内地其他地域差异较大。这里民歌的代表品种是"福建南音"，它是一种声乐、器乐都有的综合艺术形式，流行在我国闽南、台湾、香港地区及东南亚各国；戏曲代表有闽剧、梨园戏、高甲戏、莆仙戏、傀儡戏、布袋戏等。闽台音乐文化区的主要特色是具有典雅的古风。

### 13. 粤音乐文化区

此文化区包括广东大部、广西南部和海南岛部分地区，以广东文化为中心。这里海岸线长，多岛屿，受商业文化和舶来文化的影响，屡有变异，但传统之风犹存。

这里通行粤方言。民歌品种有"咸水歌"、"姑妹歌"等，说唱品种有"木鱼书"、"龙舟歌"，戏曲剧种有粤剧、花朝戏、鬼儿戏等，器乐代表乐种有"广东音乐"、"十样锦锣鼓"，其中"广东音乐"具有跌宕跳动、活泼轻巧、亮丽优雅的特点。

### 14. 客家音乐文化区

客家先民曾是中原一带的汉族居民，因战乱等原因多次迁徙，最后主要定居在粤东、粤北、闽西、赣南等地。因是外来户，常受当地人排挤，故十分团结。故乡情结又使他们努力保持中原传统，客家文化因此被称为"中原文化活化石"。此区代表民歌品种有"兴梅山歌"、"老山歌"、"山歌仔"等。客家音乐文化区的主要特色是古风成分保存较多。

总体来看，地域性音乐文化是中国汉民族整体文化中一道极其重要的特色"佳肴"。它们以其绚丽灿烂的风格色彩装点了这片土地，并从音乐的角度展示了不同的地理、经济、民俗、宗教等多元文化传统和在不同传统文化中生存的人。作为旅游开发者，应该充分利用音乐这一独特的文化资源，发展富有地域特色的旅游产品；作为旅游者，只要不是完全的"乐盲"，旅途中，就应该在眼观秀美山河的同时，注意聆听和欣赏富有地域特色的音乐作品，这也增加了游程中的趣味，更能体味到另一种对人生的文化表达。

## 第五节 中西音乐文化比较

中国的伦理人文与西方的人文主义，虽然基点都是"人"，但文化品格却大相径庭，这从音乐上看就一目了然。欧洲音乐的文化品格强调的是个性的解放和情感的宣泄，中国音乐的文化品格强调的是人与自然的和谐和情感的含蓄表达。

中国传统音乐与西方和印度的音乐相比，表现在音乐的技艺化程度较逊色一些，远不如它们专业。因为中国音乐绝大多数时间处于民间状态，欧洲音乐则是在宗教的扶持下以专业化古典音乐为主体，印度的古典音乐几乎全部服务于宗教。中国缺少西方那种颇能净化人的灵魂、升华人心境的宗教音乐。

中国传统艺术审美与西方最大的差别之一，就是忌"露"、忌"显"、忌"直"，讲究含蓄美。中国人即使是在最自由的艺术王国里遨游，也不忘谨谨慎慎的，不显山露水。于是，便有了虽带醉意的飘忽感却无狂躁失态的《酒狂》，虽有高低起伏的水流跌宕却并无惊心动魄的《流水》，虽演遍人间爱恨情仇，却始终把人笼罩在温文尔雅的气氛中，并不在你心中掀起狂澜的"昆曲"。因为中国文人即便有千般忧万般愁也无法畅快地直抒胸臆，满腹经纶的中国文人是这世上最敏感的一族，他们的心灵最受纲常伦理的束缚，不能自由地表达自我，只得曲折地把千愁万怨熔炼成一炉淡淡的哀愁，而遁入对悠悠意境的追寻。另一方面，中国人很豁达，通常持知足常乐、安贫乐道的生活观，用幽雅的音乐调节失衡的情绪也是中国人常做的事，在淡雅的弦声中，便忘却万古愁了。

传统音乐在表现含蓄美方面似乎优于其他艺术部类。当西方人调动节奏、音量、肢体等各种因素着力挖掘音乐的各种表现力时，中国音乐却另辟"曲径"通"幽处"，利用音乐艺术的抽象性，绕开直畅，执著地追寻含蓄美，在委婉含蓄中开掘出自己的审美特色。西方音乐在涉及悲伤主题时，情绪的外在张力很大，那悲苦往往是令人震撼的。中国式的悲愁情绪则含蓄得多。如二胡名曲《二泉映月》从第一乐句开始就把人带入深深的哀愁，但这种哀愁不是向公众的呐喊和控诉，它是一种深埋在内心的挣扎，其情绪张力是内在的。如果说西方艺术擅长用摧毁、撕碎美好的大悲剧手法展示艺术魅力的话，中国传统艺术恰恰是擅长用淡淡的哀愁带人进入无尽的思绪。西方正是用音乐的这一优势与上帝沟通的，中国人却仰仗它去完成"天人感应"、"天人合一"。

中国人对音乐的欣赏，还有着深厚的声乐传统。古语说"丝不如竹，竹不如肉"，就是中国人对弦乐(丝)、管乐(竹)、声乐(肉)的经典看法。弦乐是用手指拨弹人工制作的琴、瑟、筝、琵琶等，管乐是用气息吹奏人工制作的笛、管、笙、箫等，声乐则完全以气息与人身上的天生乐器——嗓子共同完成。显然，这种观点表明了中国人的价值取向：越自然的，越接近天籁的，越是好的，所以在中国传统音乐里，声乐是主流。在器乐中，中国人偏爱二胡，这与二胡音色最接近人声和"天人合一"的观念(二胡的蛇皮或蟒皮、马尾、琴筒、琴杆等浑身都是"自然之物")等有关。仅以民间音乐而论，它的五个大类——民歌、歌舞、说唱音乐、戏曲音乐、民族器乐中，声乐类别就占了四个，即使在器乐部类里也处处留着声乐的胎记。为什么中国人有如此深的声乐情结呢？有人认为，我们这个农业国的口头文化成分较大，声乐比器乐易于被人接受。再就是中国是非宗教国家，文化呈此岸性。西方人的宗教往往把音乐当做与上天(彼岸)沟通的中介，追求非人间的声音；中国人追求的是人间的声音，而且追求乡音，所以中国人不但喜欢声乐，还偏爱与地域方言不可分割的当地声乐品种，这是典型此岸文化的特点。相比之下，西方音乐的人工痕迹要浓厚一些，并具有典型彼岸文化的特点。

中国传统音乐中的音色特别丰富。这是因为，人类各个群体有着不同的发声习惯，因此形成了不同民族的不同语言，中国是一个多民族国家，语言的源头自然比较多，再加上疆土的辽阔、地理环境的复杂，又形成各种各样的方言，使得中国有着特别丰富的音色宝库。我们能在各民族、各地域的民歌、歌舞、戏曲、说唱里，感受到不同语言各自的音色美，如粤语的厚重、吴语的轻巧、北方话的亮丽、阿尔泰语的圆润。各地方言对民间音乐风格的影响无疑是最直接的，因为传统声乐的歌词是用各地的方言演唱的，它们与受方言左右的旋律构成一种高度协调的美。我们不能想象，苏州评弹不是用吴侬软语，而是用普通话演唱；豫剧不是用河南话，而是用其他方言演唱。

中国人对音乐的品赏，还特别讲究"韵味"。韵味是中国传统音乐的灵魂。"韵"是指音响的波状流动，与绘画、书法、舞蹈等艺术领域里的韵相通。"味"本是指食物的口感，后来较多地用在了艺术欣赏方面，如品味、把味、玩味、回味等。当把这二者放在一起，用做"韵味"时，是指一种波动的、耐人寻味的美感。民歌里围绕基音上下波动的各种装饰性润腔，器乐里各种加花、装饰、技法，都是为求得各种风格的韵味。戏曲音乐的韵味更是各不相同：秦腔大起缓落，像黄土高原的峁塬沟壑；豫剧波澜起伏，像滔滔黄河水流；越剧微起微落，像缓缓西湖碧波。

相比之下，西方传统音乐的音色不如中国音乐丰富，韵味不如中国音乐浓厚，语言的地域差异对音乐的影响不如中国明显。

然而，在西方人听来，中国音乐似乎并没有充分发挥出表"情"的效力。无论是快乐还是悲哀，都没有发挥得淋漓尽致。可以说，缺乏半音的五音调是造成这一现象的主要原因。直到现在，民间歌曲多半还是用缺乏半音的五音调，它几乎垄断了整个中国音乐市场，从而构成了中国音乐风格的基础。据有人研究，这种普遍存在的倾向有着心理学的基础。因为具有半音的旋律更具表现力，感情也不稳定，而不具半音的旋律则更平易切实。中国人习惯于间接含蓄地表达情感。古人认为音乐与人的心理状态有着密切的关系，音乐由人心生而又影响人心。中国古人心目中的音乐，不在于把人心中的七情六欲漫无限制地表现出来，而是要节制它的表现。当然，中国人也和其他任何人一样，有时会狂怒、狂喜，或痛不欲生，但与西方民族相比，中国人比较倾向含蓄的表达方式。中国人的情感是柔弱的，尤其具有多愁善感的倾向，这在中国音乐中很清楚地可以看到，中国音乐中似乎缺少气概与激情，一如中国的诗与画，中国的音乐也多半是抒情、平和的。

综观中西音乐文化，二者主要区别在于：中国音乐具有含蓄、平和、渐变（如乐句、乐段的处理上主要采用渐变式）、典雅、玄（幽）远、虚静、柔美、空灵、和谐的特点，西方音乐则以张扬、激越、突变（如乐句、乐段的处理上跌宕起伏、大起大落）、狂放、冲突、喧嚣、新异、华美为特色。具体而言：在审美追求上，中国音乐注重自然美，西方音乐注重人工美；在音乐形构上，中国音乐以线条为主，西方音乐更讲究和声，块状感、立体感强；在艺术表现上，中国音乐注重气息，西方音乐更讲究节奏；在功能张力方面，中国音乐重自娱、重情味、重雅俗之分，西方音乐则重娱人、重技巧、重新旧之分；在美感形态方面，中国音乐追求韵味的深邃、表现的力度和音响效果的虚淡空灵、余韵悠长，西方音乐则追求主题的深刻、表现的强度和音响效果的缜密厚实；在表现形式方面，中国音乐注重乐音的变化、织体的单线延伸和节奏的灵活自由，西方音乐则注重乐音的固定、织体的网状结构和节奏的整齐规则；在音质上，中国音乐近人声，西方音乐近器声；在节拍上，中国音乐常采用散板，西方音乐则很少采用散板；在音乐语言结构上，中国音乐偏重心理，略于形式，富于弹性，西方音乐的语言以丰富的形态外露，讲究形构，形式严谨，缺乏弹性；在演奏效果上，中国音乐偏重单旋律，独奏音乐比合奏音乐更好，西方音乐强调和声，强调乐器之间的协调统一，合奏音乐比独奏音乐更好；在传统音乐地位上，中国传统音乐中民间音乐占有重要地位，西方传统音乐中宗教音乐占有重要地位；在乐器材料上，中国多选择自然材料（如二胡、笛子、洞箫等），西方多选择人工材料（如钢琴、萨克斯等）；在音乐创作上，中国音乐重感觉和韵味，西方音乐重理性和科学；在音乐研究方面，中国音乐美学多从哲学、伦理、政治出发论述音乐，注重研究音乐的外部关系，强调音乐与社会、政治的联系以及音乐的社会功能和教育作用，西方音乐则注重研究音乐的内部关系，研究音乐自身的规律、音乐的美感作用和娱乐作用；在音乐艺术的最高审美范畴上，中国音乐是"韵"，西方音乐则是"美"。原因是二者的理念基础不同，中国音乐主要是建立在时间意识之上的，故而注重心理时间的延展，是线条式的、游动的、不定的、没有边界的，是注重内在律动和心理感受的，而"韵"正是感受性的，正是必须有一定的时间过程才能产生出来的；西方音乐艺术主要是建筑在空间意识之上的，故而注重物理空间的直观展示，因而是团块式的、静止的、固定的、有边界的，是注重形象塑造的，而"美"正是形象性的，正是具有三维立体空间的形象塑造。正因为这些巨大的差异，在对音乐的理解与欣赏上，中西方之间有不少隔阂和困难，但随着时间的推移和东西方文化的融合，中西音乐审美的差异会越来越小。世界音乐也会随着东西方音乐文化的交流变得越来越美，这种美是融合了东西方音乐文化的精髓，是新时空的美。

## 复习思考题

1. 试述中国传统音乐的审美特征与欣赏方法。
2. 试述传统民歌的地域特征与音乐分区。
3. 试比较中西音乐艺术风格，试分析中西音乐文化差异的主要原因。
4. 请欣赏二胡名曲《二泉映月》，并写出欣赏心得。
5. 如何开发音乐文化旅游资源？结合某旅游地或旅游景点的实际谈谈你的想法。

## 阅读材料

### 二胡名曲《二泉映月》赏析

《二泉映月》作曲者阿炳，原名华彦钧，民间音乐家，江苏无锡人。1893 年 8 月 17 日出生，1950 年 12 月 4 日去世。他因患眼疾，在 35 岁时双目失明。华彦钧天资聪颖，自小学习音乐十分刻苦。冬天，为了弹好琵琶，他用冰块摩擦双手锻炼指功；夏夜，他在练二胡时将双脚泡在水里，以防蚊虫的叮咬。正由于勤学苦练，他在 13 岁时已经熟练地掌握了二胡、三弦、琵琶和笛子等多种乐器的演奏技艺，16 岁时已得到了无锡道教界的一致公认。此后，华彦钧不顾父亲和道教长辈们的指责，沉迷于与浪迹天涯的民间艺人的交流和切磋之中，并由此广泛学习了各地丰富多彩的民间音乐。他广泛吸取民间音乐的曲调精华，一生共创作和演奏了 270 多首民间乐曲。现仅留存二胡曲《二泉映月》、《听松》、《寒春风曲》和琵琶曲《大浪淘沙》、《龙船》、《昭君出塞》6 首。

《二泉映月》是华彦钧最杰出的二胡曲代表作。这首乐曲已在海内外广为流传，在国际上享有很高的声誉。这首乐曲原为道教的唢呐曲，具有浓郁的宗教音乐风格。20 世纪 30 年代末，华彦钧在街头流浪卖艺的过程中，经过反复演奏、加工、创作，融入了苏南一带的山歌、小调、江南丝竹、苏南吹打、滩簧腔甚至广东音乐《三潭映月》的音调。它从最初不定型的片段到完整结构，经历了久远的年代才得以形成，华彦钧称之为"依心曲"或"自来腔"。1950 年夏天，我国著名音乐史学家杨荫浏先生等人在民间音乐的"抢救"性采风中，为其录制了钢丝录音，并与华彦钧先生商榷，定名为《二泉映月》。

《二泉映月》的曲体结构是一首传统的变奏曲，旋律动听而又质朴苍劲。音乐一开始，短短的引子，音阶下行的旋律，犹如一声百感交集的轻声叹息，把人们带进了一个深沉的意境中。音乐的一部分带有沉重的步履感，另一部分则充满对光明的憧憬。主题音乐使人联想到一个拄着竹棍的盲艺人在坎坷不平的人生道路上徘徊流浪，路漫漫，野茫茫，何处是归宿，何处是尽头，无限伤感，无尽凄凉，可谓"念天地之悠悠，独怆然而涕下"。《二泉映月》就是在上述音调的多次变奏下逐渐展开构成全曲的，它通过变奏使音乐形象得到层层深化，使人感受到阿炳怀着难以抑制的感情，一遍又一遍地向人们诉说他种种苦难和悲凉遭遇。乐曲的后半部分，音乐获得更深层递进，积聚起来的感情迸发了，乐曲逐步推向高潮，强烈而激愤，显示了阿炳倔强、刚毅的性格和与命运抗争的魄力。马可先生有一篇评论《二泉映月》的论文《曲终人不见，江上数峰青》，他对这首乐曲的音乐形象进行了高度概括，形容阿炳是位"孤独的夜行者"。著名二胡演奏家闵惠芬很赞同这种见解。

《二泉映月》的主题是"命运"，它表现了一个经历旧中国生活坎坷与磨难的流浪艺人的辛酸苦辣和倔强不屈。全曲婉转流畅、跌宕起伏，是一首变奏曲式的曲子。深情的旋律如泣如诉、如悲如怒，时而委婉低回，时而激越高亢。不仅抒发了作者内心的愤懑和哀痛，也表达了对美好生活的憧憬和对理想境界的向往。

从表面感受上说，《二泉映月》曲子开头比较平缓深沉，但很快就转为细细的诉说，像一个忧郁的诗人在低低吟诉自己的哀愁，又像一个受了委屈的女子在月夜里呜咽，向心爱的人诉说自己的烦恼和苦闷：时而深沉，时而激扬，时而悲恻，时而傲然，时而平静，时而跳跃，让人亲身体会到她的委屈、哀怨和愤懑。《二泉映月》这首曲子深刻展示了作者的辛酸、苦痛、不平与怨愤，高潮处，二胡富有感染力的声音更表现了作者内心积愤的尽情迸发。

从原理上说，开头有一段短小的感怀、叹息般的引子，之后旋律由商音上行到角音，随后在徵、角音上稍作停留，以宫音结尾，呈为微波形的旋律线，恰似作者端坐在泉边沉思往事。第二句有两个小节，在全曲中共出现六次，从第一句尾音的高八度上开始，围绕宫音上下回旋，打破了前面的沉静，开始昂扬起来，流露出作者无限感慨之情。进入第三句时，旋律在高音区上流动，出现了新的节奏，旋律柔中带刚，情绪更为激动。主体间有叙述、倾诉和感叹的情愫，逐渐从开始的平静深沉转为激动昂扬，深刻揭示了作者内心的复杂情感和倔强不屈的性格。

全曲将主题变奏五次，随着音乐的陈述、引申和展开，所表达的情感也得到更加充分的抒发。其变奏手法，主要是通过句幅的扩充和减缩，并结合旋律活动音区的上升和下降，以表现音乐的发展和迂回前进。多次变奏不仅仅是为了表现不同的心境，更是为了深化主题。全曲速度变化不大，但其力度变化幅度比较大。每逢演奏长于四分音符的乐音时，轻重有变，忽强忽弱，时起时伏，扣人心弦。乐曲中多处运用"浪弓"（或"波弓"）和定把滑音、民间压揉、透音等演奏技法，使这首乐曲独具魅力。

可以说这首二胡乐曲无论是在创作还是在演奏上，都充分地表达出了作者心中的真挚感情，它深得人民喜爱。它以深沉、悠扬而又不失激昂的乐声，撼动着千百万人的心弦。

　　阿炳以他无与伦比的音乐才华和令人百听不厌的作品《二泉映月》征服了广大听众，奠定了他中国民间音乐一代宗师的地位。《二泉映月》得到了国内外音乐节的高度评价。音乐指挥大师小泽征尔说："此等二胡曲应当跪下来听。"美国学者沈星扬认为："要了解中国音乐，就必须了解阿炳和《二泉映月》。"

# 第十一章 中国饮食文化与审美鉴赏

中国有句名言："民以食为天。"它一语道出了人们重饮食的倾向与文化习俗。孙中山先生曾经说过："中国近代文明进化，事事皆落人之后，惟饮食一道之进步，至今尚为各国所不及。"由此可见中国饮食文化在世界上的地位。

有人说，不了解中国的饮食，就不算了解中国。因为，中国的方方面面都与吃紧密相连。如见面打招呼是"你吃过饭没有？"骂人是"你这个饭桶！"赞扬什么东西则说"脍炙人口"，得意满足是"吃香的喝辣的"，无趣之事形容为"味同嚼蜡"，生活艰辛是"酸甜苦辣"，等等，难以尽数。

饮食文化在中国具有如下特殊的功用：一是社交功用。如联系工作、拓展业务、推销产品、成交签约等，离不开请客吃饭。二是亲和功用。如协调人际关系，化解矛盾，联络感情，离不开请客吃饭。三是宣传功用。如新业开张、产品展销、成果鉴定等举行招待会，都离不开请客吃饭。四是养生功用。五行学说认为，世界是由金、木、水、火、土五种物质所构成，一切事物(包括菜肴的色、香、味)无不与这五种物质相关联。鉴于人与自然界的物质交换原理，人们常通过饮食来进行新陈代谢，保持人体的阴阳平衡。人们很重视"五味调和"，以此满足人的生理需求和心理需求，使身心在五味调和中得到和谐统一。

我国传统文化的许多特征都在饮食文化中有所反映，如"天人合一"说(如祭祀用食物作为祭品等)，"阴阳五行"说(如五谷之分、五味调和)，"中和为美"说(烹调合乎"度")以及重"道"轻"器"，注重领悟，忽视实证，不确定性(烹调因人、因时、因地制宜)等都渗透在饮食心态、进食习俗、烹饪原则之中。一个异质文化的人通过饮食甚至通过与中国人一起进餐都会对中国文化有些感悟。饮食生活是了解和研究中国文化的一把钥匙。

饮食是旅游的六大要素(游、购、娱、吃、住、行)之一，不少游客把品尝异地风味饮食作为重要的旅游动机，饮食往往可以成为一个地方文化的窗口。因此，旅游工作者应该重视饮食文化与审美的研究和饮食文化资源的开发。

# 第一节　中国饮食文化概述

饮食文化是以饮食为核心的文化现象。它主要包括三个层次：其一是物质层次，包括饮食结构和饮食器具；其二是行为层次，包括烹饪技艺、器具制作工艺等；其三是精神层次，包括饮食观念、饮食习俗以及蕴含其中的人文心理、民族特征等文化内涵。

饮食文化是中国传统文化的重要组成部分，有着十分悠久的历史。它经历了原始社会的萌芽期、奴隶社会的发生期、先秦至两汉的发展期、三国两晋南北朝的深化期、隋唐至宋元的繁荣期和明清以来的鼎盛期。

中国饮食文化在长期的发展过程中逐渐形成了自己的民族风格和特点，概括起来主要表现为两大观念、三大原则、四大习俗、五大特点、十美风格。

## 一、两大观念

中国传统饮食文化观念主要表现在两个方面。

### 1. 重视饮食

从远古的传说开始直到历代的典籍中都有关于饮食文化的内容。饮食是人类赖以生存和发展的第一要素，《管子》提出"民以食为天"，原意是人民把粮食看做生命的根本。古代历朝都把饮食当做国计民生的第一大事，《尚书·洪范》提出治国之"八政"，亦以"食"为先，可见，饮食在人类生活中占有十分重要的地位。离开饮食，人类无法生存，当然也就谈不上社会的存在和各种文化现象的产生。

### 2. 注重饮食与健康的关系

先民早就认识到饮食与健康的关系，注意到饮食对健康的影响，讲究"寓医于食"，既将药物作为食物，又将食物赋予药用，药借食力，食助药威，使其对人体既具有营养价值，又有防病治病、保健强身、延年益寿的功效。医学界提出"病从口入"的科学论断，以引起人们的注意，主张营养成分要合理搭配、平衡饮食，强调科学的饮食方法。这一观念已经成为宝贵的文化遗产，为今人继承发扬。

## 二、三大原则

### 1. 本味主张

本味主张即讲究食物的自然本色之美，调味之美。

### 2. 追求科学和艺术

追求科学和艺术即饮食追求美好，加工力求精细，注重卫生，遵守时节，讲究营养。

### 3. 医食同源和饮食养生

我国的许多医学书籍有着饮食疗法和饮食养生的记载。这一传统文化至今仍为饮食业和医学界发扬光大。

### 三、四大习俗

即以谷物为主；以素食为主，肉食为辅；讲究五味调和；以三餐制为主。

### 四、五大特点

即食物原料选取的广泛性；食品制作的灵活性；进食心理选择的丰富性；地域风格的历史延续性(如我国的四大菜系)；区域间交流的通融性。

### 五、十美风格

### 1. 味

味指饱口福、增食欲的味道，是产生美食效果的关键，源于"本味主张"。

### 2. 色

色包括原料的本色和相互搭配组合的悦目美色。中国人向来把红、黄、蓝、白、黑(五色)作为正色，其他为间色。饮食原与视觉无涉，但五彩缤纷的菜肴同样能引起食欲，因此，中国菜历来注重色彩鲜明、和谐、悦目。

### 3. 香

香即诱人的气味，给人嗅觉以美的享受。食物的气味刺激人们的嗅觉，香则增强食欲，否则会败坏食欲。

### 4. 质

质指原料和成品的营养丰富，质地精良。

### 5. 形

形即美的造型，体现烹饪的艺术性。

### 6. 序

序包括食品合理的搭配、上菜的科学顺序和进食过程的和谐及节奏化的程序。

### 7. 器

器包括炊具和饮食器具，以雅丽和适用、统一为原则。

### 8. 适

适指舒适的口感。古人说"食无定味，适口者珍"，又说"众口难调"。每个人的口味都不一样，饮食关键要适合人们的口味。

**9. 境**

境包括优雅和谐、陶冶性情的进餐环境，表达一定思想或文化主题的意境。

**10. 趣**

趣指高雅的情调和愉悦的趣味。

这十美风格意味着中国饮食不只是一种生理活动，更是一种美妙的心理活动，是一种充分体现文化特征的身心享受。它也表明，中国饮食文化不仅是一种物质文化，同时也是一种精神文化。

# 第二节　中国饮食文化审美的构成要素分析①

中国饮食文化的构成要素主要包括色、香、味、形、质、意六个基本方面，这六个方面付诸人的各部分感官，并构成了中国菜点品尝与审美的全方位和多角度。

## 一、色的美感

古人在饮食上很重视色的美感，如孔子在《论语·乡党》中曾有"色恶不食"一语。所谓"色恶"即指菜的颜色不好看，中国有一词语叫"秀色可餐"，这说明色与食二者关系十分密切。色彩在饮食上具有"先导"作用，它作为先声夺人的要素首先作用于品尝者的视觉，进而影响着品尝者的饮食心理和饮食活动。对饮食色彩的正确判断，基于人们长期的饮食活动，能凭经验进行感觉。某种食物色彩上显现的最佳状态能使人感到愉悦并增进食欲，因此厨师在菜点的制作上，应重视色彩美的要求，掌握对菜点色彩美品评的基本知识。

一般认为对菜点色彩美的品评可以从三个方面进行。

第一，发挥本色。

菜点色彩美的最大特点就是要最大限度地调动食品原料的固有颜色之美。其所以如此，原因有二：一方面是因为不少食品原料的颜色本身就很美，如蛋白之白、蛋黄之黄、樱桃之红、青菜之绿、发菜之黑，没有必要过多地进行人工装饰色彩的加工；另一方面，出于人们正常的要求食品卫生的饮食心理，凡人工之色往往会给人不卫生甚至不安全的感觉（科学研究表明，不少色素、化学色剂是致癌物质），从而降低品尝者的食欲。而食品原料的固有色能使人感到食品本身的鲜美可口、清洁卫生。如《山家清供》记载："采芙蓉花，去心、蒂，汤焯之，同豆腐煮，红白交错，恍如雪霁之霞，名'雪霞羹'。"我们可以想象，这道菜一定是很美的。

第二，重在组合。

---

① 参见乔修业. 旅游美学. 天津：南开大学出版社，2000：280-291.

法国美学大师罗丹曾说过，"没有不美的色彩，只有不美的组合"。这就是说世界上的任何色彩都是美的，其所以不美，并不是色彩本身不美，而是由于所安置的场合、位置不对，与其他色彩对比组合关系不当。如衣着方面，俗话说："红配绿，丑得哭"。红、绿本身的色彩是美丽的，但由于在衣着这种特定情况下组合不当，不但不能见其美，反而适得其反而见其丑（俗气）。又如黑色，这种颜色本身是否不如其他颜色美呢？不尽然！如将黑色用作画水墨画，则格调高雅脱俗；用作画头发，可美丽动人；用作画眼睛则神采奕奕。现代有些家具，饰白色的面子，镶黑色的边子，格调高雅，富有立体感。可见，颜色本无所谓美丑和情感倾向，主要是由于人的组合与运用才使之产生了美丑与情感倾向。菜点的固有色也是如此，关键在于厨师的巧妙组合。因此，一些高明的厨师都具有突出的色彩敏感性和色彩的组合能力，善于运用食物原料色彩固有的冷、暖、强、弱、明、暗色调进行对比，围绕宴席主题的需要创造出清新雅致、色彩绚丽的佳宴。如古有"四色荔"的菜名，是用茄子、黄瓜、萝卜、羊肉四色拌菜，分做四碟，呈现四种颜色，特别诱人。

第三，妙在点睛。

前面曾讲到过"发挥本色"，这并不是说在烹饪中绝对不能使用人工色彩，而是指应尽量少用，不到万不得已（即不到某种色彩的特殊需要时）不采用人工色剂；即便采用人工色剂，最好是从食物原料中提取（如从菠菜中提取绿汁）。人工色的应用，应"妙在点睛"，即用在关键处（如根据社会习俗的实际需要，农村人家生子"报喜"染红鸡蛋），用在最醒目处（如有的将白馒头上点一个红点儿）。这种点睛法，不仅对于人工色的运用是如此，而且对于菜点的色彩美的创造也是如此。例如在奶黄色的大块蛋糕上或洁白的银耳汤中加数点鲜红的樱桃，顿时会使食物大大增辉，使人的视觉美感和食欲油然而生。其原理是色彩学中的"对比与衬托。"

## 二、香的美感

香是菜点付诸人的嗅觉器官后而使人获得的感觉。由于人类的嗅觉器官不如视觉、听觉器官发达，通常被视为低级器官，甚至被认为是非审美感官。其实这种观点是不够正确的，现代科学研究表明，人的各种器官是紧密相连的，嗅觉器官同样具有审美意义和价值，因为它与视、听等感官紧密联系而影响着审美活动。

菜点的香味（气）刺激人的嗅觉器官产生嗅觉感，并能引起人的情感性冲动和思维联想，并进而影响到饮食行为。香在吸引食客上最具优势。所谓"闻香下马，知味停车"，其含义便在于此。福建名菜"佛跳墙"，就是因为香味四溢，能使"佛闻弃禅跳墙来"而出名。可见香味对菜肴是何等重要！香味（气）历来是品评菜点的重要标准之一。孔子在《论语·乡党》中曾述及"臭恶不食"，讲的就是一个饮食美学中与香有关的品评标准问题。

古人提到的"五香"，通常指烹调食物所用的茴香、花椒、大料、桂皮、丁香五种主要香料。其功用是把有腥味、臊味、膻味的食品变得无异味，进而使食品清香扑鼻。中国传统的调味品极多，其中芳香料除上述五种外，还有艾、草蒲、忍冬、花露、桂花、蔷薇、秋海棠、佛手、橙皮、橘皮等。

菜点香气的类型和程度是非常丰富的，如因菜点品种不同而有肉香、鱼香、豆腐香、姜香……还有因香气的程度不同而有浓香、清香、余香……更有种种复合香气。诱人的菜点之香，能调动饮食审美冲动，成为正式品尝菜点的重要前奏。它同"色"一样，在饮食审美过程中，可产生"先入为主"的重要影响。

## 三、味的美感

### 1. 味在饮食审美中的核心地位

味的美感是菜点审美构成要素中的最主要部分。如果把菜点的品尝比作"乐章"的话，色、香的美感则是味的前奏，前奏之所以重要，不在于其本身，而在于其为主题歌演奏，为乐章高潮的出现作铺垫。味的欣赏才是品尝菜肴的高潮。

中国菜特别重视味的欣赏，古人曰："食而不知其味，已为素餐"（即白吃），"有味使其入，无味使其出"。

### 2. 味的丰富性

味与香的联系最为密切，且与香一样，具有丰富多样的特点。多样中求统一，在菜点的品评中叫做"五味调和"。俗话说"五味调和而味香"，便说明了味的多样统一关系。中国的"五味"是指酸、甜、苦、辣、咸。事实上，饮食中的单一的某种味一般是很少存在的，大多数情况下是复合味，即以某种味为主，同时还具有其他几种辅助味。中国的许多名菜很讲究复合味，如扬州红烧鱼，作料多达20多种，味感十分丰富。中国菜点一菜多料，一席多菜，味感丰富之程度在世界饮食文化中独占鳌头。

### 3. 品味标准

中国菜点味的变化无穷，究竟以什么样的味为佳呢？或者说五味调和，怎样才能达到调和呢？这里面最重要的一条品味标准是"应重本味"，如吃鱼要重鱼味，吃肉要重肉味，即便是青菜萝卜也要得其本味，一旦失去本味便失去了品味的意义。但经过烹饪加工后的"本味"又绝对不是原料的原始本味，而是除去了本味中的糟粕（如鸡、鱼等肉中的腥臊恶臭），保留原始本味的精华，并加进了辅助的味，进一步烘托出的本味。中国绝大多数烹调法以追求本味为宗旨，这与中国哲学上的"返璞归真"的观点和中国文化艺术提倡的"既雕既琢，复归于朴"的审美理想是一致的。中国菜点第一重要的品味标准是"无标准的标准"，即"味无完味，适口者为珍"。由于人们的生理及生活环境、饮食习惯的差异，因而在口味上呈现因人而异的审美分别，这一方面使中国菜点风味更为丰富多样，另一方面也对中国厨师提出了很难把握的烹调上的要求。在旅游饭店服务方面，来自不同国度、不同地区、不同民族的游客各有自己的口味习惯，高明的厨师既要会烧标准的中国风味菜供外国游客开眼界、饱口福，又要会烧一些外国菜，让外国游客有宾至如归的感觉，更要善于对中国菜点略加改进，使之具有外宾能够接受和欣赏的风味。中国的广东菜系近些年来在这方面取得了较为成功的经验，并基本形成了体系。这种体系是中国饮食文化对西方饮食文化的一种吸收性的发展，也可以说是中西方饮食文化的有机融合。

### 四、形的美感

**1. 中国菜点形美的实质——以造型艺术为食用服务**

自古以来，中国菜点很重视形的美感，如孔子在《论语·乡党》中曰："割不正不食。"这就是说切肉应该注意刀工、刀法，要切得规正，不能切得不伦不类。在烹饪加工中，讲究刀工，讲究造型规范、整一，一方面是讲究美感，另一方面是便于加工，便于同时加热成熟。

中国菜点"形"的美感更重要的是讲究食品造型艺术，这种造型艺术属于实用工艺美术的范畴，因为它具有实用工艺美术的三个特点：一是实用性，食品造型艺术中的实用性即"食用性"，菜点造型的目的是为了刺激食欲、诱发品味；二是技艺性。如厨师对烹饪艺术创作的基本技能的运用（刀工、火候等使菜点形、色、味俱美）；三是美术性，如对菜点造型时运用美术手段。造型艺术是手段，食用是目的，主从关系不能颠倒。

**2. 食品造型艺术的原则——简易、美观、大方和因材制宜**

任何菜点都是供食用的，其保存时间较短，因此一般不宜对菜点进行精雕细刻的装饰。过分的装饰，费时过多，但顷刻间便入口腹，有些得不偿失；同时，过分的装饰、精美的造型让宾客欲食而不忍，也达不到增加食欲的目的。当然，特殊隆重的宴席例外。因此，食品造型艺术应遵循简易、美观、大方和因材（原料）制宜的原则。如刀工菜只需在切配装盘时稍稍考虑一下构图布局，便使盘中生花。花较少的工夫就能收到较好的美感效果，这是食品造型最值得提倡的。

**3. 中国菜点造型的主要形式**

（1）随意式。这是最简单的造型形式。这种形式只需要选择适当的餐具与菜点进行组合，装盘时注意留有适当的空间，既不显空疏，又不能壅塞，一般以视觉舒适为宜。

（2）整齐式。要求菜肴原料形状统一，排列整齐匀称。例如很多冷盘，或围或叠，或圆或方，形成一种美的节奏和韵律。

（3）图案式。除具备上述两种技能外，还要求具有一定的图案装饰水平，善于进行组合。常见的冷菜图案程式中有"双拼"、"三拼"、"四拼"、"八拼"、"十锦拼"等。

（4）点缀装饰式。在上述三种方法的运用之外，加上点缀装饰，画龙点睛。如在菜点装盘中可雕刻花卉作点缀，置于适当的位置。点缀应尽量结合菜点的形式和内容，使之协调。如川菜冷盘可用红辣椒雕刻花卉作为点缀，使之更具地方风味特色。

（5）象形式。这种造型要求最高，难度也很大。它必须紧扣宴席主题，精心构思，设计出具有高雅意境的图案，除具有上述四种设计技能外，还需具有较强的绘画、雕刻技能和主题构思能力。有些用于观赏的食品雕刻，其功用不重在食用，而在于渲染宴席气氛。

此外，在菜点造型的欣赏中，还应注意菜点与餐具之间的关系，强调内容（菜点）与形式（餐具）上的和谐统一。例如，椭圆盘用以装鱼，盆具用以盛汤，粉彩瓷器用以配富丽堂皇的菜点造型，青花瓷器用以配清淡幽雅的菜点造型，云纹配龙形，水纹配鱼形，等等。总之，餐具的使用上也有较深的审美学问，值得注意和研究。

## 五、质的美感

古人曰"饮食之道，所尚在质"，这说明"质"也是菜点审美的标准之一。这个质，一方面是指营养质量、卫生质量、烹调技术因素等；另一方面，也是更重要的方面，主要是指"质地"，即以触感（或口感）为对象的松、软、脆、嫩、酥、滑、爽等质地美感。

菜点质的美感丰富多样，大致可分为以下三类。

### 1. 温觉感

温觉感就是菜点由于温度差异而在入口时产生凉、冷、温、热、烫的感觉。如冷菜的冷、凉菜的凉、汤包的烫，各自体现的温度上的美感效果。若汤包不烫，凉菜不凉便不能产生质的美感。

### 2. 触压感

触压感是指由舌、口腔的主动触觉和咽喉的被动触觉对刺激的反应。这种反应能对菜点的大小、厚薄、长短、粗细产生感觉，并产生清爽、厚实、柔韧、细腻、松脆等触压感。不同风味的食品对触压感有不同的要求，如酥点就是要酥，为脆无法代替；牛肉过硬则嚼不动，过烂则没有嚼头；汤圆入口则要求细腻，有的菜点则要求有入口即化之感……这些丰富的美感，都要求厨师细心把握。

### 3. 动觉感

对菜点触觉美的感受主要来源于动觉感，其中牙齿的主动咀嚼对触感美的产生起着决定性的作用。主动咀嚼的触觉有单一感，即嫩、脆、硬、泡、黏、绵等，但更多的是复合感，即脆嫩、滑嫩、爽脆、酥烂、软烂……只有这种复合触感的形成才能构成对菜点触觉最丰富、最全面、最微妙的审美感受。

优秀的厨师在创造上述质的美感方面都具有精湛的技艺。

## 六、意的美感

"意"是审美主体（包括创作主体）的思想情感。对意的刻意追求几乎成为一切艺术家努力的最高目标，可谓"意匠惨淡经营中"。中国菜点的制作也是如此，对"意"有执著的追求。

### 1. 中国菜点中的"意"的内容

（1）意匠：即厨师的思想、情感、智慧在技术中的体现，如各种精妙刀工所构成的奇趣。

（2）意象：即体现厨师的思想、情感和审美观念的菜点造型，这是最直观的审美形式。

（3）意趣：即体现厨师思想情感的趣味。

（4）意境：即体现厨师创作思想的烹饪境界。

### 2. 中国菜点审美中意境的实现

中国菜点审美的最高境界是意境的实现，而这种实现多表现在主题明确的正规宴会之中。例如，国宴的庄严隆重、大气磅礴，婚宴的喜庆热闹，寿宴的欢娱吉庆，文人雅集的潇洒风流，丧宴的肃穆悲凉……这些意境的实现不仅要求菜点品种、命名、烹法等多方面做相应的呼应，而且在环境、家具、餐具、服务方式等方面要密切配合，围绕主题实现意境。

### 3. 中国菜点的命名方式

为了追求菜点审美中的意趣，除前面分析过的色、香、味、形、技术之美的因素以外，还有一种常见的手段即文学手段。运用这种手段对菜点进行命名，能形成耐人寻味的意趣。

中国菜点常见的命名方式有以下几种：自然本名、工艺特名、乡土集锦、时令风俗、比附联想、夸张比喻、谐音转借、依形取意、人事典故等。

在宴会中，为了形成统一的意趣和意境，应要求各菜点的名称相互呼应，形成和谐美。

由上述可见，中国菜点审美的内容形式、范围非常广泛，它可以说是一种以品味为媒介的多角性、多元性的中国文化艺术的综合欣赏。因此，对中国菜点的欣赏，应具备较全面较深厚的文化素养。只有这样，才能深入体验其中的无穷韵味。

## 第三节 各种菜点的美学风格及其特色

### 一、三类食品(按加工方法、风味特点分类)

#### 1. 面点

中国面点又称"白案"(与"红案"并列)，是中国食品中的一大宗，其品种有千种之多，如此繁多的品目，各有其风味。从造型上讲，点、线、面、体应有尽有。中国的面点不仅品目繁多，而且制作工艺非常精湛，造型艺术多姿多彩。如南京特一级点心师尹长贵制作的菊花酥点，观之如进百花园，万紫千红，娇艳可爱，尝之酥松轻脆，入口即化；开封市名点心师王奎元祖传绝技"百子寿桃"，其整体为一大桃，剖开后，内有 99 颗小桃，个个精美。许多面点还可以做成各种花卉、水果、动物等造型，无不惟妙惟肖，栩栩如生，用于观赏不下于任何工艺品，用于品尝更是风味绝佳。近年来市场上畅销的各种糕点更是色、香、味、形俱佳，并融绘画、书法、雕塑艺术为一体，很受消费者欢迎。

这里需要说明的是，面点的制作，在题材选择上要注意心理接受的原则，如人物造型(如胖娃娃造型)不利于进食者心理的接受，毒蛇猛兽更不宜选为面点造型，一般以花卉、小动物为佳。

**2. 冷菜(凉菜)**

冷菜可供欣赏的时间较长,在宴席上,它最先入席,能起到"先声夺人"和"前奏曲"的效果,其造型要求具有较强的艺术感染力,以引起宾客对整个宴席的兴趣。

冷菜的构思要求较高,因为它是形成意境、意趣美的一个关键。一般来讲,其构思可以从以下几个方面考虑。

(1)宴席的性质、规模与标准。

所谓性质,是指宴席举行的原因,背景、场合等。规模和标准是指宴席的级别、与宴人数、价格等。对特殊宴席的凉菜设计,应根据具体情况确定主题,选择题材进行意境创造;普通宴席主题性不强,只需在构思时力求情趣健康即可。

(2)宴席的时间、地点。

时间包括季节(春、夏、秋、冬)、钟点(早、中、晚)以及进餐时间的长短等,地点即宴会所在地。这都是冷菜构思的重要依据。如秋季在宜昌举行接待外宾的宴席,其凉菜可配合金秋季节的特色,选择宜昌的名胜与风物等题材(如三峡风光、水电工程、龙舟、红橘、红叶等),以便在进餐时引发讨论宜昌水电旅游名城的话题。

(3)与宴者的身份和文化背景。

与宴者的身份,如国籍民族、宗教信仰、阶层地位、气质性格等,也是冷菜构思不可忽视的问题,因为不同身份的人,有着不同的饮食习惯和审美标准。如日本人禁忌荷花,倘若在接待日本外宾时凭自己爱好雕荷花作为冷菜,便可能引起客人的不愉快。欧美人忌讳13这个数字,在宴席的菜点制作上尤其要予以注意,否则将造成事与愿违的效果。

**3. 热菜**

热菜造型艺术寿命最短,但它却是宴席的高潮所在,不可轻视,无论是在味、香、色还是在形的方面都应该充分重视。

就造型而言,热菜的处理方法主要有四种。

(1)自然型。如整鸡、整鸭、整猪(小乳猪)等,形态要力求生动自然,应使其自然匍匐于餐盘或汤盆中,不可四脚朝天,上菜时,应该将其形态最明显的一面(如头部)朝向主要宾客。

(2)分解型。将原料切成块、片、丁、丝等形状。盛放时选择合适餐具,装盘不可过满或过浅。

(3)图案型。将原料加工后,在餐具中摆成某种图案。图案讲究栩栩如生,创新立意(见图11-1)。

(4)雕塑型。将雕塑艺术引入热菜的制作,这是近些年才发展起来的烹饪造型。

以上三类食品,体现了中国菜点的不同加工方法、口味和造型要求,细分而有千菜千点,粗分而得三种品类。

**二、四大菜系**

四大菜系在传统习惯上是指粤菜、川菜、鲁菜、苏菜(淮扬菜),它是按地理位置划

图 11-1 美食图(清江渔歌)

分的中国菜点的风味流派。近年还有八大菜系(川菜、鲁菜、苏菜、粤菜、浙菜、闽菜、湘菜、徽菜)、十大菜系、十二大菜系等分法。同时,每一种菜系又可分出若干小菜系,现已越分越细了。

四大菜系在风味偏好、加工方法、美学风格上各有特色。如四川菜偏辣偏麻,特重调味(喜好放辣子、花椒、生姜等),取材广泛,调味多样,善于做小吃,味多、味广、味浓、味厚、味美,味道多变,有"一菜一格,百菜百味"之誉。原料以土特产为主,菜肴呈质朴灵动之美,并讲究刀工和火候。

粤菜,即广东地方风味菜,由广州菜、潮州菜、东江菜等组成。其特点是取材广博,选料严格,口味偏重清、鲜、爽、滑,配菜丰富,粥品、点心特别丰富。善烹生猛山珍(如穿山甲、蛇、猫、竹鼠、虫子等,这与古越人食俗承传和广东人敢吃的精神和开放的观念有关)。长于炒菜,色彩华丽,口味清淡,讲究生脆、鲜嫩。吃法讲究,尤其注重滋补营养和季节搭配。近年来,广东菜在吸收西方饮食文化上有一定创新。

淮扬菜,又称为江苏菜。特点是味兼南北,选料严谨考究,讲究鲜活,主料突出。精美点心和小吃多。重本味,以清淡为主,特重刀工,长于炖、焖、蒸、焐、烩、文火慢煮,制作精细。重视色泽,配色和谐,讲究造型。

鲁菜由济南菜、济东菜两大部分组成。选料精细,讲究丰盛实惠,在菜肴品种上以善于烹调高热量、高蛋白菜著称。济南菜善于以汤调味,精于制汤,十分讲究清汤与奶汤的调制;济东菜烹制海鲜有独到之处。善于以葱香调味,口味偏咸,讲究火候,长于烧菜,重视爆、炒、扒等,急火慢炒,烹制出的菜肴脆、嫩、鲜、滑。

作为旅游者和旅游工作者,应了解各菜系的主要特色,并对地方传统文化及其文化地理背景总体面貌有所了解。只有这样,游客在菜点品尝中才能加深理解和体验,导游在讲解中才能讲出门道,并获得丰富的饮食审美文化享受。

我们可以将菜系风味与地方文学艺术、地理环境联系起来分析比较,有趣地说明它们之间的关系(如表 11-1 所示)。

表 11-1

| 菜系 | 原料 | 烹饪特色 | 文艺比喻 | 文化风格 | 地理背景 |
|---|---|---|---|---|---|
| 广东菜 | 野味海鲜 | 华丽奇特<br>生脆鲜嫩<br>中西结合 | 粤风<br>广东音乐 | 热烈鲜丽 | 地形复杂，气候炎热，区位开放 |
| 四川菜 | 山珍土产 | 灵巧多样<br>麻辣味浓<br>家常感<br>平民性 | 竹枝词*<br>川剧 | 质朴灵秀 | 地形复杂，气候潮湿多雾，环境封闭 |
| 江苏菜 | 水鲜果蔬 | 咸甜适中<br>清淡平和 | 吴声歌<br>越剧 | 温婉秀雅 | 水乡泽国，气候温润，人文荟萃 |
| 山东菜 | 海味家畜 | 大气磅礴<br>排场壮观 | 拟民歌<br>山东快书 | 浑厚深沉 | 靠山临海，孔孟之乡，礼仪之邦 |

* 竹枝词：古巴蜀民歌。唐代诗人刘禹锡、白居易等搜集民间竹枝词翻作新词，歌唱巴山蜀水、三峡风光和儿女恋情，风格新巧灵秀，轻快活泼。

### 三、五道程序

这里讲的程序，是指中国宴席中上菜的一般程式。它在宴席菜点品尝与审美中犹如华美的乐章，具有时空节奏韵律之美。常见的上菜程式有以下五道程序：

**1. 第一道程序——品尝冷菜**

冷菜可供较长时间品尝，适宜慢慢品尝，它相当于音乐戏剧的序曲部分，节奏缓慢，这一阶段如果是大型宴会，可安排宾主致词；小型便宴，也便于交流感情，边品尝边畅谈。

**2. 第二道程序——品尝热炒**

此阶段初入高潮，因热炒不宜冷吃，品尝频率自然要求加快，炒菜是热菜中的先锋（因随后是烧菜），它将宴席推入第一高潮。

**3. 第三道程序——品尝烧菜**

这一阶段，口味、色彩更浓，节奏也更快，使宴席进入第二高潮。这一高潮过后，正规宴席有时由服务员送上手巾，宾客擦擦脸，进行小歇，为后面进入最高潮做好准备。

**4. 第四道程序——品尝主菜**

主菜又称头菜，是一场宴席中最重要的菜点。其品种可根据宴席主题和宾客需要而定，或烧或烩，或蒸或扒，常见的有烧鸭、烧鸡、什锦火锅、海参蹄筋等。婚宴在上头菜时可由新婚夫妇向来宾敬酒致礼，款宴在上头菜时可由主人向宾客敬酒致礼，这时宾客群情振奋，使宴席进入最高潮。

**5. 第五道程序——品尝甜菜、清汤、果点**

宴席进入尾声，是品尝甜菜、清汤、果点的时间。在招待欧美客人时，上水果是必需的程序。

上述五道程序犹如音乐的节奏程式，具有节奏、旋律、和谐之美。

中国菜点作为中国文化和中国艺术中的瑰宝，具有很高的食用价值、文化价值、美学价值乃至科学价值，需要旅游工作者在工作实践中不断总结、改进和发展。

# 第四节　中国的酒文化鉴赏

中国是世界上三大酒文化古国(中国、埃及、巴比伦)之一，历经数千年的沧桑巨变，今天，中国酒仍以其精湛的工艺、独特的风格和最大的产销量而驰名世界，中国酒文化更以其悠久的历史、博大精深的蕴涵而在世界酒文化之林中独领风骚，对中国历代酒业发展和国计民生产生了重要的促进作用。

"酒文化"一词，是由我国著名理论家于光远先生率先提出来的。关于酒文化这一概念的内涵和外延，萧家成先生在1994年提出："酒文化就是指围绕着酒这个中心所产生的一系列物质的、技艺的、精神的、习俗的、心理的、行为的现象的总和。"酒文化主要包含两个方面的内容：一是酒本身所带有的文化色彩，二是饮酒所形成的文化意义。

酒的文化魅力主要表现在酒人、酒事、酒礼、酒俗等方面。关于酒人，人们认为仪狄、杜康是酿酒的始祖，刘伶、李白、刘邦、陶渊明、杜甫、白居易、苏轼等历史名人都嗜酒成性，如刘伶"荷锸而随"等故事，他们的许多事迹与酒有关。关于酒事，著名的有项羽饮酒悲歌，卓文君当垆卖酒，曹操煮酒论英雄，关羽温酒斩华雄，武松醉打山中虎，王羲之醉书《兰亭序》，欧阳修与《醉翁亭记》等。我国的酒礼、酒俗更是丰富多彩。

学者们认为应在美学的文化层面上研究酒文化，有的学者用品酒、饮酒时获得的美感愉悦说明了这一点。酒的美学内涵可分为结构美、个性美、风味美、意境美。香乃酒之形，味乃酒之魂，触乃酒之体，三者共同构成酒的结构美特征。许多学者提出，注意挖掘酒的美感特征，从人类低级的生理需要向更高级审美需求发展，有利于提高酿酒、饮酒的文化品位，促进酒业的健康持续发展。

由于酒的特殊功用，在隆重的场合中，它能使气氛变得十分热烈；在礼仪活动中，又能使气氛变得十分庄重。酒广泛地渗入了宗教活动、政治活动以及人们的各种文化活动中。酒在文学创作、艺术创造以及许多的艺术活动中，也起着十分特殊的作用(如"李白斗酒诗百篇"等)。

## 一、中国的名酒鉴赏①

中国名酒按酒的种类分别评定。在全部名酒中，白酒类名酒数量最多。中国的白酒，各地区均有生产，以贵州、山西、四川等地产品最为著名，主要有茅台酒、汾酒、泸州老窖特曲、五粮液、洋河大曲、剑南春酒、古井贡酒、董酒、郎酒、水井坊、口子窖等。名酒的品评、鉴赏，主要应从色(色泽)、香(气味)、味(滋味)三个方面把握。

### 1. 茅台酒

茅台酒被尊为中国国酒，以独特的色、香、味为世人称颂，以清亮透明、醇香回甜而名甲天下。茅台酒产于贵州省仁怀县茅台镇，因产地而得名。茅台酒的高质量多年保持不衰。全国评酒会对贵州茅台酒的风格做了"酱香突出，幽雅细腻，酒体醇厚，回味悠长"的概括性评价。它的香气成分达 110 多种，饮后的空杯长时间余香不散。有人赞美它有"风味隔壁三家醉，雨后开瓶十里芳"的魅力。茅台酒香而不艳，它在酿制过程中从不加半点香料，香气成分全是在反复发酵的过程中自然形成的。它的酒度一直稳定在 52° ~ 54°。在调配时，从不加入一滴水，都是以酒勾酒，酒液纯洁、微黄、晶莹，酒味柔绵醇厚，既不刺喉，又不打头，饮后令人愉快舒畅，荡气回肠，且有舒筋活血、促进健康、益寿延年的功效。

### 2. 汾酒

汾酒产于山西省汾阳县杏花村，是我国名酒的鼻祖，距今已有 1 500 多年的历史。汾酒的原料为产于汾阳一带晋中平原的"一把抓"高粱和甘露如醇的"古井佳泉水"。这使汾酒清亮透明，气味芳香，有入口绵绵、落口甘甜、回味生津的特色，一直被推崇为"甘泉佳酿"和"液体宝石"。汾酒酿造有一套独特的工艺，"人必得其精，粮必得其实，水必得其甘，曲必得其明，器必得其洁，缸必得其湿，火必得其缓"，形成了自己独特的品质风味。汾酒虽为 60° 高度酒，却无强烈刺激的感觉，有色、香、味"三绝"的美称，为我国清香型酒的典范。

### 3. 泸州老窖特曲

泸州老窖特曲产于四川泸州，明末清初以"温永盛"和"天成生"两家酒厂最为著名。具有"浓香、醇和、味甜、回味长"的特色，饮后回味绵长，心神愉快，已成为浓香型白酒的典型，分为 60° 和 55° 两种。饮用时无辛辣感，只觉回肠荡气、香沁肌骨。

### 4. 五粮液

五粮液产于四川宜宾市五粮液酒厂，因以五种粮食(高粱、大米、糯米、玉米、小麦)为原料而得名。其水取自岷江江心，质地纯净，发酵剂用纯小麦制的"包包曲"，香气独特。五粮液酒液清澈透明，开瓶时香气浓郁，扑鼻而来；品尝味道甘美醇和，口感颇

---

① 根据"中国八大名酒"资料整理，网址：http://fssz.ebok.cn。

佳，饮后余香不尽，属浓香型酒。

### 5. 洋河大曲

洋河大曲产于江苏省泗阳县洋河镇洋河酒厂，清初已闻名于世，有"闻香下马，知味停车；酒味冲天，飞鸟闻香化凤；糟粕入水，游鱼得味成龙；福泉酒海清香美，味占江南第一家"的赞誉。酒液无色透明，醇香浓郁，余味爽净，回味悠长，是浓香型大曲酒，有"色、香、鲜、浓、醇"的独特风格。

### 6. 剑南春

剑南春产于四川省绵竹县酒厂，是我国有悠久历史的名酒之一。唐代以"春"命酒，绵竹是当年剑南道上一大县，由此知名。相传唐代李白曾在绵竹"解貂续酒"，有"士解金貂，价重洛阳"的佳话。该酒以高粱、大米、糯米、玉米、小麦五种谷物为原料，经精心酿制而成，属浓香型。酒度有 62° 和 52° 两种。其特点为芳香浓郁，醇和回甜，清洌净爽，余香悠长。

### 7. 古井贡酒

古井贡酒产于安徽亳县古井贡酒厂。厂内一口古井已有 1 400 多年历史。当地多盐碱，水味苦涩，独此井之水清澈甜美，用以酿酒，酒香浓郁，甘美醇和，该井被称为"天下名井"。自明万历年间就为进贡之酒。古井贡酒酒液清澈透明，香如幽兰，黏稠挂杯，余香悠长，属浓香型酒。其酒度为 60°~62°。

### 8. 董酒

董酒产于贵州省遵义市董酒厂，酒度 60°，因厂址坐落在北郊董公寺而得名。董酒是我国白酒中酿造工艺最为特殊的一种。它采用优质高粱为原料，以"水口寺"地下泉水为酿造用水，小曲、小窖制取酒醅，大曲、大窖制取香醅，酒醅香醅串烧而成。风格既有大曲酒的浓郁芳香、干爽味长，又有小曲酒的柔绵、醇和、回甜，还有淡雅舒适的药香和爽口的微酸。

名酒的形成除与独特的工艺技术有关外，还与地理环境有一定关系。例如，中国第一名酒茅台的形成就与茅台镇特殊的自然环境和气候条件关系密切。茅台镇位于贵州高原最低点的盆地，海拔仅 440 米，远离高原气流，终日云雾密集。夏日持续高温期长达 4~5个月，一年有大半时间笼罩在闷热、潮湿的雨雾之中。这种特殊气候、水质、土壤条件，对于酒料的发酵、熟化非常有利，同时也部分地对茅台酒中香气成分的微生物产出、精化、增减起了决定性的作用。可以说，如果离开这里的特殊气候，酒中的有些香气成分就根本无法产出，酒的味道也就欠缺了。这就是为什么长期以来，茅台镇周围地区或全国部分酱香型酒的厂家极力仿制茅台酒而不得成功的道理。茅台酒的传统制作方法，只有在茅台镇这块方圆不大的地方运用传统制作方法去做，才能造出这精美绝伦的好酒。

## 二、中国的饮酒文化①

我国悠久的历史、灿烂的文化、分布各地的众多民族，酝酿了丰富多姿的民间酒俗，有的酒俗留传至今。

### 1. 传统的饮酒文化根基——酒德和酒礼

历史上，儒家的学说被奉为治国安邦的正统观点，酒的习俗同样也受儒家酒文化观点的影响。儒家讲究"酒德"两字。

"酒德"两字，最早见于《尚书》和《诗经》，其含义是说饮酒者要有德行，不能像商纣王那样，"颠覆厥德，荒湛于酒"。《尚书·酒诰》中集中体现了儒家的酒德，这就是："饮惟祀"（只有在祭祀时才能饮酒）；"无彝酒"（不要经常饮酒，平常少饮酒，以节约粮食，只有在身体不适和疗疾时才宜饮酒）；"执群饮"（禁止民众聚众饮酒）；"禁沉湎"（禁止饮酒过度）。儒家并不反对饮酒，用酒祭祀敬神、敬老奉宾，都是德行。魏晋时期的刘伶写过著名的《酒德颂》。

饮酒作为一种食的文化，在远古时代就形成了一些大家必须遵守的礼节，有时这种礼节还非常繁琐，如果在一些重要的场合下不遵守，就有犯上作乱的嫌疑。明代的袁宏道看到酒徒在饮酒时不遵守酒礼，深感长辈有责任，于是从古代的书籍中采集了大量的资料，专门写了一篇《觞政》。这虽然是为饮酒行令者写的，但对于一般的饮酒者也有一定的意义。我国古代饮酒有以下一些礼节：

主人和宾客一起饮酒时，要相互跪拜。晚辈在长辈面前饮酒，叫侍饮，通常要先行跪拜礼，然后坐入次席。长辈命晚辈饮酒，晚辈才可举杯；长辈酒杯中的酒尚未饮完，晚辈也不能先饮尽。

古代饮酒的礼仪约有四步：拜、祭、啐、卒爵。就是先做出拜的动作，表示敬意；接着把酒倒出一点在地上，祭谢大地生养之德；然后尝尝酒味，并加以赞扬令主人高兴；最后仰杯而尽。

在酒宴上，主人要向客人敬酒（叫酬），客人要回敬主人（叫酢），敬酒时还要说上几句敬酒辞，客人之间相互也可敬酒（叫旅酬），有时还要依次向人敬酒（叫行酒）。敬酒时，敬酒的人和被敬酒的人都要"避席"，起立，普通敬酒以三杯为度。

中华民族大家庭的 56 个民族中，除了信奉伊斯兰教的回族一般不饮酒外，其他民族都是饮酒的。饮酒的习俗各民族都有独特的风格。

### 2. 原始宗教、祭祀、丧葬与酒

从远古以来，酒是祭祀时的必备用品之一。

原始宗教起源于巫术，在中国古代，巫师利用所谓的"超自然力量"进行各种活动，都要用酒。巫和医在远古时代是没有区别的，酒作为药，是巫医的常备药之一。在古代，统治者认为："国之大事，在祀在戎"。祭祀活动中，酒作为美好的东西，首先要奉献给

---

① 根据"中国的饮酒文化"资料整理，网址：http://blog.atorm.com。

上天、神明和祖先享用。战争决定一个部落或国家的生死存亡，出征的勇士在出发之前，通常要用酒来激励斗志。酒与国家大事的关系由此可见一斑。

我国各民族普遍都有用酒祭祀祖先、在丧葬时用酒举行一些仪式的习俗。

人逝世后，亲朋好友都要来吊祭死者，汉族的习俗是"吃斋饭"，也有的地方称为吃"豆腐饭"，这就是葬礼期间举办的酒席。虽然都是吃素，但酒还是必不可少的。有的少数民族则在吊丧时持酒肉前往，如苗族人家听到丧信后，同寨的人一般都要赠送丧家几斤酒及大米、香烛等物品。云南怒江地区的怒族，村中若有人病亡，各户带酒前来吊丧，巫师灌酒于死者嘴内，众人各饮一杯酒，称此为"离别酒"。死者入葬后，古代的习俗还有在墓穴内放入酒，为的是死者在阴间也能享受到人间饮酒的乐趣。汉族人在清明节为逝者上坟，以前也多带酒肉。

### 3. 重大节日的饮酒习俗

中国人一年中的几个重大节日，都有相应的饮酒活动，如端午节饮"菖蒲酒"，重阳节饮"菊花酒"，除夕夜饮"年酒"。在一些地方，如江西民间，春季插完禾苗后要欢聚饮酒，庆贺丰收时更要饮酒，酒席散尽之时，往往是"家家扶得醉人归"。

过年，也叫除夕，是中国人最为注重的节日，是家人团聚的日子，年夜饭是一年中最为丰盛的酒席，即使家境贫寒，平时不怎么喝酒，年夜饭中的酒也是必不可少的。吃完年夜饭，有的人还有饮酒守夜的习俗。正月的第一天，有的地方，人们一般是不出门的，从正月初二开始才开始串门，有客人上门，主人将早已准备好的精美的下酒菜肴摆上桌子，斟上酒，共贺新春。

新年伊始，古人有合家饮屠苏酒的习俗，饮酒时，从小至大依次饮用。据说饮此酒可以避瘟气。

朝鲜族的"岁酒"：这种酒多在过"岁首节"前酿造。岁首节相当于汉族的春节，"岁酒"以大米为主料，配以桔梗、防风、山椒、肉桂等多味中药材，类似于汉族的"屠苏酒"，但药材配方有所不同，用于岁首时自饮和待客，民间认为饮用此酒可避邪、长寿。

哈尼族的"新谷酒"：每年秋收之前，居住在云南元江一带的哈尼族，按照传统习俗，都要举行一次丰盛的喝"新谷酒"的仪式，以欢庆五谷丰登，人畜平安。所谓"新谷酒"，是各家从田地里割回一把即将成熟的谷穗，倒挂在堂屋右后方山墙上部的一块小篾笆沿边，意求家神保护庄稼，然后勒下谷粒百十粒，有的炸成谷花，有的不炸，放入酒瓶内泡酒。喝"新谷酒"选定在一个吉祥的日子，家家户户置办丰盛的饭菜，全家老少都无一例外地喝上几口"新谷酒"。这顿饭人人都要吃得酒醋饭饱。

"菊花酒"由来已久，《西京杂记》记载："菊花舒时并采茎叶，杂黍米酿之，至来年九月九日始熟就饮焉，故谓之菊花酒。"

### 4. 婚姻饮酒习俗

南方的"女儿酒"：最早记载为晋人嵇含所著的《南方草木状》，说南方人生下女儿才几岁，便开始酿酒，酿成酒后，埋藏于池塘底部，待女儿出嫁之时才取出供宾客饮用。这种酒在绍兴得到继承，发展成为著名的"花雕酒"，其酒质与一般的绍兴酒并无显著差别，主要是装酒的坛子独特，这种酒坛还在土坯时，就雕上各种花卉图案、人物鸟兽、山水亭榭，等到女儿出嫁时，取出酒坛，请画匠用油彩画出"百戏"，如"八仙过海"、"龙凤呈祥"、"嫦娥奔月"等，并配以吉祥如意、花好月圆的"彩头"。

"喜酒"：喜酒往往是婚礼的代名词，置办喜酒即办婚事，去喝喜酒，也就是去参加婚礼。

满族人结婚时的"交杯酒"：入夜，洞房花烛齐亮，新郎给新娘揭下头盖后要坐在新娘左边，娶亲太太捧着酒杯，请新郎抿一口；送亲太太捧着酒杯，请新娘抿一口；然后将酒杯交换，请新郎新娘再各抿一口。

达斡尔族的"接风酒"和"出门酒"：送亲的人一到男方家，新郎父母要斟满两盅酒，向送亲人敬"接风酒"，这也叫"进门盅"，来宾要饮尽，以示已是一家人。尔后，男方家要摆三道席宴请来宾。婚礼后，女方家远者多在新郎家住一夜，次日才走，在送亲人返程时，新郎父母都要恭候在门旁内侧，向贵宾一一敬"出门酒"。

"会亲酒"：这是订婚仪式时要摆的酒席，喝了"会亲酒"，表示婚事已成定局，婚姻契约已经生效，此后男女双方不得随意退婚、赖婚。

"回门酒"：新婚的第二天，新婚夫妇要"回门"，即回到娘家探望长辈，娘家要置宴款待，俗称"回门酒"。回门酒只设午餐一顿，酒后夫妻双双回家。

婚礼上的"交杯酒"：为表示夫妻相爱，在婚礼上夫妻各执一杯酒，手臂相交各饮一口。

### 5. 其他饮酒习俗

"满月酒"或"百日酒"：中华各民族普遍的风俗之一，生了孩子，满月时，摆上几桌酒席，邀请亲朋好友共贺，亲朋好友一般都要带有礼物，也有的送上红包。

"寄名酒"：旧时孩子出生后，如请人算出命中有克星、多厄难，就要把他送到附近的寺庙里，作为寄名和尚或道士，大户人家则要举行隆重的寄名仪式，拜见法师之后，回到家中，就要大办酒席，祭祀神祖，并邀请亲朋好友痛饮一番。

"寿酒"：中国人有给老人祝寿的习俗，一般60、70、80岁等生日称为"大寿"，由儿女或者孙子出面举办，邀请亲朋好友参加酒宴。

"上梁酒"和"进屋酒"：在中国农村，盖房是件大事，盖房过程中，上梁又是最重要的一道工序，故在上梁这天，要办"上梁酒"，有的地方还流行用酒浇梁的习俗。房子造好，举家迁入新居时，又要办"进屋酒"，一是庆新屋落成，贺乔迁之喜；二是祭祀神仙祖宗，以求保佑。

"开业酒"和"分红酒"：这是店铺作坊置办的喜庆酒。店铺开张、作坊开工之时，老板要置办酒席，以志喜庆贺；店铺或作坊年终按股份分配红利时，要办"分红酒"。

"壮行酒"：也叫"送行酒"，有朋友远行，为其举办酒宴，表达惜别之情。在战争年代，勇士们上战场执行重大且有生命危险的任务时，指挥官们都会为他们斟上一杯酒，用酒为勇士们壮胆送行。

### 6. 独特的饮酒方式

饮咂酒：这是古代遗留下来的独特的饮酒方式，在我国西南、西北地区一些地方流传。在喜庆日子或招待宾客时，抬出一酒坛，人们围坐在酒坛周围，每人手握一根竹管或植物秸秆(芦管、麦管)，斜插入酒坛，从其中吸吮酒汁，人数可达五六人甚至七八人。如三峡地区的土家族就有"饮咂酒"的习俗，饮酒时的气氛热烈。这种独特的饮酒方式可以加强人与人之间的感情交流。

"转转酒"：这是彝族人特有的饮酒习俗，所谓"转转酒"就是饮酒时不分场合地点，也无宾客之分，大家皆席地而坐，围成一个一个的圆圈，一杯酒从一个人手中依次传到另一人手中，各饮一口。

### 7. 劝酒

中国人的好客在酒席上发挥得淋漓尽致，人与人的感情交流往往在敬酒时得到升华。中国人敬酒时，往往都想对方多喝点酒，以表示自己尽到了主人之谊，客人喝得越多，主人就越高兴，说明客人看得起自己，如果客人不喝酒，主人就会觉得有失面子。劝人饮酒有如下几种方式："文敬"、"武敬"、"罚敬"。这些做法有其淳朴民风遗存的一面，但也有一定的负面作用。过分劝酒，在有些人看来有"侵犯人权"之嫌，甚至可能造成严重恶果。

酒席开始，主人往往在讲上几句话后便开始了第一次敬酒。这时，宾主都要起立，主人先将杯中的酒一饮而尽，并将空酒杯口朝下，说明自己已经喝完，以示对客人的尊重，客人一般也要喝完。在席间，主人往往还要到各桌去敬酒。

"文敬"：是传统酒德的一种体现，即有礼有节地劝客人饮酒。

"武敬"：强行让别人喝酒，虽说不常见，但无论从何角度而言，都应尽量避免。

"回敬"：这是指客人向主人敬酒，以表示礼貌和敬重。

"互敬"：这是指客人与客人之间的敬酒，为了使对方多饮酒，敬酒者会找出种种必须喝酒的理由，若被敬酒者无法找出反驳的理由，就得喝酒。在这种双方寻找论据的同时，人与人的感情交流得到升华。

"代饮"：这是既不失风度又不使宾主扫兴的躲避敬酒的方式。被敬酒者不会饮酒，或饮酒太多，但是敬酒者又非得敬酒以表达敬意，这时，就可请人代酒。代饮酒的人一般与被敬酒者有特殊的关系。在婚礼上，男方和女方的伴郎和伴娘往往是代饮的首选人物，故酒量必须大。

"罚酒"：这是中国人"敬酒"的一种独特方式。"罚酒"的理由也是五花八门，最为常见的可能是对迟到者的"罚酒三杯"，有时也不免带点开玩笑的性质。

藏族人好客，用青稞酒招待客人时，先在酒杯中倒满酒，端到客人面前，这时，客人要用双手接过酒杯，然后一手拿杯，另一手的中指和拇指伸进杯子，轻蘸一下，朝天一弹，意思是敬天神，接下来，再弹第二下、第三下，分别敬地、敬佛。这种传统习惯是提醒人们青稞酒的来历与天、地、佛的慷慨恩赐分不开，故在享用酒之前，要先敬神灵。在喝酒时，藏族人民的约定风俗是：先喝一口，主人马上倒酒斟满杯子，再喝第二口，再斟满，接着喝第三口，然后再斟满，往后，就得把满杯酒一口喝干了。这样做，主人才觉得客人看得起他，客人喝得越多，主人就越高兴，因为这说明主人的酒酿得好。

壮族人敬客人的酒并不用杯，而是用白瓷汤匙，两人从酒碗中各舀一匙，相互交饮。主人这时还会唱起敬酒歌："锡壶装酒白连连，酒到面前你莫嫌，我有真心敬贵客，敬你好比敬神仙。锡壶装酒白瓷杯，酒到成前你莫推，酒虽不好人情酿，你是神仙饮半杯。"

西北裕固族待客敬酒时，都是敬双杯。主人不论客人多少，只拿出两只酒杯，主人轮番给客人敬双杯。

### 8. 酒令（觞令）

饮酒行令，是中国人在饮酒时助兴的一种特有方式。酒令由来已久，开始时可能是为了维持酒席上的秩序而设立"监"。汉代有了"觞政"，就是在酒宴上执行觞令，对不饮尽杯中酒的人实行某种处罚。在远古时代就有了射礼，为宴饮而设的射礼称为"燕射"。即通过射箭决定胜负，负者饮酒。古人还有一种被称为投壶的饮酒习俗，源于西周时期的射礼。酒宴上设一壶，宾客依次将箭向壶内投去，以投入壶内多者为胜，负者受罚饮酒。《红楼梦》第四十回中鸳鸯吃了一盅酒，笑着说："酒令大如军令，不论尊卑，唯我是主，违了我的话，是要受罚的。"总的说来，酒令是用来罚酒，但实行酒令最主要的目的是活跃饮酒时的气氛。何况酒席上有时坐的都是客人，互不认识是很常见的，行令就像催化剂，顿时酒席上的气氛就活跃起来了。

行酒令的方式可谓五花八门。文人雅士与平民百姓行酒令的方式自然大不相同。文人雅士常用对诗或对对联、猜字或猜谜等形式，一般百姓则用一些既简单又不需做任何准备的行令方式。

击鼓传花：这是一种既热闹、又紧张的罚酒方式。在酒宴上宾客依次坐定位置，由一人击鼓，击鼓的地方与传花的地方是分开的，以示公正。开始击鼓时，花束就开始依次传递，鼓声一落，如果花束在某人手中，则该人就得罚酒。因此花束的传递很快，每个人都唯恐花束留在自己的手中。击鼓的人也得有些技巧，有时紧，有时慢，造成一种捉摸不定的气氛，更加剧了场上的紧张程度，一旦鼓声停止，大家都会不约而同地将目光投向接花者，此时大家一哄而笑，紧张的气氛一消而散，接花者只好饮酒。如果花束正好在两人手中，则两人可通过猜拳或其他方式决定胜负者，当然是负者喝酒。击鼓传花是一种老少皆宜的方式，但多用于女客，如《红楼梦》中就曾生动描述了这一场景。

## 第五节　中国的茶文化鉴赏

中国茶文化源远流长，博大精深，为中华民族之国粹。中国是茶树的原产地，中国茶业最初兴于巴蜀，其后向东部和南部逐渐传播开来，以至遍及全国。到了唐代，又传至日本和朝鲜，16世纪后被西方引进。唐朝的陆羽、白居易，宋朝的徽宗（赵佶）、蔡襄、王安石、苏轼，清朝的康熙、乾隆等俱为好茶之士，并对中国茶文化的发展、传播作出了重要贡献。茶雅俗共赏，居于世界三大天然饮料之首。中国在茶业上对人类的贡献，主要在于最早发现并利用茶这种植物，把它发展成为我国和东方乃至世界的一种灿烂独特的茶文化。

茶饮具有清新、雅逸的天然特性，能怡心、静神，有助于陶冶情操、去除杂念、修炼身心，这与提倡"清静、恬澹"的东方哲学思想很合拍，也符合佛道儒的"内省修行"思想，因此我国历代社会名流、文人骚客、商贾官吏、佛道人士都以崇茶为荣，特别喜好在品茗中吟诗议事、弹琴歌咏、弈棋作画，以追求高雅的享受。古人把饮茶的好处归纳为"十德"：以茶散郁气，以茶驱睡气，以茶养生气，以茶祛病气，以茶利礼仁，以茶表敬意，以茶尝滋味，以茶养身体，以茶可行道，以茶可雅志。茶为中国之"国饮"，茶文化是我国休闲文化的主要载体之一。

中国是茶叶大国，其中的一个表现就是茶的品种特别多，现在全国能够叫得出名的茶叶就有一千多种。茶叶的种类划分方法有很多种：按采摘时间先后可以分为春茶、夏茶、秋茶、冬茶；根据其生长环境分为平地茶、高山茶、丘陵茶；最常见的分类方法则是根据茶色，也就是加工方法的不同，将茶叶分为绿茶、红茶、青茶、白茶、黄茶、黑茶六大类。

## 一、我国的主要名茶鉴赏[①]

### 1. 杭州龙井

龙井茶产于浙江杭州的龙井村，历史上曾分为"狮、龙、云、虎"四个品类。龙井属炒青绿茶，向以"色绿、香郁、味醇、形美"四绝著称于世。好茶还需好水泡，龙井茶、虎跑水被并称为杭州双绝。虎跑泉水中有机氮化物和游离的二氧化碳含量较多，而可溶性矿物质较少，因而更利于龙井茶香气、滋味的挥发。冲泡龙井茶可选用玻璃杯，因其透明，茶叶在杯中逐渐伸展，一旗一枪，上下沉浮，汤明色绿，历历在目，仔细观赏，真可谓是一种艺术享受。

### 2. 苏州碧螺春（洞庭碧螺春）

碧螺春产于江苏吴县太湖之滨的洞庭山。碧螺春茶叶用春季从茶树采摘下的细嫩芽头炒制而成。高级的碧螺春，0.5千克干茶需要茶芽6万~7万个，足见茶芽之细嫩。炒成后的干茶条索紧结，白毫显露，色泽银绿，翠碧诱人，卷曲成螺，故名"碧螺春"。此茶冲泡后杯中白云翻滚，清香袭人，是国内著名的绿茶。

### 3. 黄山毛峰

毛峰产于安徽黄山，这里山高林密，日照短，云雾多，自然条件十分优越，茶树得云雾之滋润，无寒暑之侵袭，蕴成良好的品质。黄山毛峰采制十分精细，制成的毛峰茶外形细扁微曲，状如雀舌，香如白兰，味醇回甘。

---

① 根据"中国名茶"资料整理，网址：http：//bbs. yanzhou. cc，作者：风中百合。

#### 4. 庐山云雾

云雾茶产于号称"匡庐秀甲天下"的江西庐山，北临长江，南傍鄱阳湖，气候温润，山水秀美十分适宜茶树生长。此茶芽肥毫显，条索秀丽，香浓味甘，汤色清澈，是绿茶中的精品。

#### 5. 六安瓜片

此茶产于皖西大别山茶区，其中以六安、金寨、霍山三县所产最佳。六安瓜片每年春季采摘，成茶呈瓜子形，因而得名，色翠绿，香清高，味甘鲜，耐冲泡。此茶不仅可消暑解渴生津，而且还有较强的助消化作用和治病功效，明代闻龙在《茶笺》中称，六安茶入药最有功效，因而被视为珍品。

#### 6. 恩施玉露

此茶产于湖北恩施。恩施玉露是我国保留下来的为数不多的一种蒸青绿茶，其制作工艺及所用工具相当古老，与陆羽《茶经》所载十分相似。恩施玉露对采制的要求很严格，芽叶须细嫩、匀齐，成茶条索紧细，色泽鲜绿，匀齐挺直，状如松针；茶汤清澈透明，香气清鲜，滋味甘醇，叶底色绿如玉。"三绿"（茶绿、汤绿、叶底绿）为其显著特点。

#### 7. 君山银针

此茶产于湖南岳阳洞庭湖的青螺岛，是具有千余年历史的传统名茶。君山银针全由没有开叶的肥嫩芽尖制成，满布毫毛，色泽鲜亮，香气高爽，汤色澄黄，滋味甘醇。冲泡时茶尖向水面悬空竖立，继而徐徐下沉，头三次均如此。竖立时，如鲜笋出土；沉落时，像雪花下坠。此茶具有很高的欣赏与品尝价值。

#### 8. 武夷岩茶

此茶产于福建崇安县武夷山。武夷岩茶属半发酵茶，制作方法介于绿茶与红茶之间。其主要品种有"大红袍"、"白鸡冠"、"水仙"、"乌龙"、"肉桂"等。武夷岩茶品质独特，它未经窨花，茶汤却有浓郁的鲜花香，饮时甘馨可口，回味深长。

#### 9. 安溪铁观音

此茶产于闽南安溪。铁观音的制作工艺十分复杂，制成的茶叶条索紧结，色泽乌润砂绿。好的铁观音，在制作过程中因咖啡碱随水分蒸发还会凝成一层白霜；冲泡后，有天然的兰花香，滋味纯浓。用小巧的功夫茶具品饮，先闻香，后尝味，顿觉满口生香，回味深长。

#### 10. 云南普洱茶

此茶产于云南西双版纳等地。普洱茶是采用绿茶或黑茶经蒸压而成的各种云南紧压茶的总称，包括沱茶、饼茶、方茶、紧茶等。普洱茶的品质优良，不仅表现在它的香气、滋味等饮用价值上，还在于它有可贵的药效和保健作用。

### 11. 祁门红茶

祁门红茶产于安徽省祁门县等地，已有100多年的历史，为我国传统工夫红茶中的著名品种，素以香气芬芳馥郁、茶叶浓醇鲜爽、条索细紧匀齐、制工精细而闻名，被誉为"祁门香"。其茶汤加入牛奶后，汤色粉红而香味不减。

### 12. 福建茉莉花茶

福州茉莉花茶产于福建省福州，属再加工茶类。其品种有东风、灵芝、银毫、峨眉、凤眉、秀眉、雀舌毫、明前绿等。花茶的花香浓郁、鲜灵持久，滋味醇厚，汤色黄绿明亮，耐泡。高档品种三泡仍香显味浓。

名茶的形成与名酒的形成一样，除需独特的工艺技术外，更与地理环境有密切关系，如低山、丘陵的地形，酸性的土壤，温暖湿润、多云雾的气候条件等。"云雾山中出好茶"就说明了这方面的道理。

### 二、茶文化的核心——茶艺与茶道

"茶艺"是指制茶、烹茶(茶的冲泡技法)、品茶的艺术，特别是烹(泡、沏)茶的艺术。泡茶既要讲究实用性、科学性，又要讲究艺术性。首先要对泡茶的用水进行选择，一是甘而洁，二是活而鲜，三是贮水得法。泡茶用水，一般都用天然水，如泉水、溪水、江水、湖水、井水、雨水、雪水等，其中以泉水为最好。自来水是通过净化后的天然水，有时使用过量的氯化物消毒，气味很重，应先将水贮存24小时后再用火煮沸泡茶。水质以硬度较低的软水或暂硬水为好。此外，不同茶的冲泡技法都有比较严格的要求，茶具(泡茶与盛茶的器皿)的选择也很有讲究。

"茶道"可简单地解释为茶之道，是指沏茶、品茶的一种程序。若深入地解释，"茶道"还应从精神层面理解。它不但讲究表现形式，而且注重精神内涵。"茶道"与"茶艺"既有联系也有区别，二者共同构成了中国茶文化的核心。如果说"茶艺"是指制茶、烹茶(茶的冲泡技法)、品茶等茶艺之术的话，那么"茶道"则是茶艺过程中所贯彻的精神。前者有名有形，是茶文化的表现形式；后者则是精神、道理、规律、本源和本质，是看不见、摸不着，只能通过心灵去体会的内在表现形式。二者结合，艺中有道，道中有艺，是物质与精神高度统一的结果。

茶文化之核心为茶道，中国器物文化能上升到道的层次的唯有茶文化，茶道是茶与道的融合与升华。对茶道的认识有助于我们深入地理解茶文化，更有助于我们把握和弘扬底蕴深厚的中华传统文化。

一般认为，中国茶道的基本精神是"和、静、怡、真"。"和"即和谐、平衡，追求中庸之美；"静"即要求宁静的氛围和空灵虚静的心境；"怡"即追求和悦、神怡的身心感受；"真"即追求物之真、道之真、情之真、性之真。"真"是中国茶道的逻辑起点，也是中国茶道的终极追求。

综合一些专家、学者的观点，我们认为，"和美、清心、养性"是茶文化的本质，也是茶道的核心。

中国茶道与日本茶道既有区别也有联系。日本茶道的基本精神是"和(和气、和谐)、敬(尊重、敬重)、清(清洁、清爽、清楚)、寂(安静、庄重、严肃)"。与日本茶道相比较，中国茶道更崇尚自然美、和谐美，程式活泼，颇具亲和性；日本茶道更崇尚古朴美、清寂美，程式严谨，颇具典雅性。

总之，茶艺与茶道是茶文化的核心，其中茶道是茶文化的灵魂，是指导茶文化活动的最高原则。我们应该秉承茶道精神来从事茶文化活动。

### 三、现代茶艺的类型与特色及茶艺背景的应用

随着现代物质文明的飞速发展，传统的茶文化有着很大的变化，形式也较为丰富。现代人在具有较高物质享受的基础上，追求着一种高品位的精神文化需求。故茶艺背景，因茶文化的发展、茶艺风格及其作用的不断演变，也有很大变化，如服饰、器具、摆设等都有较大差别。

#### 1. 休闲型茶艺

休闲型的茶艺现已不再是借茶喻世、借茶抒情、借茶言志，而是作为一种休闲、保健、联谊、礼仪等活动。这种风格特点，使其背景较为多样化，或是传统的，或是现代的，或是两者兼而有之。茶几摆设，有的是宽敞的大圆桌、方桌，有的是日式的"榻榻米"，席地而坐，体味邻国的饮茶风情。另外，再配上园林植物、插花。总体色彩基调趋于冷色调，体现一种轻松、宁静、淡雅的风格。茶室装饰品有书法、绘画。书法内容多是与茶有关的茶诗、茶歌等，一般用行书、草书表现。绘画主要是国画，以风格高雅、清淡的文人画、写意画为主。背景音乐以优雅、舒缓的曲调为宜。

#### 2. 表演型茶艺

表演型茶艺取材于历史上、生活中的茶俗、茶礼、茶艺或茶道，经过加工、提炼而再现，因此，不同的茶艺类型所表现的主题、内容以及风格都有差异。表演型茶艺背景有着浓厚的传统特色：民族型背景特点是民族风情浓郁，地域特色鲜明；宫廷型背景特点是古香古色、富丽堂皇；寺院型背景特点则是古朴清雅、神逸超然。表演型茶艺是传统茶艺的继承和发展，在舞台上再现，故在传统茶艺背景基础上又有新的变化，主要表现在生活和舞台上的差异。

茶文化和酒文化不同，酒性如火，热情、恣纵，不够平和含蓄；茶性如水，清雅、内敛，内涵博大、深厚，更贴近东方人的性格，所以茶文化能在传统文化的历史长河中放射出耀眼光芒，而今又以崭新的姿态展现在人们面前。千余年的探索，茶事已经成为一门艺术，进入高雅文化范畴，它以诗词、绘画、书法、歌舞、戏曲等多种文化形式表现出其艺术的魅力；它包罗哲学、经济、历史、宗教、民俗礼仪、旅游、休闲、科研、教育、医学、园艺、食品、陶瓷等诸多方面的文化，既有深邃的内涵，又有广阔的外延。所以从文化的角度，用美学艺术的眼光去追求茶艺中美的享受，讲究探索茶艺背景和茶艺风格一致，分析茶艺背景的影响因子，达到形式和精神的完美结合，茶艺才具有生生不息、延绵

几千年的生命力。

在现代旅游、休闲活动中，茶文化资源的开发和茶艺背景的应用有着很大的前途。

## 第六节　中西饮食文化比较

### 一、偏好与观念

美味与营养的偏好区别：中国人十分重视菜肴的色、香、味、形，尤其重滋味。中国"五味调和"的烹调术旨在追求美味，其加工过程中的热油炸和文火攻，都会在不同程度上破坏菜肴的营养成分；西方人对食物营养的追求远远超过了色、香、味、形，他们非常重视对食物营养成分的分析，如营养成分在烹饪过程中的保持或损失程度，烹饪是否科学、卫生。

合与分的偏好区别：中国人做菜，喜欢将多种荤素原料、佐料集合烹调（如杂烩、火锅等），讲究"五味调和"；西方人做菜，很少将多种荤素原料混合烹调，正菜中鱼就是鱼，鸡就是鸡，即使是调味料，也是现吃现加。概括地讲，是合与分的差别，即中国人重"和合"，西方人重"分别"。

随意与规范的偏好区别：中国人对食品的加工具有随意性或不确定性（"运用之妙，存于一心"），各大菜系都有自己的风味与特色，就是同一菜系的同一个菜，其所用的配菜与各种调料的匹配，也会依厨师的个人特点有所不同。就是同一个厨师做同一道菜，虽有一己之成法，也会因时、因地、因人而不同。在中国，烹调是一门艺术，具有强烈的趣味性和娱乐性；西方人由于饮食强调科学和营养，故烹调的全过程都严格按科学规范行事。例如，牛排的味道在一个国家的东西南北毫无二致，牛排的配料也是有限的几种。再者，规范化、机械化的烹调要求调料的添加量精确到克，烹调的时间精确到秒，厨师操作好像化学实验室的实验员。在西方，由于烹调讲究规范，因此烹调是一种机械性的工作，比较单调乏味。

观念：中国人在饮食制作上的艺术观念较浓厚，西方人在饮食制作上科学观念较浓厚；中国人饮食取材非常广泛，天上飞的、地上跑的、水中游的动物都可入食，可谓"无所不吃"（如广东人），生态伦理观念比较淡薄；西方人在饮食取材上比较严格，具有较强的生态伦理观念。

### 二、进餐气氛与形式

中国人讲究热闹、排场，不拘小节（如喝酒时划拳、大声喧哗），并喜欢在一起合聚用餐，冷拼热炒摆满桌面，就餐者东吃一口西吃一口，几道菜同时下肚，大家共用餐具；西方人讲究优雅温馨，富有情趣和礼仪，并喜欢分开用餐，各自一份，各用各的餐具。各自随意添加调料，一道菜吃完后再吃第二道菜，前后两道菜很少混吃。

## 三、饮食文化习俗

中国人在饮食文化上讲究意境。如饮食与环境相互映衬，饮食名称讲究形、神、意。饮食具有文化引申，许多事物都可以用饮食作为比喻和形容，并主要表现在"象征"和"禁忌"两个方面。如"分梨"（将一个梨分给几人吃）意味着"分离"；西方人讲究几何图案化（如糕点制作、餐具摆设等），饮食方面很少文化引申。

**复习思考题**

1. 解释说明中国菜点之美的构成要素。
2. 中国菜点中有哪三类食品、四大菜系和五道程序？
3. 简要说明茶文化的核心——茶艺与茶道。
4. 试述酒的文化魅力。
5. 简要对比中西饮食文化的差异。

# 第十二章 宗教文化与旅游审美

## 第一节 宗教文化与旅游

宗教是普遍存在的社会文化现象和人类普遍认同的文化模式，是人类文化的重要组成部分。据有关资料统计，目前全世界共有宗教信徒40亿人左右，约占世界总人口的65%，几乎所有的国家和地区都有大量的宗教信徒。早在公元前3万年至公元前1万年间的中石器时代就已经产生了原始宗教。宗教在一定程度上推动了社会历史的前进，它对人类的精神、文化、艺术、科技、道德、风俗及生活方式产生过不同程度的影响。因宗教与其他形式的意识形态相结合而产生的宗教文学、宗教美术、宗教音乐、宗教建筑艺术等，作为民族历史文化的一部分，已经成为人类文化史的宝贵财富，亦是富有吸引力的旅游资源。宗教建筑、音乐、绘画、雕塑的艺术性，宗教教义的哲理性，宗教氛围的神秘性，能激发和满足人们审美、求知、猎奇的心理，尤其是宗教建筑、宗教节庆为旅游者所喜闻乐见。

保继刚教授等人研究认为，宗教文化旅游具有文化品位高、旅游吸引范围等级序列明显(如世界性的、全国性的、区域性的、地方性的，这与宗教圣地的知名度有关)、客源市场稳定(因宗教作为一种信仰，宗教旅游作为一种专门层次的旅游，不可能出现暴涨暴落的现象)、重游率高(宗教信徒会定期、多次前往某宗教圣地)，旅游生命周期长等特点。

旅游与宗教的关系自古以来就很密切。早期的旅游起源于宗教，宗教朝圣是古代主要的旅游活动。《论语·八佾》中曰"季氏旅于泰山"，"旅"是祭名。秦始皇、汉武帝东巡祭祀泰山、嵩山都具有"旅"的性质。宗教圣地不仅是信徒朝拜的对象，而且也是非宗教信徒旅游的重要目的地。在旅游(或旅行)接待设施很不完备的古代，宗教场所常常也是旅游接待地，中国古代有名的旅行家和文学家哪个不曾游历过宗教胜地，不曾投宿过寺院？有的还同僧侣结下深厚的情谊，有的僧侣常常起着类似"导游"的作用。

宗教文化与现代旅游的关系十分密切。一方面，宗教文化景观(宗教建筑、宗教雕塑、宗教绘画等)、宗教礼仪和节庆活动以及宗教音乐、宗教武术作为一种特殊的人文旅游资源，可以直接或间接地转化为旅游产品，成为某地域旅游吸引力的源泉之一。宗教及其文化是一种重要的旅游资源。例如我国宗教文化遗迹约占全国现存主要名胜古迹的1/2。宗教文化景观在我国重点风景名胜区中占 47.9%，在联合国教科文组织公布的几百处世界文化遗产名录中，与宗教有关系的占 90%左右，这无疑说明了宗教文化景观在旅游资源中的重要地位。另一方面，宗教作为一种文化观念，深刻影响着人们的消费等生活行为方式和旅游审美特点。

宗教文化作为一种特殊的旅游资源，有它的独有特点，这个特点主要是它的精神性、审美性与神秘性。旅游活动从本质上讲主要是一种精神满足和审美活动，而宗教文化在满足人们的精神需求、审美欲望和猎奇心理上有着特殊的功用。如宗教建筑、宗教雕塑、宗教绘画、宗教音乐、宗教仪式以及宗教武术、宗教养生等，多具有深厚的文化内涵和较高的审美价值并笼罩着神秘的色彩，能够激发和满足人们的求知、审美、猎奇的心理需求。我国许多宗教胜地，如佛寺、道观多选址风景优美之地，"天下名山僧占多"，"可惜湖山天下好，十分风景属僧家"就是其生动写照，这些宗教胜地无疑都是对游客具有强烈吸引力的旅游资源。此外，宗教式情感对游客也具有一定的吸引力。现代社会像一架高速运转的机器，高频率的生活节奏和沉重的工作压力，已造成现代人多种身心疾患。现代社会更像一个旋转变幻的魔方，物欲横流，世态炎凉，人们为生存与发展展开残酷竞争，导致人际关系严重畸变。用某些社会学家的话说是"物质生活一天比一天丰富，而人们精神生活与心理世界则是日益荒凉"。在这种社会大背景下，宗教式的超脱出世、求善情结，特别是寻求关爱、慈悲、温情与宽容的宗教式情感，无疑对世人包括许多游客具有很大的吸引力。

旅游资源本质上应理解为"旅游吸引物"。因此，对游客具有强烈吸引力的宗教文化应被视为一种重要的旅游资源进行开发。目前国际、国内在宗教文化的旅游开发上已形成共识并取得不少成功的经验，获得了巨大的社会效益和经济效益。鉴于当今社会的可持续发展，现有旅游学者提出"变通性旅游"的概念，并将宗教旅游与民俗旅游、科考旅游等一起纳入"变通性旅游"的范畴，认为这种旅游有助于旅游活动中文化潜移的双向平衡以及旅游与环境的和谐，有助于旅游业的可持续发展。因此，从社会学、未来学的观点来看，宗教文化旅游资源的开发和发展有着广阔的前景。

## 第二节 宗教文化的基本知识

### 一、宗教的含义与本质

我国学界普遍认为，宗教是相信并崇拜超自然的神灵的意识形态，是自然力量和社会力量在人们意识中一种虚幻的反映或折射。其最大的特点是相信现实世界之外还存在一个超自然、超人间的神秘境界和力量，这个力量主宰着自然和社会，要人们把希望寄托于"来世"、"天国"、"彼岸"或"神仙境界"。

严格地讲，宗教是一种意识形态，一种上层建筑，一种社会生活，一种历史现象，一种文化模式,一种道德教育(或以善为宗旨的信仰教育),是与科学、文学、艺术、道德、风尚等并列的一种重要的文化现象。宗教的本质是寻求人类的终极关怀、调节人的身心平衡的信仰。

## 二、宗教产生与发展的历史逻辑

宗教很难用纯粹逻辑分析的方法去认识,但宗教产生和发展的历史又是十分合乎逻辑的。

第一,宗教的历史与人类文化史一样久远。原始文化在原始宗教(如万物有灵、自然崇拜、图腾崇拜、祖先崇拜等)的母腹中孕育、诞生,如早期文学形式——神话传说的产生就是例证。

第二,宗教构成文化发展的一个必经阶段。

(1)宗教与哲学因认识对象(解释世界及人与自然的关系)的一致性,素来被认为是一对"孪生兄弟",宗教对世界哲学体系的贡献是不能抹杀的。

(2)宗教的发展与科学的发展有着奇特的关系(科学是从神学中产生的,科学与宗教并非水火不容),宗教在不自觉中孕育了科学,因它们在有一点上是共同的,那就是对自然与生命奥秘的关心和探索。像医药、化学、天文学、地理学、数学的发展都与宗教有不解之缘(如炼丹、观天象等),牛顿、爱因斯坦等科学家在科学上的杰出成就其中也与他们对终极问题的宗教情怀有一定的关系。"科学寻求的是知识,宗教寻求的是意义。宗教不能代替科学为现实世界提供方案,同样,人们向宗教寻求的回答,科学也永远无法代替"(丁林,2002)。二者在世界上都有存在的巨大意义。

(3)宗教在发展过程中与艺术结下了不解之缘,最终导致了宗教艺术的诞生,如宗教艺术在建筑、园林、雕塑、绘画、音乐、文学、书法等传统文化艺术领域都有广泛的渗透。

(4)宗教促进了人类伦理道德观念体系的建立。如宗教强调通过个体的长修苦练进入一种纯净的道德境界,提倡趋善避恶。如耶稣倡导心灵纯洁,穆罕默德倡导行善济贫,佛家倡导大慈大悲,皆具有崇高的伦理道德观。

(5)宗教与社会政治制度关系密切。例如,基督教一直是美国民主政体的道德基础。

(6)宗教与人生关系密切。当代艺术大师、著名美术家丰子恺先生说过:"我以为人的生活可以分作三层:一是物质生活,二是精神生活,三是灵魂生活。物质生活就是衣食。精神生活就是学术文艺。灵魂生活就是宗教。'人生'就是这样一个三层楼。"西方人的一生——"从摇篮到墓地"都深受宗教文化的影响。

由上述可见,宗教的产生与发展的历史潮流是合乎逻辑的,它对人类社会发展做出了不容忽视的贡献。因此,对宗教文化加以否定是错误的、不中肯的,对宗教文化更不能采取简单、粗暴的态度乃至极端的行为,这在古今中外历史上有深刻的经验教训。

第三,宗教作为一种文化现象,它的存在和发展是必然的,也将是历史的。著名学者季羡林教授等认为,宗教后于国家、阶级消亡。宗教作为一种复杂的文化现象,它的产生既然是历史的,它的存在也必然是历史的,而且它还将历史地存在下去,只有当人类社会发展到足够发达的程度,使得其他的文化现象能够取代它,宗教才有可能消亡。

### 三、宗教的基本功能(或社会作用)

**1. 认同功能**

宗教往往是一个民族的文化象征与黏合剂,它使一个民族在信仰上有共同的认同。在文化大融合、社会信息化、经济全球化的今天,宗教的认同功能已经超越了民族乃至国家的范围。

**2. 行为规范功能**

宗教道德的行为规范总是与仁慈、善行结合的,富有自律自控的潜在作用。一般来说,一个虔诚的教徒是与社会犯罪行为无缘的,因为宗教提倡趋善避恶。

**3. 社会协调功能**

宗教提倡博爱平等、行善积德,禁止劣行淫思,它能提升人的道德水平,能规范人的行为,有效地协调人与自我、人与自然、人与人、人与社会的关系,对于维护社会有序运行可以起到一定的作用。

**4. 心理调节功能**

宗教有时能成为人们心理失衡时的避风港,抚慰人们心灵上的痛苦和创伤。这种心理调节功能有益于人的身心健康。

**5. 审美功能**

例如宗教情操、宗教建筑、宗教雕塑、宗教绘画、宗教音乐具有强大的美的力量与审美功能。宗教与审美相互影响和渗透,审美使宗教成为带有美感或趋于审美的宗教,宗教使审美具有神秘的灵光。

**6. 麻醉功能**

宗教往往容易为政治所利用,而且宗教本身也有不要追求、不要开放、不要创新、顺应现实、随遇而安等宿命论的消极作用,常常成为统治阶级用以麻醉人民的精神鸦片。

**7. 排他功能**

宗教具有封闭、保守、排他的性质,这是宗教冲突的主要原因。某种宗教总是宣称自己掌握了唯一真理,其他宗教都是谬误和异端邪说,极力排他。不同宗教文化之间应该开展对话与交流,提倡理解与宽容,构建"和谐宗教"。

### 四、宗教文化成为旅游资源的主要原因

**1. 宗教文化能够激发人们求奇、求知、求美的旅游动机,满足人们精神上的需要**

如宗教景观(宗教建筑、宗教雕刻、宗教绘画、宗教音乐、宗教仪式)具有深厚的文化内涵和较高的审美价值,并笼罩着浓厚的神秘色彩,宗教圣地大多生态良好、风景优

美，能满足游客休闲、猎奇、求知、审美的欲望。就目前我国到宗教地旅游的人群来看，求奇动机的占多数。

### 2. 宗教式情感对游客具有一定吸引力

宗教式情感主要表现在以下几个方面。

（1）追求宗教式的超脱出世。现代社会像一部高速运转的机器，造成现代人多种身心疾患，而短暂的逃避超脱不失为一种简便的选择，故有人说宗教是心灵的港湾。

（2）寻求关爱、温情与宽容。世风日下、物欲横流的社会，使人际关系发生畸变。在高度竞争甚至是残酷竞争的社会生活中，人们的内心迫切希望获得温情与关爱、宽容，而宗教的宽容、博爱精神，恰好能满足人们的这种情感需求。

（3）求善求美情结。宗教文化提倡趋善避恶，对于具有从善情结和追求心灵美、道德美的人群无疑具有一定的吸引力。当今世界和社会，由于道德与精神信仰沦丧，假、丑、恶的东西泛滥成灾，一些人感到失望和无奈，有的只得求助于宗教，这也是越来越多的人信仰宗教和到宗教地旅游的原因之一。

## 第三节　基督教文化与旅游审美

基督教为信奉耶稣基督为救世主的各教派的统称，其中包括天主教（即公教、旧教）、正教（东正教）、新教（16世纪宗教改革，从罗马教中分离出来的，即狭义的"基督教"，或称耶稣基督教）和其他一些较小的教派。基督教公元1世纪起源于巴勒斯坦地区，信仰上帝创造并主宰世界，认为人类从始祖就犯有罪，并在罪中受苦，只有信仰上帝及其儿子耶稣基督才能获救；告诫世人应忍耐、顺从、宽容，如此则来世可升入天国。基督教的经典以《旧约全书》、《新约全书》为《圣经》。基督教的标志为十字架。目前，全球共有教徒21亿人左右，占世界人口的35%，占所有宗教信徒40%以上，主要集中分布于欧洲、南北美洲和大洋洲。墨西哥是基督教徒最集中的国家（占该国人口96%）。欧美地区多元的地貌、温和的气候和民主政治等环境的影响，使基督教文化拥有扎根生长的沃土并赋予既宽容温和又富有多元性的基质。

### 一、基本教义

#### 1. 三位一体说

信仰三位一体的上帝，认为上帝就其本质而言只有一个，但是具有三个位格：第一位是圣父（天主或天父耶和华），第二位是圣子（耶稣基督），第三位是圣灵（圣神保惠师）。这三者虽非一位，却不是三个神，而是同具一个本体的独一无二的真神。

上帝的权威性实质上代表了人与人之间道德规范的绝对性（因人与神的关系，实质仍是人与人、人与社会的关系。有学者认为，"神本身不是别的，正是人的本质"）。基督教与其说是"神本主义"，倒不如说是"人本主义"。基督教与其他宗教的根本区别在于：别的宗教是人寻找神，人想象神；而基督教则是神寻找人，神启示人。

### 2. 上帝创世说

宇宙万物都是上帝所创造的，如《圣经》中所讲的"六日工程"、"安息日"。

### 3. 原罪救赎说

人类始祖亚当、夏娃在伊甸园偷吃知善恶树上的禁果，这一罪过株连子孙后代，成为人世苦难的根源。从此，人一生下来在上帝面前就是罪人，需要基督的救赎。原罪救赎说，能使人们求得精神上的平衡（因为在原罪与救赎上，人与人是平等的）。

### 4. 天堂地狱说

信仰上帝者、善人上天堂（极乐世界），不信仰上帝者、作恶不思悔改者、恶人下地狱。此教义在惩恶扬善、规范人的行为上起着重要作用。

基督教义的核心是平等（人人都是上帝的子民）、博爱、悲悯。

## 二、宗教仪式和主要节日

### 1. 宗教仪式，也叫圣事，大致有 7 种（"七件圣事"）

（1）洗礼。这是基督教信徒的庄严仪式，具有赦免入教者的"原罪"和"本罪"的作用。教派不同，方法也有区别，有的实行注水洗礼，有的实行浸礼。

（2）坚信礼。入教者在领受过洗礼一段时间后，再接受主教所行的按手礼和敷油礼。据说，这可以使"圣灵"降其身，坚定信仰、振奋心灵。

（3）告解，也叫"办神工"。举行时，由教徒把自己所犯的"罪行"向神父告明，并表示忏悔，神父为其保密，并告知如何解赎，同时也祈求上帝对他赦罪。

（4）圣体，意为"感谢祭"。天主教称"圣体"（仪式称"弥撒"），东正教称"圣体血"，新教则称之为"圣餐"。主礼人对面饼和葡萄酒进行祝祷。据传说，面饼和葡萄酒就变成了耶稣的肉和血。然后，将其分给信徒领食，他们便可获得耶稣的生命。

（5）终敷（或终傅）。在教徒临终时，由神父用经主教祝圣的橄榄油敷搽其身、目、口、鼻和手足，并诵念一段祈祷经文，帮助他忍受痛苦，赦免罪过，安心去见上帝。

（6）神品。这是授予神职人员以神职，并使之神圣化的一种称之为"按立"的仪式。

（7）婚配。教徒结婚要到教堂去，由神父主持婚礼，按照教会规定之礼仪正式结为夫妻。

### 2. 主要节日

（1）圣诞节。教会规定每年 12 月 25 日作为纪念耶稣基督诞辰的节日。在这一天里，教徒家要摆放圣诞树，扮圣诞老人，给儿童赠送礼物，亲友互送贺礼。

（2）复活节。这是纪念耶稣复活的节日，规定在每年春分月圆的第一个星期日举行，届时各教堂灯火辉煌，乐声悠扬，教徒齐做弥撒。晚上，教徒各家守节聚餐，向上帝祷告。

（3）降临节。这是为迎接耶稣的诞生和他将来的复临这段时期而定的节日，即从圣诞节前第 4 个星期的星期日开始到圣诞节为止。许多基督徒在此期间祈祷、斋戒及忏悔以迎接圣诞节的到来，因此这个节期十分重要。

### 三、基督教的戒律与忌讳

基督教的教戒即是所谓的"十诫"，基督教奉其为最高戒律。这"十条诫"的内容是：(1)崇拜唯一的上帝而不可崇拜别的神；(2)不可崇拜偶像；(3)不可妄称上帝的名；(4)当记念安息日，守为圣日；(5)当孝敬父母；(6)不可杀人；(7)不可奸淫；(8)不可偷盗；(9)不可作假证陷害人；(10)不可贪恋别人的一切。基督教各教派诫命的内容都是相同的，只是在具体条文的具体写法上略有差别。前四条讲人与上帝的关系，后六条讲人与人的关系。天主教会将这十诫概括为两个重点：(1)爱上帝万有之上；(2)爱人如己。

基督教徒忌讳"13"这个数字，如人们不愿意在 13 号这天出行，旅馆无 13 号房间，而用 12A 或 12B 来代替。据说是在《圣经》中"最后的晚餐"的餐桌上，有耶稣及其门徒共 13 人，后因叛徒犹大(第 13 者)出卖，耶稣被钉死在十字架上，且耶稣遇害的那天恰是 13 号。因此，在西方，人们很忌讳"13"这个不吉利的数字。

### 四、教堂的建筑艺术与审美

基督教教堂的建筑风格，是基督教发展史在教堂建筑上的具体反映，同时，也是人类文化发展史中的一个缩影。

基督教教堂建筑形式主要有三种：罗马(曼)式、哥特式、拜占庭式。

#### 1. 罗马式

古罗马建筑满足各种复杂的功能要求，依靠水平很高的拱券结构，获得宽阔的内部空间。几个十字形拱与筒形拱、穹隆组合起来，覆盖复杂的内部空间，显得雄浑凝重，构图和谐统一。罗马式教堂是一种仿照古罗马长方形会堂建筑风格的建筑。它的主体建筑为一个长方形大厅，教堂大门或入口在西端，大厅被两行圆柱分隔成中殿和侧廊，在教堂的正面有一个半圆形空间，祭坛设在这里。它是拱形圆顶，地面用大理石铺成。在建筑艺术环境设计上，如果说哥特式教堂刻意体现对天堂的追求，那么罗马式教堂则体现着对地狱的恐惧。在景观审美上，罗马式教堂适宜眺望，它们孤迥兀立、寂寥苍凉，颇有宗教情调(如图 12-1 所示)。

#### 2. 哥特式

这是一种尖顶的高耸教堂建筑。它的建筑风格特点是尖峭、高耸、纤瘦、空灵。它直接反映了中世纪新的结构技术和浓厚的宗教意识。尖峭的形式是尖券、尖拱技术的结晶；高耸的墙体则包含着斜撑技术、扶壁技术的功绩；而那空灵的意境和垂直向上的形态，则是基督教精神内涵的表达与象征。哥特式教堂在设计时利用尖拱券、飞扶壁、修长的立柱以及新的框架结构来加大支撑顶的力量，使整个建筑具有直升的线条、巍峨的外观和高广的空间，从内部到外观上都给人以一种升腾乃至至高无上、直指上苍的感觉，刻意体现对天堂(或天国)的追求。哥特式教堂外部细节较繁复，但内部却比较简洁。内部多用成排的高大立柱将教堂分割为狭长的空间，用五色玻璃装饰天窗，在阳光照耀下，流光溢彩，更突出了温暖、神秘的气氛(如图 12-2 所示)。

图 12-1　罗马式教堂

图 12-2　哥特式教堂

### 3. 拜占庭式

拜占庭式建筑的特点主要是：屋顶造型普遍使用穹隆顶；整体造型中心突出，既高又大的穹隆顶成为建筑构图的中心；创造了把穹隆顶支承在四个独立方柱上的结构体系和与之相应的集中式建筑形制。拜占庭式教堂的式样与罗马式教堂一样也是长方形的，但屋顶与罗马式不同，它的屋顶是由巨大的圆形穹隆和前后各一个半圆形穹隆组合而成，教堂内部空间广阔而富有变化。后来，基本轮廓改为正十字形。拜占庭式教堂的代表作是著名的圣索菲亚大教堂(如图 12-3 所示)。

图 12-3　拜占庭式教堂(伊斯坦布尔的圣索菲亚大教堂)

## 五、基督教音乐文化审美

宗教音乐以其深邃淡泊的旋律、独特的风格吸引了众多旅游者。各大宗教基本都采用音乐等艺术手段突出其神秘性、迷狂性和庄严性。基督教因以"颂赞"为祭，以歌唱来抒发宗教感情、表达宗教信念，其文化形态也独具魅力。每当礼拜仪式开始，钢琴、管风琴奏起，唱诗班唱起赞美神的诗歌，众信徒也同声歌唱，那虔诚、庄严、优美的歌声响彻教堂的拱宇，萦绕在人们的耳际。人们走过教堂时，往往被这歌声吸引，每每驻足侧耳倾听这不同凡响、仿佛来自天上的"福音"，或引颈翘首眺望，试图透过教堂那显得有些神秘的高墙尖顶和色彩斑斓的玻璃窗、穿过一重重拱形的门廊，去探见教堂的内奥。事实上，很多基督徒最初就是被这神圣、庄严、优美的歌声吸引而跨进了教堂的大门……基督教圣乐，简单地说就是基督教的教堂音乐，是蕴含基督教神学内容的诗歌与音乐。圣奥古斯丁在论述诗篇第 148 篇时说道："你是否知道何谓圣诗？歌颂赞美神之所谓圣诗，赞美而不唱不成为圣诗，唱而不赞美神更不是，唱无关赞美神的任何其他歌曲，虽在高歌颂赞，还不是在唱圣诗。"美国圣诗学会为圣诗下过定义，认为："基督教圣诗是抒情的诗，虔诚热切，供人歌唱，用以表达崇拜者对神的态度或神在人界的旨意。形式简单有韵律，情感真挚，有文学与诗的风格，属灵的性质。概念直接明确，唱时有使会众思想感情合一的功用。"而圣诗与音乐的关系犹如花与花香，基督教的作曲家与诗人合作才有了源远流长、光辉灿烂的基督教圣乐。可见，基督教圣乐是以颂赞为祭献给神的诗与音乐，由于它具有圣洁、典雅的风格而被誉为"世界音乐文化的经典"。各时代圣乐中的许多优秀作品被人们恒久地咏唱流传，它们的审美价值已经超越了宗教审美文化的范畴，成为世界音乐文化的经典，成为全人类共同的审美文化财富。在游览基督教堂时，圣乐欣赏是重要的审美内容之一。

# 第四节　伊斯兰教文化与旅游审美

伊斯兰教为公元 7 世纪初穆罕默德于阿拉伯半岛创建，后发展成为盛行于阿拉伯半岛的宗教，8 世纪初成为跨欧、亚、非三大洲的世界性宗教。"伊斯兰"为阿拉伯语的音译，意为"和平、恭顺、安宁"。"穆斯林"即为恭顺安拉意志的人。伊斯兰教以《古兰经》为根本经典，同时也是立法、道德规范、思想学说的基础，其标记为新月。伊斯兰教主要分为逊尼派、什叶派两大派别。

伊斯兰教目前共有教徒(穆斯林)12 亿多人，主要集中于西亚、南亚、东南亚和北非等地区。目前全世界共有 45 个伊斯兰国家，其中有近一半的国家奉伊斯兰教为国教。印度尼西亚是世界上最大的伊斯兰教国家(穆斯林占全国人口 90%左右)。伊斯兰教在我国又称回教(旧称)、天方教或清真教。中国先后有 10 个民族信仰伊斯兰教，其中回族、维吾尔族、哈萨克族三个民族的穆斯林人口总和占全国穆斯林人口的 99%。

## 一、基本教义(六大信仰)

伊斯兰教的"清真言"是：穆罕默德是安拉的使者。最基本的信仰是：除安拉之外再无神灵。后来这些发展成为伊斯兰教的六大信仰。

(1)信真主或信安拉。信仰宇宙万物皆由真主(安拉)创造。要相信安拉是全知全能、主宰开始、创造万物、大仁大慈、洞察一切、无可匹敌的。

(2)信天使。信真主从光中创造的妙体天使。天使按真主的旨意管理各项事务，记录并保存每个人一生的全部善恶言行。

(3)信使者。使者又称圣人，就是安拉派到人间来拯救世人的代理人，他既是人间治世安民的伟大先知，也是安拉真主的奴仆。因而，服从安拉的人应该无条件地服从使者。使者中穆罕默德地位最高，是一位集大成的使者。

(4)信经典或信天经。信奉真主颁布给人类的一切经典。信徒们必须无条件地信仰《古兰经》和按照《古兰经》行事。

(5)信后世。相信后世报应。好人入天堂，坏人下火狱。

(6)信前定。认为人生的一切都是由真主预定的，谁也无法改变，承认和顺从真主的安排才是唯一出路；但是人类仍然享有支配自己行为的自由，前定属于真主，自由属于人类。

## 二、五大功课

(1)念功或证词。要教徒经常口诵"除安拉外别无神灵，穆罕默德是安拉的使者"这句话，以此来对自己的信仰进行公开的表白或作证。

(2)礼功，即礼拜。要求信徒每日应朝麦加方向、安拉所在地祷告五次，以便清除邪念和疑虑，清洁身体，保持心灵的纯洁。这五次礼拜分别是：破晓时一次，叫晨礼；中午一次，叫晌礼；下午一次，叫晡礼；日落后一次，叫昏礼；入夜后一次，叫宵礼。另外，每星期五午后还要集中到清真寺内做一次集体礼，称为聚礼。

(3)斋功或斋戒。伊斯兰教规定，每年必须封斋一个月，伊斯兰教历的九月是斋月。斋月中，每天黎明前到日落，不许吃喝和干其他非礼的事情，日落后开斋。斋戒使人感念真主，体验饥饿，同情贫困，磨炼意志，清理肠胃。

(4)课功或天课。这是伊斯兰教的以神的名义征收的一种课税。交付天课对每个有条件的穆斯林都是天命。天课的目的和作用是让人们养成乐善好施的美德和扶贫济困的精神。

(5)朝功，即朝觐，指定期到"圣地"麦加克尔白寺庙举行大型礼拜仪式。伊斯兰教规定，凡身体健康、旅费充足和旅途方便的教徒，不分性别，一生中都应去麦加朝觐一次。

## 三、主要节日

伊斯兰教的主要节日有三个：开斋节、古尔邦节和圣纪节。

(1)开斋节。希吉拉历(即伊斯兰教历，穆罕默德于公元622年9月由麦加迁徙到麦地那为纪元)9月为斋月，10月1日开斋，称开斋节，持续3~4天。我国新疆地区称"肉孜节"。

(2)古尔邦节，又称宰牲节或忠孝节。时间是希吉拉历二月初十，是为纪念伊斯兰教先知伊卜拉欣(亚伯拉罕)不惜杀子，以示对安拉忠诚，安拉感动，送羊代替的传奇故事。

(3)圣纪节，是纪念穆罕默德诞辰的节日，时间是希吉拉历3月12日。

## 四、禁忌与习俗

(1)神圣月。按照传统习俗，回历太阴年的1月、7月、11月、12月，是伊斯兰教的神圣月。在这四个月份之中，穆斯林要严禁一切激烈的活动。

(2)饮食。穆斯林讲究饮食卫生，提倡选择清洁佳美的食物。严格禁食自死物、血液、猪肉，以及不利于身心健康的酒、烟、麻醉品等有害物质。食用时不可毫无节制。饮食时只能用右手，忌用左手。在回历9月，进行斋戒。

(3)宰牲。宰牲者必须是穆斯林，宰牲前必须诵真主之尊名。

(4)归真。穆斯林忌讳将逝世称做"死"，而称为"归真"(意为"回归至真主的阙下")。伊斯兰教禁止自杀，提倡土葬、速葬、薄葬。

(5)禁赌。伊斯兰教严禁赌博。《古兰经》将赌博与饮酒、求签、拜像都称为"秽行"，是"恶魔的行为"。它说，赌博可使人"互相仇恨"而且有碍人们"纪念真主和谨守拜功"，故明确严禁，要人们"远离"这"恶魔的行为"，做一名纯洁的信士。

（6）禁露"羞体"。伊斯兰教认为，穆斯林男子从肚脐到膝盖、妇女从头到脚都是羞体，禁止露出，违者犯禁。

（7）禁偶像崇拜。穆斯林忌任何偶像崇拜，只信安拉。

（8）通婚禁忌。穆斯林禁止近亲与血亲之间通婚，忌与宗教信仰不同者通婚。

### 五、伊斯兰教景观——清真寺的旅游审美

清真寺一般有尖塔圆顶式和院落式两种类型。尖塔圆顶式清真寺有作灯塔的含意，它可以用来给航船导航，也可以作为沙漠中迷途者辨明方向的参照物。清真寺主要由大殿、经堂、沐浴室、宣礼楼或望月楼、水池或喷泉组成。清真寺由于做礼拜时需要面向圣地麦加，故采用横向建筑，大殿进深小而宽，大殿之前三面有回廊，皆向院子敞开，形同四合院。清真寺建筑的重要特征是穹顶（呈洋葱头状，多饰麦绿色），形态壮观。另一个特征是有塔，塔上有小亭子，它是阿訇（伊斯兰教主持仪式、讲授经典的人）授课、召唤教徒做礼拜用的，故称为宣礼楼（或邦克楼），塔大多为多角形，高达几十米，置于寺的四角。浑圆穹顶与尖而高耸的塔形成鲜明的对比，成为建筑艺术上的一大特色（如图12-4所示）。世界上最著名的清真寺是麦加的"禁寺"——克尔白。我国著名的清真寺有泉州的清净寺、广州的怀圣寺、西安的化觉寺、北京的牛街礼拜寺、银川南关清真寺、喀什的艾提尕寺等。

图12-4 银川南关清真寺

### 六、伊斯兰音乐文化审美

在伊斯兰教文化审美中，音乐也是重要内容之一。伊斯兰音乐是伊斯兰经典赞词诵读

乐调。穆斯林在吟诵《古兰经》和各种赞词时根据经文内容和经文的阿拉伯语读音、发声规律创制了一种特殊的音乐体系，一般没有乐器伴奏，其音调抑扬顿挫、纯朴清雅，充满着阿拉伯民族的特点和风格。它的主要内容是"唤拜词"，这是宣礼员在每日五次礼拜前，召唤大家礼拜时吟诵的。伊斯兰教发展初期，"唤拜词"的曲调是统一的。后来，随着伊斯兰教在世界范围内传播，其曲调也具各国民族特点。吟诵《古兰经》，早期的诵读者只是带有简单的曲调朗读。在发展中，朗诵越来越接近歌唱，出现了曲调的起伏，乐律的渲染，并渗入了阿拉伯音乐的音调。唱诵者没有标准的文字乐谱，全靠口授心传。所唱曲调有一定的旋律和乐理，它可鉴定唱诵者艺术水平的高低。根据阿拉伯语在各国、各地区的差异，《古兰经》等的诵读可分埃及调、巴格达调等。在节日和纪念日赞主赞圣是穆斯林的善功之一。赞词由简单的音调连串在一起，较"唤拜词"《古兰经》吟诵的旋律更为丰实、活跃和富于音乐感。苏菲派把赞念真主和穆罕默德作为启迪信徒心灵的门径，他们的赞念活动分"迪克尔·加利"（即高声赞颂）和"迪克尔·哈菲"（即低声赞颂）两种，他们把音乐、歌舞、诗歌引入赞颂仪式中，认为美好的音乐、优美的舞蹈能使人主相交融、合为一体，信徒们也可在这一活动中自责和忏悔以往不良的言行。

在中国，伊斯兰音乐多流传于回族较集中的地区，而且与这些地区穆斯林的宗教及民俗活动分不开。穆斯林们经常以极为丰富多彩的歌唱性音调来吟咏《古兰经》和赞颂真主。在这些诵经音调中，除继承了伊斯兰音乐传统外，在某些方面又结合中国回族的习俗而有所创造和发展，曲调因教派、门宦、地区不同而有所迥异。有些传入的伊斯兰宗教音调也因语言和审美习惯不同而中国化或地方化了。中国回族伊斯兰音乐是中亚、西亚伊斯兰音乐与回族民间音乐相融合的产物，是同源异流的关系。它和中国传统音调相比有明显的异国风味，但与纯正伊斯兰音乐相比又具有较多的中国化音乐特色。回族受伊斯兰教音乐影响较深，但由于受生活习俗、方言声韵、演唱习惯的限制，便很自然地把他们所熟悉的地方音调糅入进去。所以他们的唱诵音乐既保留了伊斯兰音调中的原汁原味，同时又注入了新的地方性音素和回族音乐成分，形成了以伊斯兰音乐为主调的音乐变体。中国回族音乐在继承和发展伊斯兰音乐传统的基础上吸收、融合汉族与其他少数民族音乐成分而逐渐确立了自身民族音乐的风骨；部分民歌基于其带有伊斯兰音乐的遗韵，所以具有回族本体音乐的性格，并有机融入当地的音乐元素，从而形成了中国回族独具的音乐特色。

## 第五节　佛教文化与旅游审美

相传于公元前6世纪至前5世纪，位于喜马拉雅山南麓的古印度迦毗罗卫国（今尼泊尔境内）的净饭王子乔答摩·悉达多（一般称为释迦牟尼）创立了佛教，后分为小乘佛教（以自我解脱为宗旨）、大乘佛教（主张利己与利人并重，以普度众生为宗旨）。

佛即佛陀的简称，佛的意思是觉悟者或智慧者，即真正圆满觉悟了宇宙人生真理的智者、圣人；佛教的标记为"卐"（表示吉祥万德）或法轮（表示佛之法轮如车轮辗转，可摧破众生烦恼）。

佛教的经典最丰富，由国务院古籍整理小组编辑出版的《中华大藏经》就收入了历代经典 4 200 余部、23 000 余卷。我国最早的译经相传为迦叶摩腾、竺法兰译的《四十二章经》。被我国称为《三藏经典》的是佛教经典总集，即"经藏"（佛经）、"律藏"（律仪）、"论藏"（对经文的解释）。目前，现存我国的藏译本、汉译本最为完整。

佛教文化具有明显的东方文化色彩，并对我国有深刻的影响。目前共有佛教徒 3.6 亿人，集中分布于亚洲的东部和南部（东南亚），泰国是世界上最大的佛教国家（95%以上的人信仰佛教，有"黄袍佛国"之称）。佛教的形成与地理环境有一定关系，有学者认为，印度炎热的气候造就了消极处世、逃避现实的佛教以及盛行出世观念的"炎土"文化。

佛教自两汉之际传入中国，至今已有 2 000 多年的历史。佛教文化的传入对中国文化影响很大。由于传入的时间、途径、地域、民族文化和历史背景不同，中国佛教形成了三大系，即汉地佛教、藏传佛教、云南上座部佛教。佛教在我国的发展经历了魏晋南北朝的发展期和巩固期、隋唐的全盛时期和两宋的转折期，自两宋以后，佛教逐渐走上了衰落的道路。

## 一、基本教义

佛教认为，宇宙和人生是"无常"的，一切都在变化之中，人生有种种不如意。人若欲望强烈，执著于世间的一切，认为有永恒不变的东西，则会有烦恼和痛苦感。人通过信奉佛教，努力修行，增长福慧，消除贪欲，就可以断除烦恼，摆脱痛苦，进入超脱生死的境界。佛教主要是教会我们如何化解生活中的种种苦恼与冲突，化解生命过程中遇到的种种不幸与苦难。佛教基本教义的核心是"解脱"，从"解脱"坐标观照人生，把心性修养看作人生解脱的必由之路。这些道理通过如下教义表现出来：

### 1. 四圣谛

四圣谛即佛教关于人生苦恼和摆脱苦恼的四大真理，即苦谛、集谛、灭谛、道谛。苦谛：人生痛苦，苦海无涯（即"七苦"）。集谛：探求产生痛苦的原因（即"十二因缘"，因果轮回）。灭谛：人生灭苦的真理（即苦难的灭寂、解脱）。道谛：消灭人生痛苦的方法（即"八正道"）。四圣谛以论定人生的价值是苦和分析苦的成因为出发点，以指示解脱诸苦的途径为中心，构成佛教的最基本教义。

### 2. 三法印

佛家修道行持的"八正道"以正见为首，正见的确立就是佛陀开示的"三法印"，即以三句话印证诸法，合此标准，就是佛法正见，否则就是偏妄的邪见。

诸行无常：世上一切事物或现象都不是永恒的，而是生灭变化的，佛教认为应该以流变的眼光观察变化的事物，才能真实了解宇宙与人生的本质。

诸法无我：一切存在都没有固定不变的实体，都是因缘聚合而成，是相对的、暂时的。

涅槃寂静：即远离和寂灭烦恼，断绝相累，寂然常往，解脱生死，具备一切清净功德。这是佛教修习的最终归宿与最高境界。

### 3. 缘起

缘起即一切事物或现象的发生都是由相对的互存关系和条件决定的。缘起又称"十二因缘"。

### 4. 轮回报应

佛教信奉因果报应与生死轮回。

## 二、戒律

戒是修行者修身养性的规范。戒律为警戒于事前的行为准则。佛教中戒的主要精神是诸恶莫做，众善奉行，使修行者依此而行，止恶扬善。佛教弟子有出家与在家之别：出家者即离开家庭、舍弃一切到寺庙专修沙门行者；在家者，即除了正常的生活、工作外，而能兼修佛道者。无论出家、在家修行，都要先经过入教手续即在佛前宣誓，皈依三宝，受持五戒，才能成为正式的佛门弟子。

### 1. 三皈依

即皈依三宝（佛、法、僧），也就是说皈依佛宝、皈依法宝（苦、集、灭、道四谛）、皈依僧宝。为什么称佛、法、僧为"三宝"呢？这是因为佛、法、僧指示众生断恶修善，解脱系缚，得到自在，极为珍贵，如世间珍奇宝物，所以称之为"宝"。众生若将身心皈依三宝，即可乘宝筏早出苦海。

### 2. 五戒

（1）杀生戒：不残害生灵。如绝大多数寺庙都设置放生池，提醒人们不要滥杀生灵，维护生态平衡。

（2）偷盗戒：不能将他人财物据为己有。

（3）邪淫戒：只维持合法的夫妻关系，不拈花惹草。

（4）妄语戒：不可口是心非、花言巧语、辱骂诽谤、恶语伤人。

（5）饮酒戒：不能故意饮酒。

## 三、佛教常用礼仪

### 1. 合掌（合十）

左右合掌，十指并拢，置于胸前，以表示由衷敬意。

### 2. 绕佛

围绕佛右转即顺时针方向行走一圈或多圈，表示对佛的尊敬。

### 3. 五体投地

五体指两肘、两膝和头。五体都着地，为佛教最高礼节。先正立合掌，然后右手撩衣，接着膝着地、两肘着地，再接着头着地，最后两掌翻上承尊者之足。礼毕，起顶头，收两肘和两膝，起立。

### 四、主要节日

佛教最大的节日是四月初八的佛诞日和七月十五日的自恣日。这两天都叫做"佛欢喜日"。

#### 1. 佛诞日

佛诞日也叫浴佛节。在大殿供奉太子像，全寺僧众以及佛徒要以香汤沐浴太子像，作为佛陀诞生的纪念。根据佛经中说，释迦牟尼佛的诞生、出家、成道、涅槃同是四月十五日，但汉地习惯四月初八为佛诞日、二月初八为佛出家日、腊月初八为佛成道日、二月十五日为佛涅槃日。在佛诞日要举行浴佛法会，其他三日也要在寺院中举行简单的纪念仪式，特别是腊八日，要煮腊八粥(由多种豆类、杂粮熬煮而成的稀饭)以供佛，已成为民间的普遍习俗。

#### 2. 自恣日

自恣日也称盂兰盆会。根据西晋竺法护译的《佛说盂兰盆经》而举行超荐历代祖先的佛事。据该经说：目连(佛弟子中神通第一)的母亲死后成为饿鬼，目连尽自己的神通不能救济其母，佛告知其要在每年七月十五日僧自恣时，以百味饮食供养十方自恣僧。以此功德，七世父母及现在父母在厄难中能得以解脱。

### 五、佛、菩萨、罗汉

在佛教寺庙中，都供奉有一定数目的佛、菩萨和罗汉。他们之间有什么联系和区别呢？

佛是"佛陀"的简称，是"觉者"之义。佛教认为"觉"有三种含义：自觉、觉他(使众生觉悟)和觉行圆满，其中觉行圆满是佛教修行所能达到的最高境界。佛，就是达到最高境界的"觉者"。如寺庙中常供奉的佛像有释迦牟尼佛、药师佛、南无阿弥陀佛和弥勒佛。佛亦指"如来"，头顶有肉髻，头上生螺发，眉间生白毫。

菩萨是上求大觉大法，下度一切有情，但只达到"自觉"和"觉他"境界者，如观世音菩萨、地藏王菩萨、文殊菩萨、普贤菩萨。菩萨又称"大士"，头戴宝冠，服饰华丽。

罗汉是佛教名词"阿罗汉"的简称。罗汉是已达到自觉境界，即已经断除一切烦恼、超脱于生死轮回之外者。罗汉也叫"尊者"，剃光头，穿袈裟。

佛教认为，佛、菩萨、阿罗汉都是人而不是神仙。因此，任何人的智慧达到觉行圆满，就可以称其为佛。

### 六、涅槃、舍利

涅槃的意义是圆寂，就是说，功德圆满、永远寂静的最安乐的境界，是不可思议的解脱境界。世俗文化中亦作逝世的美称。

舍利是焚烧不化的遗骨，犹如闪闪发亮的小珍珠，据说是修行得道的见证。

## 七、我国著名佛教文化景观

### 1. 四大佛教名山

我国四大佛教名山是指普陀山（观音菩萨道场）、九华山（地藏菩萨道场）、五台山（文殊菩萨道场）、峨眉山（普贤菩萨道场）。

### 2. 三大名窟

我国三大名窟是指敦煌莫高窟、大同云冈石窟、洛阳龙门石窟。

### 3. 著名寺庙

我国著名寺庙主要有白马寺、少林寺、寒山寺、国清寺、灵隐寺、法门寺、悬空寺、雍和宫、外八庙、布达拉宫、扎什伦布寺、南禅寺、栖霞寺、玉泉寺等。

## 八、参观佛寺和佛教旅游审美的要领

### 1. 欣赏佛教文化艺术

佛教文化艺术丰富多彩，博大精深，参观佛寺应以审美的心态进行欣赏。例如，参观苏州西园戒幢律寺罗汉堂时，可以着重欣赏济公和疯僧独特的雕塑艺术。走进佛寺的大雄宝殿时可以着重欣赏一下佛像的面部表情和手势。如佛之微笑我们可以将其理解为：佛陀在人生的困难面前，镇定自若，淡然而笑，显示了智者之深沉、大度以及用慈爱护卫众生的坚强意志和决心。

### 2. 学习佛教某些处世哲理和优良品质、高尚理念

佛教文化实际上很多东西也值得人们去学习、宣扬。佛家对人的迷惑、烦恼、痛苦、死亡有着真诚的关怀，为人解脱苦难，指点迷津。例如，地藏菩萨曾发大愿："誓必尽度地狱众生，拯救诸苦，不然誓不成佛。"这就是说，他一定要把地狱中受苦众生全部解放出来以后，才最后成佛，否则绝不成佛。

### 3. 领会佛教文化给人的启示

佛教予人以正确的征服观。痴迷的人往往以为征服全国、征服邻邦、征服世界、征服大自然是政治的巅峰、人生的极致。由此才有秦始皇、成吉思汗、亚历山大大帝、拿破仑一世，乃至希特勒、东条英机、墨索里尼、本·拉登、萨达姆、卡扎菲等。佛教给人的启示是，征服世界不是人的最高意志，征服自己才能发现最高意志，才是真正的征服。纵观历史，横看寰球，几多大统治者、大政治家，在世时何等睿智英明，临终前却何其糊涂可叹。他们如出一辙地指望万代的膜拜、永远的歌颂，然而，往往事与愿违。因为，他们最后没有认识和征服自我，所以也征服不了后人。

总之，佛教中有很多优秀文化值得人们学习。另外，佛教中劝人为善、助人为乐、戒除恶念、净化身心、知足常乐等处世哲理，以及倡导众生平等、敬畏生命的价值观念，往

往为人们或旅游者所乐于接受。近年更有诸多研究者认为，佛教的生态观、价值观尤为可取，它有助于人类在文明的道路上认清自己的位置，消除狂妄的征服之心。所有这些，对人类的福祉和社会的可持续发展都具有一定的借鉴意义。

### 九、佛教音乐文化审美

很多人聆听佛教音乐时常会感到心灵受到震撼或者得到抚慰，这是由佛教音乐的美学价值所决定的。不同时代、不同地域、不同乐种的佛教音乐差异较大：或清远飘逸，或苍凉雄沉，或空灵神秘，或庄严圣洁，使聆听者产生不同的审美感受。佛教音乐大体上包括两种类型：一是以音乐的形式进行宗教仪式，音乐是其借助手段，侧重点在于宗教。二是以音乐的形式表达佛教思想和佛教意境，侧重点在于音乐，其目的是通过音乐使聆听者产生禅悦——宗教美感，从而达到弘法的目的，从本质上讲属于音乐范畴，如琴曲《普庵咒》、歌曲《三宝歌》等都可归为此类。作为佛教音乐，不管是侧重宗教还是侧重艺术，二者的关系密不可分，都是审美文化和审美对象的组成部分。佛教仪式中的音乐，听者往往产生不同的审美感受。在具体的佛教音乐审美过程中，不论是传统的佛教音乐还是现代的佛教音乐，审美内涵之丰富均令人称叹。佛教中的宗教仪式非常多，小型的有每日的"朝暮课诵"，大型的有"水陆法会"、"瑜伽焰口"等。这些仪式中的很多内容要通过歌唱（梵呗）、半歌唱（吟诵）、敲打法器来表现，有些还要用鼓吹乐或管弦乐演奏，俗称"吹打唱念"。"瑜伽焰口施食"就是典型的"吹打唱念"组成的音声佛事。近几十年来，佛教音乐发生了很大变化，已逐步从传统走向现代，从继承走向创新，从佛事走向艺术，从寺院走向社会。演出形式呈现舞台化、多样化、大型化。舞台化使佛教音乐具有音乐会的色彩。台上表演者无论僧俗，都是面对观众、面对现实、面对社会的，发挥教化人心的功能。这与僧人在做法时以神通驱使鬼神或以香花歌赞礼请佛菩萨的性质完全不同。舞台上演出的佛教音乐在演员阵容、节目编排、艺术追求、现场调度、音响效果等方面都具有鲜明的表演性质。多样化是以不同形式的音乐表演表达音乐会主题。小合唱、大合唱、乐器独奏、合奏、朗诵甚至舞蹈，成为舞台佛教音乐的共同组成部分。大型化包含以下几方面内容：一是音乐节目组成丰富；二是演员阵容强大；三是音乐会设计严谨、整体感强。一般没有明显场次区分，没有独立的节目，往往合唱演员站满舞台，只有部分演员进行轮换。1996年7月25日中国台湾地区佛光山丛林学院在台北演出大型"梵音乐舞"，融合了梵呗（唱诵）、器乐演奏及舞蹈于一堂，将佛教音乐之美带向更高境界。200位法师歌咏《观音颂》，同时配合每人手中黄、白、粉红三色莲花灯，变化出各种图案。法师们的大合唱《七如来》等，庄严神圣，气势磅礴，强烈震撼了听众的心灵。整台节目体现了佛教音乐舞台化、多样化、大型化的特征。大陆也有类似作品问世，规模较中国台湾地区小，但演员水平相对要高，如中国广播合唱团根据传统梵呗改编的无伴奏合唱《梵韵》、西藏拉萨藏族艺术家创作演出的大型佛教音乐作品《雪域佛光》等作品。这些作品的出现，说明佛教音乐已开始面向现代社会。现代佛教音乐十分重视继承传统佛乐，但这种继承包含了创新，即推陈出新。

# 第六节　道教文化与旅游审美

　　道教是我国汉族土生土长的宗教，是以我国社会的神灵崇拜为基础，以神仙可求，诱使人们用方术(内养、外养、房中术)修持追求长生不老、登仙享乐为主体内容，以道家、阴阳五行家、儒家谶纬学说为神学理论，带有浓厚万物有灵论和泛神论性质的宗教。其产生的思想渊源有老子的哲学思想、中国古代的巫术鬼神思想、阴阳五行说等。

　　道教形成于东汉顺帝时期的汉安元年(公元142年)，至今已有1 800多年的历史。首创者为张道陵，尊老子为道祖，以《道德经》为经典。道教出现的最初形式，是"五斗米道"和"太平道"，此时它们经常充当农民起义的旗帜。南北朝以后，道教体系逐渐建立起来，形成了"全真道"和"正一道"两大派别。明清以后，道教慢慢衰落下来。道教的经典是《道藏》，道教标记为八卦太极图(阴阳鱼与伏羲八卦的合图，其阐释宇宙构成的奥秘，寓意阴阳平衡，即阴阳相反而和谐，对立而相容，如图12-5所示)。

图 12-5　八卦太极图

## 一、基本信仰和教义

### 1. 道教的基本信仰

　　道教最基本的信仰是"道"。道教思想的"道"，本义为"行走的途径"，引申为大自然的基本规律和自然界万事万物的本源，超越现实世界一切事物的宇宙最高法则。道教把"道"看做"虚无之系，造化之根，神明之本，天地之元"，是"长生久视之道"，是永恒的，人若得到它就可凡胎成仙、长生不老。道教的一切教义、教理都是由此"道"生发而成的。道教认为，通过"精、气、神"三者归一即可得道成仙。在修道中有7个阶段：敬信、断除、收心、简事、真观、泰定、得道。要"形如槁木，心若死灰，寂泊之至"，而后方可得道。此外，在道家看来，万物无一例外地都同样根源于"道"的流转与"气"的聚散，由此它们也就没有本质的差别，没有价值的优劣。

**2. 道教的教义**

道教的教义主要有四个方面。

(1)宗教思想。认为宇宙万物都是由"道"所化生的。关于宇宙生成的观点，在老子那里不过是哲学唯心主义观点，而道教为了适应宗教信仰的需要，则把"道"演变为"洪元、混元、太初"三个不同的世纪，然后又把这三个世纪人格化为三清尊神，作为道教尊奉的最高神(玉清元始天尊，象征洪元；上清灵宝天尊，象征混元；太清道德天尊，象征太初)，这"三清"就是"道"在人间的形象。

(2)方术。包括巫卜、占星、医术、祈禳、咒术、神符、驱鬼、祭祀等仪式。

(3)追求长生成仙，即长生不老术。包括辟谷、服饵、胎息、导引、吐纳、外丹术、内丹术、房中术等。

(4)道教的伦理思想("天道循环、善恶承负")。道教的伦理思想主要体现在两个方面：一是"积功德"，二是"不犯戒"。道教非常重视功德，把它定为长生、成地仙、成天仙的必经途径。这里的"德"主要是指忠、孝之"德"。道教的戒律很多，且十分严格，如《仙道十戒》、《老君二十七戒》等，规定得十分详细。另外道教伦理思想中也有"善恶报应说"的成分，如道教经《云笈七签》中"人有一善则心定神安，有二善则气力强壮……有万善则为太上玉皇帝"，"有九千恶者入无边地狱，一万恶者堕麻荔狱"等说法，认为只有修行真道、行善事、积善成仁才能为子孙造福，不受因果报应之苦。

## 二、道家文化的核心与精髓

道家文化的核心是：以"自然"为本位，侧重从"自然"出发来观照人生、社会和宇宙，强调自然是人生的根本，主张顺应自然、回归自然、天人合一，一切作为都要合乎自然的本来面貌和变化规律。

道家文化蕴含丰富的思想精华。道家的思想，在探究宇宙和谐的奥秘、寻找社会的公正与和平、追求心灵的自由和道德完善三个方面，对于我们这个时代都具有一定现实意义。其天人合一的思维方式、顺应自然的行为原则、抱朴守真的价值取向、崇俭抑奢的生活信条、与世无争的处世之道、重生养生的人生追求，都还在影响着我们的民族性格，特别是道家传统中阴阳平衡与协调的观点可以为人类文明的可持续发展作出有益的贡献。但道家文化也有比较粗糙、比较原始甚至迷信的一面，有些与现实离得太远，故一直缺乏生机和活力。

## 三、供奉的主要神像

**1. 尊神**

(1)三清。三清尊神即玉清元始天尊，上清灵宝天尊，太清道德天尊。三清殿内供奉的三神像是：居中者为元始天尊，手持拂尘或元始宝珠；其右(西面)为灵宝天尊，手持浑圆球(太极球);其左(东面)为道德天尊,手持太极图或太极神扇。他们是道教至高无上的三位最高天神。

(2)四御。四御尊神即勾陈上宫天皇大帝,紫微北极大帝,南极长生大帝,承天法地后土皇地祇。这是道教中统治天界的三位天帝和一位天后,他们是辅佐"三清"的四位尊神。

(3)三官。三官即天官(尧)、地官(舜)、水官(禹)。

**2. 神仙**

神仙主要有真武大帝、文昌帝君、魁星、八仙(铁拐李、汉钟离、张果老、吕洞宾、蓝采和、曹国舅、韩湘子、何仙姑)、天妃娘娘(妈祖)。

**3. 护法神将**

护法神将即关圣帝君(关羽)、王灵官(王善)。

### 四、戒律和清规

道教制定了不少戒律和清规,用来约束道士的思想和言行,以防他们产生邪恶欲念和犯错误。

戒律是警戒事前的行为准则。道教戒律大约在两晋南北朝时期开始订立。最基本的是"五戒",即戒杀生、戒酗酒、戒口是心非、戒偷盗、戒邪淫。在此基础上,又进一步制定了"初真十戒"。这"十戒"的内容是:不得不忠不孝不仁不义;不得阴贼潜谋,害物利己;不得杀生;戒邪淫;不得败人成功,离人骨肉;不得毁贤扬己;不得饮酒食肉;不得贪求无厌;不得交游非贤;不得轻忽言笑。

清规是对违纪犯律道士的惩处条例。道教清规在元、明之际开始订立,无完全统一的规定。北京白云观是道教第一宫观,它的清规有:贪睡不起者,跪香(罚跪烧一炷香时间);早晚功课不随班者,跪香;诵者不恭敬者,跪香;出门不告假或私造饮食者,跪香;毁谤大众、怨骂、斗殴者,杖责逐出;茹荤饮酒、不顾道体者,逐出;违犯国法、奸盗邪淫、坏教败宗者,火化示众等。

### 五、道教名山与道教建筑的旅游审美

**1. 名山(洞天福地)**

主要有青城山(四川)、武当山(湖北)、崂山(山东)、龙虎山(江西)、庐山(江西)、天台山(浙江)、终南山(陕西)、罗浮山(广东)、茅山(江苏)以及五岳(泰山、华山、恒山、衡山、嵩山)等。由于道教具有天人合一的思维方式、顺应自然的行为原则、抱朴守真的价值取向、追求"自然无为"的崇高境界,因此对自然环境非常保护,使许多道教名山成为山清水秀的旅游胜地。

**2. 道教建筑**

(1)宫观。

　　道教宫观建筑的主要特征是以木为建筑材料，注重建筑与自然环境的和谐关系，建造反翘的曲线屋顶。以木为建筑材料，注重建筑与自然环境的关系，这些与道教崇尚自然的观念有关，道教认为树木是大自然中富有生命的物质，木结构能深刻反映人对自然的情感；反翘的曲线屋顶呈现出飞动轻快、趋向上苍的动势，体现了道教飞升成仙的追求。

　　道教宫观根据其布局及结构形式可以分为均衡对称式、五行八卦式、自然景观式三种类型。均衡对称式道观按中轴前后递进、左右均衡对称展开的传统手法建成，以道教正一派祖庭上清宫和全真派祖庭白云观为代表；五行八卦式道观按五行八卦方位确定主要建筑位置，然后再围绕八卦方位放射展开，具有神秘色彩的建筑布局手法，以江西三清山丹鼎派建筑为代表；自然景观式道观一般建在自然风景优美的地方，具有建筑与自然山水紧密结合的独特风格，充分体现了道家"道法自然"、"天人合一"的思想。

　　道教建筑布局与佛教相近(中轴对称)，其最主要的殿堂为三清殿，内设奉三神像。此外，供奉的神祇还有"八仙"等。由于道教追求天人合一、抱朴守真，建筑大多朴素无华，但墙壁、柱子、门窗等皆用红色，最重要的标志是阴阳八卦轮，常用图案有灵芝、仙鹤、八卦、暗八仙(即八仙所持物品。葫芦：八仙之一铁拐李所持宝物，能炼丹制药，普救众生；宝剑：八仙之一吕洞宾所持宝物，有天盾剑法、威镇群魔之能；扇：八仙之一汉钟离所持宝物玲珑宝扇，能起死回生；渔鼓：八仙之一张果老所持宝物，能相星卜卦，灵验生命；笛子：八仙之一韩湘子所持宝物，有妙音萦绕、万物生灵之能；阴阳板：八仙之一曹国舅所持宝物，其仙板神鸣，万籁万声。花篮：八仙之一蓝采和所持宝物，篮内神花异果，能广通神明；荷花：八仙之一何仙姑所持宝物，它出淤泥不染，可修身禅静。如图12-6所示)等。

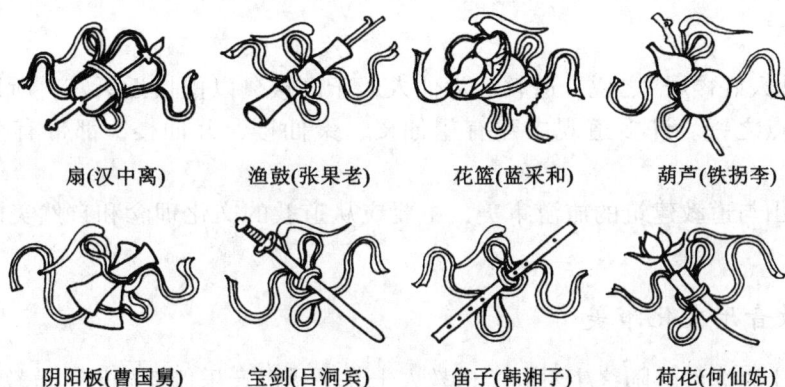

扇(汉中离)　　渔鼓(张果老)　　花篮(蓝采和)　　葫芦(铁拐李)

阴阳板(曹国舅)　　宝剑(吕洞宾)　　笛子(韩湘子)　　荷花(何仙姑)

图 12-6 "暗八仙"图

　　道教宫观著名的有太清宫(河南鹿邑)、上清宫(江西贵溪龙虎山)、青羊宫(成都)、楼观台(陕西周至，是我国最早的道观)、白云观(北京)、永乐宫(山西芮城，传说是吕洞宾诞生地)、重阳宫(陕西户县，传说是全真道创始人王重阳的埋骨处)等。

　　(2)石窟造像。

道教石窟造像相对佛教石窟造像要少一些。山西太原龙山石窟为最重要的道教石窟，福建泉州的清源山老君岩为道教最大的造像（如图 12-7 所示）。

图 12-7　清源山老君岩老子坐像石雕

（3）楼阁。

道教有"仙人好楼居"之说。道教认为仙人居于高楼，以便接近天宫，所以楼阁也是道教建筑的特点之一。许多道观中建有望仙楼、聚仙楼、万仙楼，都带有登楼求仙的意思。

对道教名山与道教建筑的旅游审美，主要应从道教的文化理念和自然美的角度去体会、把握。

## 六、道教音乐文化审美

与佛教人士以念经伴随终生不同，道教人士几乎是以音乐伴随终生。道教在促进我国民间音乐的发展上起到了重要作用。不少道教人士在音乐上颇有造诣，有的还是杰出的音乐大师，例如，出身道士的阿炳（原名华彦钧）被世人公认为著名的民间音乐家。他 13 岁就掌握了二胡、三弦、琵琶和笛子等多种乐器的演奏技艺，16 岁时正式参加道教音乐吹奏，表现得出类拔萃，被誉为"小天师"。他创作的二胡曲《二泉映月》获 20 世纪华人经典音乐作品奖。这一音乐作品，渗透着传统音乐的精髓，透露出一种来自人民底层的深沉气息，情真意切，扣人心弦，充满着强烈的艺术感染力。

道教音乐在曲式和情调的内涵上，渗透着道教的基本信仰和美学思想，反映了道教对长生不老和清静无为的追求。道教音乐旋律古雅、内容丰富，既有赞美神仙的颂歌、渲染仙境的华章，又有召神遣将的磅礴之声、镇煞驱邪的庄严之曲，形成了自己独特的风格（见图 12-8）。许多道教音乐是我国民间音乐中的瑰宝。例如，武当道教音乐是中国道教音乐文化的重要组成部分，简称武当道乐。它承袭了远古巫觋舞乐传统，吸收了先秦时的民俗祭神音乐、宫廷音乐、民间音乐中的精华，根据道教特有的审美情趣对之进行综合与改造，形成了独具神韵的道教音乐，有渲染法事情节、烘托宗教气氛的作用，并贯穿于各项法事活动始终。武当道乐是歌、舞、乐为一体的艺术形式，可分为"韵腔"和"曲牌"两大类。演奏乐器有钟、鼓、吊锣、铙、钹、大木鱼、笙、箫、管、笛等。武当道乐既具有中国道教音乐的共性，又具有独特的个性特征。《武当山志》记载，武当道乐具有四个特征：一是庄严典雅的气质。唐至明代，武当道场受到皇室的重视，在武当山安置神像、科仪法事，配置乐舞生，纳入皇室官府议事日程，宫廷雅乐对武当道乐有很大影响，因此具有宫廷音乐庄严、典雅的气质。二是混融一体的独特宗教韵味。武当山的全真、正一等派别的道士长期同室咏讽经乐，相互吸收与相互渗透，形成了既丰富多彩又协调一致的武当仙乐神韵。三是南北交融的地方特色。武当山与川、陕、豫相邻，这一地区的民歌、曲艺、戏曲十分丰富，武当道乐受之影响；再者，皇室从全国各地钦选多名高道来武当山办道，外地道士常到武当丛林云游挂单，都对道乐的发展有一定影响。四是武当道乐还融合吸收了相当数量的佛教文化因素，因而具有道佛融合的宗教风格。目前，武当山道协与旅游部门录制出版了《武当仙韵》、《中国武当道教音乐》、《武当道教早晚坛功课》等磁带，拍摄播放了《太和玄乐》、《武当风韵》等电视专题片。在武当山乌鸦岭至金顶的古神道沿途安装了地音喇叭，播放武当道乐，游客在游览途中随时可以享受独具神韵的武当道乐。

图 12-8　道教音乐演奏

## 第七节　中西宗教文化比较

现代宗教学的奠基人麦克斯·缪勒认为："只懂一种宗教，就等于不懂宗教。"因此，比较宗教学是现代宗教学的重要内容之一。比较宗教学的最大努力方向和最杰出成就在于摆脱西方中心主义，特别是基督宗教中心主义立场。当前，我国社会正处在深刻变革时期，人们的思想观念和价值取向日趋多样，宗教的社会影响力有所增强。因此，在我国民众中，尤其是在大学生中进行比较宗教学特别是中西宗教文化比较教育，很有必要。

中西方文明在其长期发展的过程中形成了各自不同的宗教形态，拥有不同的宗教态度、宗教信念、宗教体验和宗教地位。徐行言、李佑明、刘承华、梁晓鹏等学者曾经对这一问题进行过较全面的研究。

从严格意义上讲，中国本土所形成的儒教和道教很难说是真正意义上的宗教，这也是学术界一个存在共识的看法。但鉴于儒教和道教在中国宗教文化中所占据的重要地位，不妨把儒家和道教放在偏离传统宗教意义但又带有若干传统宗教共同特点序位上，与西方宗教文化(具有代表性的基督教文化)进行比较。

### 一、此岸与彼岸——两种不同的宗教态度

在对待宗教的态度上，中国文化体现为对现世(此岸)生活的热爱，具有人本的价值尺度；西方文化则表现出对一个超越的彼岸世界的向往，在价值尺度上是以神为本的。西方宗教文化带有鲜明的超世俗主义特征，而在中国的宗教文化中世俗主义倾向则十分明显。

#### 1. 世俗主义——非宗教的人生

与西方基督教神权大于王权的状况不同，中国的宗教信仰一直让位于儒家思想，成为圣王王道的附庸。跟西方哲学相比，中国哲学很少讨论彼岸和来世，很少论证上帝的存在，具有明显的重事实、重现实的取向，中国人关心的是现世、此岸所发生的问题。尽管中西学界有不少人倾向于将儒教视为特有的宗教(原因是儒家思想虽然不具备典型的宗教形态，但在中国传统文化中却发挥着宗教的文化功能)，由于儒教具有明显的世俗性，学者们多认为它并非完全意义的宗教。作为现代新儒学代表的梁漱溟先生在《中国文化要义》一书中认为，"几乎没有宗教的人生"是中国文化的主要特征之一。

在"人本"的价值尺度的导引下，中国民间的宗教行为呈现出如下状况：人们为了追求现世的幸福和快乐，可以拜佛求菩萨，同时也会祭祀祖先神灵，还可以占卜求签，甚至幻想通过种种途径羽化成仙……缺乏原本宗教所具有的超越精神，并有许多盲目的迷信色彩。人们信仰各种宗教的目的是保佑现世人生的幸福和安乐。这恰如梁漱溟先生所说的"非宗教的人生"。

中国的宗教文化呈现出明显的世俗主义的倾向。例如，儒家的经典文献中大量充斥着世俗主义的教导，如"未知生、焉知死"、"修身齐家治国平天下"、"君子理想"等，都是

强调个人在现世生活中的所作所为，而不去形而上地对宇宙起源、生死等问题进行论述。儒教的这种世俗主义倾向亦为著名的社会学家马克斯·韦伯在其经典著作之一《儒教与道教》早有论述。道教在早期的发展过程中呈现出自我境界的升华、个人厌世主义等特征，显然其教义与儒教相比要更接近于超世俗主义的标准，但儒教在中国宗教文化中取得统治地位后，且在中国宗教文化服从世俗王权的体制下，道教亦不得不以世俗主义的精神对其自身进行修正。所以在随后的道教发展历史中，道教更多的演化成带有占卜算命谶纬性质的特点。佛教自从东汉传入中土以来，在带有明显世俗主义特点的中国宗教文化的影响下，其超世俗主义的特点亦很难得到中土文化的认同。所以在中国的文化体系中，佛教文化一直受到儒家文化的抵制，而其所取得的某些成就也大多是建立在吸收儒家文化的基础之上。不难看出，佛教的超世俗主义的特征在中国的宗教文化中的影响是有限的。如今在中国，除了少部分教徒之外，绝大多数人是不信教者，其世俗主义倾向更是不言而喻。这种世俗精神还可以从宗教文化的物质层面如寺庙的建筑风格（"世间衙署的翻版"、"红尘世界的倒影"）得到说明。

**2. 灵肉分离——对超越的向往**

纵观西方宗教发展的千年历史，不难得出其鲜明的超世俗主义特征的结论。《圣经》中对天堂和地狱的描绘、灵魂和肉体的分离；奥古斯丁"上帝之城"与"世俗之城"说法的提出；路德等宗教改革家"宗教只关注人的精神事务"的主张，都是这一论点的有力证明。

基督教认为，人的存在是有限的和罪性的，因而人类的自救和自我解脱是不可能的。人只能把得救的希望寄托于彼岸的上帝，倾听来自冥冥天国的福音。对于人来说，只有来世的生活才是永恒的，真正的幸福是彼岸天国的永生，而不是今世有限的感官快乐和世俗欲望的满足。基督教要人们为天堂而不是现世的幸福而努力，不要留恋和贪求世俗欲望的满足和现世人生的幸福。基督教把人看成灵魂与肉体的结合物，其中灵魂归属于上帝，肉身归属于自己，重视灵魂而蔑视肉体。人们把人生的意义和生活的信念寄托于上帝，寄托于超越世间的精神欢乐。这种超越精神可以从宗教文化的物质层面如哥特式教堂的建筑风格（尖顶高耸）见其一斑。

## 二、多元与一元——两种不同的宗教信念

中西方文化在历史进程中选择了不同的价值尺度和发展方向，使得各自文化不仅在对待宗教的问题上持完全迥异的态度，而且在具体的信仰实践中也呈现出完全不同的宗教观念。

**1. 泛神论的多元信仰**

中国人对待宗教信仰缺乏真正意义上的超越精神与终极关怀，在对待宗教和神灵的态度上也缺少西方文化中那种固执一端的宗派意识，因而他们对待各种不同宗教的态度也较为宽容。中国各教徒对于其他宗教的领袖大多抱有相当的尊敬，很少持敌对的态度。在他们看来，只要伟人所创造的宗教，他们都可以接受，就都能受到他们的崇拜，因为他们都代表了人类中的最高智慧和最高人格（如耶稣、穆罕默德、释迦牟尼佛等），这一点与西

方宗教有相当大的不同。在中国许多庙宇里，同时供奉着孔子、老子和释迦牟尼佛，甚至将关羽、岳飞这样的民族英贤也供奉在一起。中国的宗教信仰是在儒家思想占主导地位的前提下，融合佛教、道教及其他民间宗教的混合形式。在以儒家思想为主导的中国传统文化中，宗教信仰表现出多元化、泛神化和服务于社会主导价值等他为的特征。宗教信仰实践本身在民间也变得相当功利，诚如民间所说的"平时不烧香，临时抱佛脚"。在中国上古文化中，人们就习惯于用各种概念来表述神，如天神、神仙、神祇、神皇、神道、神灵等。中国古代的信仰体系就是一个万物有灵的"自然神"谱系，如"三皇"、"五帝"等祖先神，"日"、"月"、"星宿"等天体神，"风"、"雨"、"雷"、"电"等气象神，"三山"、"五岳"、"江"、"河"、"海"等山水神，"五谷"等植物神等。唐代以后的中国文化出现了儒、释、道"三教合流"的趋势，宗教崇拜日趋复杂，宗教崇拜与各种节庆礼仪水乳交融，不少传统节庆中都浸润着多元化与泛神论的宗教精神。

### 2. 一元论的上帝崇拜

在西方，宗教观念的流变表现为一个从多神信仰向一神崇拜的发展过程，最终一元神的上帝观念成为西方文化价值的根基和支柱，在西方社会中产生了巨大的作用。基督教认为，上帝是宇宙间起统一作用的基质，是一切事物努力趋赴的中心，是说明宇宙间一切秩序、美和生命的本原。在基督教的历史上因为对《圣经》不同的解释和理解形成了许多宗派，但在基本的宗教观念上是一致的。基督教是一神论宗教，它认为统治宇宙万物的是绝对的、唯一的和至上的上帝，上帝是人的尺度。上帝观念是西方社会多数人价值观和人生观的根基和支柱，这当中包括对上帝精神力量的膜拜，对终极真理的信念，在敬畏上帝惩罚的阴影下对灵魂与欲望的道德反省和自我约束，对身后获得救赎和解放的执著期待。基督教的教义主张宽容与博爱，但在卫教问题上则是一点也不宽容，丝毫也不博爱，这是基督教的一个无法克服的内在矛盾。从基督教的性质本身来说，它不可能接受另一个宗教和它平起平坐。如果接受了，那就等于否定了上帝的权力，动摇了上帝的至高无上性。

## 三、乐感（或畏感）与罪感——两种不同的宗教体验

身处不同宗教文化的个体在心理和情感等方面有着不同的体验，这涉及人的内在精神世界。

### 1. 在世的解脱与欢乐

中国人的宗教意识和宗教所赖以产生的心理基础是"敬畏感"或"畏感"。这种畏感不是一种知性的认定，而是出于一种情感的体验。中国人之所以信奉释迦牟尼、观音菩萨、老子等，是因为他们认识和感到自己的力量在自然与社会的面前太渺小或无法独立面世而产生畏惧心理，因而需要得到神灵的帮助，以求得幸福平安（乐感）。他们对神灵有敬畏感并持功利主义的态度。中国宗教的人神关系是祈福与赐福的关系。在强调现世人伦的中国文化当中，不同的宗教信仰体系都十分注重人的感性心理和自然生命，追求尽性知天、穷神达化的境界，从而达到现世人生的最大快乐。无论是道教还是佛教禅宗，都表现出一种对现世人生的关注和对自然生命的执著。无门和尚有诗曰："春有百花秋有月，夏有凉

风冬有雪。若无闲事挂心头，便是人间好时节。"禅宗所注重的正是这样一种"日日是好日"、"夜夜是良宵"、自在无碍的人生体验。佛教的基本教义强调帮助人们解脱人生诸苦（如《四圣谛》）。道教更是追求逍遥自在，注重人世间的欢乐，讲求以生为乐、以长寿为大乐、以不死成仙为极乐。从普通的老百姓对宗教的期待看，无论拜佛还是求仙，目的都十分明确，就是祈求神灵保佑幸福平安。这种在畏感的基础上追求乐感的文化与西方的罪感文化形成了鲜明的对比。

**2. 以爱感拯救罪感**

西方文化可谓之罪感文化，它注重以爱感拯救罪感。西方人之所以信奉耶稣基督，是因为他们认为自己是罪人，各人身上既有与生俱来的"原罪"又有在现实生活中所犯下的"本罪"，这些罪使人与上帝隔绝，而要恢复人与上帝的关系，只能靠一个完全无罪的人——耶稣基督（他被认为是上帝的儿子）来完成。根据《旧约·创世记》，人类始祖在蛇的诱惑下违背上帝的旨意偷食了智慧果，于是人有了智慧，凭借智慧和理性任意妄为，也从此有了"原罪"（"罪"在希腊文中本来的意义是"偏离"的意思），导致人与上帝关系的偏离或破裂，亚当因而被上帝逐出了伊甸园。这种罪也就成了人的本质，为世人所禀有。在现实生活中，由于人的罪性，人在意念、话语、行为上违背上帝的律法而犯下的罪如贪婪、妒忌、谎言等则被称作"本罪"。由这种"原罪说"和"本罪说"，"罪感"成了基督徒最基本的心理体验。在这种"罪感"之中还包含有对救赎的渴望。基督教义认为，由于人在本性上已经成为罪人，其靠自救是不可能的，只有上帝的恩典、耶稣基督在十字架上所流出的宝血才能使人获救（这里不仅是一个"救"的问题，更是一个"赎"的问题。"赎"意味着深渊中的人们回应上帝的救恩，重新找回自己生命曾经失去的纯洁、永恒的神性）。由于这种"罪"的观念和期待救赎的愿望，西方人在他们的精神生活中形成了强烈的忏悔意识。它要求人不断地自觉反省，通过行为上的自我约束与节制，以求得上帝的宽恕。为了赎罪，人们奋力拼搏，征服自然，改造自己，博爱万物，这一切都是为重新获得神的眷顾，重回上帝的怀抱。"爱"是基督教的最大律法。上帝之爱是基督教信仰生活的基本信条，基督徒借此有了"爱感"，通过爱感来承担现世生活中的不幸和苦难，期待上帝之爱的呵护。这种爱感和罪感是基督教最重要的信仰体验。"救赎"在基督教中具有特别的意义，它是上帝借基督的牺牲把人从罪恶的状态当中赎回，使来自于神圣生命的人重新活在神圣的生命中。这是一个从罪的生命到爱的生命的转变，也是一个把破碎的生命状态重新修复的过程。这一边是上帝的"救"，另一边是人类自身的"赎"，"爱"成为中间的纽带。这种独特的宗教体验使得基督教被人称为"知罪悔改的宗教"或"爱的宗教"。

四、附庸与主角——两种不同的宗教地位

中西宗教文化的一个差异是宗教在社会中的地位。由于"敬鬼神而远之"的儒家思想在中国传统文化中居于主导地位，宗教文化在社会政治生活中一直被边缘化，始终臣服于世俗的政权势力。与西方基督教神权大于王权的状况不同，中国的宗教信仰一直让位于儒家思想，成为圣王王道的附庸，宗教文化在社会政治和人们生活中的地位较低。在中国历史上没有一种宗教能像基督教那样在欧洲曾经占有"国教"的地位。而在西方，在基督教绝对的超越性尺度的比照之下，世俗的王权势力在历史上不可能在社会价值体系中取得绝对的统治地位，反而在世俗的统治中一再受到教会的制约和挑战。西方教权积极主动参与政权，在社会政治和人们生活中发挥重大作用。西方宗教文化中政教分离是其主流，而政教合一则始终是中国宗教文化的重要特征。

概而言之，中国宗教是一种伦理化的宗教，西方宗教是一种哲学化的宗教。

## 复习思考题

1. 简述基督教、伊斯兰教、佛教、道教的基本教义。
2. 宗教的基本功能或社会作用有哪些？
3. 试述主要宗教建筑的审美特点。
4. 宗教文化旅游资源有哪些开发途径？
5. 阅读王书献等编著《道教》（中国旅游出版社 2005 年版）、徐玉成等编著《佛教》（中国旅游出版社 2006 年版）、中国基督教协会编印《基督教要道问答》，谈谈自己的体会。

# 第十三章 中国地域文化旅游赏析

中国的自然条件复杂多样，地域辽阔，东西南北的差异非常显著，民族分布十分复杂，各地经济、社会、历史与文化发展背景各不相同，因而形成了人文景观形形色色的一系列文化地理区（简称文化区）。根据地理环境和文化属性、文化特质的相似性原则，以及以传统文化为主并兼顾现代文化的原则，可将中国划分为燕赵文化区、秦晋文化区、中原文化区、齐鲁文化区、荆楚文化区、巴蜀文化区、两淮文化区、吴越文化区、鄱阳文化区、闽台文化区、岭南文化区、云贵文化区、关东文化区、草原文化区、西域文化区、青藏文化区16个文化区。各个文化区域都有着独特魅力的文化。人类聚居群体在空间上的差异分布造成了文化地理区域特色的差异性，并由此产生了区域间的相对神秘性，人们所产生的这种神秘感、好奇心是区域间旅游行为产生的巨大动力。我们可以依托丰富多样的区域文化，设计组合地方文化色彩浓郁的"中国区域文化之旅"。

## 第一节　燕赵文化区

燕赵文化区大致相当于现在的北京、天津、河北三省、市的地域范围，地理上位于内蒙古高原与华北平原，太行山、燕山与渤海的过渡地带，山地、平原、海岸兼备，地形复杂多样。该地区文化历史悠久，3 000多年前已形成原始聚落，燕国在此建立都城"蓟"，古代称为幽燕、蓟北、燕京。历史上辽、金、元、明、清等朝代均以北京为都城，开发历史悠久，经济发达，交通便利。

燕赵文化绚丽多彩，地域文化具有粗犷、豪放、激越、慷慨、苍凉、淳朴等特质。该地区民风强悍，人民敦厚、忠实、坦直、粗豪尚武、好礼义，自古多慷慨悲歌之士。燕赵武术驰誉海内外，这里是中华武术"南拳北腿"中"北腿"的故乡，千百年来习武成风，名将、拳师辈出（如乐毅、廉颇、刘备、张飞、赵云、卢俊义、赵匡胤、霍元甲等）。河北沧州堪称为"武术之乡"。河北吴桥杂技历史悠久，世代相传，男女老少演练杂技蔚然成风，涌现了数以千计的杂技表演艺术家，有"杂技之乡"的美誉（有俗谚为证："上到九十九，下到刚会走，吴桥耍玩意，人人有一手"）。京剧、河北梆子、评剧、京韵大鼓唱腔高亢、激越，悠扬动听。皇家园林、古典建筑以及彩塑、风筝、年画、金石篆刻、吹歌、狮舞等丰富多彩的民间文化都非常驰名。

地域传统文化上，北京以政治文化、天津以商业文化、河北以农业文化各具特色。新中国建立以来，位于本区的首都北京作为全国的政治、经济、文化、交通中心得到迅速发展，使原有燕赵区域文化更赋予新的内涵和更大优势，从而傲立全国。

## 第二节　秦晋文化区

秦晋文化区地理范围大致相当于陕西、山西两省地域，位于黄土高原。这里是中华民族文化的发祥地，以及我国古代的政治、经济、文化重心，周、秦、汉、唐文化的中心，法家的策源地。秦晋文化重视耕战与商业，在历史上以气势恢弘、实绩显赫著称。秦晋文化区文化积淀深厚，遍地都是文物古宝。该区历史名胜、文物古迹极其丰富，古都与文化名城众多（如西安、咸阳、汉中、延安、韩城、榆林，大同、新绛、代县、祁县、平遥等），帝王陵寝宏伟，宗教胜迹辉煌（如云冈石窟、五台山、晋祠、悬空寺等），民风古朴、淳厚、劲拔。人民勤俭质朴，勇于进取，讲实用，重功利。从人群性格上看，陕西人老成正统，性格乐观；山西人质朴厚道，雍容大度。历史上山西人善于统政理财，并多武将。自古有"山东出相、山西出将"之说（如关羽、杨家将、薛仁贵、尉迟恭、徐向前都是山西人；"将才之乡"裴伯村等）。忻州有"摔跤之乡"的美誉，挠羊赛入选国家非物质文化遗产。有学者分析认为，"山西出将"与"摔跤之乡"均与山西位于农牧交接地带的地理环境有一定关系；陕西则盛出帝王（如黄帝、周文王、周武王、秦始皇、汉高祖、汉武帝、隋文帝、唐太宗等都立王秦川）。陕西不仅是人杰之地，而且是地灵之区，一方水土养育了一方人，这里有"米脂的婆姨绥德的汉"之俗谚。如今陕西人把"米脂婆姨"做成了地方文化品牌，成立了"米脂婆姨家政学院"，该学院的学员当家、理财、英语、计算机、普通话样样都行，很受社会欢迎，美丽、聪明、勤劳、善良的米脂婆姨已经成为地方形象和品牌。陕西不少地方风俗古朴奇异，如农村有"十大怪"之说（如表13-1所示）。秦腔豪放、激昂、感人，陕北腰鼓威风无比，信天游悠扬动听……民间音乐颇具魅力（节奏自由，跌宕起伏，勾魂摄魄，情真意切，感染力极强）。地域文化具有古朴、雄浑、灵奇的特色。

表 13-1　　　　　　　　　　　陕西民俗十大怪①

| 民　俗 | 地域环境原因分析与解释 |
|---|---|
| 1. 面条如腰带 | 麦区以面食为主 |
| 2. 锅盔似锅盖 | 粗犷豪放的性格 |
| 3. 辣子也是一道菜 | 简朴的饮食习惯 |

① 参见胡兆量等．中国民俗地理探幽．经济地理，1999(1)．略有修改。

续表

| 民　俗 | 地域环境原因分析与解释 |
|---|---|
| 4. 羊肉泡馍大碗卖 | 农耕文化与游牧文化交融 |
| 5. 碗盆难分开 | 海碗大似盆，可与盆混用；性格粗犷 |
| 6. 有凳不坐蹲起来 | 邻里餐间扎堆聊天，缺少木料制板凳 |
| 7. 房子半边盖 | 缺少挑大梁的木料，雨量较少，充分利用阳光 |
| 8. 姑娘不对外 | 乡亲观念浓，地域观念重 |
| 9. 手帕不装头上戴 | 代替帽子，遮风挡尘 |
| 10. 唱戏大声吼起来 | 秦腔如黄河奔腾咆哮，似黄土高原雄浑壮阔 |

## 第三节　中原文化区

中原文化区又称中州文化区，地理范围包括河南省及其附近地区。本区地理位置居中，山地、盆地、平原地形兼备，黄河横贯中部，优越的地理环境孕育了源远流长、灿烂辉煌的古代文明与地域文化。传统文化上崇尚周礼，重史，以《诗经》为准绳。自古人杰地灵，多忠烈与名人，如古之苏秦、岳飞、今之杨靖宇、吉鸿昌等均是名垂青史的忠烈之士。历史名人有范蠡、张良、张衡、张仲景、玄奘、杜甫、白居易、韩愈……由于中原是群雄逐鹿之区，历史上曾是掉阖之士产生之地，该地区古都名城众多(八大古都占其半：洛阳、开封、安阳、郑州)，名胜古迹遍布(少林寺、白马寺、龙门石窟、关林、巩县宋陵等)。民风淳厚，人民性格坚忍平和，刚柔相济，朴实奔放。历史上人们多笃信佛教(历史上河南人民备受自然灾害和战争的折磨，心灵需要宗教的抚慰)。民间提倡重义轻利，注重人伦和睦。民间文化丰富多彩，豫剧优美动听，少林武术威震天下，马街书会世代相传。春节习俗隆重。

## 第四节　齐鲁文化区

齐鲁文化区的地理范围相当于现在的山东，依泰山而濒临大海，古称"海岱之区"。春秋时代为全国政治、文化中心，人民重礼尚义，重视教化("至今齐鲁遗风在，十万人家尽读书")，创造了深刻影响中华文化几千年的儒学体系，成为中华文化的正宗。泰山、曲阜"三孔"(孔府、孔庙、孔林)是本区最具代表性的文化景观。这里与中原文化区一样也是人杰地灵之地，名人辈出。山东有民谣道："大儒圣人孔夫子，吃苦传道邱处机；民贵性善孟亚圣，说鬼道怪蒲松龄；忠诚彪炳诸葛亮，正直爱国戚继光；梁山好汉是宋江，慷慨义士是邹阳；农民起义有王伦，乞讨办学乃武训。"在文化特质上，齐文化空灵活泼，开放创新，注重功利(历史上的"务实、富民、富国、强兵")；鲁文化质朴凝重，尊重传统，崇尚伦理。齐地是道家学派、阴阳家、神仙思想的发祥地，这与滨海带山的地理环境有关。因为濒海地区的人们想象力丰富，海市蜃楼的大海奇观，正是激发人们去做神仙梦的诱因。在性格与习俗上，山东人性格豪爽、敦厚、正直、讲义气、富于团结精神。人多嗜酒，酒文化风情浓郁。民间文化中的山东梆子、山东快书粗犷刚劲，享有盛誉。鲁菜为中国四大菜系之一，风格富丽华贵，讲究礼仪排场。地域文化具有淳厚、典雅的特征。近年颇有影响的"海尔企业文化"、"济南交警精神"等是使齐鲁地域文化从传统步入现代的表征。

## 第五节　荆楚文化区

荆楚文化区相当于现在的湖北、湖南两省，地处长江中游，地形复杂，平原辽阔肥沃，湖泊星罗棋布，气候温暖湿润，"鱼米之乡"美誉由来已久。地理区位适中，地域文化具有与北部的中原华夏文化、南部岭南文化、东部吴越文化、西部巴蜀文化相互交融的特征。春秋战国时代是荆楚文化的鼎盛时期，楚地玄妙的老庄哲理，瑰丽神奇的楚辞(屈骚)文学，巧夺天工的工艺制品(青铜冶炼制品、木竹漆器、丝织刺绣等)，超凡脱俗的音乐(如编钟乐舞)、美术，尊凤崇巫、尚武爱国的民风习俗，筚路蓝缕的进取精神，构成了源远流长、神奇浪漫的荆楚文化。在人群性格与行为特征上，湖北人聪颖、细腻，随和机巧，爱面子，倔强，有"九头鸟"之称；湖南人忠实、粗豪，务实精神强，善于以天下为己任，多雄才大略。民间有"男人仗义，女人多情；湘军善战，湘女多情；不信邪的南蛮子；在家窝里斗，出门乡中情"等说法。两湖人均重视教化，读书意识浓厚，素以教育水平高而驰名。本区的文化中心分别是武汉和长沙。武汉因高等院校和科研院所众多而蜚声中外，长沙近年因为蓬勃发展的文化产业(如湖南卫视等)而受到各界关注。在荆楚文化区中，湖北文化与湖南文化有着不同特征：湖北文化的突出特征是"包容开放，交融会通"，湖南文化的突出特征是"经世致用，敢为人先"。这都是我国地域文化中的宝贵财富。

## 第六节　巴蜀文化区

巴蜀文化区以四川盆地为中心，并包括重庆、陕南、鄂西、云贵部分地区。巴蜀文化是兼容荆楚、秦陇、中原几种地域文化而形成的一种自适感很强的静穆的地域文化。人们以成都平原为中心，创造了"天府之国"的灿烂文化，旧志中"土地肥美、风俗淳朴"，"民力农桑"，"人勤稼穑"，"山川挺秀、多产英奇"等是对巴蜀文化地理特征的较好概括。德国地学家李希霍芬游遍中国后说："四川的山水是全国最美的。"(如"峨眉天下秀、青城天下幽、夔门天下雄、剑门天下险、九寨天下艳、大佛天下壮。")巴蜀地区人才辈出，这里产生了司马相如、扬雄、李白、陈子昂、苏轼、薛涛、郭沫若、巴金、何其芳、张大千、朱德、陈毅、邓小平、刘伯承、聂荣臻等英才俊杰。巴蜀文化绚丽多彩，富有特色。蜀锦巴缎自古有名，川菜、川剧辛辣活泼，风味浓烈。重庆火锅闻名遐迩，吃法"勇武、豪放、悲壮"。人民崇巫(如巫山、丰都"鬼城")尚武(巴人尚武,江北是"武术之乡"),悍勇、精敏,大多能说会道(由善于"摆龙门阵"和茶馆众多可见一斑)。人群性格泼辣在外,温厚在内,刚柔兼济,善于吃苦耐劳、精打细算,乡土意识较浓厚。成都是中国最富有诗情画意的城市和幸福指数最高的城市,有"中国休闲之都"美誉,人们生活闲适,不尚逐利,悠然度日,人情味浓,是最适合人们生活和休闲的地方之一。巴蜀文化是一种特征鲜明、区域性强烈的地域文化。

## 第七节　两淮文化区

两淮文化区主要包括安徽、江苏北部的淮河流域,是齐鲁文化与吴越文化的过渡地带,从自然与人文上看,本区是地理上的南北分野地带,文化过渡色彩鲜明。旧志对该地区文化特征的概括是:"地邻邹鲁,务稼穑,尚礼义";"民生淳厚,以农务本"。人群性格多俭朴尚学,有一定开拓精神,"贾而好儒"。历史上徽州人善于经商,形成独特的"徽州文化"。有俗谚"前世不修,生在徽州,十二三岁,往外一丢;""一世夫妻三年半,十年夫妻九年空。"商人忌讳卖茴香、萝卜,因谐音为"回乡"、"落泊"。有学者研究认为,徽州独特的地理环境(群山环抱、盆地居中的地形结构,邻近太湖流域的地理位置)孕育了徽商文化,人多地少的地理环境导致的徽州物产的"结构性失调"是徽商文化形成的物质基础。民间文化丰富多彩,颇有特色,黄梅戏、凤阳花鼓、芜湖铁画、文房四宝(徽笔、徽墨、宣纸、歙砚)、特色民居(宏村、西递等古村落)驰誉国内外。两淮文化区的文化特色"南北交融,过渡色彩鲜明"可由江淮音乐见其一斑。江淮音乐的气质外刚内柔,豪爽中透着一丝婉约,音乐文化拥有南北各地域的听众(如黄梅戏等)。

## 第八节　吴越文化区

吴越文化区地理范围大致相当于现在的江苏(苏南为主)、浙江、上海。地处长江三角洲与太湖流域,地势平坦,河湖密布,经济文化发达、商贸繁荣。典雅秀丽的江南园林(如苏州、扬州),"小桥流水人家"的水乡古镇(如乌镇、绍兴、周庄、同里等),吴侬软语的方言特色(具有香糯之特色,有人说呖呖莺声的吴侬软语是被江南细雨润酥的),婉转动听的越剧、评弹(人称苏州评弹是世界上最美的曲调,美得已经冲破了语言的障碍),精细富丽的锦绣丝织(如苏绣、杭纺、萧山花边),巧夺天工的紫砂陶器("陶都"宜兴)等构成了本区的文化特色。民性习俗上,旧志概括为"人性柔慧,敏于习文,疏于用武";"山水清佳,风气朴茂,男务耕桑,女勤蚕织"。江浙人最大的特点是钟灵毓秀,宜兴(有"教授之乡"的美誉)、绍兴(有"无绍不成衙"之说)是人杰地灵之区,人才辈出,不胜枚举。如宋代以来,我国历代状元中,江浙人约占1/3;现代我国教授、科学家中,江浙人也占1/3左右。而今人们经济头脑发达,工商文化在全国独领风骚,温州人有"中国的犹太人"之称。在"温州模式"影响下,温州文化为吴越文化注入新的活力,使之更显亮丽色彩。上海经济、文化发达，是全国乃至远东的经济、文化大都会。有专家预言，上海最有希望成为引领和提升中国文化的轴心。

## 第九节　鄱阳文化区

鄱阳文化区又称江西文化区，位于鄱阳湖流域，东、南、西三面环山，赣、修、抚、信四水汇聚，注入长江。境内江河湖山风景秀丽。江西在春秋时代是吴、越、楚三国交界地，在汉代介于荆、扬二州之间，在唐宋时期是接受北方移民的重要地区。由于历史的原因，江西地域文化表现出东西南北的过渡色彩，其既受中原文化影响，具有朴实奔放之气概，又有南国文化典雅秀丽之风格；既受到荆楚文化幽丽清奇气质之熏陶，又兼备吴越文化精巧细腻之特色。历史上文化发达（如书院文化、禅道文化等），学术昌盛，人才辈出（如陶渊明、黄庭坚、欧阳修、宋应星、王安石、朱熹、文天祥、汤显祖等），素有"物华天宝、人杰地灵"，"雄州雾列、俊采星驰"之誉。明代有"翰林多吉水，朝士半江右"的民谚，很能反映历史上江西文化的鼎盛。临川素称我国"三大才子乡"之一。该区瓷器文化历史悠久，景德镇号称"瓷都"，所产瓷器具有"白如玉、明如镜、薄如纸、声如磬"的独特美质。地方戏曲弋阳声腔激越奔放。鄱阳文化区文化的"多方兼容、自成一体"的特色可由方言和民间音乐见其一斑。赣方言与民间音乐很难找出一个统一点，"杂"正是其特点。江西现代经济、文化相对有些落伍。如今京九铁路的贯通，"中部崛起"势头的到来，相信会有利于促进新时期江西文化再创辉煌。

## 第十节　闽台文化区

闽台文化区位于台湾海峡两岸，地形多山地丘陵，平地面积较小，植被繁茂，海岸线绵长，有鱼盐之利，港口众多。华侨遍布世界各地，有"侨乡"之称。唐代海上"丝绸之路"的开辟（泉州），使这里成为中外文化的交汇地。近现代，这里受外来文化影响很大，地域文化更趋多元性和外向性，如厦门鼓浪屿被称为"万国建筑博物馆"。由于特殊的地理环境、历史条件的影响，使该地区文化具有多元复合型文化特征，既有中国传统文化的基本特征，又受到外来文化的深刻影响，并且兼备少数民族文化习俗（如凿齿、文身、洗骨葬等）。闽台人特重故乡风俗，庙宇众多（福建有佛教寺庙 4 000 多座，妈祖庙数百座），宗教文化比较浓厚，佛教、基督教信徒众多，信仰妈祖文化更是普遍。地域文化特色鲜明，民族风情浓郁（如莆田的飞檐翘角民居建筑，惠安女奇特的传统服饰——"封建头、民主肚、节约衣、浪费裤"）。人群性格特征上，福建人坚韧、执著、勤勉，拼搏进取精神很强。现代文化重商重教（闽南人常言"不当老板不算好猛男"，闽台的教育事业在全国居领先地位）。区内文化地域差异较大。如闽东人求稳怕乱，闽西人重宗亲内聚（客家人），闽北人安贫乐道，闽南人讲究经商闯世界（如"闽"字被解释为"关在家里是一条虫，出门则是一条龙"）。语言十分复杂，闽语内部差异大，南北之间、沿海与内地之间很难交流。

# 第十一节　岭南文化区

岭南文化区包括南岭以南的粤、桂、琼、港、澳，丘陵山地广布。本区虽背山面海，北部关隘阻隔，远离中原，但历史上与中原文化交往密切。自古以来，该区便成为中外文化交汇处，与其他文化区相比，既有传统文化古朴典雅之特征，也有外来文化自由开放之色彩，可谓"中西合璧"。有人说岭南文化兼有大陆文化与海洋文化两种内涵，是开放与保守、先进与落后的复合体。如广东经济是全国最发达的，但广东人家家户户信财神爷、黄道吉日、吉利数字、风水等，讲究避讳，喜忌心理重。岭南园林、民居建筑、绘画、饮食文化等受西方外来文化影响较大。岭南是近代中国思想家的摇篮，中国革命的首义之区。近一个世纪以来，中国经历了三次巨大变革（第一次巨变是由封建帝制到民主共和制变迁；第二次巨变是从半封建半殖民地社会向新民主主义、社会主义的更替；第三次巨变是从高度集中统一的计划经济体制向市场经济体制变革）都是以广东为策源地，由南向北推进（如北伐战争、广州起义、经济特区），这与广东独特的地理区位和人文地理环境有关。改革开放后，崛起的特区文化、商业文化把岭南文化推到新的高度成为具有强大辐射力的高势能的地域文化。岭南是我国思想文化最开放的地区，不少地方报刊（如《南方周末》、《南风窗》等）深受民众欢迎。广东音乐欢快流畅，粤剧独具特色，被誉为"南国红豆"。粤方言古音绕口，节奏徐缓，尾音悠长。饮食中佳肴原料多生猛海鲜、珍禽异兽，粤菜为中国四大菜系之一，享誉海内外。人群性格特征是思想开放，开拓创新精神强。人们的时间观念、金钱观念强。岭南文化具有重商、崇利的特征，商业精神是岭南文化的特色之一。广东近代多出思想家，如今多出企业家与富商。现今岭南文化在改革开放大潮中独领风骚，风靡全国，但文化层次欠完整，精英文化贫乏，文化的商业化、世俗化、功利化味道较浓。

# 第十二节　云贵文化区

云贵文化区范围包括云南、贵州及广西的一部分，地形复杂多样。山地、高原、丘陵、盆地广布，岩溶地貌典型（如路南石林、桂林山水、织金洞等），气候四季宜人（昆明有"春城"之誉），动植物资源丰富（西双版纳被称为"动植物的王国"）。地域文化具有绚丽多彩、古朴精美、淳朴柔顺等特征。本区是我国少数民族最集中的地区之一，民族风情绚丽多彩（如傣族的泼水节、彝族的火把节、白族的三月街、壮族的歌圩、苗族的踩花山和芦笙舞，自由、开放、浪漫的恋爱方式，干栏式的民居建筑等），风土民情古朴奇趣。例如，云南的民俗就有"十八怪"之说（如表13-2所示），而这些民俗大多与崎岖的地形、湿热的气候等地理环境因素有关。由于特殊的地理区位，云贵文化既受中原文化、巴蜀文化、荆楚文化、岭南文化的影响，也受南亚佛教文化的熏陶，属于"混合文化"。宗教文化上，大部分民族信仰祖先崇拜、多神崇拜，并伴以道、佛和巫术的影响。人群性格上具有放达、乐观（据统计，节日多达53个，人们乐在节日与歌舞之中）、知足、保守（如"夜郎自大"的典故，"坝子文化"）、谨小慎微等特点。人们淳朴厚道，善于勤俭节约，吃苦耐劳。生活习俗上，人们嗜酒、茶。贵州自古出好酒，人们多海量。人们乐在茶中，有民谣为证："早茶一盅，一天威风；午茶一盅，劳动轻松；晚茶一盅，提神去痛；一日三盅，雷打不动。"婚俗文化上较自由、灵活，父母干预少，男尊女卑意识淡薄，男子上门入赘甚为习常。各民族能歌善舞。人民热情好客，民风淳朴。如今旅游业发达，有古城丽江、路南石林、泸沽湖、香格里拉、黄果树大瀑布等著名旅游胜地。

表 13-2　　　　　　　　　　云南十八怪[①]

| 民 俗 | 地域环境原因分析与解释 |
| --- | --- |
| 1. 袖珍小马有能耐 | 小马灵活，颇适应艰险山道和山区环境 |
| 2. 火车没有汽车快 | 火车爬坡性能不如汽车，线路延展长 |
| 3. 石头长到云天外 | 热带岩溶，鬼斧神工 |
| 4. 山洞能跟仙境赛 | 溶洞内怪石琳琅满目，色彩斑斓 |
| 5. 鲜花四季开不败 | 低纬度高原气候，长年鲜花怒放 |
| 6. 这边下雨那边晒 | 地形复杂，天气多变 |
| 7. 茅草畅销海内外 | 山中多珍稀土特产品 |
| 8. 四季服装同穿戴 | 四季气候如春 |
| 9. 蚱蜢能做下酒菜 | 气候条件适合蚱蜢生长，肥美的蚱蜢炸后焦黄酥脆 |
| 10. 好烟见抽不见卖 | 好水土出好烟，畅销省外，省内很难买到 |
| 11. 三个蚊子炒盘菜 | 林深草密，气候湿热，蚊子个大 |
| 12. 竹筒能做水烟袋 | 充分利用毛竹资源 |
| 13. 摘下帽子当锅盖 | 草编锅盖状如帽，能给食物添清香 |
| 14. 鸡蛋用草串起来 | 保护易碎商品的巧妙方法 |
| 15. 过桥米线人人爱 | 稻米加工的风味食品 |
| 16. 背着娃娃再恋爱 | 婚姻文化自由、开放 |
| 17. 种田能手多老太 | 妇女尤其勤劳，担负农耕重活 |
| 18. 娃娃出门男人带 | 男人多料理家务，照看孩子 |

---

① 此表综合昆武的《云南十八怪——李小午边疆风情录》（晨光出版社1995年版）一书的内容而得。参见胡兆量等. 中国文化地理概述. 北京：北京大学出版社，2001：47.

# 第十三节　关东文化区

关东文化区范围包括黑、吉、辽三省，山环水绕，沃野千里，林海莽莽，土产丰饶。冰雪文化、黑土文化很有魅力。渔猎文化独具特色（如鄂伦春族、鄂温克族、赫哲族），民族风情多姿多彩。满族、蒙古族擅长骑射，朝鲜族能歌善舞。"二人转"活泼风趣，大秧歌遍地开花。东北民俗奇趣，素有"十大怪"之说（如表 13-3 所示），而这些奇风异俗大多与寒冷气候等地理环境有一定关系。民风朴实淳厚。人群性格外向、直率、坦诚、豪放、豁达、剽悍（东北人在个性上有"东北虎"之称），讲义气，重朋友，说话幽默，能言会侃。生活习俗上多嗜酒，人多海量（关东大汉个个能狂喝豪饮）。在长期的血与火的洗礼和多元文化碰撞过程中，关东地区既有中国古典建筑与满族建筑，又留下了一些俄式、日式建筑。地域文化具有豪放旷达、质朴厚重、宽厚包容、边缘弱化的特点。而今人们的思想观念有些落伍，市场经济观念比较淡薄，昔日的东北经济、文化的雄风有待重振。大连新型城市文化的成功塑造，为关东文化注入新的活力，目前已经成为本区经济、文化新亮点。

表 13-3　　　　　　　　　　　　　　东北十大怪[①]

| 民　　俗 | 地域环境原因分析与解释 |
| --- | --- |
| 1. 烟囱安在山墙边 | 延长烟道，充分利用炕热 |
| 2. 窗户纸糊窗外 | 寒气使窗纸永冻，往外推窗不易破损 |
| 3. 四块瓦片头上盖 | 毡帽四边有长舌，翻下可防风保暖 |
| 4. 反穿皮袄毛朝外 | 山羊皮毛粗直，反穿更舒服 |
| 5. 十七八岁姑娘叼个大烟袋 | 冬季长，妇女不下田，吸烟休闲 |
| 6. 大缸小缸腌酸菜 | 冬季寒冷漫长，酸菜较易保存，是冬半年当家菜 |
| 7. 草坯房子篱笆寨 | 就地取材，修篱笆防野兽 |
| 8. 下晚睡觉头朝外 | 能听到门外动静，有安全感 |
| 9. 养个孩子吊起来 | 源自狩猎生活，将孩子吊在树上安全，可减轻劳力 |
| 10. 宁舍一顿饭、不舍"二人转" | 东北人"虎、实、乐"的性格 |

# 第十四节　草原文化区

草原文化区范围包括内蒙古与宁夏部分地区，属高原地貌、草原景观。游牧生活方式

---

① 参见胡兆量等. 中国文化地理概述. 北京：北京大学出版社，2001：46.

历史悠久。古代北方游牧民族长期生活在干旱、寒冷气候条件下，又常常征战，这种特定的自然、人文环境，造就了草原民族吃苦耐劳的品格和自强不息、豪迈刚健的民族精神。与此相应，游牧民族"逐水草而居"的生活方式，还培育出草原上的人们豪放大气、宽容大度。人群性格粗犷、豪爽、剽悍、顽强、勇敢。人们体魄强壮，能歌善舞。草原向来有"歌海舞乡"之称。蒙古族舞蹈活泼欢快，步伐轻捷，刚柔相济，善于以抖肩、揉臂和各种马步表现骏马奔驰辽阔草原的舒展奔放。民歌舒展嘹亮，热情奔放，并略带忧郁的韵味。民歌分为长调和短调两种，长调歌曲舒散得如同草原上顺风飘散的花絮；短调歌曲多用有弹性的规整节拍，颇有骑马驰骋的感觉。演唱技巧十分神奇。马头琴声辽阔低沉，悠扬动听。"好来宝"娓娓述说，感人肺腑。人们热情好客，真诚直率，并喜欢团体行动。酒文化浓郁，颇有特色。那达慕大会的赛马、射箭、摔跤等体育竞赛活动十分诱人。所有这些无不体现出深沉粗犷、豪放开朗的草原文化特色。蒙古包、蒙古袍、蒙古民歌、马头琴等是草原文化区独特的文化景观。近些年，随着社会经济的发展，草原以鄂尔多斯羊毛衫、伊利纯牛奶等质高品优的名牌产品演绎着草原文化区的新概念。

## 第十五节　西域文化区

西域是指西部疆域的简称。西域文化区包括新疆及甘肃、宁夏部分地区，地形以山地、盆地和高原为主，气候干燥。古代西域地处中西文化的交汇处，"丝绸之路"的开辟促进了东西方经济、文化的交流，丝绸之路沿途文物古迹丰富。西域有着经济地理、文化地理上的巨大发展优势，目前国家"一带一路"倡议的实施，为西域地区的社会经济发展带来新的契机。本区穆斯林众多，伊斯兰教文化浓厚，清真寺比比皆是。瓜果、畜产品、药材等土特产丰富。民族风情绚丽多彩(如叼羊、姑娘追、花儿会等)，载歌载舞，热情奔放。维吾尔族的服饰文化(艳丽多姿)、饮食文化(烤全羊、抓饭、馕等)、音乐文化(欢快奔放)很有特色。民间歌舞热烈得像一团火(眼神左顾右盼，脖子、两臂、双肩、腰身等所有能动的身体部位都调动起来，动作比较开放、激烈)。甘肃、宁夏的民歌"花儿"质朴感人，甚至带有几分粗野味。人民热情好客，民风淳朴感人。有人将新疆的民族风情这样概括："早穿皮袄午披纱，晚围火炉吃西瓜；吃的米饭用手抓，双手不离冬不拉。"

## 第十六节　青藏文化区

青藏文化区包括青海、西藏两省区，地域辽阔，地形为高原山地，平均海拔在4 000米以上，号称"世界屋脊"，气候高寒，交通不便。生活方式以游牧为主，人民能歌善舞，热情奔放，开朗祥和，吃苦耐劳。藏传佛教盛行，宗教寺庙林立(有寺庙2 000多座)。宗教对社会各个层面影响深刻。地域文化具有原始、神秘、奇特的特征。如活佛转世制度，袒露右肩的藏服，有名无姓的人名，形如碉堡的石碉房，奇异的丧葬习俗(天葬、水葬等)，辉煌壮观的宗教建筑，动作幅度小的踢踏舞，原始的交通工具(牦牛、羊皮筏子等），无不显示出神秘、奇特的色彩。辉煌的寺庙、成群的牛羊、洁白的哈达、飘扬的经幡、雄伟的碉房、美丽的帐房、嘹亮的民歌、神奇的藏药、可口的青稞酒与酥油茶是青藏文化区典型的文化景观。该地区的建筑、雕塑、绘画、民间技艺深受南亚印度、尼泊尔的影响，也受我国中原文化的熏陶，具有多元融合的特征。青藏文化是一个独具特色、以宗教与游牧为主的地域文化，在地域文化上具有"神秘奇特，圣洁纯美"的特色。青藏高原是一个天人合一、人神对话的神圣境域，青藏文化区是一个开发"理想型文化旅游产品"的最佳地区。形成"理想型文化旅游产品"的关键是地理环境与文化距离所导致的文化旅游目的地对旅游者而言的神秘感。能真正引发这种文化憧憬的文化旅游目的地已经很少，在我国，青藏文化区可能是开发这类产品的"最后乐土"。

## 复习思考题

1. 简述文化区的划分原则。
2. 简述中国 16 大文化区的主要特征。
3. 试分析徽州文化形成的地理原因。
4. 试对你所在的文化区的文化进行赏析。
5. 如何针对来自不同文化区的游客人群性格做好旅游服务？

# 第十四章 旅游开发与审美文化

旅游是现代人重要的休闲生活方式之一，也是对生活审美较高层次的追求，是综合性的审美实践活动。这种审美实践活动必然需要旅游开发者和经营者为旅游者提供具有一定审美价值的旅游产品。在多数情况下，旅游资源只是为现代旅游业发展提供了某种原材料，它们必须经过人们的开发、转化成为旅游产品，才能产生应有的效益。旅游资源开发既是一个经济、技术过程，又是一个审美的文化过程。旅游开发的主要任务或目标就是在现实世界中发现美的景物，并按照美学的规律去创造美的景观，去增添美的事物，给旅游者提供美的体验。旅游空间和景物的美学特征越突出、观赏性越强、知名度越高，对旅游者的吸引力就越大。为了实现旅游开发的这一任务和目标，旅游规划与开发工作者必须具备较高的旅游美学素养和较强的旅游审美能力。

## 第一节 旅游开发的美学目标与审美需要

旅游行为发生的基本动机本质上是审美与消遣，或寻找旅游资源、旅游产品的审美文化价值，并实现身心自由的愉悦体验。由于旅游审美始终贯穿于旅游活动的始终，且大多数旅游者审美水平有限且具有明显的非专业性和浅表性。据戴文远、陈林男等学者调查研究，目前普通公众在旅游审美方法上比较单一、片面，在自然景观审美上偏好奇特造型地貌，对文物古迹大多缺乏审美兴趣与审美能力，以及具有休闲娱乐的审美倾向。旅游资源开发必须确立美学的目标，在有限的空间、时间和游览路线行程中将旅游资源或旅游产品的美集中展现出来，尽量开发一些符合大众审美需求的旅游产品。这里既包括对旅游资源的调查、评价、开发和保护，建设先进的旅游设施，提供先进的旅游服务，也包括对各种类型美的发现、揭示、提升和对游客的审美引导，使旅游者在旅游活动中真正获得身心的愉悦、心理需求的满足和审美文化品位的提升。特别是自然风景名胜和历史文化名胜等旅游地的游览，美学内涵丰富，审美层次较高，游览的过程中需要仔细品味和文化沉思，而这都需要进行美的充分发掘、合理诠释和有效的引导。

美的最高境界是自然的纯真美与和谐美、文化的意境美、艺术的传神美、社会的崇高美，这也是旅游开发中所追求的主要美学目标。

所谓自然的纯真美与和谐美，就是在旅游资源开发中注重保持山水景观的自然、朴素、本真之美。自然风景区的人文景观的建设要少而精，并力求与自然景观和谐统一。例如，我国的张家界、喀纳斯等一些著名景区前些年已拆除了一些破坏自然景观的人工建筑，力求保持自然山水景观的纯真之美、和谐之美。

所谓文化的意境美就是在自然山水、园林等建筑的开发乃至旅游地或景区旅游形象的设计上要深入挖掘其文化内涵，体现特定的旅游文化主题，具有一定的创意，充分表达旅游开发者、设计者的旅游文化思想与审美情趣。

所谓艺术的传神美，就是旅游景观设计应讲究审美艺术，无论是建筑景观还是雕塑、绘画等艺术作品乃至旅游纪念品的设计，应美观、鲜活、生动、纯朴，具有传神的韵味或打动人心的艺术感染力。

社会的崇高美是比自然崇高美、艺术崇高美更高一层次的崇高美。一切渗透着人类伟大智慧、真善美品格或人格的伟大事物都表现着社会的崇高美。例如，中国的万里长城显现着人类的伟大智慧和爱好和平的精神。至于社会生活中出现的与自然压力和命运抗争的壮美的人与事等都凝聚着深层次的社会崇高美。由于社会崇高源自人类自身的活动，更切近于审美主体，其感染力、震撼力也就更大。当然，社会崇高与自然崇高并不是互相隔离的，很多具有社会崇高审美价值的事物都是因为它们首先包含着自然崇高的审美价值。正如西方哲学家卡苏斯·朗吉弩斯所说，"崇高与大自然本身的一些特点是分不开的。"旅游开发应以追求和创造社会的崇高美为至高目标，以崇高的旅游题材、高尚的思想情操、高雅的审美情趣引导游客，使游客在精神上感受到崇高美的激励和鼓舞，从而振奋民族精神，增强民族和社会的凝聚力。

旅游开发还应与当前追求回归自然、缅怀历史、体验文化和多样性的市场需求高度吻合，并通过旅游资源开发中文化的挖掘和审美的引导，提高人们的审美能力，调节人们的身心健康，提高人们的生命质量，最终促进人的身心自由、全面发展和社会的文明进步。

当前旅游开发与经营要超越无休止的功利性追求，更加关注旅游者的审美感受和情感体验，体悟旅游主体的审美需求，以促进人的自由全面发展和社会的文明进步为己任，这是旅游开发的本质要求。

## 第二节　旅游开发审美中的价值取向

旅游开发在满足美学需要与实现美学目标时，应注意防止和克服不当的价值取向。这可以从设计者、开发者、建设者三个角度进行说明。

### 一、仅代表设计者个人唯美主义的审美价值取向

具体表现是，设计者囿于自己的专业背景，缺乏开放性、包容性的文化气度，过多地考虑个人审美情趣和景观设计才能的极致发挥，追求所谓的艺术完美和个人创新，而不屑

于市场和投资分析及其他方面的开发、设计要求。在内容和形式的选择上，刻意追求审美文化深刻的理性与内涵，过分推崇题材严肃、格调高雅，喜欢采用过于隐含的抽象的设计手法。这种明显带有理想主义价值观的开发设计，很可能曲高和寡，不能为大众审美趣味所认同，很难吸引广大的游客，从而成为不现实的方案。如扬州开发的"二十四桥景区"，用一座24基数建筑的汉白玉石桥和吹箫亭，力图再现晚唐诗人杜牧"二十四桥明月夜，玉人何处教吹箫"的意境，手法简练，立意高深，但是普通游客却很难领悟其中的美感。至于许多城市和旅游景区的某些雕塑，包括一些旅游宾馆的绘画装饰，更能说明此问题，这些过于抽象甚至矫揉造作的雕塑或绘画作品，对于大众游客来说，根本看不懂是什么意思，更不知道美在何处。其中有的作品，恐怕连作者自己都搞不清楚是什么意思和美在何处，有故作高深和忽悠之嫌。如果硬要说这些作品美的话，那只不过是一种病态的美或异化的美，这与大众游客的审美情趣格格不入。因此，在旅游开发中，应摒弃这种"个人唯美主义"的审美价值取向。

## 二、仅代表开发者视角的重投入、轻审美的开发价值取向

在旅游资源开发中，一般会考虑经济投入和产出问题，虽然也会考虑审美效果，但是有时可能忽视了两者的关系。经济的投入多与少并非与审美效果成正比，有时甚至适得其反。一般来说，两者结合起来后的状况有四种：经济投入少而美，经济投入多而美，经济投入少而不美，经济投入多而不美。很明显，后两种状况是应努力避免的。在前两种状况中，以追求第一种为佳，即经济投入少而美。遗憾的是，当我们以审美的眼光审视一些旅游景点时，常常会发现这一方面做得很不尽如人意。有的景点修建高成本的索道而搁置登山观景的小径；有的地方不去保护和维修文物古迹，却拆除原有的文物遗址胜迹，修建全新的景点，在真古董前造假古董；有的地方为了所谓的"美化"环境，毁掉河道的天然驳岸，水系被裁弯取直并修建渠道式的石块浆砌护岸；有的深山佛寺的旅游开发，将笔直而宽阔的公路修到山门，使得"曲径通幽处，禅房花木深"、"深山藏古寺"的意境荡然无存；至于许多景区修建城市化的大广场、引景空间被破坏的例子更是不胜枚举。这种"经济投入多而不美"的开发应该努力避免。

## 三、仅代表建设者理解的重"人工"、重"硬件"建设而忽视"软开发"的审美价值取向

随着旅游竞争的日益激烈和旅游开发的深入，旅游开发建设者越来越重视给旅游者提供的舒适、安逸和便利，特别是由于旅游开发建设者自身对旅游本质理解的肤浅或不全面、自身文化素养较低、审美意识的贫乏等原因，部分旅游开发建设者过分追求人工化和硬件设施的建设，而没有意识到过多的或不当的硬件建设会给景观质量和审美意境可能带来的破坏，不能形成和景区自然、人文景观相得益彰的建筑风貌或与自然环境和谐的风韵。比如，旅游景区、景点建设缺乏自然协调的旅游文化格调，大量出现西方园林或城市公共绿地常有的几何造型花坛、整形绿篱；风景区内肆意开山凿路，修建与环境不和谐的体量高大的欧式风格的楼堂馆所甚至城市公园的游乐设施，糟蹋景区自然景观的天然姿色；景区出现越来越严重的城市化、公园化和商业化倾向。我们认为，旅游开发的审美价

值的应注重体现在"软开发"上，应努力去发掘旅游资源的审美价值、历史文化价值和生态价值，并对此进行展示与传播，而不是片面追求"硬开发"。

## 第三节 审美文化在旅游开发中的应用领域

旅游开发从某种角度看是一种审美文化构建，美学知识或审美文化在旅游开发中不但地位重要，而且运用领域广阔。

### 一、旅游资源的调查与评价

旅游资源调查的主要目的与任务是发现具有审美观赏价值的自然资源与人文资源，从而开发出有吸引力的旅游产品。这就需要开发者具有较高的美学素养和旅游审美鉴赏能力，有一双善于发现美的眼睛。在旅游开发的实践中，旅游资源的文字描述、质量等级评价、特色概括乃至具体的景观命名，都对旅游规划师与旅游开发者的美学素养和审美能力有着较高要求。

旅游资源的价值主要体现在审美观赏价值上。高级别的旅游资源无疑具有较高的审美观赏价值。在旅游资源评价中，旅游美感质量评价占有较重要的地位。对于旅游资源具有专业性质的旅游美感质量评价，有着旅游规划和经营管理上的实用目的。这类评价一般是基于对旅游者或专家体验的深入分析，建立规范化的评价模型。评价的结果多具有可比性的定性尺度或数量值。其中对于自然风景质量的视觉美评估技术已比较成熟。关于自然风景的美感(或视觉)质量评估，目前较为公认的有四个学派，即专家学派、心理物理学派、心理学派(认知学派)、现象学派(经验学派)。其中现象学派把人在风景审美评判中的主观作用提升到了很高的高度，把人对风景审美评判看作人的个性和其文化历史背景、志向与情趣的表现。这种评价方法比较强调审美者的个人经历及关于某风景的感受，分析某种风景价值所产生的环境和背景，虽然有些偏颇，但有一定的可取之处。

### 二、旅游资源开发

旅游开发应当注意游客审美心理的需要，发掘并建构有助于审美的要素并予以审美引导。审美要素即景观的视点、视角、距离、时间的安排等，力求把最美的形态和最美的瞬间呈现给游人。审美引导即深入发掘旅游资源的审美质素、文化内涵并通过景观设计、解说系统等予以提炼、外显，以合适的方式将丰富的审美信息传递给旅游者。作为审美导向，引发游客的审美思维，生发成为其自身的审美感受。相反，不加引导或引导有误，则会削弱旅游资源或旅游产品的审美价值。

旅游资源开发的审美主要体现在旅游规划与景观设计方面。旅游景观设计是旅游开发规划中的硬件内容，它需要一定的景观学、文化学、美学等理论知识的支撑，是文化在旅游开发中的主要用武之地。优秀的旅游规划师或开发者，除要求具有较扎实的专业知识功底外，还要求具有较高的旅游文化素养与美学修养。在我国，作为一名合格的旅游规划师或旅游开发者，应该了解我国"天人合一"等优秀传统文化，甚至包括建筑风水等知识，并自觉地将其精华部分运用于旅游规划与景观设计之中。"天地人和"是旅游规划与景观设计的最高追求。缺少旅游美学文化素养的规划师或开发者很难设计出有创意的、有生命力的旅游景观或旅游产品。旅游资源开发离不开审美文化。搞旅游开发，做旅游规划，在某种角度上讲就是请一批独具慧眼的高手用"审美文化"来"指点江山"。

### 三、旅游景观策划与设计

天然的环境、纯粹的自然往往是处于零散的、杂乱的、沉睡的、荒野的状态，在特定的条件下需要人工美化。诚如法国哲学家萨特所说："大地处于麻痹之中，直到有人把它唤醒。"旅游景观策划与设计就是"唤醒大地"，围绕特定的旅游形象主题，营造景观环境，把众多零散的景观组织起来，形成一个和谐的有机整体，以有效地吸引游客。

广义的旅游景观策划是景观学意义上的旅游景观策划与设计的实践过程，主要包含策划、规划和具体空间设计三个环节。它需要从宏观的生态、经济、审美等角度把握景观的用途、开发模式和开发过程，并进行可行性研究，协调土地的利用和管理，在大规模、大尺度上进行景观体系的把握。狭义的旅游景观策划主要是对旅游景观进行创意性的构思，目的在于充实景物的文化内涵、提高景物的审美价值、使人工景物与自然环境和谐并增强旅游吸引力，它偏重于文化、美学层面的考虑。而景观设计则是指在旅游景区(点)内通过环境与技术设计，创造一个由形态与形式因素构成的、较为独立的、具有一定社会文化内涵及审美价值的景物，其偏重于工程、技术、艺术层面的考虑。旅游景观策划是旅游景观设计的前提。

旅游景观策划与设计审美的最高境界应追求人工与自然的和谐统一。坚持以自然为主，人工为辅，巧加点缀，顺应自然，建筑与环境融为一体。建筑物在造型风格特点、体量、比例、尺度、色调处理上要服从环境整体，不能喧宾夺主。建筑物宜低不宜高，宜小不宜大，宜分散不宜集中，宜淡雅的乡土之风而不可取喧闹浮华的商业之气。正如美国建筑大师莱特说的，"建筑要像从地里自然生长出来的那样"；"建筑物应该是自然的，要成为自然的一部分"。他提出著名的"有机建筑论"，强调建筑应当像天然长在地面上的生物一样蔓延、攀附在大地上。北京大学的景观设计专家俞孔坚教授曾经提出"天地人神"合一的观点。他曾对忽视自然地在旅游区和城市绿地系统中的重要地位而仅仅强调匠意的花园构筑意识提出了强烈批评("情长意短"，"无法无天")。认为景观设计应遵从自然，体现文化。遗憾的是，现在许多旅游景区景点的开发与景观建设，完全陷入城市化、公园化、商业化的误区，把"景区"变成了"城区"，与旅游审美文化的要求相去甚远，应进行反思与纠正。

### 四、旅游地形象设计与塑造

旅游地形象设计是旅游开发与规划中的重要内容之一，其关键是把握地方文脉，提炼出旅游地的整体形象并进行 CIS 导入。这项工作的完成，需要规划师具有较高的美学文化素养和一定的形象策划能力，否则，就难以对旅游地的历史、地理、文化现象与文化密码进行解读和破译，从而准确地把握文脉，提炼出准确而有吸引力的旅游形象主题，形成核心理念并科学定位。没有一定的美学文化修养，就谈不上搞好如旅游徽标、旅游标准色与标准字、背景音乐、旅游标志系统等旅游视听觉识别系统的设计与塑造。

在我国的旅游规划中，不少旅游地的形象定位与设计是比较成功的，充分体现了旅游规划者的旅游美学与旅游文化素养。如浙江的"诗画江南，山水浙江"；洛阳的"千年帝都，牡丹花城"；安徽宏村的"中国画里乡村"；湖北车溪民俗风景区的"梦里老家"、大老岭国家森林公园的"绝色林海、养生仙山"、建始云雾灵山的"大美山水，伊甸净土"，等等。若缺乏一定的旅游美学素养和旅游文化功底，这些旅游形象主题的确定与理念识别，显然是很难提炼出来的。但目前旅游开发中更多的旅游地形象策划与塑造往往不尽如人意，与旅游文化品位和旅游审美情趣上的要求相去甚远。

此外，旅游地形象策划中宣传促销口号的拟定也是旅游审美文化素养要求较高的领域。如海南的"碧海连天远，琼崖尽是春"和"椰风海韵醉游人"，湖北的"极目楚天舒，浪漫湖北游"等旅游形象宣传口号，就充分显示了旅游规划师或策划师深厚的美学文化知识涵养和对游客审美文化心理的准确把握。

## 复习思考题

1. 为什么在旅游开发设计中要防止和克服个人唯美主义和极端功利主义两种价值取向？
2. 试述旅游开发的审美目标追求。
3. 如何运用审美文化进行旅游开发？
4. 试述审美文化在旅游开发中的应用领域。
5. 请在"百度"网上搜索湖北旅游形象主题口号"灵秀湖北"及旅游标志等相关资料，并进行分析评述。

## 阅读材料

### 湖北的旅游形象的视觉识别符号系统设计

**旅游主题形象：**"神奇江山·浪漫楚风"。

我们在把握湖北旅游的地脉、文脉、商脉的基础上，采用地格定位法和市场定位法重塑旅游新形象，从自然和人文总括的角度，根据"宏观采气、微观求异"的原则和差别化定位策略，认为湖北旅游形象可定位为"神奇江山·浪漫楚风"。其理由如下：

湖北江山多娇，山水无不以神奇著称。例如：神圣、神秘、灵奇的武当山，自然秘境神农架（如野人之谜和白色动物等，神农架旅游形象推介语面向全国广泛征集，最后确定为曹诗图等提出的一个"神"字），神奇的山水画廊长江三峡与清江，"高峡出平湖"形成的"人造地中海"，湖泊星罗棋布的水乡泽国（湖北有"千湖之省"之誉），世界第一大的神奇溶洞——利川腾龙洞，天下第一杉——利川"水杉王"，奇特的喀斯特地貌柴埠溪峰林、石门河嶂谷、梭布垭石林，等等。用"神奇江山"一语最能凸显湖北在自然（山水）景观方面的旅游形象。虽然"神奇"二字给人有些似曾相识的感觉，但"神奇"二字用于表述湖北旅游形象再恰当不过。湖北省政府将"一江两山"(长江三峡、神农架、武当山)作为湖北旅游的主打品牌进行推介宣传，也正是基于湖北神奇的江山(或山水)这一地脉优势。

湖北除自然(山水)景观神奇外，许多人文景观也十分神奇，例如：挑战人类起源学说的"建始直立人"遗址(距今215万年)，被誉为"建在奇峰悬崖上的故宫"的武当山古建筑群，世界四大文化名人之一屈原和我国古代四大美女之一王昭君均出生于秭归(兴山古属南郡秭归)，被誉为"东方第八大奇迹"的编钟出土于随州擂鼓墩，世界文化遗产钟祥明显陵是全国最大的单体帝王陵，世界最大的水利枢纽三峡大坝、万里长江第一坝葛洲坝均位于西陵峡，红安被誉为"将军县"(诞生了223名将军)，蕲春被称为"教授县"，等等，难以尽述。难怪有位外国旅游专家称湖北为神奇的"发现之窗"。

湖北的文化无不以神奇浪漫著称。在文化史中，唯一能与欧洲古希腊文化和我国中原"正统文化"并驾齐驱的唯有楚文化。楚文化不仅以神奇驰誉，更以浪漫著称，从古老的凤图腾崇拜到屈原的《离骚》、《楚辞》，无一不弥漫着浪漫主义的气息。湖北的楚地风情也十分浓郁、浪漫，如土家族的哭嫁、跳丧、山歌等。历史文化中，出土的编钟、虎座凤架鼓，屈原、宋玉的浪漫诗思，王昭君的动人事迹，诸葛亮隆中三分天下的雄才大略，俞伯牙断琴的知音情缘，"谈笑间樯橹灰飞烟灭"的赤壁之战，董永与七仙女的传说，与陕北信天游媲美的高亢嘹亮、抒情浪漫的五句子歌，以及民俗节庆女儿会、龙舟赛，等等，无不具有浓郁的浪漫色彩。用"浪漫楚风"("楚风"可理解为荆楚大地的古风、景观风貌、民俗风习、人文风采等，而且很容易使人联想到荆楚大地的湖北)一词颇能凸显湖北在人文方面的旅游形象。此外，亮出"浪漫楚风"的旅游品牌形象，对于邻省湖南来讲，具有"领先定位"和"抢占先机"的战略意义。

总之，用"神奇江山·浪漫楚风"作为湖北的旅游主题形象，客观性、概括性、特色性("山水"与"江山"虽然可以通用，但用"江山"比"山水"更有特色和气势，而且指明湖北旅游拳头产品"两江两山"即长江三峡、清江画廊和武当山、神农架)、艺术性较强，形象鲜明，气势恢弘，虚实结合，雅俗共赏，东西兼顾(湖北东部以浪漫楚风为主要特色，湖北西部以神奇江山为主要特色)，颇具感召力。

**旅游标徽或旅游形象识别标志：**以"神奇江山·浪漫楚风"为旅游形象主题，以山体、水波(象征神奇的湖北山水，如长江三峡、清江画廊、神农架、武当山等)和凤凰(象征浪漫的荆楚文化)为地脉、文脉进行组合、创意，设计出一个具有强烈的视觉冲击力，有凝聚感与动态感，能给人丰富想象空间的旅游标徽或旅游形象识别标志(见图14-1)。

**旅游标志文字：**"骄美湖北——神奇江山·浪漫楚风"为湖北旅游形象主题宣传口号。其中"骄美"一词出自《楚辞·九辩》。骄美意为引以为自豪的大美。湖北的旅游无论是自然的还是人文的，实属引以为自豪的大美。"神奇江山·浪漫楚风"八字选用毛泽东书法字体，具有神奇、浪漫的美学风格，与湖北的旅游形象颇为吻合。

**旅游标准色：**以蓝色(象征"水乡泽国"的湖北)与红色(象征"火之精"的楚文化。源于楚俗尚赤、崇凤)为湖北旅游标准色。

**旅游象征性吉祥物：**可以"凤凰"(楚文化的图腾)的卡通形象作为湖北旅游象征性吉祥物。

图 14-1　湖北旅游徽标

**旅游形象大使：**可用具有传奇浪漫色彩的历史人物，如屈原、王昭君作为湖北旅游形象大使进行市场推介。

**旅游宣传口号：**极目楚天舒，浪漫湖北游。

# 第十五章　旅游服务与审美文化

## 第一节　旅游服务工作者的审美形象要求

在旅游审美活动中，旅游服务工作者是旅游者的直接审美对象。对于身处异地的旅游者来说，他们在紧张感、陌生感和新奇感的驱使下，总是会对初次见面的旅游服务工作者进行多角度的审视，这其中审美的因素表现得颇为突出。旅游服务工作者作为旅游者的直接审美对象，其审美形象要求集中地表现在仪表、风度、心灵、语言、表情、服务几个方面。

### 一、仪表美

一般来讲，人的仪表美是其形体美、服饰美与发型美的有机综合。

形体美主要是指人的身材、五官比较匀称，健康状况或身体素质良好。从劳动美学或职业审美的观点看，人们更倾向于欣赏和追求健康的美、富有活力或生命感的美，而不仅是所谓的长相漂亮，更不是病态之美。因此，旅游企业在招募员工时要对形体美有适度的要求，注意选择那些具备一定自然条件的工作人员（这并非低估内在素质和实际工作能力）。

仪表美的另一构成要素是服饰美。俗话说"三分长相，七分打扮"。服饰的美，不仅反映出人的品格与审美趣味，更重要的是它对人体具有"扬美"与"抑丑"的功能。如果对服饰加以科学而巧妙的利用，就会使其与人体构成和谐之美，起到相得益彰乃至锦上添花的作用。对于旅游服务人员来讲，在服饰上要尽量求得和谐（色彩、式样与形体、性别及年龄、季节的和谐）、入时、整洁、端庄和雅致。力避标新立异或盲目模仿，既不应搞得低俗、土气，也不宜装扮得过于妖娆。从职业特点和旅游审美的角度考虑，旅游服务人员借用服饰过多地炫耀自身，会产生一定的消极作用。

仪表美的再一个构成要素是发型美。发型作为一门多姿多彩的造型艺术，是体现人的审美和性格情趣的直观形式，是自然美与修饰美的有机结合，同时也反映着人的物质、文化、生活水平和时代的精神风貌。发型也同服饰一样，具有装扮和美化的积极效应。我们通常所说的"光环效应"和第一印象，大多是从"头"论起。因此，发型美也是仪表美中不可忽视的因素之一。在现实生活中，人们对发型美的追求呈现出多元化，但个性化似乎成为一种总的指导思想。所谓发型的个性化，就是根据个人的身材、头型、脸型、发质乃至年龄、职业来设计发型，使其能反映出个人的特点和情趣。作为旅游服务人员来讲，在发型审美上应处理好个性化与大众化的关系，适度追求造型艺术，以自然和谐、朝气蓬勃、健康活泼之美为目标。

## 二、风度美

一个人的风度，是在平时的社会生活实践中和特定的社会文化氛围中逐渐形成的。它是个人行为举止的综合，是社交中的无声语言，是个人性格、品质、情趣、素养、精神世界和生活习惯的外在表现。通常所说的"气质"、"风姿"、"风采"基本是指风度的具体显现。

欣赏风度、讲究风度，是人类的重要审美追求之一。同仪表美一样，风度美也是社会生活美的一项具体内容，但它比前者更含蓄一些。风度尽管反映人的内在美，但它总是具有感性或外显的特点，是通过站姿、坐姿和走姿、蹲姿、引领的姿势等可视因素展现出来的。人们通常说"站要有站相，坐要有坐相"，这对风度美提出了最基本的要求。如导游工作者在与游客进行交谈或进行风景解说时，应注意站姿，既不要两脚并拢，僵直挺硬，也不可双脚叉开，摇头晃脑。手势表情也不宜过于夸张和激烈，更不可用手指着人说话。正常的站姿要求两脚分开时不超过肩宽，收腹、挺胸、抬头，面带微笑，站立时，切忌东倒西歪，无精打采，身体不要下意识地做小动作。这样自然会给人一种稳定感和亲切感，有利于思想情感的交流。根据旅游服务工作者的职业特点及其不同的环境氛围，旅游服务人员应因时制宜、因地制宜地采取不同的站姿。坐姿、行态也应规范、合度、优雅。可以说，站、坐、行三态是人的自然形体在空间上的形象显现，加上优雅的手势和和蔼的表情，会构成一种和谐的造型美。从静观或动观角度，这种直观的造型美便是风度美的客观的具体表现。但这并不是说，风度就是这几种"态"的简单的形式组合。严格地讲，风度美属于社会美范畴，是人的内在美(性格、品质、修养、情趣等)的自然流露。因此，风度美要求内在美与外在美的和谐统一。

## 三、心灵美

通常，在从社会美学角度来分辨人的美时，总是习惯于把仪表美和风度美归于"表层"的美，而把心灵美归于"深层"的美，我们认为这二者的和谐统一才是一种"完整的美"。心灵美是人的其他美的真正依托，是人的思想、情感、意志和行为之美的综合表现。心灵美的核心是善。古希腊美学家柏拉图宣称："美、节奏好、和谐，都由于心灵的智慧和善良。"善是美的本源。就善而言，它是社会生活中人与人、人与社会行为的道德规范。一个人的思想行为如果符合这种道德规范，那就是善和美，否则就是恶和丑。

旅游服务人员的心灵美主要体现在其工作态度和所提供的优质服务上。如在整个服务工作过程中态度和蔼，积极热情，办事细心，任劳任怨，不谋私利，乐于助人，主动为游客排忧解难，等等。

旅游服务人员在追求个体完美化的过程中，要避免重外在美而轻内在美的现象。外在美与内在美并具，二者和谐统一，这才是旅游服务工作者追求美的最高境界。这种美的境界，对于旅游服务工作者来讲是个人审美的终极目标，对于旅游者来讲才具有至高的审美价值。

### 四、语言美

语言美包括交谈的内容、方式等。其基本要求为：语言表达准确、鲜明、简洁、生动、巧妙、艺术(或得体)以及讲话要和气、文雅、谦逊、有礼貌。

语言美是心灵美的直接体现。不同时代、不同民族、不同职业的人和具有不同文化素养、思想情感、道德品质、语言表现力的个体，其语言美有不同的表现形态。语言美是交际的必要手段，直接影响语言交际的效率和人际关系的协调。使用礼貌用语，经常用"请、谢谢、打扰了"等词语，"您是否认为，您是否觉得"等话语。

语言表达是旅游服务的基本技能，语言艺术直接影响旅游服务质量。因此，旅游服务人员应讲究语言美。讲究语言美，有利于树立旅游服务形象，沟通顾客情感，协调顾客关系，提高顾客满意度。讲究语言美，关键在于加强语言修养，提高思想文化素质与培养心灵美，并正确把握旅游服务语言的心理因素，善于运用旅游游服务语言基本技巧。

### 五、表情美

旅游服务人员的审美形象一个重要方面是体现在表情上。旅游服务人员即使仪表、风度等方面较美，但如果表情上冷冰冰、木呆呆，其美感就会大打折扣、黯然失色，甚至令人生厌。在旅游服务工作中，微笑在体现旅游服务工作者表情美方面非常重要。在旅游服务工作中，明朗而甜蜜的微笑，不仅能给人以美感，而且对游客起着积极的情绪诱导作用。它一方面会使游客感受到旅游服务人员愉快明净的心境和热情欢迎的态度，另一方面会创造出温暖如春的友好气氛，消除游客初到异地的紧张感、陌生感乃至怯懦感，进而使游客产生心理上的安全感、亲近感和愉悦感，从而轻松愉悦地观赏审视所接触的人和事，有利于形成美好的印象和回忆。眼神也是传达表情的重要手段，与人交流的时候要注视别人，不能左顾右盼。

### 六、服务美

这里需要着重说明的是，仪表美、风度美、心灵美、表情美仅仅作为旅游服务的辅助手段才有意义。旅游者对旅游服务工作者的审美期待最终还是期望体现在旅游服务质量上。服务美是旅游服务工作者审美形象的核心与本质，仪表美、风度美、心灵美、表情美主要应通过美好的服务工作来体现，如果一旦同具体的服务工作脱节，仪表美、风度美、心灵美、表情美就失去了意义，就会蜕化为一种内容苍白的东西。关于旅游服务工作的审美追求与美学技巧，下面两节中将具体介绍，这里就不加赘述。

## 第二节 导游服务审美

### 一、导游工作者在旅游审美中的特殊作用

导游工作者在旅游审美中的特殊作用，主要体现在导游作为旅游审美信息的传递者、旅游审美活动的调节者和旅游审美行为的引导者的角色扮演或功能发挥上。

**1. 旅游审美信息的传递者**

从信息论美学角度考虑，作为旅游审美对象的自然景观与人文景观，完全可以视为一种有关客体之实际观赏效果的审美信息。在旅游审美活动中，由于旅游者个人的差异（阅历、修养的深浅，审美能力的高低等）与文化距离（对旅游客体文化的陌生和语言的障碍等）诸因素的存在，旅游审美信息通常需要通过传递者即导游工作者来传递给旅游者。在大多数情况下，对于人生地不熟的游客来讲，旅游质量在很大程度上依赖于导游传递审美信息的艺术。导游主要是凭借语言来传递信息的。这样，导游传递信息艺术首先涉及语言艺术，其次还涉及一个技巧运用问题，即我们通常所说的导游手法。

对于从事导游讲解的工作者来讲，语言艺术化至关重要，因为这直接影响到旅游审美信息的质量与旅游审美信息接受者（旅游者）的审美满足水平。乔修业先生在《旅游美学》一书中指出，口语导游的语言艺术化主要表现在这五个方面：即语言的准确性，语言的音乐性，语言的生动性，语言的风趣性，语言的情感性。所谓语言的准确性，就是要求导游的表达正确无误，音质清晰明洁，不含糊其辞。讲解具有针对性，用词得当，组合相宜；所谓语言的音乐性，主要是指导游讲解上语调的抑扬顿挫、语流的通畅、语句的长短、语速的快慢等，简言之，即语言的节奏感。从审美角度分析，这种语言的节奏感犹如音乐的表现力一样，自然会产生美感；所谓语言的生动性，主要是指导游讲解的语言应形象、鲜明、生动，力求达到绘声绘色的境界。这涉及导游人员所掌握的景观知识和语言词汇的丰富程度和修辞技巧等语言修养水平；语言的风趣性则主要表现在其幽默或诙谐的言谈风格上，它是语言艺术的一个重要方面，它往往能给游客带来意想不到的快乐和美感；语言的情感性则是指导游的讲解形象生动、情真意切，富有情感色彩，唤起游客审美心理上的共鸣。

关于导游的手法或技巧，比较通用的有虚实相间、制造悬念、点面结合、利用参照等，详见乔修业主编的《旅游美学》第九章中有关内容。本书将在后面第二部分"导游服务的基本美学技巧"中从另外一个角度详细介绍。故在此从略。

**2. 旅游审美活动的调节者**

导游工作者在旅游审美活动不仅是审美信息的传递者，也是审美活动的调节者。游客获得旅游审美需求和审美愉悦在很大程度上需要依靠导游员的介绍和解说。导游在旅游业中的作用表现为其文化和审美意义。通过导游的服务工作，旅游者可在旅游活动中增长知

识，陶冶情操，获得审美享受。在旅游活动中，导游能从心理和生理上帮助旅游者保持最佳的审美状态。通过有效的组织协调，合理的线路安排，增加游览过程的趣味性，减少游客的疲劳感。导游在旅游审美活动中有不可替代的作用。

导游应充分调动旅游者的审美意识和审美感官，努力使导游讲解"寓情于景，情景交融"，达到"我中有景，景中有我，物我统一"的境地，从而使旅游者保持最佳心境和最佳审美状态。

关于审美活动的协调，导游在游览活动的组织安排上应注意有张有弛、有缓有急，在讲解上应注意快慢相宜、音调和谐，有时还应注意适时停顿，达到"此处无声胜有声"的效果。

### 3. 旅游审美行为的引导者

导游在旅游审美活动中除了作为审美对象、传递者和协调者之外，还担任了旅游审美活动的引导者的角色，使旅游者实现高层次的审美活动或达到更高的审美境界。导游对旅游景点进行针对性讲解，旨在让游客在直观感受美的基础上增加对美的理性认识。此外，导游工作还是一门艺术，需要凭导游的主观经验，加以再创造和灵活应用，使旅游者在怡然自得的游览活动中满足自己的审美需求，增长知识，陶冶情操。导游对旅游者还能发挥进行艺术教育的作用。导游对旅游者进行艺术教育的审美作用应表现在培养审美的敏感能力和培养完形知觉能力以及对现实功利超越的审美能力。导游在旅游活动中进行艺术教育，可以帮助旅游者提升旅游审美境界，从悦耳悦目（感性愉悦）的审美境界、悦心悦意（理性愉悦）的审美境界发展到悦志悦神（精神愉悦）的审美境界，激发游客的想象思维，帮助游客保持最佳审美状态。旅游活动中，在陶冶游客性情方面，导游应该是施教者，而旅游者是受教者，旅游景观就是教育媒介。施教者要熟悉了解媒介的本质和特征才能有效地选择和利用媒介对受教者进行有效的艺术教育。此外，在旅游审美行为上，导游对旅游者应自觉地加以引导，有意识地培养游客的文明、高尚的旅游审美行为。

总之，旅游者是"客"，导游者是"主"。主客之间的审美关系是否和谐统一，在很大程度上取决于导游在旅游接待工作中是否成功地扮演上述几种角色。

## 二、导游服务的基本美学技巧

### 1. 用优雅和谐的仪态，展示完美导游形象

导游工作者应注重形体、服饰、发型等仪态，给旅游者以美的形象。

导游工作者应具有健美的形体。爱美之心人皆有之。人是万物之灵，人的形体美不仅是艺术家所珍视的表现媒体，也是旅游者热衷的审美对象之一。导游人员外在的形体美能在旅游者的旅游审美活动中产生光晕效应，具有形体美的导游人员在导游活动中一亮相，常常就能吸引住游客，并使游客与之产生亲近感和信任感，将旅游者导入初级的审美感知与判断。

服饰美可以反映出一个人的品格和审美情趣，也能在一定程度上弥补形体美的不足。导游人员的着装，要讲究色彩、式样与形体、性别、年龄、季节的互补同构性，以及入时、雅致、端庄、整洁、方便、适用等综合性。导游人员的服饰，在增强自身形象美的同

时，要避免与客人争美比艳。从色彩的选择上，导游人员的服装应以醒目的暖色调为主，因为这些色彩的波长更适合引起旅游者的注意，为旅游者起到"寻索"和"向导"的作用。

发型同样是外在形象美的组成要素。导游人员的发型总体要求是个性化并符合旅游者的审美习惯。导游人员对自己的发型，要根据自身的身材、脸型、头型、发质及年龄等特点来精心设计修剪，使其能反映出个人的特点和情趣，取得整体和谐统一的审美效果。

形体美是一个人的外在美的体现，尽管形体美可以给人以视觉上美的感受，如果缺少内在美的支持，其美感只能是暂时的。行为美或称风度美，既是一个人行为举止的综合产物，也是一个人性格、品质、情趣、教养、精神世界和生活习惯的外在表现。它常常是通过人的站姿、步态、坐态等多方面可视因素展现出来的。导游人员作为旅游者直接的审美对象，在与旅游者交往和为客人服务时，应十分注意自己的行姿、坐姿和言谈举止，做到端庄、文雅。

心灵美是一个人内在美的展现，也是人的形象美中深层次的美。心灵美核心是真与善。导游人员的工作是平凡的，没有什么轰轰烈烈的大事，但平凡的小事中又恰恰蕴含着非凡。导游人员在为游客服务中以真诚与善良来对待每一位游客，切实做好自己的本职工作，自然能给客人以美的感召力，体现出心灵美。

如果导游人员有了健美靓丽的形体、文明优雅的行为和真诚、善良的心灵，自然会为旅游者塑造出导游工作者是美的使者的独特形象。美的使者的独特形象的展示，既满足了旅游者的审美需求，又为导游人员各项工作的开展奠定良好的基础。

**2. 根据旅游景观的美学特色进行讲解，影响感染旅游者**

导游首先应根据旅游景观的美学特色进行讲解，影响感染旅游者。例如，讲解自然景观时，学会帮助旅游者构筑"情境美"；讲解人文景观时，学会帮助旅游者形成"意境美"；讲解艺术景观时，学会引导旅游者生发"艺术美感"。其次，应因势利导地利用观赏时机。例如，导游人员在带游客在承德避暑山庄游览时，如遇到雨天，在烟雨中能引领游客登临烟雨楼的青莲岛，则会观赏到平日难得一见的雨雾如烟、水天一色、湖山尽洗的美景。此时导游员再顺势为游客讲解乾隆皇帝"最宜雨态烟容处，无碍天高地广文。却胜南巡凭赏者，平湖风递芰荷芬"的诗句，旅游者自然会顿感烟雨楼的美学意境，容易感受和体验到中国古典园林天人合一的独特的美学特征。

**3. 善于解决旅游者的疑难问题，充分显露导游心灵美**

远途跋涉常常使客人身体不适或疲劳过度，回到酒店，如果遇有特殊需要的客人应尽力帮他们解决问题，温馨的服务会化解他们的劳顿与不适，第二天将游兴倍增。旅游者来自不同国度、不同地区、不同民族，有着不同的饮食习惯和文化差异，导游人员应仔细研究他们的文化背景，处处留心，安排好适合他们口味习惯的饮食。在旅游者购物活动中，来自异域的旅游者，不了解当地的旅游纪念品，不懂得如何选购，这时候，导游人员就应注意运用自己平素积累的有关知识适当地为游客作介绍，比如许多民间工艺品等，导游人员应该真诚地给他们介绍这些纪念品的历史文化知识和艺术特点，让旅游者充分了解当地代表性旅游纪念品的价值，合理地为他们推荐购买对象，而不是片面进行促销，让他们盲目地购买。

### 4. 适当控制把握旅游者情绪，引导低潮向高潮转化

审美意识是一种个人意识，依赖于人的审美知识和能力，也取决于人的情绪。情感是审美过程中的动力因素，即人的情绪会直接影响人的审美心境。导游人员要向旅游者提供热情周到的服务，采用多种有效方法，强化他们积极或肯定的态度，弱化消极或否定的态度，使他们的情绪愉快而稳定，并随时激发旅游者新的游兴，努力保持他们的最佳审美心境。旅游活动期间，旅游者往往处于既兴奋又紧张的状态之中。紧张感容易使人疲劳、影响游兴，而兴奋感却促使他们随导游人员去探新、去求奇、去寻觅美、欣赏美。旅游者的情绪高、游兴浓、精力充沛，旅游活动一般就会顺利进行，就有可能达到预期的效果。因此，调节旅游者的情绪，保持、提高他们的游兴并激发新的游兴是导游人员的一项重要工作，是旅游活动成功的基本保证，也是衡量导游人员的能力和水平的一个重要标准。首先，导游人员要善于调节游客情绪。导游人员要善于从言谈、举止、表情的变化去了解和观察游客的情绪变化。在发现游客有焦急、不安、烦躁、抑郁、不满等否定情绪后，要及时找出原因，采取相应措施来消除或调整情绪。消除消极情绪的方法很多，导游人员要根据不同情况采取不同方法，如物质补偿法、精神补偿法、转移注意法、分析法等。其次，导游人员要懂得保持、提高游客的游兴。人的兴趣具有能动的特点，存在转移性和变化性，即兴趣会随时转移，从对某种事物的兴趣转移到另一种事物的兴趣，人对某一事物的兴趣会产生、会消失，其兴趣程度也可增可减。因此，导游人员要了解游客在旅游活动中的情绪变化规律，并适度把控游客情绪，从而使游客从无兴趣、兴趣低状态转变为有兴趣、兴趣高状态，保持游客的游兴稳定和持久，并不断产生新的游兴，引导游客的审美活动从低潮进入高潮。

### 5. 营造依依惜别的送别气氛，再次塑造个人的形象

旅游者完成自己的游程，达到了自己的旅游目的，将要离开旅游地，这时，旅游者一方面为自己享受到的美而感到满足；另一方面，也会对与自己一起度过美好时光的导游感到依依不舍。作为一位成功的导游人员，应把握好旅游者此时的心理，让旅游者对导游服务留下一个完整而又美好的回忆。

一段平实质朴、深情款款又不失文化品位的欢送辞，会使相处不久的游客满怀深情踏上归途，就像亲朋好友别离，从而留下一份恒久的友谊。首先，导游人员要对整个游程进行总结，与游客一起回忆所游览的项目、参加的活动，将许多感官的认识上升到理性的认识，帮助游客加深对审美对象的理解和鉴赏，同时强化旅途印象的"美好"。其次，要通过抒情的、真挚的语言，深沉的、专注的眼神和表情表达自己的依依惜别之情、留恋之意，对旅途中游客给予的支持、合作、帮助、谅解，导游人员要表示自己的感激之情，因为没有这一切，就没有旅游活动的圆满和成功。最后，导游人员应在离别之时表达期待重逢之意，并对即将分手的游客们道出美好的祝愿。把良好的祝愿希望作为结束语，自然也符合中华民族乃至全人类的传统习俗和审美情趣。总之，导游人员要善于利用送别这一特殊的美好时刻，在情真意切中用语言、用歌声、用微笑把游客的感情推向一个新的高潮，

同时再次塑造出友善、真诚的个人形象,为游客留下深远的"审美回味"。

**6. 在旅游活动结束后积极主动地问候,为企业塑造良好形象**

导游工作者为了延续旅游服务的美感,可以利用手机短信、电子邮件、微信等方式发送离别赠语、节日问候等等。延续旅游服务的美感是进行个人宣传和旅游企业宣传的一个很好的途径。在某种意义上讲,一次旅游活动的结束应该是另一次旅游活动的开始。

### 三、提高导游工作者的美学修养的途径或方法

导游工作者要想提高自己的美学修养,可以通过如下途径或方法:即自觉地培养自我审美意识,努力学习各类相关知识,认真研究游客的审美心理,尊重游客和客源地的审美习惯,掌握旅游观赏原理,发挥旅游审美信息的传播技能,提高再创造的能力。

**1. 自觉培养自我审美意识**

无论是作为旅游者的直接审美对象,还是作为旅游者的审美向导(传递审美信息,协调审美活动,引导审美行为),导游工作者均应从不同角度来培养自己的审美意识,使自己的仪表、风度、心灵、语言、情趣、知识和技艺符合"美的规律",达到审美化的要求。

就仪表而言,导游工作者应该深刻地意识到自己身兼"民间大使"要职,既代表一个民族和国家的形象,又反映出所在旅行社的管理、服务水平和个人的修养和精神面貌。因此,注意自己仪表是非常重要的。

风度美是个体审美化的较高层次。对于导游而言,则主要看他是否能够从审美化角度出发,积极主动地发挥自己的潜力,创造性地从形象、姿态、举止或气质等方面培养和塑造自己。

实践证明,导游工作者对自身心灵美的培养,关键是看他是否具有人道主义精神或助人为乐的情操。在导游过程中,导游工作者的心灵美一般是通过具体的行为(如周到的服务,文明接待,为游客排忧解难等)和语言表现出来的,即待人和蔼、诚实、自然大方,多干实事,在合理的而可能的情况下,根据游客的需要提供个性化服务,想游客之所想,急游客之所急,做游客之所需。

**2. 不断学习各类相关知识**

知识是修养的基础,没有丰富的旅游文化知识,要想提高美学修养只能是一句空话。因此,导游工作者应努力学习与旅游有关的各种知识,如地理、历史、文学、美学、心理学、宗教、建筑、园林、雕塑、绘画、书法、音乐、饮食、民俗等知识,只有这样,才能在讲解中得心应手。例如旅游名城承德,它的旅游资源类型繁多,种类丰富,既有自然景观,又有人文景观。自然景观中有典型的丹霞地貌和国家级自然保护区及森林公园。在人文景观中,又有世界顶级的文化遗产——避暑山庄与外八庙。要做好承德的导游工作,导游人员就必须加强学习,丰富自己的知识,除掌握历史知识尤其是清史的知识外,还应掌握一定的古典园林知识、宗教文化知识和美学知识。在避暑山庄游览时,要结合具体的景物,将中国古典园林立意构思、叠石理水、建筑营造、花木配置、题名点景等审美信息对

游客进行很好的传递与解说。

### 3. 认真研究游客的审美心理

如前所述，由于审美个性的差异，旅游者的审美需求是多种多样的，其审美动机也相应地被分为不同的类型，比如自然审美型、社会审美型、艺术审美型和生活审美型，等等。不言而喻，要想使旅游者得到审美满足，导游工作者事先就要认真研究游客的审美需求与动机，弄清其主要审美取向与偏好，然后有针对性地做好准备工作。

一般来讲，选择旅游观赏重点并突出其特征是导游工作成败的关键之一，如旅游者在中国游览，总要参观很多宗教建筑，但即使同为佛教寺院，其历史、规模、结构、建筑艺术、供奉的佛像以及地理环境条件等也各不相同。因此，在同一地区或同一次旅游活动中参观多处类似景观时，导游员更要突出介绍其主要特征，这样旅游者才不会产生雷同的感觉。

### 4. 尊重游客和客源地的审美习惯

人的审美习惯是其审美个性与固有审美经验相互融合的产物，而这种审美习惯通常会有意无意地影响人们对客观事物的审美评价，甚至在一定程度上制约着人们的审美行为。对旅游者来讲，由于生活阅历、文化修养、情态意趣、职业、年龄、宗教信仰和社会环境的不同，其审美习惯往往具有一定的差异性与多样性。就职业而言，文学家、艺术家一般习惯于追索旅游地文化艺术的本质特征和审美价值；美食家则一般习惯于热衷欣赏、品味旅游地的各种美味佳肴；科学工作者、教育工作者、医学工作者、农民、工人等，也都习惯于寻访各自感兴趣的东西。从年龄分析，年轻人习惯于追新猎奇，老年人则习惯于透过人际关系来窥察体验人情美与伦理美。因此，导游工作者有必要在实际导游过程中细心地体察、识别游客固有的审美习惯。例如南京一位备受旅客称赞的外语导游，正是由于洞悉了国外老年人的审美心理，在导游过程中常常有意识地把实地见到的情景（如老人带孙子逛公园，中年男女搀扶或背着年迈父母登中山陵）指给外国游客看，同时介绍一些有关中国人敬老爱幼的传统美德的历史故事，从而收到了意想不到的良好效果，使某些外国老年游客在深入了解我国人民生活和钦羡中华传统文化的同时，于精神和情感上也得到了一定的补偿或满足。

旅游者的审美习惯还表现出另一特点，他们总是习惯于从本民族的文化意识出发来评判和审视旅游所在地的人文景观。事实上，有经验的导游工作者也常常采用对比的方式，把中国的长城同埃及的金字塔、中国的象形文字与墨西哥的玛雅文化等联系起来讲解，使国际游客产生强烈的共鸣，进而获得深刻的审美体验。

### 5. 掌握旅游观赏原理

在旅游审美活动中，一定的观赏原理对于调节旅游审美行为及其效果具有十分重要的作用，这是因为，形态各异的景观只有借助不同的观赏方法才会显示出其内在的魅力。譬如，游览名山大川和江河湖泊，就必须设计动态观赏与快慢相宜的节奏；在路南石林看像形石"阿诗玛"，就需选择最佳的观赏角度等。

概而论之，就是要运用和把握旅游观赏方法与观赏节奏等原理。本书在第二章第二节曾经指出，旅游观赏原理离不开知识、方法、距离、角度、时间和情感。根据传统的赏景经验和实践体会，我们总结出六点基本方法，即"观景先知、动静结合、变换视位、选择时机、抓住特点、调动情感"，即"游览赏景的二十四字诀"。导游工作者首先应该从审美角度深入了解景观对象的周围环境(天时、地理)、内部结构(布局、形式)、文化内容与美的形态；其次，要多读一些美学书籍以及一些山水诗和游记散文，并在实地考察和自身体验的基础上，从美学角度分析景观的审美特质，把握游客的审美心理，自觉地对其进行引导。

### 6. 发挥旅游审美信息传递技能

语言基本功是导游传递旅游审美信息的最基本技能。俗语云："祖国江山无限美，全凭导游一张嘴"。导游人员具有较为渊博的知识是做好导游服务工作的前提。要准确地为旅游者传递出景观蕴含的审美信息，导游员必须练好语言基本功，使自己的导游语言符合"信、达、雅"的要求。信：指语言表达准确。达：指语言表达流畅。雅：指语言表达优美，即生动形象。其中信是前提或基础，达是标准或目的，雅是格调或境界。同样是用有声语言传达旅游审美信息，形象生动的语言不但对审美信息传达的效果好，而且听众在接受这些信息的同时，本身也成为一种审美享受。

为准确传递审美信息，帮助旅游者感受旅游景观的美学价值，导游人员要采取灵活多样的导游手法或技能。导游为游客服务，如果讲解呆板，手法千篇一律，流于一般介绍，旅游者是很难感受到景观蕴含的美学价值的，甚至会因蹩脚的讲解，降低景观对游客的吸引力，损害了景观本身的美学价值。因此，导游人员要深入钻研业务知识，努力掌握各种导游手法，在实际导游服务中，注意观察游客的表情，洞悉游客的心理，因团、因人、因景、因时而异，灵活运用各种手法或技能，恰如其分地进行讲解服务，为旅游者准确地传达出旅游景观蕴含的审美信息，有效地帮助旅游者感受旅游景观的美学价值。

### 7. 努力提高再创造的能力

提高导游服务质量，其根本就是要提高导游的再创造能力。为此，导游工作者首先要努力提高对旅游景观的审美鉴赏能力，力求把"死"的景物化为"活"的审美对象。例如，游览北京天坛时，若导游审美鉴赏力高，且博古通今，对其杰出的建筑形式、精巧的建筑结构和深刻的文化内涵等有着深切的审美感受能力，并能联系建坛的意义，用富有情感色彩的导游语言加以描述，必然会在激发游客的审美情趣的同时，加深他们对这一杰出传统建筑的审美理解和感受。

要提高导游的再创造能力，导游工作者必须认清自身与景观对象的相互关系，即自己一方面是景物的介绍者，另一方面又是景物的直接观赏者，必须有导有游、常导常新。

要提高导游的再创造能力，导游工作者还应明确自身与旅游者的相互关系，即作为旅游者的审美对象，他必须提高个体审美化的水平，而作为审美信息的传递者，他又必须结合旅游的审美需求，学会提炼富有价值的审美信息，并在实际导游中予以生动的表达。

最后，导游人员还应尊重旅游者的审美心理规律和审美判断力。要设法在临场导游讲解中为对方留下一定的审美"自由空间"。如导游在讲解悬棺葬法时，不要直接点出古人是如何把这些棺木搁置在崖壁上的，而应给游客一定的思考时间，让游客自行思索、想象和体会，最后才一语道破。这是因为，从旅游审美活动的随意性与自由性分析，尊重审美规律的导游讲解能更好地让人接受，而且更令人喜欢，这样的导游"作品"是能较好地产生预期的审美效应的。

导游工作者的美学修养涉及面甚广，在实际工作中，我们只要从实际出发，在导游实践中勤于观察，善于学习，注意积累，就一定能把自己塑造和培养成一名具有美学修养的导游工作者。

## 第三节　饭店服务审美

### 一、饭店服务艺术

#### 1. 前厅服务艺术

前厅是饭店的"门面"。其员工相貌、仪表、态度、谈吐、举止等具有审美意义上的"光环效应"，决定着游客的第一印象。前厅服务应从客人的物质利益和审美需求出发，讲究服务艺术。前厅服务艺术主要包括接待员服务艺术、门卫服务艺术、行李员服务艺术等。

（1）接待员服务艺术。

前厅接待是饭店内部管理系统的神经中枢。接待员代表饭店的形象迎送客人，因此要求业务知识丰富，顾客信息准确无误，语言礼貌热情，服务细致周到。富有魅力的形象（注重仪表，保持服装、头发与指甲的整洁，女性要适当梳妆、打扮，男性要注意刮脸修面）和彬彬有礼的举止（姿态端正，遇到客人主动打招呼，笑脸相迎，使用标准的待客用语，声调亲切，问答殷勤），会给人一种易于信任的感觉。本着"顾客就是上帝"的原则，在顾客遇到困难时接待员要积极主动提供帮助。所有的接待服务要求接待员在和颜悦色中迅速完成，任何表情上的僵硬和动作上的迟缓都会使游客产生疑惑和不悦甚至反感。

在满足基本的接待服务外，接待员还必须掌握额外的基本技能：例如，善于察言观色，准确地找出顾客所需并提供必要的帮助；对于饭店的内部设施要了如指掌以便于给有疑问的顾客提供准确的帮助；掌握饭店外部的与之相关行业（交通、购物、休闲娱乐等）的最新信息，方便游客的询问；耐心地听取顾客的意见和投诉，采取必要的措施平复顾客的不满情绪，必要时可申请上级解决；注意自己的行为姿势（不要挥舞双手，走路蹦蹦跳跳，用手直指对方等），以免给顾客留下不好的印象。

（2）门卫服务艺术。

门卫是饭店第一形象的展示者，高大魁梧的身材、端正和善的相貌、清洁挺拔的服装和优雅得体的动作都能给顾客留下美好的第一印象。对于进店的顾客要施予明亮柔和的微笑，致以简洁而热忱的欢迎词，并伴之以"请进"的姿势。对于出店的客人积极主动地为之安排好所需的交通工具，并主动打开车门，将手垫在车门上沿，以免客人撞头，并伴之以挥手再见的姿势。一系列优雅得体的门卫服务可使客人在尊重感得到一定的满足的同时，获得一种人情美的愉悦体验。

(3)行李员服务艺术。

行李员的主要职责是引领客人和搬运行李。其衣帽要整洁轻便，标志明显，执勤时要态度亲切，精神饱满，姿势自然，动作敏捷，运送行李时要谨慎负责，切勿不小心将行李掉在地上，给客人留下漫不经心的印象。客人办理相关手续时，在其身后两三步远处等待总服务台的指示，要时刻认真听取，一旦指示明确之后要即刻上前，领取房卡或钥匙，主动帮助客人。在引领房间时要走在客人左前方1.5米左右的位置，礼貌大方，对客人尊称，并嘱咐相关事宜(如自带贵重易损等相关物品，以免出现差失)，在行走的过程中要在遵循基本的礼貌原则下，展现出一个服务人员应有的基本素养。在进入房间时有必要向客人介绍相关的基本设施，按客人的要求提供良好的入住基本工作，让客人体会到贴心舒适的服务。在完成相关的职责工作之后主动询问客人还需要何种服务并为客人做好相关安排。在退出客人的房间时面向房间，退出客房并要随手轻轻关上房门。

**2. 客房服务艺术**

人对外物的审视总是从本体的需求与利益出发。客人对客房服务艺术的评价主要是以它的实际效应作为主要依据。

客房服务艺术也是一个相当繁杂的流程。概而论之，热情、礼貌、整洁、舒适、周到、安静和安全是其要点。

(1)热情。热情的服务态度是取悦客人的关键。为此，客房服务人员要诚心诚意，微笑待客。要尽力掌握客人的基本信息，见面时要主动打招呼并使用尊称，以体现对客人的重视，使客人满意。

(2)礼貌。礼貌在清扫房间时显得尤为重要。在进入房间前必须经过礼貌的询问，注意门上是否挂有"请勿打扰"的牌子，未得到许可不要贸然进入。在进入房间时要做好心理准备，不要影响和打扰到房客的休息、生活。发现客人操作房间设施的错误切勿嘲笑，应耐心地示范指导。

(3)整洁。整齐清洁是评价客房服务质量的最低标准。无论是从美学还是从环境学角度，客房的摆设及用品对饭店形象的建设具有重要意义。一个细节性问题就可以完全毁坏整个饭店的声誉或形象，给顾客留下不好的印象。为了达到整洁、经济和实用的目的，客房设备与用具的选择应精心设计，使其达到理想的效果。

(4)周到。服务周到是赢得客人积极评价的有效途径之一。对客人无微不至的关怀可谓服务周到的最高境界。为客人创造最满意的服务就是最贴心周到的服务。这都需要在服务的细节上下工夫。

(5)安静。安静是保证客人休息好的基本条件。客房服务员在提供服务时切勿大声说话，对物品轻拿轻放，对附近喧哗的客人要以适当的方式加以制止，对于外部的噪音要设法控制，为客人的起居等提供宁静的环境。

(6)安全。安全感是愉悦感、舒适感和满足感的基石。客房的安全工作主要涉及防火防盗等几个方面。服务员有义务对客人进行相关方面的提醒，为了防患于未然，客房在使用建筑材料方面也要进行严格的筛选。安全的另外一层含义就是替客人保密，严守这一规定是饭店服务人员的一项职业道德。

### 3. 餐厅服务艺术

从饮食美学角度分析，用餐是一项综合性的审美活动。餐具造型和餐桌布置可培养审美趣味；服饰仪表、宴席音乐可激发审美情绪；举止文雅、态度热情可使人产生愉悦、美好的感受；色、香、味、形、质、器俱全的精美佳肴可使人的视觉、嗅觉和味觉得到一种愉悦性的生理享受与文化体验。可见，餐厅服务不是一个取菜送饭的简单过程，而是一个关涉摆台艺术、宴席礼乐艺术和烹饪艺术的综合过程。

从客人的物质利益和审美需求出发，用餐所包括的一切细节，都应该是美的体现，都应该是满足客人的高雅审美情趣。

### 4. 康乐服务艺术

饭店的康乐部是客人进行休闲锻炼和娱乐的地方，其康乐硬件设施的安全便利是保证客人康乐的基础，康乐部员工对康乐设施娴熟的操作技能和热情的服务态度是客人在康乐部感受到服务满意的关键。

## 二、提高饭店服务人员美学修养的途径

### 1. 普及美学知识

饭店员工大多是年轻人，他们都具有强烈的爱美心理，特别是对于服饰、发型和言谈举止之美有着强烈的追求和自己见解。但是由于审美修养的程度不同，在审美趣味方面往往表现出一定的弹性和盲目性，很多过于个性化的追求破坏了整体的和谐，如有的人追求新奇与时髦，把自己打扮得不伦不类，给人以滑稽可笑之感。这就迫切需要通过审美教育，增强其主体性审美意识和审美素养。较为实际而有效的方法就是在职工中组织美学讲座或阅读美学书籍，普及一些有关服饰美、仪表美、风度美、语言美、色彩美和劳动美等方面的基本知识，以促使员工自觉地按照美的规律来不断地完善自己。

### 2. 开展艺术教育

美，首先是文化艺术作品对观赏者的审美情趣、生活态度和个人品性等产生潜移默化的作用。饭店管理者应该根据青年人的特点与喜好，经常组织一些看画展、听音乐、看电影或戏剧、练书法、学乐器等高雅而健康的文化娱乐活动，这些活动对培养员工积极的审美理想和鉴赏能力颇为有益。

### 3. 掌握语言艺术

语言美要求话讲得"得体、巧妙和艺术"，对于服务行业更是如此。从饭店工作的特性考虑，语言美不仅限于本国语，而且需要扩展到外国语。可采用奖励的办法鼓励员工学习外国语言。

运用服务语言是一门艺术，不仅需要掌握相关的文字符号与结构法则，而且需要了解

接待对象所在地域的文化风俗，以便使用得当，分寸有度。目前较为流行的语言艺术教授方法是角色扮演法；职工双方扮演主客，时常互换，使各自从服务对话中体验语言的实际功效，借此培养语言交际艺术的自觉意识与实践能力。

### 4. 训练员工姿态

饭店员工的行为美在很大程度上表现在姿态美方面。姿态一般是站态、坐态与步态的综合，站态、坐态与步态的基本要求是收腹挺胸抬头，它反映一个人的性格气质、心理状态和文化修养等。饭店员工应该养成优雅的站姿，头部、两肩和双手要呈现出端正而自然的姿势，可以采用背靠墙、头顶书本等方法，对镜训练；步态要自然轻盈、敏捷，可以通过聘请专业教师，借助现代录像设备，采用直观行为模式和自我调节方法，为餐厅员工传授正确的托盘上菜等服务技能和训练优美的仪态行为。

### 5. 加强美容培训

人在追求生活美化的同时也在追求自我形象的美化，美容是自我形象美化的一个方面。目前不少人的美容知识与技巧缺乏，在打扮化妆上顾此失彼，达不到预想的效果。这一问题在饭店一线女员工中表现得比较突出。可以专门邀请专业的美容培训公司派员为饭店员工举办美容培训班，学习和推广美容知识，使员工以完美的仪表形象与业务技能提供一流的服务。

### 6. 提高管理美学水平

饭店不仅要按美的规律来建造，而且要按照美的规律来管理。饭店管理者要具有自觉的管理美学意识和一定的知识水平，在考虑经济、实用的同时，也要重视美观的因素。要从社会、劳动和个体审美化的大趋势出发，使饭店的建筑形式、内部装潢、员工服饰、餐具、菜肴、服务艺术等方面，皆合乎美的标准。特别是在做员工的思想工作过程中，要看到它与美学这门有助于人的全面发展(语言、行为、技能、理想、道德、情操等)的科学的内在联系。要设法运用美学理论知识做好员工的思想工作，注意发掘其中的审美因素(如真诚性、情感性、熏陶性与愉悦性等)，使他们在"如坐春风"的思想工作过程中形成健康、和谐的审美心态，以积极而富有进取性与创造性的劳动态度，为旅游者提供完美的服务。

## 三、饭店服务设施的美学基础与环境设计艺术

### 1. 饭店的环境艺术

饭店的建筑风格大致可以分为现代式、仿古式、园林式、乡土式几种类型，不论何种风格类型的饭店，都应重视建筑的环境营造艺术，搞好选址和环境景观设计。

饭店的环境审美要求饭店构成有高度的审美效应的内外环境。为此必须重视饭店选址的审美因素与环境景观的审美因素，充分展示饭店美的艺术。

(1)饭店选址的艺术。

饭店要适应游客的旅游审美要求，获得好的社会效益和经济效益，就要做到选址科

学。选址要坚持五项基本原则：

接纳审美主体的原则。饭店建在何处，要从能够吸引游客(审美主体)着眼。

联系审美对象的原则。饭店尽可能与旅游景观即审美对象接近或相连，以便游客进行审美活动。

提供审美中介的原则。旅游的审美中介主要是指旅游车船等交通工具。饭店的选址应该是在能提供便利的交通的地方，便于游客的出行。

保护审美环境的原则。无论在何种地方建设饭店，都要注意保护审美环境；要在饭店建成后不损害原有美的景观，不妨碍游客对原有美的景观的观赏，而且使饭店自身与周围环境构成和谐的新的美景。

有利于游客健康的原则。保证游客的身体健康，是饭店建设的一项重要原则。为此，饭店应尽可能选建在自然环境优美的地点。如无可能，那也必须是没有空气、水体、噪音等环境污染的地方。

(2) 饭店环境景观的艺术。

饭店总是存在于一定的环境之中的。饭店构成了它所在的环境的重要面貌特征，而环境反过来也给饭店景观以烘托、深化和美化。饭店与外在环境的关系是相互衬托、相辅相成的关系。只有从建筑与环境的美学高度去考察现代饭店建设，才能取得理想的经济效益和美学价值。

利用自然环境的美。在优美秀丽的自然环境中建设饭店，其最大的优点是，游客旅居赏心悦目、恬静舒适，而且可以就近畅游山水；既得丘壑林泉之乐，又能享受现代化的生活条件，从而为游客创造了可居可游的最佳旅游环境。

自然美与人工美的渗透、融合。山水的自然美与饭店建筑物的人工美存在对立统一的矛盾。两者处理得好，可以相得益彰、锦上添花；反之，则将损害风景，破坏自然美。因此，应十分谨慎地注意饭店建筑物与周围自然景观某些特征的"默契"，做到和谐交融。饭店的人工美与自然环境的自然美交织在一起，既美化了饭店的建筑形象，又能为自然环境增光添彩，更能为旅客领略自然美创造良好的条件，使人与自然达到物我相契、情景交融的审美境界。

注重地方特色、风土美。饭店环境景观除了密切联系自然环境、历史文化环境以外，还应充分表现当地风土环境的特征。景观的乡土味能使饭店充满神秘、天真、质朴、浪漫的情调，充满无限迷人的魅力。风土美对于追求异域情调、改换生活环境的旅游者更具吸引力；美就美在与众不同的风采以及与周围风土环境完美的协调。植根于风土环境、民居风格的饭店，其美学价值在于自然本真、不雕不琢，创造出一种清新质朴的美。它使饭店更富于个性，保持独特的风采。

## 2. 饭店的空间设计艺术

饭店室内空间是多功能、综合性、有强烈个性的特殊空间。它设计的艺术要求较高，有高雅情趣的精神享受的探索，也有高度舒适性的现代物质生活的追求。毫无疑问，饭店室内的空间造型美，必须寻求物质与精神合一的境界，两者缺一不可。任何成功的饭店建筑都应该是一件具有较高审美价值的艺术品，饭店建筑造型、空间布局与内部装饰是功能、结构、艺术有机结合的作品，是物质(材料和结构技术)和精神(心理活动和审美情趣等)两方面的共同作用的产物。

饭店设计必须理解现代人对空间、环境的要求，不仅仅满足于物质的丰富和表层文化的享用，更应追求深层心理的、感情的交流和陶冶，要求"人-建筑-环境"以及"人-社会-自然"之间关系的高度协调。

空间布局的合理化，空间构图的艺术化，空间形象的新颖化，给人以美好、愉悦的享受，这是饭店建筑室内空间美的主导因素，值得我们认真探索。

追求饭店的室内空间美，要正确处理好虚与实的关系，不应满足于物质的堆砌。我们追求的是简洁之美和像外之旨、韵外之致的"虚"的美的空间，创造一种清新的、能触发人们情趣的室内空间。

美国旅馆建筑设计师波特曼创造的"共享空间"的新概念值得在饭店建筑中借鉴应用，这就是以美的空间形态来满足人的"精神需求"，以超常尺度的共享大厅，将大自然美的元素引入建筑内，形成愉悦人心的场所，以满足现代人回归自然、追求新奇的心理需求，获得很好的审美效果。

一般来讲，饭店的大厅是空间序列高潮，是社交和公共活动的中心。因为人们不喜欢界限明确的封闭空间，无论是竖直连贯的大厅，还是横向相通的序列，都在于给人们精神上的自由感。而小空间功能单纯，凝聚感较强，亲切宜人。如客房属于旅客的私密空间，适宜封闭式。要有合理的尺度，适当控制层高与面积，应考虑多种内部组合形式，可采用可分可合的套间，还有楼上楼下错层的套间等，讲究细腻和谐的效果。餐厅是一个富有个性的空间，可以考虑不同结构形式与多种风格，选择不同材料装饰，可以采用开敞与封闭式处理方式，有分有合，在整个大空间中实行分区布局，使就餐客人各得其所。

饭店的各种不同的室内空间，尽管尺度多变，功能各异，个性强烈，但仍应服从饭店建筑的整体空间艺术构思，融会于既丰富又统一和谐的美感中，这是构成室内空间美的首要因素。

运用我国古典园林营造传统的"借景"手法，可以沟通室内外空间，使空间延伸扩大，打破封闭感，开拓人们的视野，引进室外自然美，丰富室内精神生活。

饭店建筑存在于一定的人文环境之中，有必要通过建筑形式让旅客感知形成其文化背景、历史传统、民族的思想感情和人文风貌。那种一味照搬大屋顶、琉璃瓦和红柱子的做法，难免使人感到厌倦和乏味，因为它已逐渐失去生命和活力，很难与现代人对话。这就要求饭店建筑寻求一种新的语言和符号。例如，西藏拉萨饭店既有鲜明的时代感，又具有地方的传统建筑的神韵风采，处处使人对西藏的历史文化产生联想。又如，吐鲁番宾馆运用建筑物上的拱门、门窗、拱廊、尖圆形屋顶和花格的女儿墙上的建筑符号，旅客身临其境能强烈地感受民族和地方色彩以及宗教文化气息，使得饭店富有历史文化的人文美。

### 3. 饭店的色彩设计艺术

色彩是诸形式美中视觉神经最敏感的因素，也是组成环境美的最基本因素之一。色彩给人视觉的不同反应，使人获得不同的感知。

色彩在物理、生理及心理上具有的特殊性质，应用于饭店室内设计，赋予动人的魅力和美感。人们一进入室内，第一印象是色调、气氛如何。色彩调配的优劣，不但影响人们的精神状态，也会对人的行为和健康产生一定影响。

色调，即统一的色彩倾向。有冷暖、明暗以及红绿之分。要充分利用色彩的色相、明度、彩度和冷暖等性能，创造出各种丰富的色调，以适应现代旅游休闲环境各种需求。

用色之妙，着眼于精。色彩与材料配合形成统一的基调。切忌五彩缤纷，各自为政。必须确定基本色调(主色调)，作为饭店室内环境色彩的主旋律，主色调决定着室内环境的气氛和情调。但是色调的选择，还应服从饭店室内空间的整体艺术构思，也就是从各种厅室的功能和气氛要求出发，运用色彩学原理设计出理想的室内环境色调。例如，北京香山饭店室内环境色调淡雅，以黑、白、灰为基调，摒弃浓艳色彩，含蓄细腻，将苏州园林建筑的文脉特点、内在气质极好地融会在富有现代美感的艺术形态之中。又如，南京金陵饭店入口大厅以绿、白、黄为基本色调，清新素雅，富有江南建筑风采神韵。选用何种色调也无固定公式可袭用。各种厅室、套间，要结合意境的表现、功能的需要来选择色彩。现代饭店由功能迥异的不同部门组成，各部门又有许多相互关联而功能不同的空间区域。色彩设计应根据各部门甚至各区域的特点进行。不同功能因素对色彩设计的影响以及具体处理方法应系统思考。

饭店的客房应结合朝向选择色调，如缺乏阳光的北向客房应尽量少用冷色调，阳光充足的南向或西向就不一定用暖色调。旅客停留时间长短，也是选择色彩的依据。门厅、过厅、电梯厅、某些商业和服务性场所，旅客逗留时间短，要求气氛活跃，可以选择高彩度色调，相反，对于要求安静气氛或味觉、嗅觉、视觉功能突出的场合，如会议厅、宴会厅、一般餐厅和客房等，宜用低彩度的色彩。总服务台、办公室等处照度水平要求较高的室内环境，周围界面也应用高明度的色彩。反之，气氛幽静的餐厅、咖啡座、酒吧和休息室宜采用明度较低的色彩。不同楼层，为便于识别，可以使用不同色调。

### 4. 饭店的照明设计艺术

光是创造室内视觉效果的必要条件。饭店室内照明，通过千姿百态的灯具，不仅为旅客提供不同功能需求的良好光线，而且使室内环境具有某种气氛和意境，增强饭店的美感与舒适感。

灯具与灯光有形有色，用它们来渲染环境气氛，最容易取得理想的效果。饭店的大厅、宴会厅及餐厅等公共场所，可选用花饰吊灯，造成富丽奢华的气氛。而客房的灯具，则宜简洁、素雅，便于清洁为佳。

照明及灯具还有体现民族风格与地域特点的审美作用。中国的宫灯具有实用性与装饰性的高度统一的特点，不仅大量应用于古代建筑中，也常被选用在需要表现中国情调的现代饭店室内环境中。

灯具及照明方式，要根据饭店室内功能需要及整体空间艺术构思，来确定布局形式、光源类型、灯具造型及艺术处理等。

### 5. 饭店的装饰设计艺术

任何一个空间装饰艺术的风格都是特定时代的历史反映，自然会打上时代经济、文化艺术发展和人们的审美心理、审美追求的烙印。随着时代的变迁、高新科技的出现、现代美学和现代人生活方式的改变，人们不仅要求物质生活上的满足，也开始超越物质功能上的追求，逐步向满足精神需要过渡和转变。室内装饰陈设对美化饭店室内环境，满足游客的物质生活和精神生活需要具有重要作用。装饰艺术的任务是对室内各建筑局部和构建的造型、纹样、色彩、质感等诸多因素进行艺术处理。装饰艺术的特征主要产生于使用要求和材料、结构要求，它往往以其自身的形象显示其社会、民族、时代和地方的特征，表现为一种室内环境设计的艺术风格。较高档次的饭店既要体现中华民族传统装饰的精髓，又要融合当代世界先进装饰风格的神韵。应坚持"以人为本"的装饰美和现代艺术美结合的原则，充分利用高新科技提供的装饰材料、高档豪华的家具、灿烂夺目的照明设备和现代施工技术，使空间的装饰富有现代时尚的气息。

装饰是实现饭店室内艺术构思、美化饭店室内环境的重要手段，不同的光影、色彩、材质、构件、陈设，与不同的构思、装饰手法相结合，能够创造出风格迥异的室内环境。装饰艺术是随着社会的发展和人们对美的认识、追求和审美观点的不断改变而变化的。

饭店的门厅人流频繁，但都是来去匆匆，不作过多停留，厅内的陈设宜采用大效果观赏性的绿化或艺术品陈设，使客人通过大致的浏览就能产生良好的印象。一些技术精湛、精雕细刻、内容丰富、需要细加欣赏的艺术品不适宜在门厅、过厅中陈设，以免吸引游客停留观赏以致造成人员拥挤、交通阻塞等现象。

客房给游客提供消除疲劳、积蓄精力、继续旅游的条件，是客人睡眠休息的地方，它的功能要求是安静舒适，在装饰方面，必须体现简洁雅致的格调和宁静的气氛。客房采用白色天花板均能与任何色彩协调，墙面与地面色宜用比较接近的中间色。整体的气氛应统一协调。

餐厅、宴会厅、酒吧等公共厅室常常是饭店的重点装饰对象，它们不仅为游客提供餐饮服务，还是住店客人和当地社交和消遣的场所。宴会厅装饰艺术要求较高，为了表现宏伟壮丽的空间气氛，宴会厅装饰陈设常常借助厅内的照明艺术，起到控制整个室内空间氛围的作用。酒吧的室内气氛应要求幽静雅致，配有音乐设备。灯光适宜暗淡柔和，座位设置要求便于相互交谈。如南京金陵饭店酒吧间题名为"莫愁轩"，选用深桃木色基调，布局与装饰合理，令人感到温馨和舒适，为宾客提供了理想的休憩环境。

总之，饭店的一切都应按照美的规律去营造，致力创造美的空间艺术，尽量满足旅客的审美心理需求。

## 复习思考题

1. 旅游服务工作者的审美形象要求主要体现在哪些方面？
2. 说明导游工作者在旅游审美中的特殊作用。
3. 简述导游服务审美技巧。
4. 简述旅游者对饭店服务艺术的审美期待与评价的主要内容。
5. 如何加强和提高旅游服务工作者的审美修养？

6. 简要说明饭店服务设施的美学基础与环境设计艺术。

案例阅读 🔍

## 北京香山饭店审美浅析①

### 一、香山饭店简介

北京香山饭店位于北京西郊香山公园内，1984 年建成。饭店依凭山势，院落相间，具有中国古典建筑与园林的传统特色。香山饭店是由美籍华裔、世界著名建筑设计大师贝聿铭先生主持设计的一座融中国古典建筑艺术、园林艺术、环境艺术为一体的五星级酒店。饭店坐拥自然美景，四时景色各异；依傍皇家古迹，人文积淀厚重；此地山清、水秀、气新，为休闲、度假、旅游的佳境。饭店周边路网交通发达，五环路擦肩而过，由市中心驾车顷刻而至。

图 15-1　北京香山饭店

---

① 参见张小迪. 香山饭店审美浅析. 山西建筑，2009(33)，本文略有改写。

二、香山饭店审美浅析

1. 香山饭店的空间设计

建筑融合自然的空间理念主导着贝聿铭一生的作品。中国传统的建筑艺术在贝聿铭的心中留有极其深刻的印象。苏州庭园的长廊曲径、假山水榭，尤其是建筑屋宇与周围自然景观相辅相成的格局，以及光影美学的运用，在他数十年的建筑设计生涯中都有迹可寻。而坐落在北京香山公园内新建的香山饭店，更是他将现代建筑艺术与中国传统建筑特色相结合的精心之作。与过去设计的那些摩天大厦相比，香山饭店的规模不算大。但是贝聿铭说"香山饭店在我的设计生涯中占有重要的位置。我下的工夫比在国外设计有的建筑高出十倍"。他还说"从香山饭店的设计，我企图探索一条新的道路。在一个现代化的建筑物上体现出中国民族建筑艺术的精华"。在这位多产的建筑设计师的事务所只放着两个设计样子，一个是美国国家艺术馆东楼的设计，另一个就是北京香山饭店的设计。可见香山饭店的设计在他心目中确实占有重要的位置。

香山饭店，外貌看似很普通，就像一个内秀的姑娘，初看似乎貌不惊人，但是愈看就愈会感到她轻妆淡抹的自然美。

2. 香山饭店的形体设计和质感

从平面布局来看，对中轴线这一几乎是传统生命力的东西，贝聿铭理所当然地加以利用，事实上这条轴线从入口处的广场就已开始，穿过入口，中庭中的主要庭院是在原址上重建的"曲水流筋"，但贝聿铭较多的是受到江南地带的影响，而不学北京拘谨的四合院，他结合山中的古树保护，相对自由地安排建筑。因而形成了现在这种格局，规整中略带轻巧，而且并未忘记"大屋顶间的空间——庭院"这一基本元素的重复运用，大量的外庭组织成了他对历史传统的理解，如果说这一点并不很具新意，那么，真正能体现其作品价值的则是建筑本身外形式的处理。

作品中，贝聿铭大胆地重复使用两种最简单的几何图形：正方形和圆形，大门、窗、空窗、漏窗，窗两侧和漏窗的花格、墙面上的砖饰、壁灯、宫灯都是正方形，连道路脚灯的楼梯栏杆灯都是正立方体，又巧妙地与圆组织在一起，圆则用在月洞门、灯具、茶几、宴会厅前廊墙面装饰，南北立面上的漏窗也是由四个圆相交构成的，连房间门上的分区号也用一个圆套起来，这种处理手法显然是经过深思熟虑的，深藏着设计师的某种意图——重复之上的韵律和丰富。

贝聿铭设计的香山饭店，充满了中国传统园林的特点，山、水、池、石融为一体，加上三角形、菱形几何体的设计，传统而不失现代，其中对光与影的运用和表达更是值得学习借鉴。

在香山饭店大片白色墙面上，用磨砖对缝的青砖将窗户连接起来。据贝聿铭介绍，因为"不处理就会显得很单调"，"组合在一起就不至于单调了"，是纯属装饰性的。如果要把这种装饰与唐代建筑的木结构架填充墙所产生的艺术效果比较，并说明它源于唐宋风格是很勉强的。

3. 香山饭店细部的装饰和色彩处理

香山饭店结合地形采用在水平方向延伸的、院落式的建筑，将体积约 15 万 $m^3$ 的庞然大物切成许多小块，以达到"不与香山争高低"的目的，饭店只用了白、灰、黄褐三种颜色，室内室外都和谐高雅。

因为重复运用了正方形和圆形两种图形，建筑产生了韵律之美。后花园内远山近水、叠石小径、高树铺草布置得非常得体，既有江南园林精巧的特点，又有北方园林开阔的空间。前庭和后院虽然在空间上是决然隔开的，但由于中间设有"常春四合院"，那里的水池、假山和青竹，使前庭后院具有连续性。

大面积采用白色，给香山饭店的建筑形象带来了鲜明强烈的特征，加上城堡式的立面，那一个个很有规律的窗洞，那青灰色的磨砖对缝的勒脚、门套、格带和压顶，给人留下了深刻的印象，香山饭店与国内其他饭店如广州、漓江、苏州、蠡湖、燕京等骨牌式的建筑相比，与国际上那些备有旋转餐厅、灯笼电梯的共享空间的所谓"现代化旅馆"相比，与众不同，别具一格，这是香山饭店设计的成功所在。

4. 光和影的运用

建筑融合自然的空间理念，将光和影巧妙地运用于建筑空间设计，贯穿着贝聿铭诸多作品，这些作品的共同点是重视内庭的优化，内庭将内外空间串联，使自然融于建筑。将自然引入室内是他的设计特点。到晚期，内庭依然是贝氏作品不可缺少的元素之一。光与空间的结合，使空间变化万端，"让光线来做设计"是贝聿铭的名言。

# 第十六章 旅游接待地文化的影响与调适

本章以旅游接待地整体作为研究对象，探讨接待地在旅游发展过程中可能发生的社会文化变迁，以及这种变迁对接待地生命周期的影响，进而提出并研究旅游接待地可持续发展中的文化调适和和跨文化行为问题。

## 第一节　旅游接待地社会文化的影响分析

旅游业的发展不仅对旅游接待地的经济产生重要影响，而且对该地的社会文化也具有较大影响。

### 一、旅游接待地社会文化作用机理

旅游对接待地社会文化之所以能产生影响，是由于旅游者和接待地居民或者说参观者和被参观者的直接或间接的际遇。这种际遇导致了外来文化同本土文化的直接碰撞（冲突与融合），从而引发接待地社会文化的逐渐变迁。旅游接待地本土文化同外来文化之间的冲突与融合，具有文化冲突与融合的一般规律，但其过程和方式又具有一些特殊性。一般来讲，旅游影响接待地社会文化存在如下机理。

**1. 在接待地这个文化交汇的特定舞台上，主客双方的接触和相互作用是不平衡的**

尽管旅游活动中的文化扩散是双向的，但实际上旅游者给接待地社会文化带来的影响比他们接受接待地社会文化的影响的可能性要大得多，即客方作用大于主方作用。

（1）单个旅游者在一个接待地逗留时间一般较短，且接触范围有限，因而受接待地文化影响较小；而旅游接待地的居民同旅游者的接触是长期不断的，受异地文化的影响因而较大。

（2）主客接触和相互作用的不平衡性会因双方在经济和社会文化上的势差而进一步加

重。就大多数情况而言，旅游接待地一方处于弱势（如张家界、九寨沟、长江三峡等旅游接待地）。尤其是在现代大众旅游时代，旅游客源地文化一般属于高势能文化，而旅游接待地文化则属于低势能文化。

**2. 旅游文化的冲突与融合**

旅游文化的冲突主要表现为：旅游者与旅游接待地居民之间的误解；旅游者固有文化与旅游接待地文化的矛盾与对立；旅游者对旅游接待地环境文化的干扰破坏和负面影响。

旅游文化的融合或整合主要表现为：旅游者与接待地居民之间的好奇与相互欢悦；不同旅游者与接待地居民之间的相互帮助；现代旅游企业制度在接待地的移植与扎根；不同文化集团和社会背景人们的精神交流和情感融合（例如现代国际旅游使得中西方人民在不少问题和观念上得到理解和沟通）。

**3. 旅游活动这一特殊媒介使接待地本土文化对外来文化的相容空间拓展**

在一般情况下，任何文化在与外来文化接触时，都只是选择那些与本身文化价值观相契合的东西加以接受和吸收，而对那些与本身不相容的成分予以排斥。虽然在旅游业发展中，接待地对外来文化也会有所选择，但在经济目的的刺激下和旅游客源市场的开拓中，选择接受的范围会比一般情况下有更大的扩展，或者说对外来文化的相容性将增大。尽管这种相容是"虚意接受"（即迫使接待地创造适合旅游者的文化环境），但随着时间的推移，"虚意接受"的某些文化内容会逐渐扩散渗入本土文化之中。

**4. 外来文化的扩散渗透会使接待地文化发生重构和变迁**

这种重构和变迁具有以下三个特点。

（1）从过程和形式来看，文化重构有可能是自发的，也有可能是有计划的。

所谓自然重构，是指对外来文化的选择吸收是自然发生的，由此所引发的文化变化是不自觉进行的（潜移默化的"示范效应"）。

所谓计划重构，是指接待地有关组织机构在发展旅游过程中，对外来文化内容进行详细分析，加以甄别，有目的地筛选吸收，并研究文化改造、融合的对策与方法，以此来指导旅游开发和管理工作。近些年来，文化的计划重构已受到许多国家和地区尤其是发展中国家和地区的重视。我们旅游工作者应成为当地旅游发展中的"文化经纪人"，在主客交流中起主导作用、调控作用。

（2）从文化变迁的整体结果看，不同接待地可能出现不同程度的情况。

在受外来文化影响和文化变迁上，较封闭、文化构成单一、经济较落后的接待地要远大于较开放、文化复合成分较高、经济较发达的接待地。

（3）接待地的文化认同滞后现象。

接待地的文化变迁一般是自外而内的，从而使得接待地常常出现文化认同滞后现象——即文化的很多方面已经发生了变化，但文化认同仍未能发生变化。

## 二、旅游对接待地社会文化的积极影响

### 1. 促进接待地的对外文化交流

旅游在客观上起着促进不同地域文化之间的相互沟通作用。与其他文化传播交流方式相比，旅游活动具有以下明显优势：人群之间的直接交往；沟通内容广泛；是人类和平交往与自由交往；是一种民间交流活动，其相互了解与文化沟通效果明显。

### 2. 促进接待地民族传统文化的保护和复兴

例如，湖北宜昌通过发展旅游促进了土家族传统文化的保护和复兴。宜昌地区是我国土家族居住区域的边缘地带，历史的进程使本地区土家族的民族印记越来越少。他们由于与汉族杂居，在长期的共同生活中已经逐渐汉化，除了保留一些传统的饮食习惯之外，他们的服饰与汉族已经基本一样，民居建筑也由吊脚楼逐渐变成了和汉族一样的土砖屋、水泥楼房，许多风俗习惯和民俗仪式已经被遗忘。本地区并不浓厚的土家族文化正在逐渐消失，当地人也渐渐忽略了自己的民族身份，民族意识越来越淡薄，逐渐失去了土家族的特色。由于旅游业可以促进经济的发展，而要发展旅游业，就必须突出差异，尤其是文化上的差异性。因此，旅游开发必须注重民族文化特色的挖掘与保护。宜昌的土家族居住地区在发展旅游的过程中主要是将土家民族文化融入旅游开发，通过挖掘整理进而保存这个区域独特的土家文化。目前，数百种土家族传统民间艺术被一一搬上了旅游舞台。如诙谐幽默的碗碟小调"夸丈夫"，铿锵激越的田园山歌打击乐"薅草锣鼓"，原汁原味的土家祭祀舞蹈"跳丧"、"跳神"，以及"土家堂戏"、"打夯"等。此外，一些景区的半山腰、水车边、屋椽下，都有当地土家农民歌手在喊山歌，唱小调。一些源于生活的劳作场景也被演绎在田园之中，土家族的独特生活方式得到重新展现。通过发展旅游业，大量游客的到来唤醒了当地人的"族体意识"，他们意识到自己民族文化的独特性和不可替代性而倍加珍惜。日渐消逝的民族文化得到了保护和复兴。

旅游业的发展使不少民族传统文化起死回生，使之成为旅游接待地的特色产品。当然，有些原先几乎被抛弃的传统文化遗产之所以能够获得前所未有的重视，是因为旅游业所能带来的"实惠"，而不是因为它们对当地居民有什么价值，有什么功用。这一点类似雅法尔·雅法里所说，"许多宗教或考古建筑之所以从被毁坏的境地中拯救出来，更多的是由于旅游的发展，而不是由于它们在当地民众看来所具有的价值。"

### 3. 促进接待地社会文化的现代化

(1)旅游能促进接待地社会文化在物质层面上的现代化。

如世界水电旅游名城宜昌市的城市环境、文化设施、社会面貌的大改观就与旅游业的促进和带动有关。

(2)旅游能促进接待地科学技术水平的提高。

一方面，发展旅游可以促进接待地与旅游活动有关的交通运输工具、通信、服务设施和教育的发展；另一方面，在旅游交流过程中，一些旅游者会给接待地直接带来先进的科学技术思想和成果(如学术交流、会议旅游等)，对接待地的科技发展起到一定促进作用。

（3）旅游能促进接待地社会文化在行为层面、精神层面趋向国际化、现代化。

旅游能促进接待地社会文化不同层面的变化，尤其是行为方式、价值观念、消费模式上的演变，使之趋向国际化、现代化。

改革开放以来，我国旅游业的发展不仅为国民经济的繁荣作出了巨大贡献，而且在很大程度上促进了社会文化的现代化进程，这一点是无法用旅游收入之类的数字来衡量的。

### 三、旅游对接待地社会文化的消极影响

任何事物都有两面性，有利就有弊，旅游对接待地社会文化的影响也是如此，其负面作用主要有以下几个方面。

**1. 使接待地的历史文化遗产遭受到不同程度的人为破坏**

（1）游客的不文明行为。

有些游客在旅游活动中乱刻乱画、随意丢弃废物，造成一些古建筑的墙壁、门窗上伤痕累累，旅游名胜地垃圾成堆，破坏了旅游接待地的历史文化遗产与旅游环境。

（2）超负荷接待游客。

例如，埃及金字塔由于长时间大量游人的攀登已出现严重损毁；北京故宫的旅游最佳容量3~4万人／日，但节假日旅游高峰时接待量高达13万人／日，严重超负荷；日接待量4 000人为宜的周庄，旺季日接待游客达2万人，最高时达到了3万人，远远超过接待能力。大量游客的进入不仅使游客的旅游质量下降，也造成了旅游接待生态环境的破坏。

（3）开发和保护不当或"破坏性"开发。

有些古建筑在"旅游开发"中被改造得面目全非，未能"整旧如故"，而是"整旧如新"。破坏性开发在我国比比皆是，如泰山建索道、张家界建"天下第一梯"、周庄修高速公路、宜昌三游洞附近建蹦极等，使旅游地原有文化氛围被严重破坏。

**2. 使接待地固有文化舞台化、庸俗化**

（1）接待地文化的舞台化。

当传统文化、民族文化作为旅游资源开发利用时，难免走上了商品化的道路，因此也势必遵从市场规律和价值规律。经济利益的驱动，片面地满足游客的猎奇心理，使接待地的传统文化、地域文化和民族文化带有明显的表演色彩，在很大程度上失去了原有的意义和价值（如图16-1所示）。传统的民族文化被放在舞台上、货架上，待价而沽。很多时候，开发者无视民族文化的真正内涵，完全按照游客的喜好来开发、包装民族文化。因此，游客所见所闻的并不全是当地或该民族真正的传统文化，而是打着"传统"旗号的"伪民俗"、"伪文化"。

恢复传统文化、民族文化并不是为了满足当地人的精神生活需求，而是为了取悦游客，仅仅是一种作为商品的表面化的文化复兴。这种旅游所导致的结果是：游客实际所观察到的不是一个国家和地区传统文化、民族文化的真实景况，而是其虚幻景况；丰富多彩、内涵深厚、独具特色的传统文化、民族文化显得肤浅、苍白；旅游文化产业将会逐渐蜕变成为一个纯商业化的产业，陷入一种"无义"的境地。

图 16-1　西双版纳傣族园泼水节表演(曹诗图摄)

（2）接待地文化的庸俗化。

现代旅游是一种大众化的文化消费活动。大众所受的教育是有限的，并不具备高层次的文化修养，没有机会进行特殊的专门的审美鉴赏训练，这就决定了他们在旅游过程中很少会用审美鉴赏的目光去看民族文化，而更多的是以消遣、猎奇为目的，他们更倾向于感性、轻松、刺激的东西。为了满足一部分游客落后的甚至是低俗的需求，有些开发商在开发建设旅游景区时，无视民族文化和地域文化的真实性，不惜把一些旅游项目庸俗化。而旅游接待地的旅游行业工作人员，尤其是导游人员，由于自身文化素养不够高，很容易弄巧成拙，把原本很有创意的民族文化变成庸俗的表演。

一些单纯为了吸引游客而开展的活动，非但没有展示民族文化的特质；相反，民族文化原有的内涵和存在价值改变了或消失了，失去了真实的存在环境和意义，传统民族文化就这样被庸俗化了。

**3. 扭曲接待地的道德标准，促成或加剧了接待地的种种社会问题**

一方面旅游者会把其民族文化中的某些消极文化因素带入接待地；另一方面，接待地部分居民在与外来游客生活水平、生活方式差异悬殊的对比刺激下，心理失衡甚至道德、人格扭曲，影响社会的安定与和谐。

随着旅游的发展，接待地居民经济意识加强，越来越强调经济收入，因而社会分层的标准不再是传统的家庭出身等因素，逐渐变成了金钱。旅游的出现使当地的部分资源得到增值，从而使得这部分资源的拥有者或者开发者和部分从业者获得经济利益之后成为当地社会的上层。居民所拥有的资源、经营能力以及分工的差别也打破了当地传统农业社会贫富基本均衡的状态，拉大了贫富差距，也会导致一系列社会问题。

**4. 引发媚外或排外情绪，影响接待地文化的健康发展**

在旅游发展过程中，受来自经济发达国家和地区的富有游客以及随这些游客进来的外来先进经济文化势力的直接冲击，旅游接待地的自卑感和媚外思想会逐渐加重。一些学会了客源地的语言，部分了解了客源地的文化，极力迎合游客的需求和价值观的旅游从业人员逐渐丧失了对本土文化的自豪感，进而对自己的文化缺乏信心和兴趣，从而成为当地"伪文化"的文化掮客。

旅游的发展，还可能导致接待地居民产生排外情绪。这是因为旅游者的大量涌入会使当地居民的正常生活受到干扰和妨碍，导致原有淳朴民风与民族美德的丧失，并衍生种种社会问题(地价与物价上涨、交通拥挤、环境污染、社会秩序混乱、社会治安恶化等)。当这种社会问题发展到一定程度时，当地居民对旅游者的态度就可能从起初的友好热情转为不满甚至怨恨("旅游怨")。

盲目媚外，会诱发民族虚无主义；盲目排外，则有可能导致社会文化的故步自封。这两种情况都应采取措施防止。

**四、旅游接待地社会文化变迁对旅游地生命周期的影响分析**

一个典型的旅游地发展可以分为探索、起步(或参与)、发展、稳固、停滞、衰落或复兴六个阶段。

导致旅游地逐步演进的原因是多方面的，但最根本的一点应该归结于旅游地吸引力的绝对变化和相对变化。马波教授认为，旅游对接待地社会文化的作用，会反过来影响接待地的吸引力，进而影响其生命周期。旅游活动是文化求异和文化认同的统一。从静态来看，只有当主客之间的文化差异保持在适当水平上，旅游流量才能最大化。若作动态分析，则可得出这样的论断：旅游业以文化差异为基础，但又会促进文化的同化；旅游者四处出行去寻找差异性文化，而他们又不自觉地抹平了文化的地区差异。旅游是单一性和复杂性的平衡，旅游者在追求异文化的同时，又往往要求适度的本国、本民族文化环境。找准这二者的契合点是旅游开发的难题。

促使旅游地步入衰退阶段的社会文化原因有：接待地因过度商品化导致原有文化特质的消失；旅游地发展过程中，因某些原因引发了当地居民的排外情绪；旅游对接待地社会传统道德观念的腐蚀，对社会的负面作用。这些都可能影响旅游地的生命周期。

# 第二节 旅游接待地可持续发展的文化调适

**一、可持续发展思想和旅游可持续发展**

**1. 可持续发展思想**

可持续发展作为一种思想，发端于西方社会。它源于生态学家首先提出的"生态持续性"这一概念，起初的含义局限在"保护和加强环境系统的生产和更新能力"，后来逐步扩展到了人类社会、经济活动等领域，意指满足当代人需要又不危害后代人满足需要的能力，既符合局部人口利益又符合全体人口利益的发展(从时空二维理解)。可持续发展是指以人为中心的自然—经济—社会复合系统的可持续发展，它被视为 21 世纪人类的行为准则。

**2. 旅游可持续发展**

旅游可持续发展，是指旅游开发既应满足当代人(含旅游者和旅游地居民)的多种需求(经济、社会、美学、生态等需求)，又不损害子孙后代满足其旅游需求的能力和进行旅游开发的可能性。

旅游可持续发展的实质，就是要求把旅游开发建立在生态环境承受能力之上，正确处理资源开发与环境保护的关系，在旅游与生态环境和社会文化和谐统一的条件下开展旅游活动和进行旅游开发，全面、协调地发展旅游业，从而实现经济发展目标与社会发展目标的统一。

这一理念的提出，旨在增进人们的旅游生态意识，保持未来旅游业发展赖以生存的环境(自然与人文)质量，促使人们致力于提高旅游开发与经营管理的科学水准，从而使旅游业发展有着永不衰竭的后劲。旅游可持续发展与文化因素有着至关重要的内在联系。文化(尤其是价值观)可以说是旅游业可持续发展的强有力支撑。

任何一个旅游接待地，要实现旅游可持续发展的目标，必须对旅游的社会文化效应予以高度重视：一方面坚持"经济—文化"二元统一论和"资源—市场—文化"的综合导向，充分重视文化在旅游开发与经营中的地位与作用，力求使旅游产品、旅游服务具有较高的文化品位、深刻的文化内涵和浓厚的文化特色，从而使其在旅游市场的激烈竞争中立于不败之地，以实现旅游业的可持续发展；另一方面，在旅游发展过程中对文化的潜移与变迁作出合理化的调适。

## 二、旅游接待地发展中的文化调适

**1. 接待地旅游开发的文化整合或互补**

(1)传统性和现代化的整合或互补。

要解决这一对矛盾，一方面，要保护和弘扬实质性的传统，在推崇设施设备现代化、思想观念现代化、管理现代化的同时，不忘以传统文化作为底蕴；另一方面，在继承和发扬传统文化的过程中，必须吸收现代化的合理性内涵，作为传统的发展和创新。如颇具三峡特色的巴山舞的改造与推广，就是一个成功的例证。又如对传统民居、乡土建筑的旅游开发遵循"外土内洋"的原则，实行外观保护、内部改造的措施。只有建立传统性与现代化互补的二元结构，才能更好地促进旅游业的可持续发展。

(2)民族性与世界性的整合或互补。

这主要是正确处理好旅游接待地文化与外部世界文化的关系问题。旅游接待地的发展过程在某种程度上也是其民族文化走向世界的过程。而民族性的文化要想具有世界意义，一方面要积极吸收外来文化中有价值的东西，同时也要避免民族文化特色的削弱与消失。

旅游接待地可以在旅游开发与经营管理方面，合理利用外来文化的某些形式，或者赋予外来文化以民族特色，这既能促进旅游者对旅游接待地文化的认同和理解，又为文化再创造提供新的动力。例如广东菜在改进中糅合西菜特色，饮食文化的中餐西吃或西餐中吃就是较成功的尝试。

（3）本真性和商品化的整合或互补。

文化的本真性是指文化发展和展示中的真实性和自然性，这是旅游资源的魅力所在；但是旅游开发中出现文化的商品化往往又导致文化失去本真性，并最终遭到腐蚀和破坏。这就要求把握好本真性与商品化的兼容关系。其措施有：一是正确处理旅游开发中经济效益与社会文化效益的关系；二是旅游开发既要遵循经济规律，又要遵照文化法则；三是为游客在一定范围内亲身体验当地人民的真实生活创造条件，防止"伪文化"的传播。

在旅游业飞速发展的今天，文化商品化给东道主地区带来了多方面的影响，也引起学者对此问题的争论。但文化商品化已经成为旅游业发展的必然趋势，我们需要对文化商品化运作进行规范，以促进旅游业的可持续发展。从旅游文化开发的角度，文化可以分为核心（本质）文化与外围（现象）文化，对核心（本质）文化应实行限制式商品化模式（以原样保护为前提，保持其原有的特色，避免商业化），对外围（现象）文化可实行开放式商品化模式（采取灵活的商业化形式）。

本真性主要是基于人文因素考虑，商品化主要是基于经济因素考虑，发展旅游应在二者之间寻找平衡点或契合点，达到"舞台真实"的开发境界。

（4）开放性和限制性的权衡。

实践证明，全面开放是危险的，适当限制是明智的。通常采用的办法是，错开旅游区和居民区，使主客之间保持一定距离，当然，任何限制措施都应以不导致本土文化与外来文化的隔离为前提，否则就变成了变相的排外和自我封闭，会阻碍旅游业的繁荣。总的来讲，接待地应根据自身的特点作出合理的选择。

### 2. 接待地居民文化心态的调整

这里所谓的"接待地居民文化心态"是指接待地居民对旅游和旅游者的态度。

居民文化心态的调整，目的在于防止出现全面抵触和全盘接受这两种极端思想，引导居民向积极的一面靠拢。要实现这一目标，必须采取一系列的措施。

（1）加强旅游业的宏观调控。

政府部门在规划旅游业的发展时，不能把经济效益作为唯一的目的，而应当把提高当地人民的生活质量和促进人的全面发展作为长远奋斗目标，把旅游业发展与社会文明进步作为一个整体，制定相应政策和行动准则，促进旅游与社会文化的协调发展。对各种不良行为应坚决反对，规范旅游经营行为，净化旅游环境，控制旅游异化的发生。

（2）尊重旅游接待地居民的主人翁地位，吸收他们参与旅游决策。

东道主地区居民的态度直接决定旅游业能否长期稳定繁荣。因此，为推动旅游可持续发展，在制定旅游规划时，必须树立"居民与游客并重"的思想，充分考虑当地居民的利益和各种期望，为他们参与旅游决策提供一定的机会。

（3）强化宣传教育工作，提高居民的文化素质。

首先，要引导旅游接待地居民树立正确的旅游接待态度，培养世界公民意识，通过文化交流，彼此加深了解，建立友谊；其次，加强文化传统教育，强化本土文化中的重要价值观，树立民族自信心和自豪感，防止出现"客尊主卑"的思想与行为；再次，帮助接待地居民提高文化鉴别能力，自觉地吸收外来文化中先进的东西和抵制腐朽、没落的东西；最后，提高接待地居民的心理平衡能力。

### 三、对旅游接待地文化变迁应持的正确态度

文化不会是一成不变的，试图阻止文化的变迁与前进是不切实际的幻想。在文化的交流碰撞过程中，保守落后的弱势文化总会更多地受到先进文明的强势文化的冲击、弱化、同化。文化的历史变迁是一种必然，旅游接待地文化变迁也是一种必然规律，只能因势利导，进行正确引导。任何排斥先进文化的行为必然导致愚昧落后，而任何全面否定自身（民族和地方）文化特色也必然导致彻底的文化同化或异化。发展旅游业也必须是在坚持人类共同文明的前提下，发展文化的多样性，而这种多样性文化的发展不能以损害游客和目的地居民的利益为代价，一方面要给予游客真实的文化体验，另一方面要给旅游目的地社区居民带来收益，而这种收益应是长期的和可持续的，因此必须使得目的地社区文化自然演进和发展，这就要求旅游社区居民能够成为旅游业的受益者，在经济上获得进一步发展的空间，获得现代文明生活的权利，也在文化上保持特色，获得可持续经济发展的权利。

## 第三节　旅游跨文化行为研究

### 一、旅游与跨文化交流

不同国家、不同地区、不同民族的人在不同的生活环境中逐渐形成了各具特色的生产和生活方式，这些生产和生活方式又影响和推动着各种文化自身的发展，从而产生文化距离和文化差异。旅游作为一种以消遣、审美、求知等愉悦体验为本质目的，以异地性和暂时性为基本特征的人类活动，其本身表现为一种文化现象。旅游使来自不同文化背景的人们在旅游目的地相遇、交往，因此，旅游不仅是一种文化活动，本质上还是一种跨文化交流活动。从某种角度上讲，旅游实质上就是异质文化的碰撞与融合。

#### 1. 跨文化交流概述

跨文化交流是指不同文化背景的人们之间的交流。跨文化交流活动古已有之，作为一种学问来研究始于 20 世纪 60 年代，而作为一门独立学科的跨文化交流学则形成于 20 世纪 70 年代的美国。根据跨文化交流学理论，不同人的文化和社会背景、生活方式、受教育情况、信仰、性别、年龄、政治、经济状况、爱好、性格等方面都存在着不同程度上的差异，因此，在交际时，说话人和受话人对信息的理解不可能达到百分之百的认同。从这个意义上讲，任何人际交流都是跨文化交流，跨文化交流双方的文化背景可能基本相似，

也可能相去甚远。跨文化研究中按传统将文化分为主流文化和亚文化。主流文化是在社会上占主导地位的、为社会上大多数人所接受的文化，主流文化对社会上大多数成员的价值观、行为方式、思维方式影响很大。亚文化指仅为社会上一部分成员所接受的或为某一社会群体特有的文化。每个人由于所属的群体不同都有着各种亚文化或者说群体文化的痕迹，但我们需要分析其文化特点中所共有的主流文化部分。虽然每一个小群体之间也有着各种分歧，但总体说来，国家民族之间的差异更为明显，对人的决策和感知具有更重要的影响。故我们所强调的跨文化交流注重不同国家、民族之间的交往。根据萨姆瓦的研究，东方人与西方人之间的文化差异最大，跨文化差异最为明显。

### 2. 旅游的跨文化交流

从历史上看，旅行活动极大地推动了国家和民族间的跨文化交流。古代的使节、商人等在跨文化交往中扮演了重要的角色，他们自觉不自觉地将本土的文化带到外邦，又将在外的见识传回本土。在丝绸之路上，正是往来不断的旅行者们将东西方的文化互相传播着。玄奘巡访中印度，带回许多经论、佛像，将见闻著成《大唐西域记》，详细记述了游历的 110 个国家和传闻的 28 个国家见闻、历史、地理、风光、风俗、文化、宗教信仰等；马可·波罗通过《马可·波罗游记》向西方人介绍了中国，在众多的欧洲读者心目中，为中国勾勒出一个地大物博、文明昌盛的形象。

现代旅游作为一种特殊的文化活动已经成为世界范围文化传播与交流的重要途径。随着国际旅游的发展，越来越多的国家注意到了旅游的这种功效，将其作为国家文化对外宣传和吸纳外来文化的重要途径。

在旅游活动中，旅游主体即旅游者承载着他所在国家和地区即客源地的语言、服饰、行为方式、思想观念等一系列的可见和不可见的文化元素来到异地他乡与当地人交流，对其社会文化产生影响，同时也感悟当地文化，将信息带回本国，传播给其他人群。

旅游资源同样具有很强的文化传递性。特别是人文资源，它是人类的历史遗存，是人类创造的物质财富和精神财富。人类在某个历史时期的生产力发展水平及社会生活的方方面面，以遗址、建筑、雕塑、壁画、文学艺术、伟大工程、陵寝等各种形式遗存下来。通过旅游活动，我们就可以从中了解历史、学习文化。

旅游介体即为旅游主体提供各种服务的旅游部门和企业也传播着文化。较为典型的就是导游人员的活动。通过导游的介绍和讲解，游客不仅可以了解目的地的文化，增长知识，陶冶情操，而且能促进不同国度、地域、民族之间的相互了解和增进友谊。导游服务对各国、各民族的传统文化和现代文明进行兼收并蓄，有意无意间传播着异国、异地文化，是一种广泛的文化传播，促进了旅游主客体之间的沟通与交流。

旅游使来自不同文化环境的人们相遇并认识到多元文化的存在，促进了人们对相异文化的了解与宽容。从世界旅游组织每年提出的旅游主题中可以看出，从跨文化交往的角度理解旅游和发展旅游是被多次提及的一个主题，如 1980 年的"旅游为保存文化遗产，为和平及相互了解做贡献"，1984 年"旅游为国际谅解、和平与合作服务"，1989 年"自由的旅游促成世界一家"，1992 年"旅游是促进社会经济发展和增进各国人民了解的途径"，1996 年"旅游业——宽容与和平的因素"，2001 年"旅游业——为和平与不同文明之间的对话而服务的工具"。这些旅游主题的提出，说明旅游是促进不同民族、国家间交流对话的一条有效途径。

## 二、中西旅游文化差异比较

国际旅游是一种典型的跨文化交流活动。在国际旅游中，由于不了解彼此的文化特质而影响旅游接待者的服务质量和旅游者的旅游体验的事件时有发生。在旅游活动中，人们发现，被一种文化视为正常的和可接受的行为，在另一种文化中却可能被视为侮辱性的、令人恼怒的行为，如果不注意文化差异，就极容易在旅游交往中产生误会乃至冲突。西方欧美等国一直是我国重要的旅游客源国，近些年来也成为我国重要的旅游目的地国家，因此，了解中西方旅游文化差异对促进中西方旅游者与东道主之间的理解与尊重，减少文化冲突，促进我国国际旅游的健康持续发展意义重大。

中西方旅游文化的差异主要表现在旅游主体文化、旅游客体文化、旅游介体文化、旅游区域文化诸方面的差异，前面已有一些章节进行过论述，故在本节仅择其重点作简要的比较与介绍。

### 1. 中西方旅游主体的文化差异

旅游主体文化的差异，主要表现在民族旅游性格与旅游心理、旅游消费行为、旅游审美习惯及旅游服务感知诸方面。

（1）民族旅游性格与旅游心理差异。

民族旅游性格是某一民族在旅游生活中表现出的集体性格特征。因文化不同而导致中西方在民族旅游性格上存在差异。中国是"静的文明"，在观念上的表现是追求安稳，在行为上的表现是喜静厌动。中国人在旅游行为中提倡适度旅游，反对过于张扬和冒险，古有"孝子不登高不临危"、"父母在不远游"的说法，对旅游活动中复杂性、多样性、刺激性的追求比较有限，形成了中国人稳健内敛的民族旅游性格。西方是"动的文明"，"动"在观念上表现为积极的进取精神，西方人在行为上主要表现为喜动厌静，强烈的探索意识使得他们不惜冒险，以满足个人征服自我、征服自然的个人成就感，体现个人的竞争能力，他们往往喜欢一些具有刺激性的旅游项目，形成冒险、开拓、外张、行乐的民族旅游性格。

旅游者文化的差异，还主要表现在旅游者的心理与行为特征（如感知、思维方式、态度、性格等）方面。在旅游服务接待工作中，如果不注意这方面的差异，容易造成事倍功半甚至事与愿违的不良效果。例如，开放、自信、直言不讳，以及随意、率直这些在美国文化的人际交往中被崇尚的品质，在亚洲社会中特别是在我国往往得不到推崇，人们往往会认为美国人张扬、缺乏优雅、没有规矩、不明智。

（2）旅游消费行为差异。

由于中国人的集体主义倾向及深厚的家庭观念，中国旅游者在近程或假日旅游往往选择全家出游或亲友同游的方式，在远程或出国旅游中，多选择组团形式，较少个人单独出游。在旅游过程中，中国人相互依赖，相互照顾，偏爱集体活动，如拍摄集体照、团体消费等。而西方旅游者由于个人主义的传统，选择单独出游的方式比较普遍，即使一起出游，人们极为强调独立、平等，希望有更多个人活动时间，群体内部的关系则比较松散。

中国传统文化下的旅游主体视旅游为险途，更多地看到旅途中的不便和安全隐患，所以没有把旅游消费当成日常生活中的必要支出，随着国家经济的发展以及个人收入的提高，人们有钱有时间出去玩，但旅游仍属于奢侈品消费行列。在旅游消费中，中国旅游者重视物质产品和饮食的消费，忽视劳务性消费，为维系"关系"、顾全"面子"而进行的购物支出在旅游消费支出中所占的比重较大。西方文化下的旅游主体受到西方文化外向、开放氛围的熏陶，对旅游是一种自由追求的态度。同时由于西方经济发达，国民收入高，旅游发展也比较成熟，所以他们把旅游当作生活必不可少的组成部分，旅游消费支出也就成为生活必需品支出。在旅游消费中，西方旅游者注重劳务性消费，重视个人休闲、度假的品质。

在景点的游览上，中国人比较重视游览景点的数量，习惯于"走马观花"式的旅游方式，忽视旅游的深度体验，较关注物质方面的现代化和标志性的旅游景观，热衷于光顾一些娱乐性的旅游设施和购物场所；而西方人比较重视游览过程的质量，重视旅游的深度体验，乐于光顾古建筑、博物馆、传统民居等具有文化内涵的旅游景点。

（3）旅游审美习惯差异。

旅游活动的本质内容是审美活动。同其他审美领域一样，旅游审美的取向和结果常常因为主体的不同而有较大的差异。究其原因，除了旅游者个体差异因素外，文化差异也是导致旅游者的旅游审美观产生差异的重要原因。旅游者不同的文化背景、价值体系使得他们对旅游审美对象的选择不一样，就是同一景观，他们的审美反应或体验也有差异。

中国人受"比德"思想影响关注山水景观所附载的人文美，而西方人则关注山水景观本身的自然美；中国人的艺术审美受"天人合一"思想影响集中于抒情的印象重现，西方人的艺术审美集中于风景的客观描写；中国人尚静，通过对静景的体悟达到陶冶性情、愉悦身心的审美目的；西方人尚动，注重体验和参与，在冒险和动态活动中得到美的满足和享受。

具体来说，中西方游客在山水审美、园林审美、古建筑审美、雕塑审美、绘画审美、音乐审美、饮食审美等方面存在很大差异，本教材有些章节已进行了说明，这里就不再赘述。

（4）旅游服务感知差异。

游客对旅游的满意度依赖于服务的质量，在旅游活动特别是国际旅游情境中，关于服务质量高低的理解也存在鲜明的跨文化特征。

中国是一个以过去取向为主的社会，或者重视过去的社会。人们崇拜祖先，敬老尊师，重经验，重年龄，因为这些方面都与"过去"相关。在中国的传统社会中，等级观念较强，历来主张尊卑有别，长幼有序。大多数中国人随着年龄的增长，从心态上逐渐趋于平稳，他们对于"老"字心安理得地认可。因此，在旅游活动中，年长的旅游者总会受到旅游接待者和团友特别的关照和优待，年长者也因为受到尊重而对旅行持积极评价。而西方是崇尚个人主义和未来取向的社会，人们对年龄和经验并不十分尊重。因此在旅游活动中，西方年长的旅游者独立意识强，不愿老，不服老，渴望被平等地对待，认为这才是他们应该得到的礼遇。中国东道主对西方老年人嘘寒问暖、关心备至的照顾往往被理解为一种冒犯。导游员不征得老年游客的同意对其提供额外服务如搀扶等是不受欢迎的。

西方崇尚个性自由，将个人尊严看得神圣不可侵犯，追求个人利益，因此西方人尊重别人的隐私权，同样也要求别人尊重他们的隐私权。在言语交谈中，中国的东道主对西方游客的关心可能会被认为是冒犯个人隐私，招致反感。中国人攀谈起来，相互问年龄、工作、婚姻甚至工资收入，十分自然。而这些问题被西方人称为"护照申请表格式的问题"，令人不悦甚至讨厌。中国人往往喜欢对别人进行劝告和建议，并使用"要、不要、应该、不应该"等词语，如导游对游客提一些建议、劝告"别喝太多了"、"多穿点衣服"等。这类关心，中国人听了心里暖呼呼的，可西方人看来，有干涉个人自由之嫌。

由于中西方思维方式的不同，使得中国人与西方人在旅游景点的书面语言介绍方面存在差异。中国思维的直觉性、模糊性使中国人形成了不求精确、模糊表达的方式。在说话、写作时往往采用一些模糊、含蓄和华丽、浮夸、抒情的辞藻，而非具体特征的描述。在旅游文本和导游介绍中频繁使用"大概、差不多"等模糊概念的字眼，主观随意地使用"天下第一"等夸张的言语。相比之下，西方思维模式的精确性、实证性的特点使西方人在旅游文本中注重客观性与实用性，注重景点地理环境、服务设施、优势与不足诸方面的纯信息传递，而风光景色的描述性篇幅则着笔不多。

此外，旅游主体在宗教、民族等方面的风俗习惯的差异容易造成误会与冲突就更不言而喻了。因此，对旅游行为中的文化差异进行分析并且理解哪些差异具有危害性是至关重要的。

**2. 旅游客体的文化差异**

旅游客体即旅游资源或旅游产品。旅游者出游除了受自身的精神享受和发展需要的"推力"作用之外，在很大程度上还受到异地景观、异质文化等旅游客体的"引力"作用。中西方由于受自然条件、社会文化等因素的影响，在物质文化——旅游资源或旅游产品方面存在鲜明的差异。

物质文化是文化的具体有形部分，是通过人类的劳动制造出来的一切物品。在它们上面凝聚着人的观念、需求和能力。不同的文化创造了各具特色的物质产品。中西方民族在各自的历史发展中创造了许多风格迥异的物质文化产品，如生产工具、日用器具、服装、饰物、宫殿、住宅、寺庙、都市、城堡、陵墓、园林、公园、雕塑、绘画等，这些物质文化产品构成旅游客体最显著的文化差异，成为旅游目的地重要的旅游资源。本教材的第四、五、六、七、九、十、十一、十二章已对中国与西方的旅游客体文化进行了详细的分析比较。

**3. 旅游介体的文化差异**

旅游介体即旅游业，具体而言就是为旅游者提供吃、住、行、游、购、娱等旅游服务的各种旅游企业。旅游业面对的是流动性很大的旅游消费者，他们来自世界各地，在风俗习惯、生活方式等方面的独特的风格对各国旅游企业的生产经营活动也产生影响。西方旅游者"求新"、"求异"、"求乐"的民族性格及个人主义的传统使得他们注重寻求不同一般的旅游体验，对大众旅游特别是团队旅游这种太过于传统的旅行方式并不太感兴趣，因此，西方旅游企业致力于开发特色产品和自助产品以满足其个性化需求，在旅游活动的安排上凸显参与性和趣味性。中国旅游者有群体主义倾向，因此，中国的旅游企业更注重各种团体旅游产品的开发，在旅游活动中重视集体活动的安排。

中西方旅游企业在管理文化上存在明显差异，具体内容详见曹诗图、孙静主编的《旅游文化学》(第 2 版)第五章第三节"世界主要企业文化类型的跨文化分析"中有关内容。

### 三、中西旅游文化差异的原因分析

不同国家、民族的旅游者文化差异是由自然、经济、社会文化及宗教等多种因素共同作用形成的，中西方之间的旅游文化差异明显地受到这些因素的影响。

#### 1. 自然环境的原因

"一方水土养一方人"，自然环境是文化生成的土壤，是文化创造的第一变量。各地气候、地形、水分、植被、动物等自然生态环境的差异在很大程度上影响了各地文化的产生、发展与特色形成。中华文明起源于黄河流域，三面连陆一面靠海的半封闭地理环境使中国在历史上长期几乎处于与世隔绝的状态，土地肥沃，光热水条件配合良好，农耕环境得天独厚，这就十分自然地形成了中国人喜静厌动、稳重保守的旅游性格。西方文化源于古希腊，由于古希腊土地贫瘠、濒临海洋，船舶成了他们最主要的生存工具，航海需要冒险，可以开拓新的空间，激发人的创造力，因此，古希腊人在惊涛骇浪中锤炼出了开拓、进取、勇敢、协作、灵活、开放的民族精神，这种精神传统使得西方人乐于出门远行，并且追求旅游活动的冒险性、刺激性和趣味性。

#### 2. 经济环境的原因

就某一程度而言，中西思维、价值观的差异性也受到各自经济制度深刻而恒久的影响。中国的传统经济是典型的自给自足的自然经济。小农经济自给自足的特征和对土地的强烈依附使人们缺乏对外界的联系，视野狭窄，思维闭塞。这种"农业文明性格"造就了中国人注重伦理道德，求同求稳，以"和为贵，忍为高"为处世原则。人们不喜出远门，视不可知的旅游地为危途，倾向于选择成熟的旅游目的地，并且在团体旅行中尊老爱幼、相互帮助，重视人际关系的和谐。

西方文化的发源地希腊半岛及其附近沿海地区的手工业、商业、航海业的发展，引起古希腊哲学家、科学家对天文、地理、气象、几何、物理和数学的浓厚兴趣，逐渐形成了西方注重探索自然奥秘的科学传统。工业革命以来，由于受到大工业生产方式所特有的组织性、科学性、民主性的陶冶，"公平理论"、"自我实现需求"、"竞争精神"成为西方人思维方式的典型特点。这种"工业文明性格"造就了西方人有较强的奋斗精神，以独立、自由、平等为处世原则。因此，西方人喜欢通过旅行来探索大自然的奥秘，多选择一些人迹罕至的旅游地和参与性、体验性强的旅游项目，以挑战自我，实现自我价值。

#### 3. 社会环境的原因

社会环境主要指由制度、政策、法规等构成的社会意识形态的总和。中国几千年封建社会的发展中，战乱不止，动荡不息，但超稳定的农业生产方式、社会组织形式、宗法伦理观念使得老百姓产生了重血缘、重群体、重尊卑的社会心理。因此，中国人偏爱集体旅游，强调旅行中的集体意志及尊卑关系，旅游活动易受他人影响。而古希腊的民主政治制度使得民主观念、法治意识成为了社会全体成员所达成的共识，他们认为人的权利平等，地位平等，追求身心自由，因此，西方人在旅行中也强调独立、自由、平等，重视自我感受。

### 4. 宗教文化的原因

在中国，儒家文化、道家思想以及佛教对人们的旅游行为产生重要影响。儒家"孝子不登高不临危"、"父母在不远游"的古训使得中国人长久以对旅行持保守态度，"比德"思想则影响了人们对自然景物的审美习惯；道家"崇尚自然"、"返璞归真"、"自然无为"的观点使中国人乐于走到大自然中去陶冶性情，体悟生命的价值和意义；佛教主张的"六道轮回"、"因果报应"等观念也促使中国人在旅游中谨言慎行。

在西方，受基督教文化影响，人们通常认为自己在上帝面前是有罪的。以原罪为起点的西方文化，为了赎罪，人们不断忏悔，努力奋斗，征服自然，改造自己，寻求变化，这就造成西方人求"变"、求"动"、求"异"的行为取向。因此，西方人旅游时追求活动的丰富性、参与性与刺激性。此外，在西方，宗教文化资源特别是教堂在旅游资源中占有非常重要的地位。

## 四、旅游文化的冲突与整合

交往假设理论认为，不同文化背景人们之间所发生的交往既可能导致积极的结果，也可能导致消极的结果。持积极观点的人认为来自不同文化的旅游者和东道主交往，能够导致相互之间的欣赏、理解、尊重和喜爱，形成积极的态度，增强社会互动和文化交流，促进文化的整合。持消极观点的人则认为旅游者与东道主这种交往是表面的，不能形成积极态度，双方由于在价值观和语言符号系统等方面的差异易形成刻板印象，引起跨文化交流中的文化震惊和文化冲突。

### 1. 旅游文化的冲突

旅游文化冲突是由于个人之间的直接相遇而造成的。旅游者与东道主的交往可以发生在众多各不相同的情景之中，如旅游者乘坐飞机或公共汽车、在酒店居住、在餐厅用餐、游览旅游景点、去商店购物、去夜总会娱乐、与导游交谈、考察当地的市井生活或观看当地舞蹈等。这些接触通常具有短暂性特点。在短暂性接触中，旅游者往往显出他在物质拥有上的优越性，特别是他感到这种优越性来自于他所在的久居地的文明时，他就会利用接待者的弱点，甚至视接待者的纯朴、厚道为无知，因而趾高气扬。因此，旅游者与接待者之间的相互关系变得势利起来：两者间的人际交流、文化交流甚至互相帮助，都成了要用金钱换取的行为。久而久之，接待者对旅游者形成一种富有和喧闹、对东道主社会的需求缺乏关切、没有人文情怀的陌生人等刻板印象，而旅游者对东道主的刻板印象是贫穷、落后，但在经济交易中却有对宾客进行剥削的权利。这种消极负面的刻板印象能够轻易地影响到旅游者和东道主的相互知觉，埋下文化冲突的种子。

随着大量旅游者的涌入，旅游地的自然生态环境极易受到破坏，水、空气、噪声、视觉等污染不仅降低了旅游地的旅游吸引力，也影响了当地人的生活。与此同时，在与异质文化的交流中，当地人的思想文化、生活方式受到潜移默化的影响，他们开始对自己的传统生活方式感到厌倦，不再珍视有着悠久历史的民族文化、传统与习俗，甚至出现卖淫、赌博、诈骗、走私等不良社会现象和犯罪行为，影响了旅游地的社会秩序，破坏了旅游地本土文化的纯朴性，对当地文化产生了污染。接待者对旅游者的态度从旅游业发展之初的欢迎逐步转化为后来的冷漠、恼怒乃至对立。在国外，旅游文化的冲突使当地人从乱涂"旅游者滚回去"的标语发展到组成突击队赶走露营者和对自驾旅游者进行野蛮的攻击，有时甚至发展成暗杀。法国的绿色和平组织曾经发动过一场全国性运动，要求对法国旅游业过份发展严加限制。因旅游跨文化交往所造成的文化冲突不仅广泛存在，而且已发展到相当程度。

**2. 旅游文化的整合**

文化并非一成不变，而是为满足社会需要而不断发展的。同时，文化不仅有排他性，也有融合性，特别是当不同文化交流、交往的时候，它们必然会有一个相互吸收、融合、调和、借鉴的过程，这个过程也就是文化的整合。文化整合是文化发展的自然途径。旅游文化的冲突与整合是旅游文化发展对立又统一的两个方面。旅游主体在旅游过程中与目的地文化发生接触、碰撞和冲突的同时，也在自觉、不自觉地进行着交流和融合。旅游的动机之一是渴望对文化差异的了解，这种渴望促使游客以平静的心态与目的地居民进行平等的交流。游客通过与目的地居民面对面的沟通，对目的地文化氛围的亲身感受，从而更加深入地了解目的地的文化。目的地居民也可以通过与游客的直接交流，获得比其他传播方式更实在的对外地文化的了解。旅游者与东道主文化间的理解与尊重会促使旅游目的地文化的融合和多元化。广西桂林的阳朔镇人口不过 2 万~3 万，而每年在阳朔长住的外地游客有 6 万~8 万，是本地人口的 3 倍，每年到阳朔的游客超过 300 万，这个数字还在不断增加。游客在这里可以领略到阳朔当地民族传统文化，同时西方一些思想、观念、生活方式又被当地居民逐渐了解、接纳，在这里交汇、融合，形成了独特的"西街文化"。在中西文化融合的环境中，游客与东道主之间的陌生感消除了，共同营造出一种多元融合的旅游文化氛围。

旅游因其大众化和普遍性在跨文化交流中起到文化整合的作用，而各种异质文化间的整合会带来地方特色文化的消失。因此，旅游文化在整合中如何保持各自的民族特质就成为旅游文化学应该关注和予以研究的课题。

五、跨文化与旅游活动及旅游经营

**1. 旅游企业应加强跨文化培训，提高旅游活动中跨文化交流能力**

不同区域、民族、种族间的文化差异是客观存在的。在国际旅游繁荣的今天，旅游研究面临的一个最重要的课题就是如何化解旅游跨文化的交际障碍。旅游实践证明，提高跨文化旅游活动参与者的跨文化交流能力才是解决这一问题的根本办法。跨文化交流能力是指跨越文化与文化之间的差异、保留与传播本国文化，尊重与接纳异国文化，以开明的态度从不同的视角看待和理解母语文化和异国文化的能力。加强文化修养，充分了解对方是交流的基础，因此，旅游企业对从业人员进行跨文化培训及对旅游者进行跨文化知识宣传是加强其跨文化意识、提高其跨文化交往能力的有效手段。

旅游企业对员工的跨文化培训旨在帮助他们理解自己的文化及旅游者的文化，鉴赏不同文化之间的差异性，从而接受文化上不同的旅游市场，教会旅游接待者去尊重来自不同文化的旅游者并与他们进行有效的交流。这样，国际旅游者就会感觉到东道主对旅游者的各种文化层面是理解的，并感到旅游环境是和谐的。这种培训有助于确保每一个旅游目的地在国际旅游市场上获得成功。

(1)旅游从业人员应了解客源国的文化背景。

人们所具有的文化知识越丰富，对其他文化了解越深刻，也就越能够更好地预测他人的行为。熟悉对方的文化，才能预见并化解可能出现的文化冲突。服务行业追求的是顾客的满意度，所以旅游从业人员作为专门服务人员，在为旅游者服务时，不仅不能触犯客源地文化规范或习俗，而且应当有意识地使用旅游者的礼仪接待，以他们认可的符号表达、交流。总之，中国旅游业日益融入世界市场，也就越需要对从业人员进行客源国文化、国际礼仪、国际惯例与规则的培训。具有跨文化意识的旅游接待者、管理者和决策者是未来中国旅游业健康持续发展的先决条件。

(2)旅游从业人员特别是外语导游员应具有精深娴熟的外语能力。

语言作为人类表情达意、交流思想的根据，在交流中至关重要。外语导游员工作时所使用的外语，正是他的接待对象的母语。旅游者之所以在人生地不熟的异国他乡首肯导游，就是因为彼此使用同一种语言，有了亲近感。这是外语导游员与外国旅游者能够最快实现交往的原因之一。由此可见，旅游企业对外语导游员进行外语能力特别是外语语用能力的培训，对旅游者与东道主的跨文化交往成功至关重要。

### 2. 学校应加强对学生跨文化知识教育及能力的培养

跨文化研究应该纳入学校旅游专业的课程。文化意识、交流和人际关系的技巧，不仅对于培养能对国际旅游者提供适当的、具有文化敏感性的服务的能力及知识而言是必要的，而且就规避及减少具有不同文化价值观的国际旅游者和东道主之间的紧张关系、建立相互之间的理解来说也是必不可少的。跨文化研究对于帮助学生做好在多元文化环境中工作的准备是极为重要的。应该针对国际旅游业的需求来开设外国文化、客源地概况等课程，同时还应注意培养学生掌握跨文化技术的能力，利用文化涵化项目、模拟游戏、角色扮演、重要事件处理以及案例分析等方法进行跨文化教育和培训。

### 3. 加强旅游产品的设计、开发及营销的文化针对性

当今国际旅游者的出游动机多种多样。在对不同文化的旅游市场的识别之中应该自觉运用文化差异的知识。文化差异应该作为一个对国际旅游市场细分、目标市场的确定以及定位的重要参考因素。例如，西方旅游者对旅游活动的多样性要求极为强烈，喜欢冒险，希望借助旅游来实现自我价值，尝试新的与众不同的东西，更希望能按照自己的个性决定

购买适合自己的旅游产品。因此，对于旅游业来说，要根据旅游者的这些需求特点有针对性地设计、开发和宣传旅游产品。应充分发挥我国旅游产品的文化特色，增强异质文化的旅游吸引力。

### 4. 实施跨文化管理，克服旅游企业跨国经营文化障碍

随着中国的入境旅游和出境旅游的快速发展，中国的旅游企业在境内加强了与国际知名的跨国旅游集团的合作，如国旅与美国运通、中旅与德国途易的合作，而在不久的将来，中国的旅游集团势必随着日趋强劲的出境旅游进行海外市场拓展。国际化发展的公司在异域除了国家干预、市场、意识形态障碍之外，也必然会受到文化因素的制约，企业内部及企业与当地社会的文化差异必然构成企业发展的障碍。因此，旅游跨国企业欲有效处理文化差异问题，消除文化冲突，就必须要实施跨文化管理。所谓跨文化管理，是指涉及不同文化背景的人、物、事的管理，跨文化管理的核心是解决文化冲突。跨文化管理涉及跨文化地进行沟通、领导、激励、决策和跨文化地进行人员培训、国际谈判和工作安排等内容。具体表现为利用和控制文化差异、防止差异演化为冲突、消除已有的文化冲突。为解决企业发展与当地文化的"隔膜感"，旅游企业的发展必须符合当地经济发展状况和道德规范，并有助于提高当地人民的生活水平。在企业内部，要加强不同文化背景员工与员工之间、领导者与员工之间、部门与部门之间的沟通。为了解决文化冲突，还需要在管理过程中寻找超越文化冲突的企业目标，以维系不同文化背景的员工共同的行为准则。因此，国际旅游集团在中国要获得健康发展及中国本土旅游集团要尽快占领国际市场，其关键是有效掌握和强化跨文化管理来化解旅游集团的企业文化冲突，达到跨文化的融合。

### 5. 旅游者要事先了解目的地国风俗民情

由于旅游产品是由旅游者与旅游服务人员共同参与生产的，其质量高低也与旅游者的行为息息相关。"入国问俗，入乡问禁"，能有效地避免触犯他国的禁忌。国际生态旅游协会所制定的《旅游者伦理规范》的第一条就要求旅游者"怀着谦逊的态度和真诚的渴望更好地认识你所访问的国家的人民，敏感地意识到别人的情感，从而预防可能的冒犯行为。"1985 年世界旅游组织旅游第六次大会通过的《旅游权利法案》和《旅游者守则》中，要求旅游者除了尊重过境地和逗留地的政治、社会、道德和宗教及遵守当地的现行法律和规定外，还应做到充分理解东道国的风俗习惯、宗教信仰和行为活动，要特别尊重其自然和文化财富；不应强调自己与当地居民之间的经济、社会和文化差异；要以受教育者的身份去领略作为人类整个财富不可分割的一部分的当地文化。旅游者在旅游过程中的一举一动、一言一行都不应当触犯目的地的社会文化规范。因此，旅游者在旅行之前通过自学和参加各种跨文化培训项目，学习关于旅游目的地社会的价值观、社会规范等方面的知识，在旅游过程中，本着尊重原则与目的地居民进行平等、友好的交往对其旅游满意度的提高是十分重要的。

## 复习思考题

1. 旅游对接待地社会文化有哪些影响?

2. 简释旅游可持续发展的含义与实质。

3. 为保证旅游业可持续发展,接待地在文化调适上应注意哪些问题?

4. 为什么要进行旅游跨文化行为的研究?

5. 请到某风景区进行旅游文化开发的调研,并写出一份调研报告。

6. 阅读"权力边缘的曼春满"这篇案例材料,分析旅游对曼春满社会、经济、文化的影响历程,并提出解决问题的对策。

## 阅读材料

### 权力边缘的曼春满①

曼春满村位于西双版纳州景洪市 28 千米外的橄榄坝,是勐罕镇曼听办事处所辖的一个自然村。村寨紧连勐罕镇中心,与曼将、曼听、曼乍、曼嘎等傣族村寨鸡犬相闻。曼春满被澜沧江和龙德湖环抱,一年四季青翠嫩绿,椰子树、槟榔树等热带植物随处可见。傣家竹楼建筑古朴、美观,一家一幢,周围用竹子篱笆或砖头砌成空心花格矮墙,形成庭院,院里花果繁茂,树木葱郁。村中小路,曲径通幽,身着艳丽筒裙的傣家妇女穿梭其间,风情别致,自然成趣。傣语中"曼"为村寨,"春满"为花园,"曼春满"即汉语中的花园寨。

曼春满有 103 户人家,共 528 人,均为傣族。生计仍以农业为主。全村耕地面积 635 亩(42.3 公顷)。农作物主要为水稻、橡胶、蔬菜和西瓜、椰子、甘蔗、芭蕉、香蕉、菠萝、荔枝、柚子、芒果等水果,有些还种植树苗,各户均有自己种植的薪炭林,都养猪和鸡。傣族村民们过着日出而作、日落而息、悠然自得的生活。早晨,男人们用拖拉机或摩托车将妇女送至橡胶林割胶,然后回到各自的田地、田林中做一些看护、修整的工作,大约中午,又将妻子接回,下午,村民基本不外出劳动,男人们开始喝酒聊天,女人们则操持家务并做一些手工活。当时全村的经济收入处在所属曼听办事处几个村寨的中上水平。

20 世纪 90 年代初,旅游产业兴起,曼春满以其优越的地理位置和资源条件在西双版纳民族旅游中独占鳌头。从社会变迁的角度看,旅游业的兴起和发展,为曼春满的社会结构的演变创造了契机。

1. 曼春满旅游发展的第一个阶段——村民自办期(1991—1993 年)

这一时期村民多以家庭、个人为单位,利用农闲时间参加旅游经营,具有形式灵活多样、资本和劳力投入低、获利快且高的特点。村民的经营服务基本上停留在以家庭方式满足游客的简单消费,如门前设置烧烤、米线摊位;庭院中砍椰子、摘芒果卖;竹楼上销售

---

① 转引自章海荣.旅游文化学.上海:复旦大学出版社,2004:255-258.在文字上有改动和删减。

自制的工艺品等，村民参与旅游经营的规模不大，旅游经营收入不占主要地位，因此，旅游并没有改变传统农耕经济的主体结构。但旅游意识的萌生和初试见效，促使少数家庭加快了旅游经营步伐，村中一些村民逐渐将田地租给亲戚或外人，每年每亩收取租米150千克左右，腾出劳力专门从事旅游经营。村长是村中较早开始进行旅游经营的，他将其在缅寺旁的祖屋对游客开放，房内为傣族传统居家陈设。

### 2. 曼春满旅游发展的第二个阶段——村寨联合期(1994—1997年)

在此阶段，村中开始自发集资建设风景园大门，铺路，种植花木，旅游基础设施得到明显改善。每位游客收门票1元(后涨至3元)，村民出售一些孔雀羽毛扇、茶叶等土特产和工艺品，在旅游高峰期每家每月收入可达2 000~3 000元，在这段时间，村中越来越多的人开始加入旅游经营的队伍。据统计，1995年全村约60%的人从事旅游经营。生产队还出资修建春满情餐厅，由村民承包，经营风味小吃、表演小型歌舞。有的村民放弃了传统的农业生产方式，把田地全部租给他人耕种，开始在家中接待游客。各家各户开始修建卫生间以及圈养猪、牛，大大改善了卫生环境。

此时虽然旅游经营比重加大，但生产水平仍无明显变化，传统经济特别是割胶业收入仍占家庭收入的较大部分。

由于旅游业的迅速发展，导致大量外来人口流入。他们大多开工艺品商店和杂货店，使得村子里商户林立，竞争激烈；随之而带来的就是一些不正当的经营：如沿街的傣楼被浙江人、四川人租用，开始推销一些伪劣商品(假首饰、劣质玉石)。这种商业欺诈行为，近几年来有增无减。村民议及此事，大多义愤填膺。

因旅游经营受到外来的冲击，村民收入较之前几年有所下降，有的村民开始减少对旅游经营的投入，原来已全面投入经营的村民也开始分出家中一部分的劳动力从事传统的生产；女性从事的劳动量又开始加重，男人仍然只做一些体力活。但也有些传统生产无法恢复，如酿酒，原来曼春满的酿酒非常出名，但因为生产无法适应市场要求，故随着懂手艺老人的去世而停做。

1997年，广东东莞某公司选中了以曼春满为中心的五个寨子，提出以五个村寨为基础，由公司投资经营管理，联合建设西双版纳傣族园。

### 3. 曼春满旅游发展的第三个阶段——企业参与期(1998年至今)

傣族园公司与曼春满及周围五个村寨签订合同征用村民的部分土地，使部分村民放弃传统的谋生方式，如曼春满、曼将、曼听、曼嘎、曼乍五村共有28人参加公司组建的歌舞团。傣族园营业后，每天均进行迎宾及歌舞表演。傣族园同时还在村寨中雇用清洁工40余人，公司每月付给员工工资400~600元不等。傣族园公司征用的土地每亩每年付给土地所有者500元。旅游的全面进入使村民开始逐步认同和接受现代的一些东西。村中拖拉机、摩托车的拥有率逐年提高，至1998年，全村拖拉机拥有率为90%，摩托车拥有率为99%，使用燃气灶的农户近50%，有卡拉OK的人家也越来越多，港台的流行歌曲被译成傣语广为流传。旅游文化的进入使青年人更加容易接受汉文化和现代化，宗教生活已不再是他们人生的必修课。

公司的大规模参与，使得村民的生活方式、风俗习惯也发生了较大的改变，如一年一次的泼水节、关门节、开门节所举行的典礼仪式以及为重大纪念日举行的赶摆活动，均是村民每天必须操作的旅游项目，成为一种格式化、程序化的模式，同时也使村中更多的人不得不参与到旅游经营活动中。

短短几年间，村寨的发展发生了巨大的变化，权力作为意识形态得以彰显，已然成为一种技术性的控制手段。村民无法自由选择，而精英成员——从某种意义上讲已成为权力的操纵者——也无法或是不愿听到当地人的声音。操作层面上的权力调适失衡与经济利益的分配不均，使得在中心与边缘地区之间，可能存在着掠夺与被掠夺的关系。扭曲的现代性使得中心与边缘的冲突与对抗更加明显；宗教节日等盛大庆典成为常规性的操作；文化商品化的进程造成了"传统派"与"现代派"之间的争执。事实上，在权力的作用下，规模集中的旅游经营方式不但难以平衡中心与边缘的经济差别，而且加速了旅游目的地的贫富悬殊；权力意识的冲突，造成地方性社会结构的严重分化。

# 参 考 文 献

1. 马波. 现代旅游文化学. 青岛：青岛出版社，1998.

2. 乔修业. 旅游美学. 天津：南开大学出版社，2000.

3. 王柯平. 旅游美学新编. 北京：旅游教育出版社，2000.

4. 王明煊，胡定鹏. 中国旅游文化. 杭州：浙江大学出版社，1998.

5. 谢贵安，华国梁. 旅游文化学. 北京：高等教育出版社，1999.

6. 章海荣. 旅游文化学. 上海：复旦大学出版社，2004.

7. 陈鸣. 实用旅游美学. 广州：华南理工大学出版社，2004.

8. 朱希祥. 中西旅游文化审美比较. 上海：华东师范大学出版社，1998.

9. 于贤德. 景观美. 海口：海南人民出版社，1987.

10. 国家旅游局人事劳动教育司. 装饰与布置艺术. 北京：旅游教育出版社，1994.

11. 王昆欣. 旅游景观鉴赏. 北京：旅游教育出版社，2004.

12. 陈传康，刘振礼. 旅游资源鉴赏与开发. 上海：同济大学出版社，1990.

13. 曹诗图等. 三峡旅游文化概论. 武汉：武汉出版社，2003.

14. 曹诗图等. 旅游审美概论. 天津：南开大学出版社，2013.

15. 何伯镛. 美育基础教程. 广州：广东高等教育出版社，1997.

16. 王玉德，邓儒伯，姚伟钧. 中国传统文化新编. 武汉：华中理工大学出版社，1996.

17. 王会昌. 中国文化地理. 武汉：华中师范大学出版社，1992.

18. 曹诗图等. 社会·文化·环境. 昆明：云南科技出版社，1996.

19. 曹诗图，孙天胜，王衍用. 一方水土养一方人. 武汉：武汉大学出版社，2016.

20. 唐鸣镝，黄震宇，潘晓岚. 中国古代建筑与园林. 北京：旅游教育出版社，2003.

21. 章采烈. 中国园林艺术通论. 上海：上海科学技术出版社，2004.

22. 刘振礼，王兵. 新编中国旅游地理. 天津：南开大学出版社，2001.

23. 钱茸. 古国乐魂——中国音乐文化. 北京：世界知识出版社，2002.

24. 刘承华．中国音乐的神韵．福州：福建人民出版社，2004.

25. 修海林，李吉提．中国音乐的历史与审美．北京：中国人民大学出版社，1999.

26. 纪江红．中国传世名画．呼和浩特：内蒙古人民出版社，2002.

27. 丁春生，郝晓颖．中国传世书法．北京：线装书局，2003.

28. 黄宗贤，吴永强．中西雕塑比较．北京：五洲传播出版社，2008.

29. ［澳］赖辛格，托纳．旅游跨文化行为研究．天津：南开大学出版社，2004.

30. 国家旅游局人事劳动教育司．导游知识专题．北京：中国旅游出版社，2004.

31. 朱耀廷．中华文物古迹旅游．北京：北京大学出版社，2004.

32. 张国洪．中国文化旅游——理论·战略·实践．天津：南开大学出版社，2001.

33. 陈志华．外国古建筑二十讲．北京：生活·读书·新知三联书店，2002.

34. 楼庆西．中国古建筑二十讲．北京：生活·读书·新知三联书店，2004.

35. 曹诗图，孙静．旅游文化学(第2版)．北京：中国林业出版社，2015.

36. 章海荣．旅游审美原理．上海：上海大学出版社，2002.

37. 阳国亮，黄伟林．多维视角中的旅游文化与发展战略．北京：中国旅游出版社，2001.

38. 人民画报社．中国旅游名胜全书．北京：中国画报出版社，2002.

39. 杨海波，赵志远．旅游遍中国．长春：吉林摄影出版社，2002.

40. 史建，张振光．图说中国建筑史．杭州：浙江教育出版社，2001.

41. 张岱年，方克立．中国文化概论．北京：北京师范大学出版社，1994.

42. 刘天华．生活中的旅游审美．济南：山东科学技术出版社，1987.

43. 徐文苑．中国饮食文化概论．北京：清华大学出版社，北京交通大学出版社，2005.

44. 赵荣光，谢定源．饮食文化概论．北京：中国轻工业出版社，1999.

45. 徐行言．中西文化比较．北京：北京大学出版社，2004.

46. 曹诗图等．与地理教师谈怎样赏景审美．地理教育，1992(4).

47. 胡兆量．中国民俗地理探幽．经济地理，1999(1).

48. 胡龙成，曹诗图．地理环境与中国民歌．地理知识，1992(3).

49. 李慕田，沈守兵．论中国地域文化的地理特征．人文地理，1996(1).

50. 曹诗图．文化与地理环境．人文地理，1994(2).

51. 袁本华，曹诗图．东西方文化差异的地理透视与整合分析．世界地理研究，2001(1).

52. 于光远，马惠娣．关于文化视野中的旅游问题的对话．清华大学学报(哲学社会科学版)，2002(5).

53. 袁成，曹诗图．中西建筑文化比较及其形成背景分析．三峡大学学报(人文社会科学版)，2004(6).

54. 曹诗图，袁本华．论文化与旅游开发．经济地理，2003(3).

55. 彭华．关于旅游地文化开发的探讨．旅游学刊，1998(1).

56. 曹诗图，孙天胜，周德清．旅游审美是诗意的对话．旅游论坛，2011(4)．

57. 王晓倩，杨万娟，曹诗图．旅游审美文化嬗变与异化．旅游论坛，2013(9)．

58. 吴海伦．旅游审美观照的哲学阐释．旅游学刊，2015(6)．

59. 潘海颖．基于生活美学的旅游审美探析．旅游学刊，2016(6)．